高校国际化探索与实践

UNIVERSITY
Internationalization
PROBES
AND
PRACTICES

于欣力 著

中国海洋大学出版社

·青岛·

图书在版编目（CIP）数据

高校国际化探索与实践 / 于欣力著. —青岛：中
国海洋大学出版社, 2018.10
　ISBN 978-7-5670-2043-6

　Ⅰ.①高…　Ⅱ.①于…　Ⅲ.①高等教育—国际化—文
集　Ⅳ.①G648.9-53

　中国版本图书馆CIP数据核字（2018）第249184号

高校国际化探索与实践

出版发行	中国海洋大学出版社
社　　址	青岛市香港东路23号　　邮政编码　266071
网　　址	http://www.ouc-press.com
出 版 人	杨立敏
责任编辑	刘宗寅
电　　话	0532-85901092
电子信箱	1079285664@qq.com
印　　制	潍坊鲁邦工贸有限公司
版　　次	2018年10月第1版
印　　次	2018年10月第1次印刷
成品尺寸	185 mm × 260 mm
印　　张	21.25
字　　数	386千
印　　数	1—1000
定　　价	55.00元
订购电话	0532-82032573（传真）

序一

随着人类社会全球化的深入发展，高校国际化的时代潮流汹涌澎湃、势不可当。对于高校来说，这既是机遇，也是挑战。在推进高校国际化的进程中，我们必须首先弄清楚高校国际化的核心动力，进而依靠这核心动力来加强顶层设计，有序地推进国际化，这样才能实现真正意义上的高校国际化；否则，高校国际化将成为面对各种国际性机遇的碎片式、临时性的简单回应。

仔细审视国际化程度高的高校，其国际化的动力主要来自政治、经济、文化、学术四个方面。

政治方面，主要包括国家的对外开放、国家安全、国家认同、国家间的交流互信、国际事务合作等因素。对我国高校而言，在当前"一带一路"倡议在国内外深入推进的过程中，国际化是高校服务于国家战略的使命要求：一是要培养具有国际视野、通晓国际规则、善于参与国际事务的国际化人才，二是要培养面向全球传播中国文化、讲好中国故事、传递中国声音、汇聚中国精神、宣传中国道路、凝聚中国力量的国际化人才，三是要培养树立"四个自信"、掌握国际话语权、维护国家安全的国际化人才。

经济方面，主要包括经济增长与竞争、劳动力市场、增加财政收入等因素。例如，招收留学生、开展国际交流活动、开展合作办学等跨国教育活动，提升高校造血功能与可持续发展能力。

文化方面，包括国家文化认同、不同国家文化之间相互理解以及不同国家之间文化的交流、交融和提升等因素。高校的国际化有利于促进多样文化的交流与理解，有利于国际社会对我国文化的认同，有利于增强我国高校的国际影响力与竞争力。

学术方面，主要包括扩展学术视野、提升学校形象与地位、提高教学质量、参与国际学术标准制定与维护等因素。高校的国际化有利于吸收、借鉴国际先进人才培养与学术研究的经验。

近年来，云南民族大学把握机遇，启动政治、经济、文化、学术诸方面的动力，走出了一条具有自身特色的高校国际化道路。学校紧紧服务于国家"一带一路"倡议和中央对云南为面向南亚东南亚的辐射中心的定位，开展了党政干部国外培训，开齐了南亚东南亚国家官方语种专业，成立了中印瑜伽学院、国际太极学院、澜沧江—湄公河国际职业学院、南亚东南亚国际传播学院、南亚学院、东南亚学院、国际学院、中印人文交流中心、尼泊尔研究中心、巴基斯坦研究中心等教育机构，大力开展与国外高校的交流与交往，使学校国际化迈上了新台阶、打开了新局面。

《高校国际化探索与实践》是欣力同志在多所高校直接从事高校国际化事务的探索与实践的成果，凝聚着他多年来的智慧和心血。本书内容涵盖了高校国际化的方方面面，充分反映出作者在身体力行的基础上对高校国际化进行的深刻思考和独到见解。

千里之行，始于足下。高校国际化建设任重而道远。在这条路上，既需要理论上的研究者，也需要实践中的探索者。欣力同志在这条道路上积极前行，成绩突出。愿更多从事高校对外合作与交流的同志共同努力，把高校国际化提升到更高的层次和水平！

阅书稿后有感而发，形成以上文字。是为序。

陈鲁雁

2018年9月29日

序二

我跟欣力相识已久，他是一个有思想、肯做事的同志。2006年10月，欣力来到云南大学负责国际处的工作。他带领着云南大学国际处这支年轻的、充满活力与创新精神的团队，统筹协调学校的国际合作与交流，为学校做了不少事情。简单举两个我亲身感受过的例证。2006年底，欣力曾陪同我到缅甸访问，直接促成了后来云南大学缅甸福庆孔子课堂的建立。2007年1月，云南大学成为教育部国家政府奖学金项目院校。2008年4月，云南大学获得教育部针对周边国家自主招生的资格；以此为契机，云南大学来华留学生的规模和层次得到了大幅度的提高。2014年，云南大学国际处获得中国高教学会外国留学生管理分会颁发的"来华留学生教育先进集体"荣誉称号，欣力本人则获得"来华留学教育模范个人"荣誉称号。

干一行，爱一行，专一行。欣力从中国海洋大学毕业后，自1985年起先后在山东大学、云南大学、云南民族大学等高校的国际合作与交流一线工作30余载。工作以来，特别是近10年来，欣力笔耕不辍，出版了十余部书，内容涵盖高等教育对外交流的诸多方面，包括与人合著的以高校国际合作与交流为主题的《云南大学国际化探索与实践》、作为执行主编组织编写的以高层次国际会议为主题的《东亚峰会框架下的高等教育合作》、与人合作主编的以出国访学为主题的《游于道——云大师生走世界》、作为副主编组织编写的《英国访学记——云南大学第三期赴海外研修班》、主编的以"引智"工作为主题的《东陆洋先生从教记》、主编的以来华留学生（研究生层次）优秀毕业论文为主要内容的《东陆留记》系列丛书（五辑）、主编的中印人文交流系列丛书——《印度青年眼中的中国》（中英文版）和《中国青年眼中的印度》（中文版、英文版）、主编的以中印人文交流为主题的画册《叩开中印大同之门》等。

高校国际化是一个历久弥新的话题。若查其幽、知其妙、通其变，则既需要理论指导下的实践，更需要对国外高等教育的理解与认知。欣力在山东大学工作期间，两次到国外（英国和波兰）留学，后来又陆续出访了33个国家和地区的高校或教育机构，对国外高等教育有较为深刻的理解。在此基础上欣力所著的《高校国际化探索与实践》一书，不仅是他对高校国际化实践的全面思考与深刻总结，也是他前期成果的一个集成。

兹略述上言以为序。

刘宝利

2018年9月27日

目 录
CONTENTS

附　篇

上
Part 1
篇

本篇共收录笔者的16篇理论研究文章，涵盖了高校国际化的总体思考、留学生工作、"引智"工作、外事接待、外事团队建设、教育援外、南亚与东南亚区域合作、侨务工作等诸多方面。

高校以"国际知名"促"国内一流"的教育国际化跨越式发展之路探索①

摘　要：以"国际知名"促"国内一流"逆向式、非均衡的内涵发展策略，即通过国际化的办学特色倒逼高校发展，提升高校的国际、国内影响力和知名度，以实现学校的发展目标。目前，因教育国际化理念和认知水平有限、顶层设计和落实机制缺乏、干部执行力不强、国际化资源没有得到有效整合且师生参与的积极性不高，高校的教育国际化水平参差不齐且难以提升。高校教育国际化建设是"自上而下"的推动与"自下而上"的内在需求的有机结合。以亮点和特色项目为抓手，在SMART原则指导下实行目标责任制，充分发挥外事领导小组和外事专家委员会的职能，加强干部的执行力建设，整合国际化资源并提高师生的参与度和积极性是高校提升核心竞争力、影响力和知名度并实现整体跨越式发展的有效途径。

关键词：国际性　国际知名　国内一流　内涵发展

引　言

世界正处于大发展、大变革、大调整时期，求和平、谋发展、促合作已成为不可阻挡的时代潮流，构建人类命运共同体的呼声越来越高。

习近平总书记指出，今天的世界是各国共同组成的命运共同体。战胜人类发展面临的各种挑战，需要各国人民同舟共济、携手努力。教育应该顺此大势，通过更加密切的互动交流，促进对人类各种知识和文化的认知，对各民族现实奋斗和未来愿景的体认，以促进各国学生增进相互了解、树立世界眼光、激发创新灵感，确立为人类和平与发展贡献智慧和力量的远大志向。②

---

① 与段淑丹合写，原文载于2018年第4期《云南民族大学学报》（哲学社会科学版）。
② 俞可：《教育开放：构筑人类命运共同体》，《今日教育》，2016年第1期。

高等教育在构建人类命运共同体的事业中扮演着重要的角色，国际交流与合作成为高校的"第五项职能"，教育国际化成为衡量大学办学水平的重要指标。高校的教育国际化如何实现内涵和质量的提升成为值得研究的课题之一。高校如何适应新时期教育对外开放的发展趋势、如何利用学校的国际化办学特色来实现跨越式发展、如何结合自身优势在整个高校发展中"脱颖而出"等问题的解决，也就显得尤为重要。高校的对外开放就是高等教育从国际维度融入整个高校人才培养、科研、服务地方和文化传承全过程的理念与行动。走教育国际化发展道路是高校提升国际竞争力和加快"双一流"大学建设的必经之路和有效途径。

一、高校以"国际知名"促"国内一流"的可行性案例分析

（一）复旦大学在"2018年亚洲大学排名"中跃至中国大陆高校排名第二，主要受益于国际化水平的提高

根据国际高等教育资讯机构Quacquarelli Symonds（简称QS）于2018年10月17日公布的"2018年亚洲大学排名"，复旦大学综合排名跃至第七，仅以一名之差落后于清华大学，成为中国大陆高校排名中的第二名，而北京大学位列第九（图1）。复旦大学的国内大学排名在北京大学和清华大学之后，但在QS排行榜中却跃居北京大学之前，仅次于清华大学。[①]

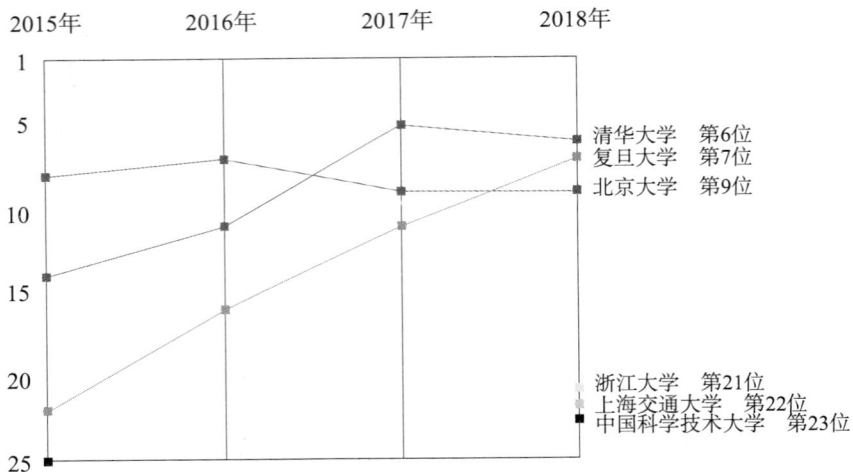

图1　亚洲大学排名中复旦大学、清华大学和北京大学名次比较

复旦大学成为四年来排名前25名的高校中名次上升最快的高校，如此显著的成绩得益于该校国际化指标在所有评比指标中的突出表现。同我国大陆其他高校相比，复旦大

---

① 资料来源：http://www.sohu.com/a/207995494_773938

学学生的国际化水平相对较高：复旦大学的学生国际化得分超过排名第一的清华大学，仅次于北京大学。而复旦大学在学生出入境交换方面的优势也颇为显著；特别是海外入境交换生一项，复旦大学最终得分远超清华大学、北京大学的同指标成绩（图2）。由此可见，高校学生国际化水平的高低对学校的国际排名和国际知名度有很大影响。[①]

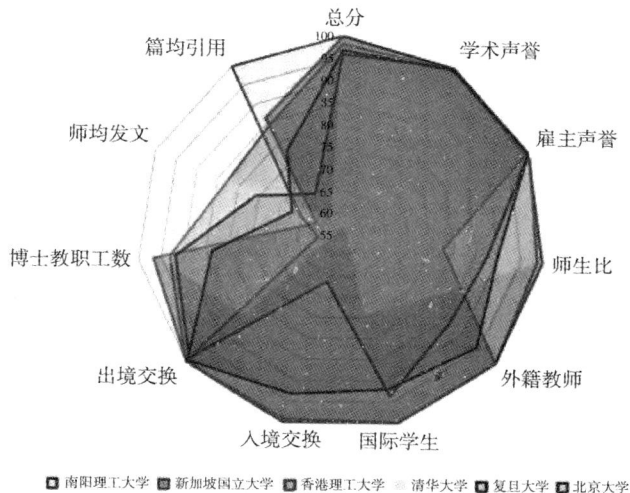

图2 2018年排名第八位的亚洲大学各项数据比较

■ 南阳理工大学 ■ 新加坡国立大学 ■ 香港理工大学 □ 清华大学 ■ 复旦大学 ■ 北京大学

（二）浙江师范大学"以国际化推动一流特色学科建设"的特色发展之路

在中国校友网2007–2018年大学综合排名中，经过11年的发展，浙江师范大学从2007年的197名跃至2018年的92名，上升了105个名次，进入中国大学综合排名的前100强（图3）。

图3 中国校友网2007—2018年浙江师范大学综合排名情况

① 资料来源：http://www.sohu.com/a/207995494_773938

浙江师范大学不仅排名提升迅速，办学类型也从2014年的专业型变为目前的区域特色研究型。虽然2018年综合排名没有变化，但其星级排名由三星级上升为四星级，办学层次由中国知名大学提升为世界知名、中国高水平大学（表1）。是什么样的发展途径让浙江师范大学从11年前的中国大学综合实力排行中的197名跃至现在的92名，强势进入前100强，实现了从专业型向区域研究型的转变，成为世界知名大学呢？经研究分析，浙江师范大学非洲研究院的贡献功不可没。

表1 浙江师范大学2014–2018年排名情况

年份	排名	办学类型	星级排名	办学层次
2014年	115	专业型	三星级	中国知名大学
2015年	105	区域特色研究型	三星级	中国知名大学
2016年	96	区域特色研究型	三星级	中国知名大学
2017年	92	区域研究型	三星级	中国知名大学
2018年	92	区域特色研究型	四星级	世界知名、中国高水平大学

浙江师范大学非洲研究院（IASZNU）是在教育部、外交部、商务部以及中国教育国际交流协会的支持下成立的中国高校首个综合性、实体性非洲研究院。自2007年9月1日成立以来，经过11年的发展，该非洲研究院已成为有广泛影响力的中国非洲研究机构与国家对非事务智库，对浙江师范大学的国际化发展做出了重要贡献。

浙江师范大学高度重视对非工作，把教育援非、非洲研究作为学校学科建设的战略性举措。首先，非洲研究院的发展大大促进了浙江师范大学的学科建设和人才培养，现拥有"非洲教育与社会发展"交叉学科博士点、"非洲学"交叉学科硕士点、"政治学"一级学科硕士点和"非洲教育""非洲历史"二级学科硕士点，在中国高校的涉非事务高端人才培养领域处于领先地位。其次，非洲研究院丰硕的科研成果全面推动了浙江师范大学的国际化。迄今为止，浙江师范大学已承担高层次的研究课题达百余项，包括国家社科基金重大招标项目、教育部人文社科重大攻关项目各1项，国家社科基金项目17项，教育部、外交部等部委和国际合作课题80余项；出版各类学术著作、译著和专题报告75部（卷），在国内外刊物上发表论文300多篇。再次，浙江师范大学非洲研究院国际化平台的建设成效突出，是"教育部区域和国别研究基地""教育部浙江师范大学中国南非人文交流研究中心""外交部中非联合研究交流计划指导委员会指导单位""中非智库10+10合作伙伴计划"和"教育部中非高校20+20合作计划单位""浙江省2011协同创新中心以及浙江省哲学社会科学重点研究基地"，有效地推动了国内对非研究的发展，促进了中非人文交流。最后，浙江师范大学非洲研究院充分发挥并凸显了高校的智库及社会服务功能，有效地提升了浙江师范大学的社会影响力和国际知名度。该院在国家重大战略指导下，为政府、企业、学者等多方提供智力支持和咨询服务，向国家各部委提交各类咨询报告40余篇，多篇报告获国家领导人批示或被《教育部高校智库专刊》录用。[①]

浙江师范大学副校长、非洲教育研究中心主任楼世洲曾指出，浙江师范大学的非洲研究发展显著，短短几年间在建立专业学术机构、填补研究空白、培养专门人才、出版学术成果、开展国际交流、参与国际合作、发挥智库功能以及服务政府、企业和公众等方面均取得了重要的甚至是突破性的进展，国际影响力快速提升，其中一个重要因素就是学校采取了"高起点、国际化"的学科建设思路和战略。[②]

（三）云南民族大学日益凸显的"国际性"办学特色为学校发展赢得新契机和高起点

与浙江师范大学相似，在中国校友网2007-2017年大学综合排名中，云南民族大学从2007年的283名跃至2018年的172名，上升了111名，成功进入200强（图4）。虽然起点不同，两所高校的排名成绩在过去11年中都取得了非常显著的进步。更引人注目的是，从2014年至2018年，云南民族大学的办学类型不仅实现了从应用型到专业型再到区域特色研究型的转变，而且星级也从2星级上升至5星级，由区域高水平大学提升为世界知名、中国一流大学（表2）。如此显著的成绩与学校的国际化办学特色以及教育国际化建设密不可分。

图4 中国校友网2007-2018年云南民族大学综合排名情况

---

① 资料来源：http://ias.zjnu.cn/bygk/list.htm
② 郭伟，李广平：《以国际化推动大学一流特色学科建设——访浙江师范大学副校长、非洲教育研究中心主任楼世洲》，《世界教育信息》2016年第2期。

表2 云南民族大学2014-2018年排名情况

年份	排名	办学类型	星级排名	办学层次
2014年	284	应用型	无	无
2015年	227	应用型	二星级	区域高水平大学
2016年	197	专业型	二星级	区域高水平大学
2017年	187	专业型	二星级	区域高水平大学
2018年	172	区域特色研究型	五星级	世界知名、中国一流大学

近年来，云南民族大学依托得天独厚的地理条件和区位优势，紧紧围绕"民族性""边疆性"和"国际性"办学特色，采取"U-4S"国际化实施战略，即以学院（Schools）为主线、教师和行政人员（Staff）为主角、学生（Students）为主体和国际化制度（Systems）建设为保障作为教育国际化工作思路，积极扩大对外开放，努力将国际化建设融入人才培养、师资队伍建设、科学研究、文化交流与传播以及服务社会的全过程，构建全方位、多层次、多渠道国际合作与交流体系，围绕国家战略，在形成面向南亚东南亚的辐射中心方面成绩显著。

首先，云南民族大学立足语言和专业优势，在原有的9个南亚东南亚语种专业基础上，新增菲律宾语、乌尔都语、尼泊尔语、僧伽罗语、泰米尔语、普什图语6个南亚东南亚语种专业，率先开全南亚东南亚15个语种专业；积极开展区域和国别研究，成立了"巴基斯坦研究中心"和"尼泊尔研究中心"，致力于新型高校智库建设。与此同时，云南民族大学利用区位优势，稳步推进教育和文化传播平台建设，成立了南亚东南亚国际传播学院，为中国和南亚、东南亚国家培养"传媒+语言"的复合型高级专门人才；成立了国际太极学院，旨在建成国内高端太极人才培养基地、太极文化推广研究中心和面向东南亚、南亚的太极文化辐射中心。

其次，印度在其海外建立的首所瑜伽学院落户云南民族大学，中印教育和文化的交流与合作进一步深化，云南民族大学成为全国第一个瑜伽本科、瑜伽硕士学位授权点。再次，作为外交部批准成立的"中国—东盟教育培训中心"之一，云南民族大学主动响应并服务国家"一带一路"倡议，相继成立了瑞丽、勐腊、麻栗坡、孟连、临沧边合区、镇康、沧源、孟定等国际职业教育培训基地，积极开展上万人次来华工作人员的语言和技能培训工作；在此基础上，继而成立了"澜湄国际职业学院"和"澜湄职业教育与产业发展研究院"，并积极推动"澜沧江—湄公河职业教育联盟"的建设和发展，深度参与澜湄合作，开创了澜湄国家教育合作新模式，并使其成为贯彻落实习近平总书记关于把云南建设成为面向南亚东南亚辐射中心重要讲话精神的重要举措。

再次，云南民族大学的云南民族干部学院成为中联部境外干部培训的首个高校基地，目前已成功举办了缅甸高端媒体人才培训班、老挝党政干部培训班、缅甸全国民主联盟干部培训班，培训效果良好，广受好评。

云南民族大学正在积极筹建南亚书院，致力于服务南亚国家的教育和文化发展，计划将南亚国别研究中心、具有国际视野和国际交往能力的高素质人才培养以及南亚文化交流中心建设融为一体，积极开创与南亚各国教育合作的新局面。

与浙江师范大学相似，云南民族大学利用自身优势，正逐渐走出一条与众不同的教育国际化发展道路，如何利用国际化办学特色为学校发展带来的新契机和高起点来实现内涵发展和质量的提升将成为该校至关重要的研究课题之一。

综上所述，无论是经济发达地区的重点高校还是经济欠发达地区的一般性地方高校，教育国际化对学校发展的促进作用都不容忽视。重点高校在教育国际化方面具有先天优势，因此有效的国际化对于地方高校显得更为急迫。成功的国际化可帮助地方高校引进优质资源、提升师资力量、获取先进理念和经验、革新人才培养模式，进而增强核心竞争力。然而，教育国际化不能一蹴而就，对高校目前的教育国际化面临的问题进行客观和理性的分析显得尤为必要。要进一步提升高校的国际化办学水平，实现具有学校特色的、跨越式的发展仍有许多问题需要解决。

二、高校教育国际化面临的问题

（一）教育国际化理念和认知有待加强

高校师生，尤其是高校领导干部树立正确和全面的教育国际化观念是高校国际化工作顺利和成功开展的前提和保障。而目前，"大多数高校把发展的重点单单地放在本土化领域，学校自身的发展空间的限制进一步使高校在发展过程中呈现自我封闭的趋势。国际化视域的缺乏导致真正地了解和融入国际社会成为空谈，理解教育的国际化的真正内涵便更无从谈起。有些高校更是单纯地将人才培养的目标定位在为地方经济和社会发展培养人才的狭窄领域内。这种对国际化人才培养的轻视，致使高校所培养出的人才无法具备在国际市场中竞争的能力"[1]。高校部分干部和教师

---

① 刘晓亮：《地方高校教育国际化问题研究》，东北师范大学博士学位论文，2015年。

对全球化背景下教育国际化的必要性和发展趋势缺乏全面和深入的认识，对国际化建设及其对学校发展的重要性认识不足，未达成共识，普遍存在"国际化就是国际处的事"的片面认知。

（二）缺乏完善的顶层设计和落实机制

高校的教育国际化工作缺乏前瞻性、理论性和系统性指导。由于受教育国际化理念和认知的局限，部分高校虽然有教育国际化发展规划，但并没有充分认识到教育国际化对学校发展的重要意义，故而没有把教育国际化纳入学校的整体发展规划中并作为重点来抓。部分高校虽然有较好的国际化战略规划，但执行力度和深度不够，且缺乏有效的管理和评估机制，导致整个国际化工作"虎头蛇尾"，不见成效。因此，高校对自身教育国际化现状进行梳理和自省，再进行相应的顶层设计，并配之以完善的执行和评估机制显得尤为必要。

（三）下属单位的协作意识及执行力有待增强

大部分高校在教育国际化上已体现出自上而下的布控与指导，但缺乏自下而上的积极响应和有效的执行力，具体表现为"校级层面在教育国际化发展过程中起到了主导力量，而二级学院、相关职能部门和教职员工没有积极地参与到这个过程中"[1]。校内各职能部门与教学单位之间职能不明确，存在工作交叉与重复管理现象；责、权、利不清晰，相互联系不够紧密，导致说比做多、互相推诿、工作效率低。对外合作交流处的设置与国际化要求不匹配、缺乏激励机制，缺乏热心于国际合作交流和精通国际合作交流规则的优秀干部；目前的对外交流管理工作多以行政命令为导向，集中于事务性工作，尚未形成有效的管理机制。

（四）国际化资源未得到有效整合

目前高校国际化办学在财力、人力、物力等方面的投入力度仍需加大。教育国际化工作环环相扣，如薄弱环节不加强，便会影响整体发展。"地方高校教育国际化发展需要多渠道的资金支持。教育国际化要想得到长足的发展，财力的投入是基础中的基础。"[2]大部分高校的教育国际化经费主要来源于学校教育经费划拨，因此财力投入有限、渠道单一，导致相关配套设施不够完善，国际化工作运转常常遇到瓶颈，进展艰难。虽然部分高校在国际化上的经费投入比重越来越大，体现了学校在国际化工作上的决心和重视程度，然而，对经费的有效使用水平却有待提高，重硬件设施建设、轻软件建设的现象有待改善。

---

[1] 刘晓亮：《地方高校教育国际化问题研究》，东北师范大学博士学位论文，2015年。
[2] 刘晓亮：《地方高校教育国际化问题研究》，东北师范大学博士学位论文，2015年。

（五）师生参与国际化的主动性与积极性有待提高

教师是高校教育国际化的助力者，而学生则是教育国际化的最终受益者，缺少教师和学生的积极参与，学校的教育国际化工作便难以推进。受认知、环境及氛围等因素的影响，大部分高校师生参与学校教育国际化工作的热情不高。因政策、制度以及经费的保障等存在一些问题，有意愿"走出去"的师生仍有很多顾虑，还处于观望阶段。

三、高校以"国际知名"促"国内一流"逆向式、非均衡的内涵发展策略

（一）SMART原则的五个要素

SMART原则是由管理学大师彼得·德克鲁提出的，是企业管理者变被动为主动的一项重要管理原则，主要用于目标管理。SMART实际上是五个英语单词的首个字母缩写，它们分别是：

S—Specific，目标的明确性；

M—Measurable，目标的可衡量性；

A—Attainable，目标的可达到性；

R—Relevant，目标的关联性；

T—Time-based，目标的时限性。

SMART原则同样适用于高校教育国际化建设。高校在根据自身发展情况制订相应的顶层设计或战略规划后，下属各职能部门和教学单位需要根据学校提出的宏观目标来制定符合自身发展需求的微观目标，做到化整为零。SMART原则的五个要素为这些微观目标的制定提供了标准，让各部门可以在教育国际化进程中不断审视自己的脚步，最终才能化零为整形成强大合力，更加高效和快速地实现全校教育国际化的宏观目标。

（二）"自上而下"与"自下而上"有机结合

SMART原则中的第一要素"明确性"要求用具体、明确的语言清晰地说明要达成的效果。明确的目标是成功的首要条件。高校的教育国际化顶层设计或战略规划体现了学校领导层对教育国际化工作"自上而下"的整体布控，具有清晰明确的目标。然而，教育国际化建设是"自上而下"的推动与"自下而上"的内在需求的有机结合。教育国际化要"顶天立地"：既需要校领导的倾力关注、支持与推动，又需要全体师生员工对国际合作与交流的强大支持。选拔优秀干部是推动学校国际化的关键所在，政策导向是激发师生员工内在需求的动力。

目前大部分高校的下属部门和教学单位对国际化发展的内在需求不明显，主动性和积极性不高，导致学校教育国际化工作处于"自上而下"的单向发展状态，缺乏"自下而上"的主动回应。而改变现状的关键在于最大限度地激发广大师生员工对国际化发展的内在需求，实现在理念和认知上的根本转变，彻底改变完全依靠领导层和外事部门开展国际化的被动认识。学校领导和外事部门要积极引导下属单位从学科和专业的长远发展考虑，配合学校的整体规划来制定清晰、明确的国际化发展目标，最终以"自上而下"与"自下而上"的双向发展来促进学校的教育国际化。

（三）实行分阶段、分步骤的目标责任制

SMART原则中的"可达到性"是指设定的目标要基于现实且具有一定的挑战性，即对目标的设定应"先进合理"；而"关联性"是指目标的设定与其他目标是相关联的，目标之间、不同发展阶段的目标之间不冲突。同样，高校下属各相关部门和教学单位在制定国际化发展的微观目标时，也必须符合这两个原则。首先，国际化发展目标的设置要坚持全员参与、上下左右沟通，既要使工作内容饱满，也要具有可达成性；要制定跳起来"摘桃子"的目标，不能制定跳起来"摘星星"的目标。其次，国际化发展目标与人才培养、教学、科研目标必须互相渗透、相辅相成。

教育国际化不是一蹴而就的，也不是面面俱到的。学校层面在引导下属单位参与教育国际化的过程时应该遵循"因地制宜"的原则，有侧重点、分阶段、分步骤地开展工作。对国际化基础较好的学院，学校应该给予重点支持和引导，制定与国际一流大学和一流学科要求相协调和接轨的发展目标；对国际化基础比较薄弱的学院，学校应该积极引导他们向基础好的学院靠拢和学习，目标是达到行业标准或区域标准。

高校应实行目标责任制，对下属单位的国际化工作进展定期进行审视、督查和评估，确保在规定时间内完成目标规定的任务；对完成效果要有一定的奖惩政策和措施，以激发下属单位的积极性和主动性。

（四）外事工作领导小组和外事专家委员会"双管齐下"

SMART原则中的"可衡量性"是指目标应该是可以量化或质化的，应该有一组明确的数据，作为衡量教育国际化是否达成目标的依据。

教育国际化是牵动整个学校发展的引擎，是提升学校档次的核心步骤。高校教育国际化的顶层设计或战略规划应该对总体目标以及主要发展指标做出明确安排，而优质的顶层设计需要健全的落实机制来配合。"可衡量性"是在总体目标上有了初

步体现后，对落实机制的进一步细化。其中，对基础好的学院，需要其更好地与国际发展接轨；对基础差的学院，则要求其以国际化为抓手来改变现状，进而提升学校在国际和国内的排名，实现以"国际知名"带动"国内一流"的特色发展。

设立外事工作领导小组并凸显其在外事工作中的职能和作用是高校教育国际化建设的重要举措，以此来实现领导阶层对学校国际化工作的宏观调控。此外，设立外事专家委员会势在必行。"可衡量性"要求对各学院的国际化发展微观目标进行量化或质化，而外事工作领导小组和外事专家委员会则通过制定"衡量标准"，在实行目标责任制的基础上，采用自我检查和学校考核相结合的办法对学院的国际化发展进行督查、评估。

外事专家委员会可由校内外有丰富国际交流经验并长期从事或从事过教育国际化工作的专家和学者组成，除对学校的外事工作领导小组以及学校教育国际化的长远规划建言献策外，还可协同外事主管部门做好以下工作：对各学院的国际化发展现状进行评估，根据"双一流"的建设要求对各学院的国际化发展规划进行指导，对各学院的国际化发展进程进行监督，对各学院的国际化发展提供具体量化标准，对各学院的国际化发展成果进行考核。

（五）各下属单位的协作意识提升和执行力建设

SMART原则中的"时限性"是指目标的达成是有时间限制的，要求在规定的时间内完成目标，时间一到就要看结果。明确目标执行的时效性是提升各部门、各学院的协作意识和执行力的有效方法。因此，在国际化工作中，各部门、各学院应根据工作任务的权重、事情的轻重缓急，拟定完成目标项目的时间要求，定期检查项目的完成进度，及时掌握项目进展的变化情况，以便根据工作中的情况变化及时地调整工作计划，这样才能防止懒惰懈怠的情况发生，才能加快项目的进展速度。

大部分高校目前重制度、重决策，但协作意识提升和执行力建设也不容忽视。提升协作意识的关键还是在于激发各部门、各学院对国际化发展的内在需求。只有让各部门、各学院意识到国际化发展与自身的利益息息相关，并将国际化发展渗透到自身发展的方方面面，才能变被动为主动，提高工作效率。另外，中层干部的执行力建设是学校教育国际化关键中的关键。执行力是指执行上级决策的能力、具体办事的能力和解决实际问题的能力。[①]正确的路线方针和政策确定之后，执行效率的高低就成为执行效果的决定性因素。

---

① 吴国锋：《高等院校执行力建设的思考》，《职业教育》，2012年第2期。

中层干部是学校政策制定的参与者与执行者，因此自身的思想素质、理论水平和业务能力的高低对学校的国际化发展至关重要。各部门和各学院如不加强协作意识的提升和执行力的建设，便无法在规定时间内完成任务。因此，学校的外事工作领导小组和外事专家委员会应该对参与建设的相关部门和学院的领导班子进行定量与定性相结合、定期和不定期相结合的考核，以此来激发中层干部的动力，引导他们将精力用到执行力的建设上。

（六）以特色和亮点为抓手推动教育国际化

在SMART原则的引导下明确高校国际化发展的基本思路之后，特色项目将成为高校国际化发展的关键突破口。

由以上对有关案例的分析可以看出，复旦大学、浙江师范大学和云南民族大学这样不同层次和级别的高校在国际化工作中都充分利用了自身的特色和亮点来提升学校在国内外大学的排名次序和社会影响力，可见以"国际知名"促"国内一流"是帮助高校实现跨越式发展的有效途径。

浙江师范大学楼世洲副校长指出：对高校来说，国际化不仅指互派留学生数量、外籍教师和海外进修人数，而是通过国际化办学形成国际竞争力，在国际学术舞台上发展自己的"中国好声音"。只有努力创造自己的原创性思维，有自己的独特的东西，别人才会需要我们、尊重我们，我们才有走向国际舞台的资格。

总之，国际化的目的是发展自我，是懂得世界而能立于世界。[①] 近年来，部分地方高校的国际化建设势如破竹，但离行业领先和区域领先仍有很大的距离，建成"双一流"更是困难重重。因此，高校应该找准定位，以特色和亮点为抓手来推动学校的国际化建设，这样才能拉近与行业领先、区域领先和"双一流"的距离。

（七）国际化资源整合

高校的国际化过程，实质就是通过规划、组织、领导、执行及达标等手段，结合人力、物力、财力、信息等资源，高效地达到国际化目标的过程。[②] 如果无法合理利用人力、物力、财力和信息等资源，国际化工作将无法有效开展。财力、人力、物力等重要资源没有得到有效整合，会导致学校的发展需求被现实条件捆绑，国际化建设进展缓慢。因此，高校应该对财力、人力、物力的使用重新整合和规划，统筹考虑，不管是在政策上还是在经费上要适当向国际化工作倾斜。

在人力资源方面，高校国际化人员主要包括四类：国际科研人员、国际教师、

---

① 吴国锋：《高等院校执行力建设的思考》，《职业教育》，2012年第2期。

② 周密，丁仕潮：《高校国际化资源配置模式研究》，《中国高校科技》，2012年第9期。

留学生以及专职国际化服务人员。[①]因前三类人员是教育国际化建设的重要指标，大部分高校已采取一定的措施来进行保障，而专职国际化服务人员队伍建设却一直处于空档。因此，对高校的外事主管部门应有更明确的定位：执行涉外政策、协调国际交流与合作事务、服务学校国际化战略和全校师生的职能部门和办事机构，同时在发挥日常职能的基础上进行开拓和创新，积极为学校的国际化发展贡献力量。另外，外事主管部门的人员配置需要加强，外事工作人员的业务能力、工作水平和综合素质需要提高。

（八）提高师生的国际化参与意识和参与程度

人才培养是高校教育的重中之重，学生发展也是学校国际化发展的根本出发点和落脚点。而教师既是知识的传授者，也是学生思想和行为的领路人。如果师生对国际化工作的参与意识不强和参与程度不高，那学校的国际化发展就得不到彻底落实。要改变这种现状的关键在于将师生的切身利益渗透到学校的国际化发展当中。例如，将教师专业技术职务的评聘与学校国际化工作结合起来就是将教师的切身利益融入学校国际化发展中的具体体现，若相关部门再加强执行力度，教师参与国际化的主动性和积极性将会有很大提高。针对学生，可成立"学生国际交流协会"等学生组织，充分发挥学生在外事工作中的主观能动性。这是学校国际化工作中实现上下联动的一项重要举措，其根本目的是让学生亲身感受到学校的国际化氛围、提高学生的国际视野和国际交往能力，最终促进学校整体的国际化发展。

结 语

全球化的深入发展为高等教育带来新的机遇和挑战，国际化作为现代高校进行创新发展和提高国际竞争力的有效手段，在提高学校的社会影响力和国内、国际知名度以及带动学校整体发展方面的作用不容小觑。以"国际知名"促"国内一流"的逆向式、非均衡的内涵发展策略对高校的教育国际化建设具有较强的可操作性，是缩短高校办学水平与行业领先、区域领先和"双一流"差距的有效途径。

---

① 周密，丁仕潮：《高校国际化资源配置模式研究》，《中国高校科技》2012年第9期。

从2009年QS亚洲大学排名榜看云南大学的国际化^①

摘　要：从2009 QS^②亚洲大学200强排行榜中我们发现，云南大学的国际排名大大高于其国内排名。这为学校推动国际化带来了新的启示：应以"国际知名"促"西部一流"，即借助国际化带动学校发展，同时提升学校的国际、国内影响力和知名度，以实现学校成为西部一流、国内先进、国际知名大学的发展目标。本文尝试阐述以"国际知名"促"西部一流"逆向式、非均衡的内涵发展策略，并进一步对以此为指导的国际化路径提出建议。

关键词：QS亚洲大学排名榜　云南大学　国际化　国际知名　西部一流　内涵发展

引　言

《泰晤士报高等教育》每年公布的全球大学排名受到了各界的广泛认可。该刊与QS合作于2009年5月首度推出亚洲大学200强排行榜。这项排行以英国著名的教育机构QS的调查资料（见附件）为基础，根据各大学的亚洲学术同行评议、研究质量、教职员人数、教学质量、师生国际化程度等指标进行评价与分析。在这次亚洲大学的排行榜中，云南大学出乎意料地与厦门大学、大连理工大学同时排在第151名，在中国大学中列居第23位。

一、解读QS亚洲大学排名对云南大学国际化的启示

国内评价一个学校的水平，更多的指标是关注一个学校在学术研究、学科建设

---

① 与郑蔚合写，原文载于2010年第2期《思想战线》。

② QS：英国著名高等教育评估机构，全名Quacquarelli Symonds。QS自2004年11月开始每年均与英国《泰晤士报高等教育增刊》（THES）合作发布全球大学排行榜，2009年5月该机构首度推出亚洲区大学排名榜。来自约45个国家的700多位大学学者和行政管理人员于2009年11月在吉隆坡举行的第五届 Asia Pacific Professional Leaders in Education Conference（亚太专业教育领导人会议）（http：//www.qsapple.org），来自25个国家的国际专家就高等教育的全球化和排名的作用发表演讲。

等方面的硬指标，而国外除了学术研究、学科建设等指标以外，还有更为重要的一些软指标，如培养的学生的质量、学校服务于社会的能力，而且这些方面是相互影响的。

解读QS亚洲大学排名，为今后推进学校的国际化带来以下启示。

（一）应借助国际化来实现学校总体发展目标

我校2008年在国内的三个主要排行榜中处于第68～84位，而在2009年亚洲大学排行中QS却将云南大学放在39所中国大学之列，排行在中国大学中列居第23位。这表明我校的国际排名相对较高而国内排名相对较低，或者说，我校的国际影响力超过了国内影响力。因此，我们可以尝试利用我校的国际认可度来影响国内认可度，利用国际排名来提升国内排名。

（二）扩大学校的国际合作与交流，进而扩大学校的影响力与知名度是提升学校排名次序的关键所在

在此次QS亚洲大学排行榜中，"亚洲学术同行评议"这项指标所占的比重最大，为30%。"学术同行评议"是一个主观性较强的指标，它取决于大学在学术同行中的印象、知名度和影响力。因此，云南大学不仅应重视推动科学研究和大力提升学术水平，同时也应注重国际学术交流合作，通过国际学术交流合作来进一步提高学校科学研究的能力和水平，提高学校，在国际学术界的知名度和影响力。

（三）国际化已被正式列为评价大学水平的一项指标

QS排行的指标中，各大学的"国际化程度"占10%的权重，其内容包括外专外教、留学生和出入境交换学生。这表明高校国际合作与交流越来越被认可，成为大学继人才培养、科学研究、服务社会之后的一项基本职能，而大学的国际化已经被正式列为评判一所大学优劣的一项指标。我校近年来国际合作与交流发展较快，对提升我校排名次序起到了重要作用。

将以上启示与云南大学的总体发展目标结合起来，可以明确学校今后推进国际化进程的方向：以"国际知名"促"西部一流"。

二、以"国际知名"促"西部一流"的内涵理性与工具性理性

1978年的诺贝尔经济奖获得者赫伯特·亚历山大·西蒙提出和论述了两个层面的理性：内涵理性（substantive rationality）和工具性理性（instrumental rationality）。[①]内涵理性是有关如何理性地发挥战略思维能力，找出应该办好的事

---

① Augier, M., & March, J. Remembering Herbert A. Simon（1916–2001）（J）. Public Administration Review, 56（5）：487–491.

情，而工具性理性则是如何把事情办好。

云南大学提出了未来10年的内涵理性：实现全国50强大学的目标，建设成为一所西部一流、国内先进、国际知名的高水平研究教学型综合大学。而实现这一内涵理性的工具性内涵有多种选择。比如，可能首先想到加强云南大学相对较为薄弱的学科如工学、农学、医学等的建设，这无疑是正确的；但是与此同时，是否需要思考如何借助国际合作与交流的平台，通过逆向的、非均衡的内涵发展策略来提升现有学科的水平，加强新兴学科的建设，培养高水平、社会真正需要的人才？以"国际知名"促"西部一流"的实质就是以开放促发展，借助国际化战略推动学校成为一所西部一流大学，进而成为一所国内知名的大学。

云南大学应充分运用已经取得的一定国际声望和认可度进一步推动国际化，来促进自身教育和研究水平的提高，扩大影响力和知名度，最终实现总体发展的目标。

（一）以"国际知名"促"西部一流"的内涵理性思考

1. 世界各国大学发展的历史都表明，一所大学的创新和生命力要受其对外交往的程度以及对世界认识和文化吸收的程度等的影响

教育的对外开放与交流有助于大学自身的发展。我国高等教育发展能有今天，在很大程度上得益于教育的开放。这就要求我们通过对外开放、合作与交流增强学校的软实力，促进学校的创新与发展。

1946年和1986年再版的英国《简明不列颠百科全书》都把云南大学列为世界知名的15所中国高校之一，到2009年云南大学能在QS亚洲大学排行中取得不错的排名，很大程度上应归功于云南大学自建校以来一直重视对外开放与合作，因而获得了一定的影响力和国际知名度。

云南大学（原东陆大学）的成立本身就是国际化的产物，其首位校长就是云南省首批留美学生董泽先生，共同筹备大学的肖扬勋、张邦翰、童振藻、柏西文等24人中多数为海外留学归来的学子。开学伊始，董校长就明确指出："东陆大学非一人之所有，更非云南、中国的，实世界的也。"当时东陆大学（现云南大学）以"发扬东亚文化开发西欧学术，造就专门人才，传播正义真理"为宗旨，已毅然立足云南、面向世界了。

2. 通过国际合作与交流提升学校的影响力和知名度

近三年来，在学校党政领导的关心与支持下，学校国际教育合作取得了较大的成绩，为提高学校的国际和国内影响力起到了一定的作用。云南大学留学生规模由

2007年前的不足500人扩大到了2009年的1 700人；近两年来学校被教育部列为全国十大教育援外培训基地之一，国家外专局的十一家软件人才（国际）培养基地之一和云南省国际人才培养基地；汉语国际推广工作迅速展开，3年内设立了3个孔子学院（云南省目前共5个）；在校学生赴海外学习的项目和人数翻了3番；中外合作办学项目2009年实现了零的突破，首届中加项目招生94人等，云南大学国际交流与合作方面取得的成绩在很大程度上提高了云南大学的国际影响力和知名度。

3. 以"国际知名"促"西部一流"是一种逆向式的发展策略

一般来说，一所高校的发展路线是先获得较高的区域内排名，再获得较高的国内排名，最后获得较高的国际排名；而云南大学是国际和国内排名并进，而且是利用国际排名来提升国内排名。一般的发展是先争取较高的国内知名度再争取一定的国际知名度；而云南大学要争取国际和国内知名度并行，而且要借助相对较高的国际知名度提升相对较低的国内知名度。一般的发展是先把学校的水平和实力提高到一定程度，再重视推进国际化、扩大国际知名度和影响力；而云南大学将提升水平和影响力并重，并且要以国际化带动水平和实力的提升。

因此，与通常的发展路线相比，以"国际知名"促"西部一流"是一种逆向式的发展策略。这一策略可以充分发挥云南大学毗邻两亚的地理区位优势，可以更好地突出云南省生物、旅游、少数民族等独特的资源优势；还可以有效地缓解云南大学向"国内先进"发展进程中人才不足、地处边远等条件的制约，形成学校的后发优势，为短期内实现学校的总体目标找到突破口。

（二）以"国际知名"促"西部一流"的工具性理性思考

内涵理性与工具性理性的关系是相辅相成的，若决策者决定做一些不该做的事情，却成功地应用工具性理性把事情做得很好，那后果是灾难性的；而一旦我们基于内涵理性找到了应该做的事情，却未能用工具性理性把事情办好，则会事倍功半。以"国际知名"促"西部一流"工具性理性思考就是通过大力发展国际合作与交流，面向世界、融入世界、博采众长、发挥特色来提升教育和科研水平和实力，同时提高学校的知名度和影响力。

1. 建立国际化管理体系，构建国际化运作规范框架

目前云南大学还未形成一个规范的国际化运作体系，国际化的目标、进度以及各教学、科研和管理部门对于推进国际化的职责都不够明确，总体的国际化程度有限。我们迫切需要将国际合作与交流活动从个体的、分散的活动逐步转变为有规划、有规范、有组织的活动。首先，要在全校上下树立起推进国际化、以"国际知

名"带动"西部一流"的理念。其次，要把国际化作为学校整体发展战略的重要组成部分，构建一个国际化管理体系。这个管理体系要求将国际化发展贯穿于学校教学、管理和科研的各个方面，以院系为主体，以教师和学生为主角，以教学和科研为主线，全校的教学、科研、管理各部门联动。学校应组成国际合作与交流委员会，负责研究学校如何通过国际合作促进教学科研发展，对学校的国际化进程和举措进行整体规划，对有关国际化的重大问题做出决策。学校还需要构建一套科学合理的国际化评价指标体系，对国际化行动进行适时的考核和评价，以更好地引导国际化工作沿着科学的轨道运行，并不断深化和持续发展。学校国际合作与交流处应承担起制订学校国际化发展年度计划和评估目标的任务，还应在学校的支持下建立适当的激励机制，充分调动师生参与国际学术交流活动的积极性。总之，学校要通过建立国际化管理体系举全校之力，借国际合作促发展，借"国际知名"促"西部一流"目标的实现。

2. 将国际化的目标定位于提高学校国际、国内影响力与核心竞争力

学校应以提高学校国际影响力和竞争力来促进学校总体发展目标的实现。我们应把国际合作交流工作与提高学校国际影响力和核心竞争力结合起来，正确地采取国际化举措，为学科建设服务，为教学科研服务，为师生服务；将其融入学校的学科建设、人才培养、科学研究和社会服务之中，最终目标是提升学校的教学科研水平、管理水平、综合教育实力以及在国际上的影响力。

为实现这一目标，需要从以下几方面推进。

（1）提高师资队伍和管理干部的国际化水平。我校从2009年开始的派中层干部到美国进行为期3周的管理培训和交流是一种有益的尝试，今后连续5年的实施必将有效地推进学校的教育国际化进程。

（2）大力推动学生的海外经历。

（3）促进科研的国际合作。

（4）逐步进行国际化课程建设，推行英语、双语教学。

（5）广泛聘请外籍教师和研究人员。

（6）加强与国际合作交流有关的校内管理和后勤服务。

（7）重点关注急需突破的学科和专业以及某些重大项目，有组织、有针对性地展开对外交流与合作。

随着2008年国际金融危机的到来，很多高端人才谋求回国发展；另外，现在很多国外大学的教授利用学术休假在中国进行一年的学术访问和交流。面对这些

机遇和挑战，我们可以采用"不求所有，但求所用"的原则，引进国外大学的知名教授、国外企业界的人才，让他们深层次地融入云南大学的本科、研究生教学和科研中。

近年来，很多"985"高校争相通过推动国际化来彰显影响力和提高教育竞争力：一些学校通过大力发展中外合作办学项目引进国外优质的教育资源和有关教学科研组织、教材建设、项目管理等方面的先进经验；一些学校通过大规模招收外国留学生扩大学校的国际知名度，提升学术质量和教育竞争力，拓展本校师生全球视野。一些学校通过鼓励教师和学生的国际流动拓展了师生的视野，提高学校的声望和学术水平，如山东大学自2005年起每年设立500万元"研究生海外留学基金"，重点资助优秀研究生特别是博士生到国外一流大学师从一流导师从事科学研究和课程学习，支持博士生参加国际学术会议和国际暑期学校；另外，部分省属非"985"高校也积极通过优先发展某些国际化的单项指标而在短期内提升了学校的竞争力和影响力，如苏州大学、南昌大学、郑州大学等。

3. 针对不同的教育类别，采取不同的国际合作交流举措

学校发展的未来取决于年轻教师的成长和学生的发展是否具有国际化视野的高度。根据本科生教育、研究生教育、职业与继续教育、外国留学生教育具有不同的特点和目的，我们应有针对性地采取不同的国际合作交流举措。

（1）研究生教育，重点开拓中外联合培养与合作科研项目。研究生教育以研究为主，学生参加科研的能力较强，可重点开拓以科研项目为纽带的中外联合培养项目，如组织学生短期赴海外研修、实习或邀请外国导师来校指导。

（2）本科生教育，采取"引进来"与"海外经历"相结合的方式。学校主要通过聘请外国专家承担专业课教学，引进外国原版教材和教学方法，整体提高本科教学水平。我校目前在进行的与加拿大高校2+2嵌入式合作办学就是一种"引进来"的措施。

（3）继续教育，可推进职业资格证书的引进和培训。学校通过引进国际上优质的从业资格证书培训项目，帮助学生通过各类资格考试取得国际公认证书，大力发展在境外举办的职业培训项目。

（4）外国留学生教育，"请进来"和"走出去"办学并重。一方面是凭借政府奖学金为我校提供的招生平台进一步扩大在校外国留学生规模。另一方面是努力开拓周边国家教育市场，进一步拓展孔子学院、孔子课堂项目的空间；借助我校与周边国家高校的紧密关系，开设国际联合课程；与周边国家高校创立联合办

学项目。

4.发挥特色和优势，有策略、非均衡地提高我校在国际、国内的教育竞争力

在以"国际知名"带动"西部一流"的发展过程中，很重要的一个方面就是发挥我校的特色和优势，综合考虑和充分运用国内和国外两个平台、两个市场、两种资源，以提升学校的教育竞争力。我们需要考虑并解决如何立足南亚和东南亚、放眼全球去思索、谋划学校国际化，如何输出我们优势的教育资源，如何在国际教育市场上占有一席之地，如何让世界更多的人了解云南大学的优秀学科进而了解我国的先进经验、技术、文化和意识形态等问题。尽管云南大学的学科水平、教育资源与国内外知名高校相比不占优势，但云南大学却拥有一些独特的优势。云南省与东南亚、南亚各国在地域上山水相连，在文化上传承相通，便利的交通和人文环境使我们与南亚和东南亚各国进行合作与交流具有其他地区无法比拟的区位优势。云南省具有丰富、独特的生物资源、旅游资源、少数民族人文资源，云南大学应运而生的相关重点学科使我们对外招收留学生、举办研修和培训项目、赴境外办学等方面具有很大优势。另外，云南大学在宜人的气候、低廉的生活水平等方面对外国留学生极具吸引力。世界很多国家都具有向我国输送留学生的巨大潜力：韩国人口仅4 800多万，每年就有6万学生在华学习，居来华留学生第一位；而东盟有5.6亿人口，其中华人就超过3 100万；美国《保罗·西蒙参议员海外留学基金法案》计划在未来若干年内，每年向外国派出10万名学生，我国是其计划中的首选地区，等等。只要我们做好宣传工作，准备好充足的师资、有特色和吸引力的品牌专业，我校来自东盟和美国的留学生的数量就会有大幅度的增长。

总之，通过对2009年QS亚洲大学排名榜的分析和解读，我们的结论是：不应简单追随一流大学的发展之路，仅把提高教学科研水平作为学校的发展战略，仅重视以不惜代价地引进人才这种途径来提高国内排名，而应以更高、更开阔的国际化视野，从自身的现状和开创未来的历史使命的需要出发，充分发挥特色和优势，以"国际知名"带动"西部一流"，有策略地提升云南大学的教育竞争力和影响力。

THE排名与QS排名评价指标及各指标权重

评价方面	评价指标	权重	
		THE排名	QS排名
教学	教学声誉	15%	—
	生师比	4.5%	20%
	师均博士学位授予数	6%	—
	师均学校收入	2.25%	—
	博士学位授予数/学士学位授予数	2.25%	—
研究	科研声誉	18%	40%
	师均科研收入	6%	—
	发表论文数/（专任教师数+专职科研人员数）	6%	—
引用	篇均引用次数（标准化）	30%	20%
社会服务	通过创新、发明以及咨询产业发展而取得的科研收入（师均）	2.5%	—
国际化	国际教师/国内教师	2.5%	5%
	国际学生/国内学生	2.5%	5%
	至少有一位国际合著者的论文占论文总数的比例	2.5%	—
毕业生质量	雇主评议	—	10%

（译自QS网站）

参考文献

［1］和学新.教育全球化进程中的教育开放战略［J］.教育理论与实践，2007（12）.

［2］纪宝成.国际文化交流是大学的第四项基本职能［J］.大学国际.2007（3）.

［3］Kathryn Mohrman.中国特征的新兴全球化模式［M］.大学发展第一辑.

［4］廖进球，谭光兴，朱晓刚.我国大学教育国际化的路径选择［J］.中国高等教育.2008（1）.

［5］Marfinson, S., Global university rankings: where to from here? ［J］.Asia-pacific Association for International Education. 2007（3）.

［6］缪世林.教育国际化背景下当代大学发展的国际化路径设计思考［J］.苏州科技学院学报. 2009（8）.

［7］卢江滨，朱本琳.我国重点大学开展国际合作交流工作探讨.2006中国高教学会引智工作分会年会交流材料.

［8］王建生. 高等教育国际化的探索［J］.山西财经大学报（高等教育版）.2002（3）.

［9］王路江.大学走具有特色的国际化发展道路［J］.中国高教研究.2005（2）.

［10］徐国祥，马俊玲，于颖.人才国际化指标体系及其比较研究（A Comparative Research of the Index System for Measuring Talents Internationalization）［J］.上海财经大学学报.2006（3）.

［11］晏世经，张玉.中国一流大学建设的国际化实际探索——四川大学中层干部海外培训战略抉择［M］.大学发展.第一辑.

［12］周敬伟.构建大学发展潜力评价指标体系的思考［M］.大学发展，第一辑.

［13］周远清，张晋峰.建设创新型国家，进一步加强引进国外智力的工作［J］.大学国际，2007（3）.

［14］朱庆葆.一流大学建设路在何方［N］.光明日报，2007-1-17.

英国高等教育国际化启示①

2014年2月5日至25日，云南大学第四期中层干部培训团一行15人，满怀开阔视野和学习英国高等教育先进理念的殷切学习热情，踏上了为期21天的英国培训之路。21天来，培训团认真考察、学习了英国的8所高校、2所中学、4个高等教育机构，听了10余次讲座，并分别与英国东伦敦大学校长John J.Joughin教授、考文垂大学主管国际合作与交流的副校长David Pilsbury教授以及英国高等教育领域的专家学者进行了富有成效的交流。培训伊始，即与国家外专局驻英国总代表刘燕朝以及刁伟臣等国家外专局驻英国代表处的同事们座谈、交流，了解有关政策，进一步强化对培训学习意义的理解。培训结束前在中国驻英国大使馆教育处听取沈阳公使衔参赞介绍英国高等教育的情况，与使馆教育处交流组组长李国强一秘等使馆工作人员进行了详细的交流，并向沈阳公使衔参赞汇报了本次培训的成果和学习的体会。

综观此次培训活动，从签证开始时的访问英国驻重庆总领馆文化教育处，到最后在中国驻英国使馆教育处的小结，全体学员通过系统的学习与考察，无不受益良多，而对于长期从事国际合作与交流的我而言，则更加深感责任重大。尽管曾经在英国长期留学并也多次短期访问过英国，但是在本次考察培训过程中，我也跟大家有同样深刻的感受。我深感即使是久负盛誉的英国高等教育，也是在挑战与探索中不断地创新与发展，从900多年前诞生的牛津大学到刚刚成立的新大学无不高度重视办学特色与国际化，注重对学生的人文关怀。英国高校发展的一个显著特点，就是将国际化项目渗透到人才培养、科研和服务社会的每一个环节之中，并与学校的总体发展战略、可持续发展的理念和内涵建设融为一体，通过内部的审核机制完善现代大学体制。

本文拟针对英国高等教育的国际化，特别是通过对考文垂大学实例的分析研究，尝试摸索一条云南大学创建"国内一流、国际知名"高校的道路。

---

① 原文载于《游于道——云大师生走进世界》（云南大学出版社，2015年12月出版）。

一、精彩纷呈的英国高等教育

说起英国的高等教育，我们不妨先看一下最新的世界大学排名。2013 年10月2日，《泰晤士报高等教育期刊》公布了2013至2014年度世界高校排名，这是《泰晤士报》连续10年发布的世界大学排名。来自世界五大洲15个国家的1 750多名学术人士接受调查访问，50多位教育界权威人士参与了对排名的审核。此次世界大学排名依旧从5大类13项考评指标得出各个大学的总评分数：科研（30%）、教学（30%）、论文引用数量（30%）、国际视野（7.5%）以及产业收入（2.5%）。在这次排名的前十名中，美国高校占了7席，英国高校占了3席；前200名中，美国占了77席，英国占了31席。英国以约6 300万的人口在世界70多亿人口中占比不足1%；仅仅150余所院校，就在世界高等教育的舞台上占据了如此重要的位置，值得我们深思。美国现代大学制度的建立，包括注重特色发展、注重内涵建设、注重创新、注重国际化，都需要我们认真学习。就总体上看，英国在校学生总数为230万人，海外学生近30万人（其中中国留学生就有13万人）。英国的高等教育在世界高等教育中占据重要地位的原因与其制度上的顶层设计有着密切的关系。

（一）英国高等教育的管理及支持机构

为了保证高校的自治权和创新性，英国的教育管理部门经历了一系列改革。2007年6月英国首相布朗上任伊始，即将原有的"教育与技能部"分为两个独立的部门："儿童、学校与家庭部"和"创新、大学与技能部"。两个部以19岁为界，分别负责19岁以下青少年的教育和19岁以上成年人的教育。2007年6月5日，布朗首相再次对教育管理部门进行改组，保留"儿童、学校与家庭部"，将"创新、大学与技能部"与"商务、企业与改革部"合并为"商务、创新与技能部"。经过几番改革，目前英国高校的管理机构是英国"商务、创新与技能部"。英国政府认为，高等教育是经济体中的一部分，因此大学及其他一些高等教育机构不属于教育部管理，而由负责经济发展的商业创新技能部管理。2009年11月，高等教育发展报告《更高目标》明确了大学在促进经济复苏和保持国家长期繁荣过程中扮演的重要角色，国家技能人才发展战略《发展的技能》旨在通过技能人才的培养促进英国的经济增长。

在高等教育管理方面，英国政府一方面给了大学高度的自治权，一方面设立了各种非政府性质的机构对大学进行监管和支持。

（1）英格兰高等教育基金管理委员会（Higher Education Funding Council）：

为高校教学、科研拨款的机构，是英国大学最大的资金来源，大学60%的资金都来源于这个管理委员会的拨款。除此之外，大学还有一些其他渠道的收入来源，包括学费、捐款、商业以及其他一些公共组织（如全民医疗保健系统）的资助、科研经费、慈善组织资助、英国研究委员会拨款等。2013–2014年，高等教育基金管理委员会对大学和学院的拨款是23亿英镑，款项主要用于3个方面：教学、学生选择、科研，加强大学、学院与商业和社区的联系。大学拨款不是直接由政府来主持，而是由独立的管理委员会来执行的。

（2）研究委员会（Research Councils）：是一个非部门性的公共组织，通过开放性的竞标向科研人员及研究生提供研究资助。每一个方面的学术研究都有一个研究委员会。英国最大的研究委员会是经济和社会研究委员会，目前支持了4000名研究人员的工作及研究生的工作。

（3）英国大学联合会（Universities UK）：英格兰、苏格兰、威尔士的所有大学都属于这个组织，它不是一个有法律意义的组织，而是在政治上有游说功能的组织，为英国的大学提供了一个发表自己观点的平台，主要工作是游说政府把更多的财政经费投入到教育上。

（4）高等教育质量保证局（Quality Assurance Agency）：同研究委员会一样，也是一个非部门性的公共组织，主要任务是保证所有大学和学院的教学质量。2003年，为保证教学质量，形成了相对比较稳定的评估框架，简称QEF。英国每所大学每6年要接受一次考核，每3年有一次中期考核。此外，自2005年开始，每年还要进行国家的全民学生调查（National Student Survey），由大学三年级的学生完成调查问卷针对学生的学习经历进行的调查评估。所有评估信息都是向公众开放的，可以在全民学生调查网站上看到学生群体对某个大学、某个专业、某个学院的评价。全民学生调查由高等教育基金管理委员会来组织完成。

（5）高等教育研究院：是国家的政策执行机构，负责高校教师执业资格的认证。主要工作任务是改善学生的学习经历、评选和奖励优秀教学成果和教师、为教师创新研究提供资金、为教师提高教学质量提供学习培训支持，同时也为政府教育政策的制定提供咨询等。

（二）各具特色，普遍高度重视国际化的英国高校

英国的150余所高校按成立的时间划分，可以分为如下几类。

（1）古典大学：分别是成立于1096年的牛津大学，成立于1209年的剑桥大学，以及4所苏格兰大学—圣安德鲁斯大学（1410年）、格拉斯哥大学（1451年）、阿伯丁大学（1495年）和爱丁堡大学（1582年）。

（2）维多利亚时期大学：在维多利亚时期成立的大学。

（3）红砖大学（Red Brick Universities）：红砖大学均是以英格兰六大重要工业城市名称而命名的著名大学。

（4）平板玻璃大学（Plate Glass Universities）在20世纪60年代成立的英国大学，因为他们的建筑风格而被称为"平板玻璃"大学。

（5）新大学（New Universities）、开放大学以及白金汉大学（University of Buckingham）：开放大学采用了远距离教学和开放式的办学形式，结合函授电视、广播、计算机网络等现代教学技术手段，以新颖的办学形式、齐全的专业设置、宏大的办学规模，为成人学生设置大量的本科生和研究生专业等，被誉为"英国教育史上的一次伟大革新"。现有注册学生20多万人，是英国规模最大、办学效果明显的大学，其办学质量已经达到国际先进水平。白金汉大学是英国唯一的一所私立大学。

本次我们共考察、学习了牛津大学、剑桥大学、爱丁堡大学、曼彻斯特大学、瓦特大学、考文垂大学和东伦敦大学等7所高校的办学经验。对我来说，感受最深的就是英国高校注重办学特色与国际化建设。

提到英国，我们很容易联想到他们的保守，就其高校而言，我们需要修正一下这样的观点了。英国古典大学，无疑是非常注重传统和纯学术的，然而即使是古典大学也极其重视创新与国际化。这次我们到牛津大学自然博物馆访问了德里克教授（Prof.Derek），他长期与我校侯先光教授合作，从事澄江动物化石群的研究。而其他各个时期成立的高校注重自身的特色，不在同一方向上争长短，这一点值得我们认真学习。中国的部分高校，往往过分重视博士点、硕士点而忽略了内涵发展和特色发展。

二、实例分析：国际化，考文垂大学快速发展的推手

2014年1月21日，云南大学中层干部培训团来到了英国著名的工业城市考文垂，实地考察与学习了考文垂大学的快速发展状况。之所以选择到考文垂大学实地考察，是因为这所学校在大学排行榜中仅短短的8年时间就由排名80多位迅速提升到了40位上下。我们需要认真考察一下这所高校快速发展的原因及经验。考察团得到了该校主管国际交流的副校长David Pilsbury教授等考文垂大学相关人员的热情接待和耐心讲解。

英国考文垂大学的建校历史可追溯到1843年考文垂设计学校。现在的考文垂大

学是由多所学院在1970年合并形成的，能够提供地区性教育、全国性教育和国际教育，并为学生提供良好的学习环境，同时继承了提供高等教育和多学科研究的优良传统。学校的声誉得到了社会的认可，QS排名逐年上升。

据David Pilsbury教授介绍，考文垂大学之所以得以迅速发展，得益于注重内涵发展和国际化战略的实施。David Pilsbury教授说："目前只有为数不多的高校真正懂得高校国际化的内涵，大家通常的做法是注重数量而非质量，强调个体交流而非校际之间的交流，片面重视国际化课程，片面强调传统而非重视克服困难的解决方案。"

考文垂大学国际化之所以成为学校发展的发动机，主要得益于以下几个方面的工作。

（1）国际学生在学生中占有相当高的比例。大量的国际学生不仅给考文垂大学带来了巨大的经济效益，同时也在校园内形成了浓厚的国际化氛围，给学校注入了新的观念和创新性思维。考文垂大学共有22 000名学生，其中有5 000名国际学生和大约1 000名欧洲其他国家的学生。

（2）高度重视学生的海外经历。7 500名学生因参加国际项目而有海外经历。

（3）高度重视科研的国际化。70%的科研活跃的老师与海外机构有合作关系。

（4）重视海外联络机构的组建并积极在重点区域设立海外办公室，学校分别在尼日利亚、印度和中国设有办公室。

通过以上一系列措施，考文垂大学建立了覆盖全球的国际化网络，国际化真正成为学校发展的发动机、加速器。

三、国际化与一流大学的"四条路径"

通过对英国几类高校发展经验的理解，特别是对考文垂大学的实例分析，我们不难看出国际化在大学发展过程中的应有之义。

2013年4月20日在云南大学建校90周年之际，云南省政府提出要把云南大学建成"中国一流、世界知名"大学的要求，并为云南大学指出了四条路径作为云大跻身一流的必由之路。下面就国际化在创建"国内一流、国际知名"高校的"四条路径"进行阐述。

（一）立一流的目标

云南省区位优势突出，是我国进入东南亚、南亚的重要门户。同时，自然资源和民族文化丰富多样，加上云南大学具有优良的传统和扎实的基础，完全有条件和能力更上一层楼。希望云南大学高标准、高要求，树立宏大的发展志向，把"中国一流、世界知名"作为云南大学的发展目标，以国际的视野、开放的胸怀、创新的思维，进一步调整和完善办学定位、办学理念和办学方法，推动云南大学跨入一个新的、更高的水平。

云南省政府要求我们以国际的视野、开放的胸怀、创新的思维，进一步调整和完善办学定位、办学理念、办学方法，推动云南大学跨入一个新的、更高的水平。这实际上就是要我们做好学校规划的顶层设计，对我们提出了更高的要求，要求我们干部和教师都要具备国际化的视野。

近年来，在学校党委的正确决策下，云南大学的干部和师生比以往任何时候都更加有机会参加国际合作与交流，目前也许不一定可以马上见效，但是其效果在未来5～10年会进一步凸显。

1.中层干部，尤其是各部门的党政一把手既是学校决策的参与者，更是决策的主要执行者

最近4年来，云南大学中层干部培训已经举办了4期，共有学院的院长、书记和职能部门近60位50岁以下的中层干部赴美国、英国参加培训，取得了很好的效果。这对于云南大学内涵发展、提高学院和职能部门的执行力、开阔有关人员的视野具有无可替代的作用。每次出行前，学校党委主要领导对参训干部都会提出"三个一"的要求，即一篇总结报告、对学校的一条建议、对本部门一项改革措施。每次培训都有一位校领导带队。参训干部通过学习培训，增长了知识，开阔了眼界，打开了思路，学到了别人的长处，看到了自身的不足。

2. 一大批稳定的具有国际化视野的专家学者队伍是推进学校国际化的一笔极其宝贵的财富

目前， 在国际化的实施过程中专家、学者的出国向学科带头人倾斜，每年都有近300人次出国参加国际会议，合作科研、对口交流与日俱增。

（二）聚一流的师资

善之本在教，教之本在师。教师肩负着开启民智的使命，肩负着千万家庭的希望，承载着民族振兴的梦想。只有慎选师资、选好师资，才能抓住教育的关键并抓住教育的根本。希望云南大学以博采众长、汇聚众流，海纳百川、兼收并蓄的博大胸怀，始终坚持把加强教师队伍建设作为强身健体的重要工作来抓，从改善待遇、尊重学术、鼓励创新等方面提供更加优越的条件、营造更加宽松的环境，努力使云南大学成为名师云集、专家众多的一流大学。

在各国经济社会发展中，人才资源已成为最重要的战略资源，人才在综合国力竞争中越来越具有决定性意义；国家的核心竞争力越来越表现为对智力资源和智慧成果的培育、配置、利用能力，表现为对知识产权的拥有、运用能力。谁拥有了人才优势，谁就有了竞争优势。引进国外智力，借鉴先进的教育理念和教育经验，能促进我校教育改革发展，提升我校教育的国际地位、影响力和竞争力，适应国家对外开放的要求，培养大批具有国际视野、通晓国际规则、能够参与国际事务与国际竞争的国际化人才。

要使我校成为名师云集的大学，无外乎两条途径：自主培养（完全自己培养、联合培养和将有潜力的教师送到国外培养）、引进外脑（国内引进、国外引进和外专外教）。近年来学校在这两方面做了大量工作。

1. 引进国外智力，架设发展桥梁

云南大学积极开展引进智力工作，来自美国、加拿大、英国、法国、德国、澳大利亚、斯洛文尼亚、印度、韩国、日本、泰国、菲律宾等国家和地区的70余名专家教师在我校从事合作研究、教学培训等工作。外国专家和教师为我校做出了重要贡献，以合作研究与专题讨论相结合、培训与研讨相结合、实验技术指导与研究生培养相结合、学术交流与洽谈合作项目相结合的方式，极大地丰富和活跃了学校的学术氛围。这些专家为我们提供了最新的信息、资料、实验技术和研究方法，从而有力地促进了学术的建设和发展，提高了相关领域的研究水平，取得了明显的成效。

此外，在编写教材、全国性竞赛学生培训和学生课外社团活动等方面，外籍和境外教师也发挥了积极的作用。

2. "引智"工作从注重数量向注重质量转变

云南大学多渠道、全方位引进国外优质智力资源，如中美富布莱特项目、中印泰戈尔客座教席、国家外专局千人计划配套引智工程及高端外国专家项目、中斯政府科技项目等，分别在不同的领域发挥了显著的作用，为学校的国际化建设搭建了发展的桥梁。2011–2012年，云南大学连续两年引进美国高层次富布莱特专家到我校讲学；2012年，学校与印度驻广州领事馆文化事务部签订了"泰戈尔客座教席协议"，印度每年派1～2名高端印度学者到学校访学，2012年选派了第一名泰戈尔教席访问学者——来自于印度尼赫鲁大学国际关系研究院的 Chintamani Mahapatra 教授在学校国际关系研究院访问讲学。

3. 自我培养工作成绩显著

2011年，云南大学成为首批获得国家"111计划"和"千引工程"专项资助的地方高校，这是云南大学全面实施国际化战略的一个重大突破。2013年，云南大学有3个重点项目通过国家外专局2013年度高端外国专家项目计划，云南大学国家软件人才国际培训（昆明）基地是国家外专局批准成立的第11个基地。云南大学引进的3名海外华侨专家吕正红、郑智捷和徐文荣获国家侨联颁发的2012年"侨界贡献奖"，印度专家马里亚·帕拉见查米获2012年云南省外国专家"彩云奖"。

（三）创一流的学术

大学是文化继承、知识创新和人才培养的基地，具有浓厚的学术底蕴和一流的学术成果，不仅是大学独特魄力的彰显，更是大学精神的体现。希望云南大学继承和发扬精研学术、著作迭出的优良传统，尊重学术自由，营造宽松环境，积极倡导师生进行学术研究，切实把广大师生的积极性、主动性、创造性激发出来。要主动发挥学科特长，积极拓宽研究领域，着力加强科学技术尖端领域的前瞻性研究，着力加强涉及国计民生重大问题的重大战略研究，使人才培养的质量、科学研究的水平和社会服务的能力与云南省现代化建设的客观要求相适应，努力为富民强滇做出新的更大贡献。

这一途径中有两个要点，一个是加强科学技术尖端领域的前瞻性研究，另外一个就是服务社会。要做到加强科学技术尖端领域的前瞻性研究有两个前提条件：一是国际化视野，二是与国内外一流学者的合作，尤其是跟国外的一流学者合作。实际上，跟国外的一流高手合作得好，在国内同行中就会有更多的资源。这样的例子不胜枚举。这里，试举几例进行介绍。

1.侯先光教授荣获 "国家引智贡献奖"

侯先光教授是一位全国知名的科技人才，他所带领的科研队伍经过长期艰苦、细致的野外工作，在云南省澄江县早寒武世地层内（5.3亿年前）发现了闻名于世的澄江动物化石群。该动物化石群的发现被世界科学界称为"20世纪最惊人的发现之一"，为早期生命科学研究开辟了一个重要的创新性研究领域。由于杰出的科学贡献，侯先光教授先后荣获中国科学院自然科学特等奖、国家自然科学奖一等奖、全国五一劳动奖章和全国先进工作者等多项荣誉。由于侯先光教授在引进国外智力工作中成绩突出，被授予"国家引进国外智力贡献奖"荣誉称号。自20世纪80年代以来，侯先光教授一直与国外多所大学及研究单位保持密切的合作关系，与英国莱斯特大学、牛津大学、瑞典国家自然历史博物馆、瑞典皇家科学院、美国蒙大拿大学的研究人员建立了长期良好的合作关系，为推动云南大学、云南省乃至中国在古生物学方面的研究做出了重大贡献。

2. 工商管理与旅游管理学院：一流理念引来一流合作者

云南大学工商管理与旅游管理学院起步的时候，国内商学院已经高手林立，教育资源的不平衡让云大商旅学院想要迎头赶上变得更加困难。"云大在中国商学院俱乐部里没有发言权，想要发展，必须要到国外去找更高的高手玩。"商旅学院副院长高核告诉记者。然而，商旅学院院长田卫民发现，那些世界级的大学、基金会，有的人花了大力气、花了大钱也不能促成合作，有的人和他们聊5分钟对方就决定合作，他说："要合作，就必须了解他们的理念，学会他们的规则。"

2002年，云南大学继清华大学、复旦大学、中山大学岭南学院之后，正式启动了与世界著名的美国麻省理工学院斯隆管理学院合作开展国际MBA教育的项目，云南大学商旅学院也开始了全新的国际交流之旅。云南大学和麻省理工学院的合作，让商旅学院的教职工有机会和世界最顶尖的管理学家坐在一张桌子上工作，和世界上"最聪明的人"走在一条街上，听惠普等大公司CEO的讲解，这彻底改变了云南大学商旅学院从领导到教师的思维方式。以高盛、淡马锡等国际一流的基金会的资金支持为基础，云南大学商旅学院已经与麻省理工学院、东伦敦大学、渥太华大学、加州大学萨克拉门托分校等世界一流的名校实现了多层级、多元化的交流合作，其合作学校覆盖全球，也使学院发展成为西部地区一流乃至全国有影响的商学院。几年的飞跃式进步，让我们不禁感叹大学国际交流合作的重要性，"只要理念对了，发展可以事半功倍"。

3. 服务社会一方面是科研项目的转换，另一方面是培养学生服务社会的意识

"中国与印度：知识与能力培养"第二期暑期项目，由来自印度加尔各答大学和美国纽约新派大学的12名在读研究生及云南大学国际关系研究院的6位同学共同参与，与美国数字电视与世界中心合作，在昆明及周边地区开展了中美学生联合新闻采访拍摄新闻实践活动。

云南大学是全国唯一设有禁毒防艾（本科）专业学科的"211工程"重点大学。云南大学禁毒防艾研究与援助中心，是中国第一个在高校成立的多部门、多层次人员组成的，致力于推动本地禁毒防艾工作的集综合研究、社会服务和人才培养"三位一体"的基地。中心通过与英国海外志愿服务社（VSO）的长期合作，在基础教育、艾滋病防治和省内志愿服务领域开展工作，引进国际禁毒防艾的技术和经验，提高当地现有禁毒防艾项目的管理和服务体系的质量。在过去的两年多里，在禁毒和艾滋病预防教育方面，VSO志愿者及学生志愿者一起开展禁毒知识宣传教育，并选出部分学生出席一系列的培训及同伴教育活动，对陇川县

二小的艾滋病孤儿和弱势儿童进行了需求评估，并给这些儿童、当地教师予以捐赠和支持。

（四）造一流的人才

人才数量的多少与人才质量的高低，既关乎一所大学的社会地位、国际国内声誉，又是衡量一所大学品质、层次的重要标尺。希望云南大学全面贯彻落实党的教育方针，坚持社会主义办学方向，按照"育人为本、德育为先、能力为重、全面发展"的办学要求，改进人才培养模式，创新教育教学方法，搞好理论与实践结合，切实增强学生的实践能力和创新能力。要鼓励立志成才、鼓励成名成家、鼓励建功立业，引导和教育学生以实现中国梦、云南梦为己任，把远大理想与祖国的命运、人民的意愿紧密结合，努力培养更多的品行优良、本领过硬、敢于担当、勇于创新的优秀人才，使云南大学成为人才涌流、人才辈出的摇篮。

1. 注重培养在校师生的海外经历

云南大学2013年共派出各类留学人员109人，其中公派留学41人（青年骨干教师项目3人、富布莱特项目1人、中法蔡元培项目1人、西部项目6人、地方公派9人），出国（境）培训项目130个，国家公派研究生11人，其他访问学者10人，还有互换奖学金生、赴泰汉语志愿者等10余项出国（境）项目。在教师与志愿者派出工作方面，2013年云南大学派出中方院长（课堂主任）2人、孔院教师2人，赴孟加拉、缅甸、泰国、柬埔寨、印尼、罗马尼亚、法国汉语教师志愿者84人，纳入泰国、韩国汉语教师志愿者60人。云南大学积极，做好宣传工作，在全校范围及时启动汉语教学志愿者预报名的工作，在学生中影响较好。但同时我们应该清醒地认识到，学校在公派出国的规模上与"985工程"高校还存在较大差距，甚至还不如一些知名的"211工程"院校。

2. 加大力度培养国际学生，尤其是针对周边国家的国际学生的培养

云南大学与周边国家和地区开展各类长短期项目14个，其中一年以下短期项目8个，一年以上长期项目6个。短期项目如与泰国清迈大学、泰国孔敬大学的师生短期交流项目等。长期项目如与韩国岭南大学交换生项目、人文学院与泰国宋卡王子大学"2+2"合作办学项目、"1+2+1"中美人才培养项目、中加（加拿大）嵌入式人才培养合作项目以及与亚洲理工大学的"3+2"本硕连读项目等。

四、推进高校国际化工作的实践与思考

高校国际化工作是一项富有挑战性、创新性的工作，考验的是高校如何化被

动为主动、常规里求突破的能力。外事管理工作既要坚持基本原则，又要把握处理具体问题时的灵活性；既要强化外事归口管理、统一指挥的观念，又要强调以人为本、服务为先的理念；既要加强管理部门的职能作用，又要理顺职能部门间、职能部门与学院之间的分工协作关系；既要立足自身为本校发展谋利益，又要尊重对方负起责任。

（一）加强顶层设计、总体规划和上下联动，形成国际化大格局

在学校党委、行政部门的支持下，学校专门成立了外事工作领导小组，由校长任组长，主管外事的副校长任副组长，各主要职能部门的负责人为成员；成立学校外事工作专家咨询委员会。学校高度重视国际化推进工作，学校党委牵头，召开了学校推进国际化工作会议，制订了国际化办学战略实施方案。

但是，目前学校尚未真正实现上下联动的国际化大格局。这需要加强顶层设计，包括大环境的顶层设计，即国家层面给予高校充分的自主权，使高校真正成为社会文明的引领者；校内小环境的顶层设计，即利用国际化这个杠杆，将资源合理配置，使各部处、各学院和研究院充分发挥部门和学术优势特色，创造性地开拓对外合作。只有各个层面的人员都积极参与，高校国际化建设才能取得最佳成效。

（二）以项目为先导，以基地为依托，开展特色"引智"

云南大学办学历史悠久，所处的区位和地理位置重要，在国内外享有盛誉。经过数十年的发展，生物学、民族学和国际关系研究（南亚和东南亚）等学科在国内独树一帜，具有鲜明的优势和特点，其中生态学、微生物学、民族学是国家级重点学科。近年来，在国家外专局和云南省外专局的大力支持下，云南大学负责完成了多项国家级和省级"引智"项目，还建立了多个引进国外管理人才项目基地。2013年，云南大学有3个重点项目通过国家外专局2013年度高端外国专家项目计划，云南大学国家软件人才国际培训（昆明）基地是国家外专局批准成立的第11个基地。今后，云南大学应以"项目"为先导，以"基地"为依托，积极引进国外技术和管理人才，为云南大学科研发展提供智力支持，以提高学校的国际化程度、拓展师生和管理干部的国际视野、实现人才的国际化培养。

（三）加强人力、物力投入，营造国际化氛围

学校的管理者和教学的践行者要真正从思想观念上国际化，加强人力、物力投入，营造国际化氛围；做好顶层设计，制定鼓励师生出国进修的政策，为希望到海外留学的学生提供信息和帮助；注重留学生的学习、生活问题的咨询和学习、生活环境的完善；为了实施国际化课程建设，进行实践研究和教材的编写，开展面向留学生的专业教育、中国文化理解教育；组织地域性社会的国际化和跨文化理解的相关活动，如注重将国际化和本土化相结合，向外国专家和留学生宣传优秀的民族文化，加强多元文化的理解与和平共处，推进国际性的学术、教育交流。国际交流首先是人的交流，只有建立起跨国群体的信任、打好相互理解和尊重的基础，才能有效地开展实质性的国际交流和合作。

（四）合理调配现有资源

只有合理调配现有资源，并向国际合作与交流活跃的部门进行政策性倾斜，云南大学才能实现国际化的可持续发展。

开启区域合作大门　拓展高校发展空间①
——云南大学国际化发展的区域性优势与区域化战略

摘　要：云南大学在2010年确立了"建设区域性高水平研究型综合大学，挺进全国高校20强"的发展目标。本文拟对云南大学的"区域性"加以探讨，定位其内涵和外延，进一步分析其开展区域性国际教育合作的优势，提出云南大学在"区域性"定位下的国际化战略重点。

关键词：区域合作　区域性优势　区域化战略

一、云南发展目标中的"区域性"范畴定位

一般而言，对云南大学的"区域性"的理解指的是其地处中国西南部的现实。这一点反映在云南大学早先提出的发展目标之中，即"西部一流、国内先进、国际知名"。而就更广泛的意义上来说，特别应注意在新一轮西部大开发战略和"桥头堡"建设的背景下的"区域性"的范畴和定位。

作为一所地处边疆的大学，云南大学在制定发展目标的时候，必须分析其区域性定位，而对区域性定位的分析又离不开对云南的地理、区域文化、经济政治等各方面的分析。众所周知，云南与越南、缅甸、老挝三国接壤，陆地边界线很长；云南又处于中华文化圈与东南亚文化圈、南亚文化圈最前沿的地方，与西亚和非洲文化圈邻近，有相似的文化底蕴；云南自古就与东南亚、南亚、西亚、东非的国家有着较为密切的经济、文化联系。

回顾历史我们不难发现，由于各自利益不同，中国及周边国家所关注的问题也不尽相同。例如，大湄公河沿岸各国对水资源环境的诉求，下游国家倾向于对上游国家提出相应的环保要求，这与某些欧洲国家的情况类似。进一步看，由于政治主

---

① 与郑蔚合写，原文载于2011年第5期《学园》。

张的差别，领土争议、边界摩擦及其导致的军事冲突，大湄公河次区域各国之间并非始终保持着睦邻友好的双边和多边关系。在全球化的背景之下，各国的政治、经济、社会发展均有赖于其国际关系的发展，尤其有赖于与周边国家的互利共赢关系的建立。然而，在这种复杂的形势下，高等教育合作却是各国均不会反对而且容易推动的一项合作项目，这是各国不断发展高等教育合作的重要基础。

教育合作是增进理解、提升认同、合作共赢的重要基础，是区域人力资源开发计划的重要内容，是各国真正具有优势互补、合作条件比较成熟、发展空间巨大的合作领域之一。加快高等教育合作是中国与相关各国共同推进东亚合作的重要方面。中国作为区域内的一个大国，是推动地区合作发展的中坚力量。推动合作符合中国的经济、政治利益，有利于地区的稳定和发展。

云南大学的"区域性"定位以我校所具备的地缘优势为基础，即学校的发展必须立足于一定的现实条件，以便在我们所处的地理范围之内发挥我校作为一所区域性的高等学府所应当发挥的作用。但是，云南大学的区域化发展战略却不能局限于我们所处的地理区域。就云南大学的国际化发展战略而言，"区域化"应当包含两个层次：

（1）在本校所处地理区域内实施广泛而富有实际成效的国际交流与合作，充分利用区域性的地缘优势提升自身水平，带动周边地区的高等教育发展乃至为整个地区的社会经济发展和区域和平做出贡献；

（2）在大力实施国际化发展战略的过程中，广泛开展多层次、全方位的国际学术交流与合作，按地理范畴和地域文化的区域性，与我校的战略合作伙伴开展不同层次的合作。

因此，云南大学区域性战略发展的目标应当以中国的西南部地区和东南亚十国为核心，以南亚次大陆的印度和孟加拉为重要支撑，辐射西亚和东部非洲等地区。

二、关于"区域性"教育交流带来的机遇和国际化战略的再思考

（一）相对于国内高水平大学的比较优势

当前，云南大学与国内高水平大学相比，因受地域、历史、体制及资源条件等方面的制约以及学校自身存在的诸多问题，学校的综合实力与国内高水平大学相比还有很大差距。

但是，如果综合考虑和充分运用国内和国际两个平台，发挥云南大学的特色和优势，我们也并非完全没有机会。

当我们充分发挥毗邻南亚、东南亚、西亚和东非的优势，以全球化的视野去思索、谋划、输出我们优势的教育资源（如孔子学院等），进而就可以在国际教育市场上占有一席之地，让世界上更多的人了解云南大学的优秀学科。云南大学拥有独特的优势，如地理优势：云南地形地貌复杂、气候多样、物产丰富，素有"植物王国""动物王国""有色金属王国"之美誉，使我校学科发展占据得天独厚的优势条件，云南大学的生物多样性研究在全国名列前茅；地缘优势：云南省与东南亚、南亚各国地域上山水相连，文化宗教传承相通，便利的交通和人文环境使我们与南亚和东南亚各国进行合作与交流具有其他地区无法比拟的区位优势；人文优势：云南省有25个少数民族在这里世代栖居、繁衍，形成了具有丰富、独特的少数民族文化，云南省制定的"民族文化大省"战略与我校的民族学研究的结合在全国占有首屈一指的地位。以上三个方面的优势不仅是云南大学实施区域化发展战略的重要支撑，同时也是云南大学相对于国内高水平大学的独特优势。

（二）相对于周边国家高校的比较优势

与周边国家的高校相比，云南大学也具备了一定的比较优势。

1. 就自身而言，作为云南省最早建立的高校之一，云南大学经过了近90年的发展

历史上，云南大学曾经有过位列全国高校前15位的辉煌（1946年《大英简明百科全书》）。改革开放后，特别是20世纪90年代以来，云南大学获得了长足的发展：1996年被列入国家首批"211工程"重点建设大学，2001年被列入西部大开发重点建设院校，2004年成为教育部和云南省政府重点共建高校。近几年来，云南大学紧紧抓住"211工程"建设和省、部共建的机遇，通过深化改革加快发展，学校的综合实力和整体水平上了新的台阶。云南大学现已成为一所以民族学、生物学、特色资源开发与环境保护以及边疆问题和东南亚、南亚国际问题研究为特色，文、史、哲、经、管、工、理、法、教育、医、农等学科较为齐全，人才密集的全国重点综合性大学。随着我国高等教育改革的纵深发展，云南大学获得了前所未有的发展机遇。

云南大学自20世纪90年代以来获得了长足的发展，成为西南地区乃至大湄公河次区域的一所重要的高等学府。在"东亚峰会高等教育论坛"期间，通过与东盟十国和日本、韩国、印度等高校代表的交流，我们发现周边国家高校具有与云南大学拓展纵深合作和交流关系的强烈愿望。例如，老挝苏冯那翁大学校长坎姆菲·斯萨旺教授在发言中提到，"琅勃拉邦是世界文化遗产城市，我们希望和亚洲国家的高等教育机构开展旅游管理、国际贸易和世界遗产保护方面的学术交流"。斯萨旺

教授在与我校的单独会晤中表示，云南大学在旅游管理方面的教学、科研成果在整个东南亚地区都备受瞩目，希望与云南大学开展这方面的合作。此外，从近年来云南大学招收来华留学生的情况看，周边国家学生都希望到我校留学深造，尤其是越南、缅甸、老挝、柬埔寨、泰国和韩国的学生。

2. 在教育部指导下与国内高水平高校的全方位合作也是云南大学的比较优势

（1）中国大环境良好。

（2）教育部的指导。

（3）复旦大学对学校的对口支援。

（4）与国内各层次高校分享国际合作与交流的经验。

3. 国际关系研究尤其是针对东南亚、南亚、西亚和非洲的研究使我们知己知彼

近日，中缅油气管道在昆明正式开工，这是云南大学东亚峰会框架下的高等教育合作南亚研究的学者近年来研究成果上升为国家战略的一个显著例证。就云南大学自身而言，民族学、高原山地生态学是我们传统的优势学科，近年来上述学科对外交流非常活跃。特别是云南大学成为教育部教育援外基地后，针对东南亚和非洲积极开展了生态保护的援外培训项目，为上述国家培训了一批专家和高级官员。

三、"区域性"合作框架下的重点工作

云南大学的区域化定位，云南大学的区域化战略，需要我们在未来3~5年内实现纵深发展并做好重点工作。为此，我们认为应加强学生的交流与互动，深入推进以孔子学院为龙头的海外教育和在周边国家的联合办学以及努力争取使"东亚峰会框架下的高等教育合作与发展"论坛，成为一个长效机制是一段时间内我校区域合作的重中之重。

（一）学生交流，来华留学生教育管理历来是学校国际教育交流工作的重点

云南大学来华留学生工作发展大致经历了三个阶段。从20世纪80年代中期至20世纪末，云南大学留学生工作在省内处于领军地位，由国际学术教育交流中心负责留学生教育管理，长年招收各类长短期语言生到校学习，年招生量为350~500人；国际交流处负责接待外国访问学者，年接待量为20人左右。同时，云南大学承担的教育部、教育厅委派的留学生夏令营接待工作，以良好的教学质量和优质的服务赢得各界好评。

2000年至2006年，由于各种原因，云南大学留学生工作相对滞后，甚至落后于省内部分高校，招生量基本维持在20世纪末期水平，学生大部分为语言进修生，只

有少量学位学历生就读。虽然2005年12月在原国际学术教育交流中心的基础上成立了留学生院，但由于之前多年的工作滞后、积重难返，并未使云南大学留学生教育管理的局面获得较大改观。自2007年1月云南大学被列为接受中国政府奖学金留学生的院校后，学校留学生工做出现了突飞猛进的势头，一方面招生人数逐年增加，另一方面生源结构得到极大优化。截至2009年10月，已累计招收各类奖学金留学生440余名，多数为本科生和研究生层次；学校招收留学生人数由2006年的不足800人次上升到2009年的1 700多人次（其中，学历生224人次，含本科生、硕士生、博士生三个层次，约占总数的14%）。云南大学与泰国宋卡王子大学"2+2"合作办学进入实质合作阶段，2005年在泰国宋卡王子大学入学的本科生自2007年开始陆续到我校进行第三、四学年的学习，首期项目学生已经于2009年毕业，第二批项目学生也于2010年7月顺利毕业。这个项目填补了云南大学留学生教育管理史上的一项空白。

2009年，随着国家汉办孔子学院奖学金的设立，300余名学生向我校提出申请；由于名额有限，最终录取四周至一年期的语言进修生和各专业本科生、硕士生、博士生150人。同时，省教育厅设立的云南省政府奖学金的授予力度也逐年加强，极大地激发了周边国家留学生到我校学习的热情。2014年，云南大学留学生教育各项工作开展得卓有成效，因此被教育部授予"来华留学生教育先进集体"称号（全国仅58所院校获此殊荣）。

在未来一个时期内，云南大学来华留学生教育管理的重点是继续扩大招生规模，不断优化学生结构，逐步规范管理体制，使云南大学留学生工作尽快步入正常轨道，实现又好又快的发展。

（二）孔子学院建设

云南大学自2005年开始筹备第一所孔子学院以来，目前共在伊朗、孟加拉、缅甸开设了三所孔子学院（课堂）。这三所孔子学院分别位于西亚、南亚和东南亚。西亚、南亚和东南亚是云南大学区域合作的重点区域，也是云南大学今后对外联合办学的重点、云南大学走出去办学的支点。经过5年的发展，孔子学院建设这项工作已经取得了令人欣慰的成果；我们在不断努力，争取用几年的时间将我校孔子学院的总数增加到五所。

1. 伊朗德黑兰大学孔子学院

云南大学与伊朗德黑兰大学共建孔子学院的工作于2008年启动。2008年1月，云南大学何天淳校长率团出访伊朗，出席伊朗德黑兰大学孔子学院揭牌仪式。此前，双方就孔子学院的开办做了大量准备工作，尤其是得到了国家汉办和中国驻伊朗大使馆的大力支持与协助。揭牌仪式当天，中国驻伊朗大使馆解晓岩大使、伊朗驻中国大使馆曼苏尔大使亲临现场并作重要发言。新华社、中国国际广播电台、《文汇报》以及伊朗国家电视台及《德黑兰时报》《消息报》和《市民报》等主流媒体记者应邀出席了孔子学院的揭牌仪式，并及时进行了全方位的现场报道。翌日，国内众多官方和民间网站及时转载了该孔子学院挂牌成立的报道。

伊朗德黑兰大学孔子学院正式挂牌，不仅标志着该学院教学、管理和文化活动的全面启动，同时也为云南大学与德黑兰大学的学术教育交流搭建了良好的平台。借孔子学院理事会召开之际，云南大学何天淳校长与德黑兰大学拉赫巴尔校长就两校友好交流进行了磋商，并签订了学术交流备忘录，为两校学术合作与交流的可持续发展奠定了良好的基础。

该孔子学院正式运作以来，云南大学共有一名中方院长和两名青年教师在学院任教。首任中方院长姚继德教授卸任回国之际，德黑兰大学副校长穆萨维教授致函我校何天淳校长，对姚教授为该孔子学院和两校交流所做的贡献表示感谢。第二任中方院长仇学琴教授到任之后，一方面全力开展教学工作；另一方面积极筹办各项文化活动，如成立了"李白诗会"，举办中秋晚会，并首开"武术汉语"之先河，将汉语教学与中华武术融为一体，使孔子学院的教学活动更加丰富多彩。

2. 孟加拉南北大学孔子学院

云南大学与孟加拉南北大学共建的孟加拉南北大学孔子学院成立于2006年2月。2009年，该校搬迁至新校区，虽然给孔子学院的教学活动带来一定影响，但是在合作双方的共同努力下，使校区搬迁工作对教学工作的影响降至最低；同时，校区环境的改善也为孔子学院的发展带来新的契机。在中方院长蒋印莲教授的努力下，南北大学为孔子学院划拨了60平方米的办公用地，使学院办公环境得到极大改善。

2009年9月，云南大学派资深对外汉语教师周铭东副教授接任孟加拉南北大学孔子学院中方院长。目前学院有院长一人、教师一人、志愿者两人，招生人数仍维持在200人以上，共开设5个教学班。该孔子学院还注重开展汉语教学以外的各类文化活动。

3. 缅甸曼德勒福庆语言电脑学校孔子课堂

缅甸曼德勒福庆语言电脑学校（简称"福庆学校"）是当地侨领集资筹办的一所华文学校。云南大学于2008年年底开始与该校筹建孔子课堂，缅方对此表示出极大的诚意。该校董事会积极捐资为孔子课堂建盖了四层教学楼。2011年5月，云南大学肖宪副校长率团出访缅甸，出席缅甸曼德勒福庆语言电脑学校孔子课堂挂牌仪式。仪式上，中国驻曼德勒总领馆唐英总领事和福庆学校董事长高景山先生分别发表了热情洋溢的讲话，缅甸唯一的华文报纸《金凤凰》（双周刊）对此次活动作了长篇报道。

自正式运作以来，该孔子课堂开展了大量教学工作，目前招收正规班17个，学员287人；速成班11个，学员123人；会话班4个，学员58人；中级班7个，学员112人，学生总人数达到580人。孔子课堂招生人数多、教学任务重，但是由于云南大学此前为福庆学校培养了一些本土教师，因此不但有效地缓解了师资不足的矛盾，而且摸索出一条师资本土化培养的路子。除此之外，该孔子课堂还开展了大量文化活动，并及时编写活动简报上报学校和汉办，迄今共编写简报12期。由于该孔子课堂业绩显著，其中方院长史芳副教授被评为2009年度"孔子学院先进个人"。

在未来一段时期内，云南大学孔子学院发展的目标是继续稳定现有规模，在国家汉办和学校人事等相关部门的支持下，扩大教师外派力度；进一步提升办学水平，争取在3年内以开办下属于现有孔子学院的"孔子课堂"的形式逐步扩大各孔子学院（课堂）规模；在国家汉办的领导下，在各合作单位的协助下，编写1～2部当地化的汉语教材；充分利用孔子学院奖学金的支持，进一步加强汉语教师本土化的发展进程，在未来5年内实现至少每一所孔子学院（课堂）具有一名本土教师的目标；以孔子学院建设为寄托，进一步拓展与孔子学院（课堂）周边高校的合作关系，以汉语国际推广为龙头，协助条件成熟和合作意愿较强的1～2所高校建立中国文化中心或中国汉语中心，帮助1～2所学校筹建中文系。

（三）将"东亚峰会高等教育论坛"确立为长效机制

在2010年10月13-15日举办的"东亚峰会高等教育论坛"上，我校校长与东盟十国以及南亚的印度，东北亚的日本、韩国，大洋洲的澳大利亚、新西兰的教育官员和大学校长就"东亚峰会框架下的高等教育合作与发展"这一主题展开了热烈而富有成效的讨论。云南大学何天淳校长在发言中倡议将东亚峰会高等教育论坛确立为长效机制，为东盟+N框架内的各国高校提供长期交流与合作的平台。何校长的倡议得到了与会代表的热烈响应，很多代表认为这是一个积极而富有建设性的建议，希望各国教育主管部门共同协作，为这一目标的实现提供制度保障。

举办此次会议使云南大学有了跟上述国家的一流高校进一步合作的机会，同时这也与云南大学提出的区域性的概念基本吻合。

在这一前提和背景之下，云南大学将积极配合各国教育部和国内外各相关高校并与驻华使领馆通力合作、共襄盛举，及早实现这一目标。同时，云南大学也将尽力争取担任"东亚峰会高等教育论坛"秘书处单位，为该论坛的长期举办贡献力量。

总之，从云南大学的区域性定位出发，大力实施云南大学的区域性发展战略是推进我校国际化发展的一条重要途径。众所周知，教育国际交流合作是中外人文交流、公共外交的重要领域，在国家总体外交中具有重要战略作用。在"区域性"高水平研究型大学的建设过程中，应紧紧围绕"大国是关键，周边是首要，发展中国家是基础，多边是重要舞台"的战略部署，积极开展全方位、多层次、宽领域的教育交流与合作；通过来华留学生工作的大力开展和以孔子学院建设为龙头的汉语推广，尽力把"东亚峰会高等教育论坛"发展成一个区域性各国高校对话的高端平台，这将是云南大学未来一段时期内的重要奋斗目标。

国际化办学战略的举措、成效与建议[①]

摘　要： 在我国教育的改革和发展中，高校的国际化正日益受到重视。在国家大力建设"中国—东盟自由贸易区"以及云南省"建设面向东南亚、南亚国际大通道"的背景下，云南大学地处我国面向南亚、东南亚开放的前沿，正面临着国际化建设前所未有的发展机遇。

云南大学国际合作与交流工作一直服务于"教为不教，学为创造"的教学理念，积极构建国际合作与交流的立体化网络，大力实施"走出去"战略，为拓展师生的国际化视野，培养具有创新意识和创新能力的高素质人才开拓渠道，搭建平台。

关键词： 国际化办学策略　举措　成效与建议

一、实施国际化办学战略的主要举措

（一）从营造有利于和谐发展的国际交流软环境着手进行机构改革

首先，调整完善国际合作与交流的职能部门——国际合作与交流处的内部机构。根据工作需要并结合工作人员的专长，调整并健全国际处的科室设置，实现职能部门内部的自身革新。将原有的外事一科和二科合并成立了外事科，将派出和引进两条线合二为一，实现事务性职能的内部整合；设立国际合作科，负责项目的开拓、管理和跟进以及重点项目的组织实施；设立留学生科并强化其开拓性职能，与汉语国际推广办公室合署办公，强化对来华留学生的宏观管理和学校海外孔子学院的管理。同时，努力营造国际化软环境：制订学校近期的国际化发展规划，并围绕规划确立校院两级国际合作与交流目标责任制；不断提高国际处职工的业务能力，保证为全校师生员工提供最专业的业务服务；利用网站及《国际交流工作简报》等媒介，及时公布国际交流项目、办事程序等信息，做到事务公开。

[①] 原文载于2009年第7期《世界教育信息》。

其次，构建学校国际化建设的立体平台。

（1）搭建校内平台。成立学校外事工作暨汉语国际推广领导小组：由校长亲自任组长，主管外事的副校长任副组长，各主要职能部门的负责人为成员；成立学校外事工作专家咨询委员会；在学生中选拔外语好、善交流的学生成立学生国际交流协会；建立健全学院外事秘书制度。以上机构紧密联系，形成覆盖全校的国际合作与交流的工作网络。这一网络中的各机构相互配合，对学校的国际化建设工作起到推动作用。

（2）搭建校外平台。积极同上级教育主管部门联络，开拓新项目，我校目前已身兼教育部"中国—东盟大学校长论坛"中方秘书处单位、教育部"与周边国家开展教育合作与交流专家组"秘书处、省教育厅"云南高校国际交流协会"副会长单位以及国际区域性教育合作组织大湄公河次区域高等教育联合会、大湄公河次区域学术与科研网络的董事单位等职能，借助这一系列职能所搭建的合作与交流平台，学校与国内外尤其是周边国家院校机构建立了一批国际合作与交流项目，积极加强与兄弟高校的沟通和交流形成资源信息共享的网络平台。国际处与大理学院、红河学院、北京大学、复旦大学、苏州大学、广西大学等兄弟院校的相关处室保持密切联系，信息共享。目前，国际处已经与大理学院签订了联合培养留学生协议，正通过广西大学、苏州大学提供的国际合作办学信息，积极争取建立实质性的国际合作办学项目，努力实现此领域零的突破。

（二）大力实施"走出去"战略，建立形式多样的国际交流项目

1. 积极开拓师生的海外经历项目，拓展师生的国际化视野

海外经历是为师生提供国际文化体验、培养适应全球化所具有的跨文化交流能力和对多元文化环境的适应能力的最直接、有效的途径。近年来，经过我们的不懈努力，我们开展了各类长短期项目，其中短期项目8个、长期项目6个。短期项目（一年以下）主要有附属外国语学校、附属中学与美国阿拉斯加艾杰克母中学的学生赴美短期学习，附属外国语学校与英国圣·克莱尔斯学校的师生短期互访，经济学院与泰国清迈大学的师生短期交流项目，外语学院与泰国孔敬大学短期学生交换项目等。长期项目（一年以上，含一年）主要有韩国岭南大学交换生项目，人文学院与泰国宋卡王子大学"2+2"合作办学项目，"1+2+1"中美人才培养项目，软件学院与美国密歇根州立大学联合培养项目（2007年已派出8名本科生毕业实习10个月），软件学院与日本两个公司合作本科生毕业实习项目等。

2.发挥地缘和学科优势，拓展与周边国家的高等教育合作

（1）在专业建设方面，体现"地区性、通用性、独特性、国际化"的特色。我们积极打造与国际先进水平接轨的、能被国际教育界认可的专业品牌，增强国际竞争力；根据社会发展需要、国家产业结构调整和学校的自身特点，进一步拓宽专业口径，继续强化优势学科，采用信息化、学科交叉、调整合并和设置新的专业方向等多种途径，改造、更新传统学科专业，剔除陈旧、过时的内容和专业方向，调整专业定位，形成体现学校学科优势、主动适应社会发展的综合的学科专业结构；密切与同行业企业乃至人才市场、劳动力市场的联系，以信息化带动专业建设现代化，以国际化促进专业建设标准化，全面提高教育质量，实现人才培养模式的改革与创新。

（2）联合培养学生，注重"请进来"与"走出去"相结合；积极与GMS国家的相关高校合作研究共同开发联合培养GMS发展研究硕士（Master of Development Studies）的项目；积极参与"第三次大湄公河次区域联合学位项目构建研讨会"，同时加强同周边高校的"2+2，3+1"等双边合作项目；积极为周边国家培养知华、亲华留学生。

（3）充分利用学科、地域和资源优势，开展针对周边国家的高层援外培训项目。近年来先后承办了商务部"中国—东盟高等教育管理研修班"以及教育部"亚非生物多样性的保护、合理开发与生态管理研修班"，受到商务部、教育部以及研修班学员的高度评价。

（三）争取国家及省一级政府部门的合作与交流项目，在一些领域跻身国家队行列

2007年，云南大学获得教育部批准，成为"中国—东盟大学校长论坛"的中方秘书处单位，并成为教育部针对周边国家专家组的牵头单位；继2007年获得中国政府来华留学奖学金生招收院校资格并招收第一批奖学金留学生，于2008年获准面向东盟各国自主招收国家政府奖学金留学生；2008年初成为教育部全国10个"教育援外基地"之一，并成功举办援外基地成立以后的第一个项目——"亚非生物多样性的保护、合理开发与生态管理研修班"，这同时也是学校承办的首个对非洲国家的教育援外培训项目；同期，学校成为国家外专局在全国设立的15个"国家软件人才国际培训（昆明）基地"之一，"云南省国际人才培养基地"也已经落户我校。

（四）以教学改革为契机，积极开拓国际合作人才培养项目

我们成立了云南大学国际学院，同时引进北美的优质教育资源和管理模式，开

展"中加合作嵌入式人才培养创新项目"。该项目将结合学校的教学改革进行，实行全英文教学，主干课程均由外籍教师讲授。

二、"走出去"办学情况分析

（一）孔子学院

1. 基本情况

学校现承办孔子学院2所，即孟加拉南北大学孔子学院和伊朗德黑兰大学孔子学院；承办孔子学堂1所，即缅甸福庆语言电脑学校孔子学堂。以上"两院一堂"开办以来，学校对孔子学院的建设和发展予以高度重视，投入了大量人力和物力，从以下几个方面推动孔子学院发展。

（1）政策支持。为推动各相关部门积极参与汉语国际推广工作，学校对涉及孔子学院建设的单位和个人予以政策倾斜，以优惠条件鼓励优秀对外汉语教师赴国外执教，并将孔子学院建设工作的完成情况纳入相关部门的绩效考核指标体系。

（2）战略规划。通过孟加拉南北大学孔子学院的建设，我们逐步积累了一些办学经验。在此基础上，学校组织专家、学者和具有在海外任教经验的资深对外汉语教师进行研讨，对孔子学院建设工作面临的各种问题加以分析，力争使学校承办的孔子学院走上又好又快的发展道路。

（3）规范管理。改变了以往的工作方法，把孔子学院建设工作交由校国际合作与交流处进行管理，具体工作由留学生管理科负责开展。人文学院、留学生院、国际关系学院、成教学院等相关学院提供教学资源支持，应孔子学院发展的需求选派优秀汉语教师赴国外任教。

2. 办学情况及效益

通过各方面的努力和支持，学校孔子学院建设取得了一些发展。以孟加拉南北大学孔子学院为例。该院于2006年2月14日正式挂牌成立，开办近三年来取得了很多成果。2007年招收学员近200人次，举办各类文化活动7次。进入2008年以来，面向社会各界招收、培训学员268人，举办文化活动10次，出席人员达1 600余人。所举办的文化活动形式多样、丰富多彩，包括新春联谊会汉语演讲比赛、赴国外考察、美术作品展、国庆图片展、学术演讲等。以上活动的开展，取得了良好的社会效益，使孔子学院在当地的影响不断扩大。同时，孟加拉南北大学孔子学院的建设工作也得到了汉办的大力支持。担任该院汉语教师的蒋印莲教授以出色的工作受到各方认可，孟方坚持要求蒋老师继续留任一年，汉办同意了孟方的请求，并指定蒋老师担任该院中方院长。在2008年12月召开的孔子学院总部大会上，蒋老师荣获"孔子学院先进个人"称号。

3. 办学经验及面临的问题

孟加拉南北大学孔子学院和伊朗德黑兰大学孔子学院所开展的工作在孟加拉和伊朗产生了积极、强烈的社会反响。通过语言学习，很多学生对中国文化产生了浓厚兴趣。总的来说，在国家汉办的大力支持与推动下，我们凭借良好的工作基础、充分的前期准备和相关单位及个人踏实有力的工作，使学校承办的孔子学院在短时期内获得较大发展。总结一年多来的办学经验，我们所取得的成绩与以下几个要素密切相关。

（1）领导重视，上下同心。首先，汉办、驻孟加拉大使馆和驻伊朗大使馆以及省教育厅的大力支持为我校孔子学院建设工作提供了有力保障。其次，学校领导对此予以高度重视，全面宣传，大力倡导，充分发挥学院积极性，使汉语推广工作深入人心。再次，基层单位积极响应上级号召，全力投入孔子学院建设工作，形成"国家汉办—教育厅—学校—学院—个人"上下一心的良好格局。此外，学校还成立了"云南大学汉语国际推广领导小组"，由校长亲自担任组长，着力推进孔子学院建设工作。同时，学校国际合作与交流处留学生管理科负责孔子学院相关联络、协调工作。

（2）彼此尊重，坦诚相待。在与国外高校交往过程中，求大同，存小异，消除偏见，尽量减少文化差异对孔子学院建设造成的不利影响：充分尊重对方的体制、信仰、文化和习俗，力求合作双方之间坦诚相待、不欺不瞒，以诚信和实绩赢得对方的理解和尊重。

（3）和谐发展，互利共赢。在教学工作开展过程中与对方积极沟通，实现友好合作、和谐发展；以一流的教学质量服务于外国学生，同时大力发扬我国的优秀文化，达到互利共赢之目的。

在境外办学过程中也存在诸多困难，值得认真总结和研究。

（1）国际政治风云变幻给我们的建院工作带来一定影响。由于受到美国等国家的制裁，伊朗国内物价飙升，对外派教师的津贴难以维持稳定的生活。同时，由于在伊朗流通的主要外国货币由美元改为欧元，也给拨款工作带来很大的困难。

（2）文化差异也对学院教学工作造成影响。孟加拉和伊朗均为伊斯兰国家，每年有长达一个月的时间是守斋日（即斋月）。每年9月下旬至10月下旬为斋月，之后还有为期一周的开斋节，致使孔子学院的正常授课时间难以保证。为此，我们及时做出了相应的调整，从而使学院的正常教学工作得以维持。另一方面，不同国家的文化习俗不同，有时甚至与我国的行为方式存在巨大差异。例如，在对时间的规划方面，我们既需要保持自身的工作效率，又不能给合作方造成过多的压力，因此需要及时总结这些方面的经验，以便高效、及时地开展工作。

（3）基层单位热情很高，但是办学经验不足，虽然学校预先开展了大量前期工作，在办学过程中仍然存在一些亟待改进的地方，如内部沟通不足，外派教师的工作、生活环境有待改善等。

（二）境外华文教师函授

以下以缅甸华文教师函授班为例进行具体分析。

1. 基本情况

2000年9月，经国务院侨办和云南省政府批准，省政府侨办、云南大学、暨南大学、华侨大学和昆明华侨补校以"云南海外交流协会文化教育考察团"名义两次对缅甸进行考察访问。通过访问，我们对缅甸的国情、侨情，特别是华文教育开展的情况有了深刻的认识。考察团访缅期间，受到我国驻缅使领馆及当地华侨社会的高度重视，他们对开展华文教育提出了很多建设性意见和建议，特别希望云南大学发挥云南省地缘优势，针对缅甸华文教育急需解决的师资问题，在当地利用函授的形式培养教师。这样做，既可以解决工学矛盾，减少学员的经济负担，不离土、不离乡也能为当地华校培养更多的教师，同时也符合云南省实施对外开放、建设东南亚国际大通道的战略构想和云南大学的发展思路。在考察基础上，经国务院侨办、我国驻缅大使馆同意以及云南省教育厅2000年9月批准，云南大学成人教育学院在缅甸曼德勒、腊戌两地成功地举办函授"汉语言文学"专业非学历教育（大专层次）培训班，在缅甸曼德勒、腊戌两地共招收了近80名学员，学员大部分为当地华校的教师、侨领，还有部分当地缅族的学生。这件事在当地华侨社会以及东南亚，尤其是缅甸、老挝和泰国华人华侨社会中引起轰动，被当地华侨华人及社团誉为"具有开创性的事件"。首届缅甸函授班毕业后，我国驻缅甸使领馆，当地侨团、华校强烈要求举办第二届、第三届缅甸函授班。2002年8月28日，学校校在缅甸曼德勒举办第二届缅甸函授班，有85位学员参加第二届函授班的学习。2004年8月，学校在缅甸曼德勒、腊戌、东枝三地举办第三届缅甸函授班，有212位学员参加第三届函授班的学习。2007年10月，学校在缅甸曼德勒、腊戌、东枝三地举办第四届缅甸函授班，有180位学员参加第四届函授班的学习。

2. 办学效益

云南大学第一届缅甸函授班经过两年的函授学习学员完成了教学计划规定的全部14门课程。在此期间，学校共派出16位教师（全部是副教授以上的教师）分四次到缅函授，每次25天。从教学计划的制订、教材的选定、自学指导提纲的编写、教师的选拔，学校都做了精心安排，特别是安排了一些具有丰富函授教学经验、从事教学多年的知名教授授课。他们在相对国内来说较为艰苦的环境中克服了生活上的种种不习惯，圆满、出色地完成了教学任务；在与学生的相处中，结下了深厚的情意，并得到了我国驻缅甸使领馆、当地侨领及学员们的一致好评。学员们通过两年的学习，学完了国内大专层次汉语言文学专业的主干课程，通过系统的学习，汉语水平有了很大的提高。大部分学员都通过了HSK中级水平考试，部分学员还通过了HSK高级水平考试；特别是有些民族学生，从对汉语比较生疏到熟练地掌握汉语，这对他们来说相当不易。云南大学缅甸函授班为当地培养了一批合格的中文教师，为当地华校解了燃眉之急，是名副其实的师范教育。学员们毕业后大部分在当地华校从事华文教育，部分学员回国继续深造。

通过举办四届函授班，学校共为缅甸培养57位合格的华文教师。函授教育效果好、影响大、意义深远，对宣传云南大学、实施云南大学教育"走出去"战略、加快云南大学的国际化进程、扩大云南大学在东南亚的影响具有重要意义，而且有利于稳定边疆、弘扬中华文化、增强中华民族的凝聚力，对增进中缅传统友谊以及促进当地华人的生存、发展起了积极的推动作用；特别是唤起更多的华商子女的爱国热情，在与我省接壤的周边国家培养起一支对我国友好的、年轻的政治力量，使边疆地区的改革开放具有一个良好的外部环境，对边疆长治久安也具有十分重要的意义。

3. 经验总结

出境办函授，因地制宜、相时而动地组织教学尤为重要。在教学计划的制订上，我们反复征求缅方的意见，各位教师根据缅甸学员的特点编写适合他们阅读的教材及自学指导书；在实际教学中，根据学员们的实际特点及时调整教学内容。这些做法使我们收到了良好的教学效果并达到了预期的目的，为学校海外函授积累了丰富的经验，为今后的工作打下了坚实的基础。

4. 主要建议

近年来，祖籍国各级侨务部门、教育部门、社会团体以及各界有识之士，积极推进华文教育工作，做了大量卓有成效的工作，收到了积极的效果。但是，我们对华文教育的投入与海外华侨华人的需求差距仍然较大，华文教育已成为海外华侨华人普遍关注的重点。

弘扬中华文化，推进海外华文教育的发展，需要全社会共同关心和帮助，调动海内外各方面的积极性，共同做好这个关系中华民族利益、造福子孙的事业。

结合我们这几年函授教育所做的探索，提出以下建议。

（1）在尊重所在国家、地区的法律的前提下，各有关部门要积极支持海外华侨华人为继承和弘扬中华文化举办的华文教育，并提供力所能及的帮助，提供更多的资金，支持华文教育。

（2）加大师资培养、培训的力度，帮助海外华文教师提高业务素质和教学水平。师资短缺和业务水平参差不齐，是制约海外华文教育发展的瓶颈。利用多种形式多渠道地培训教师，把"请进来"和"走出去"的形式结合起来，特别是利用函授和网络教育的形式培训华文教师不失为解决当地华文教师短缺的一条新路，这已为实践所证明。通过当地培训、选派回国内培训等多种方式，可以使这一问题得到缓解。

（3）充分发挥侨务部门"侨"的优势、高等学校"教"的优势，整合各种华文教育的资源，拓宽海外办学的渠道。在云南大学已在泰国举办专科层次的函授班基础上，泰国华校强烈要求云南大学继续在泰国北部举办本科层次的函授班，并希望国内侨务部门给予一定的资金支持。

（4）进一步完善海外华文教育教材体系。要集中力量，有计划地编写不同类型、不同层次的华文教材和配套读物，主要是编写适合不同国家、不同地区使用的华文教材，编写经贸、商务、旅游等应用华文教材以及多媒体教材和网络教材。

（5）在语言培训的同时，开展多种形式的职业技能培训，使华商青少年学有所长，利于他们今后的生存和发展。随着中国现代化事业的加快推进、对外开放的进一步扩大，海外持续多年的"华文热"将逐步发展成为对华文教育的恒久、稳定的需求。海外华文教育是一项光荣而艰巨的工作，需要我们增强使命感和紧迫感，以积极的姿态、务实的作风，推进华文教育事业取得更大的发展。

三、招收各类留学生综合情况分析

留学生工作是评价学校国际化水平的一个重要指标，也是学校国际合作与交流的重要内容，在学校建设国内50强高校、向"世界知名高水平大学"迈进、促进中外青年友好交流等方面具有重要意义。

随着云南省政府将对周边国家设立奖学金，特别是学校从2007年被列为"接收中国政府奖学金留学生的院校"以来，留学生的层次得到很大提高。截至2008年12月，学校在校留学生来自五大洲的54个国家共1 517人，包括长期生1 111人、短期生406人、学历生254人，其中本科生189人、硕士研究生52人、博士研究生13人、非学历生1 263人；包括"省政府奖学金生"7人，"中国政府奖学金生"63人，奖学金人数占留学生总人数的4.53%，自费生占95.46%。留学生人数最多的前五个国家分别是韩国、泰国、越南、美国和英国。

2008年，云南大学首次招收40名"中国政府奖学金省、自治区学历生项目"奖学金生，在全省四所拥有自主招生资格的院校中位居第一；接收奖学金的非学历学生2008年共计23人，比2007年增加了13人；奖学金生的生源也由五大洲的8个国家增加到22个国家。目前，学历学生的学习专业集中在文科，主要分布在汉语言文学国际关系、经济学、民族学、法学、管理学等专业；攻读自然科学的学生相对较少，在读的有计算机科学、生命科学及城市规划专业，今后需要进一步宣传与拓展。由于云南省与东南亚毗邻的区位优势，学历生主要来自泰国、越南、柬埔寨、老挝、缅甸等国家；另外，来自南亚印度、孟加拉国及中亚伊朗的硕士及博士生有所增长。

云南大学留学生近年来在规模和层次上都实现了较快增长，但同时也存在一些问题有待改善，如理工科专业需要拓展，留学生后勤管理方面工作需要改进等在改善后勤管理工作方面，如能尽快成立外事服务中心，将全校留学生住宿、证照办理等日常生活纳入一体化统一管理，将能极大节约资源、提高效率。

公共外交视角下的中印高等教育交流初探[①]

——云南大学与印度高等教育合作实践与成效探析

摘　要： 进入21世纪，中印两国崛起，中印关系进入"龙象共舞"时代，地处西南边陲的云南在与南亚、东南亚的区域合作中的重要作用日益凸显。近年来云南大学与印度的教育合作交流频繁、合作密切，取得了一定的成效。本文对云南大学与印度高等教育合作的实践与成效进行分析，从公共外交的视角出发，探讨在中印关系现状下官民并举，以高等教育合作为先导实现合作共赢，建设区域性高水平大学。

关键词： 民间教育合作　高等教育交流　官民并举　合作共赢　区域性高水平大学

中印两国是世界上人口最多的两个国家，两国人口合占世界总人口的37%。作为两大世界文明古国，两国的民间交流已经跨越了2 000多个春秋。在21世纪的今天，两国又同为世界上发展最快的两大经济体，处理好两个"新兴大国"之间的关系就成为摆在我们面前的一个亟待解决的重要课题。

党的十八大报告在国际关系方面提出了平等互信、包容互鉴、合作共赢的"12字精神"，为我们处理中印之间的关系提供了依据和方向。我们认为平等互信是基础，包容互谅是途径，合作共赢是结果。在经济全球化的今天，民间外交的作用越来越突出。国之交在于民相亲，教育交流合作作为人文交流的亮点和先导，可以发挥其形象亲和、易于接受、符合国际惯例的优势，既有助于拉近彼此距离、培养友好感情，也有利于增进国家之间的互信和理解。

地处西南边陲的云南在中印合作中的重要作用日益凸显。从地理因素上看，云南有着独特的地缘优势；从历史角度看，云南是著名的"南方丝绸之路"的中转

---

① 原文载于2014年第四期《云南行政学院学报》。

站，自古以来就是中国与印度经贸、文化交流往来的重要通道。新世纪以来，云南在中国南亚开放战略中的地位迅速提升，"面向西南开放重要桥头堡"的定位为云南提升在中印战略合作伙伴关系中的作用提供了难得的机遇。

云南大学立足云南"桥头堡"优势，借助其学科和区位优势创新性地拓展与印度的民间教育合作并取得了一定成效。本文以云南大学为例，探讨和分析如何通过找准定位、把握机遇，开拓合作渠道展开与印度的教育合作，促进中印民间合作，增进相互理解、相互信任，实现合作共赢，进而为建设区域性高水平大学提供有力支撑。

一、"龙象共舞"时代的公共外交

1965年，美国塔弗兹大学弗莱舍法学院系主任埃德蒙德·古利恩（Edmund Gullion）首次提出公共外交并将其定义为："公共外交旨在处理公众态度对政府外交政策的形成和实施所产生的影响。它包含超越传统外交的国际关系领域：政府对其他国家舆论的开发，一国私人利益集团与另一国的互动，外交使者与国外记者的联络等。公共外交的中心是信息和观点的流通。"[①]

印度学者拉那认为，公共外交包含的内容非常广泛，既是为了赢得拥护，也是在劝说别人，它在不同形式的非政府人士的支持下影响外交事务。通常，一个国家公共外交的实现包含国内和国外两个方面。作为一种方法，在谈判过程中，公共外交常常被一个国家用来影响本国和国外的公众，以达到制造舆论向对手施压的目的。

公共外交与传统的外交相比较具有如下几个显著特点。

（1）行为对象是公众而不是政府，这使它不同于古典外交。

外交所要处理的就是政府之间的官方关系，与民众没有关系；而公共外交的对象是公众，旨在通过公众舆论，为本国的外交争取支持，并影响外国政府的外交政策。

（2）行为主体依然是一国政府，这使它不同于"民间外交"。

只有当一国政府出面组织或者幕后支持，按照政府的意志向本国和外国公众、非政府组织提供消息、组织交流，间接影响公众支持本国的外交政策和外国政府的外交政策制定，才能算是公共外交。

---

① 唐小松，王义桅：《美国公共外交研究的兴起及其对美国对外政策的反思》，《世界经济与政治》，2003年第4期。

（3）具有明显的公开性。

公共外交的主要目的是借助于舆论的力量进行外交，信息的提供者是政府，作用的对象是国内外的社会公众舆论。

二、与印度高等教育的交流与合作是我国公共外交的重要环节

与中国东部重点大学相比较，西南地区的高校与周边国家交流具有地缘和亲缘优势。云南省与东南亚、南亚、西亚各国地域上山水相连，文化宗教传承相通，便利的交通和人文环境使我们与南亚和东南亚各国进行合作与交流具有相对的区位优势。

同比西南地区的其他地方性高校，云南大学又具有印度研究的学科优势。云南大学在南亚研究方面拥有较强的人员优势，有一批了解印度并热心推动中印民间合作交流的专家学者和工作人员，有一支专职的研究和教学队伍。此外，还聘请了一大批来自国外高校、云南省社会科学院南亚所、云南师范大学、云南民族大学、云南财经大学的兼职教师，他们不仅具有很高的学术水平，同时还拥有较为丰富的学术资源，为云南大学加强对印度的研究和交流合作提供了较好的政策指导、学术资源支持。云南大学日趋活跃的国际交流与合作锻炼了一支年轻干练、经验丰富、勇于担当的外事队伍，这也成为开展中印教育合作的一个重要的优势条件。

围绕国家战略和云南省"两强一堡"建设战略需求，云南大学遵循"立足边疆、服务云南、提升水平、办出特色"的思路办学，将南亚、东南亚作为国际化战略的重点。云南大学每年招收的外国留学生中有三分之二来自南亚和东南亚。近年来，云南大学参与并活跃在这几个区域的一系列国际性多边、双边合作组织中。1964年，在周恩来总理亲自关怀下，云南大学成立了西南亚研究所，并逐步发展成为目前的国际关系研究院。国际关系研究院下设印度研究中心，融国际政治、国际经济与贸易、国际法律、国际教育、国际河流与跨境生态安全研究为一体，同时将国际关系学科与中国边疆问题有机结合起来，与印度高校交往密切并合作开展了课程建设项目，研究成果丰富，培养了印度研究方向的硕士、博士数十人。印度研究中心承担了一批国家社科基金有关印度的研究项目，出版了《中印关系》《中印边界问题》等10本关于中印研究的著作和教材，发表印度研究论文100余篇，使该中心成为中国西南地区印度研究的一个重要基地。

三、云南大学与印度开展高等教育合作的实践与成效

云南大学与印度高等教育机构合作紧密，近年来举办、承办、协办了一系列内容丰富又影响深远的交流活动，总体呈现出点面结合、以点带面、特色突出、亮点频现的特点，形成以实践出成效、以成效促实践的格局。

（一）以点带面，注重短期目标与长期效果统一

1. 以与印度国际大学合作为重点，全面推进中印文化交流的园地建设

在加快国际化进程中，云南大学非常重视与印度高校进行全方位的合作，而与印度国际大学的合作则是其中的重点和亮点。

（1）将援建中国学院作为与印度国际大学合作的基础。

印度国际大学（Visva Bharati University）是由印度蜚声世界的大文豪泰戈尔创办的。20世纪30年代，被称为"现代玄奘"的谭云山[①]先生接受泰翁邀请在该校创办了中国学院（China Bhavana）。在云南省政府的大力支持与帮助下，云南大学与印度国际大学在云南教育展上签署了合作交流协议，援建印度国际大学中国学院，并获得云南省政府450万专项资金拨款。

为推进与印度国际大学的合作，2010年3月，云南大学特邀请在中印友好方面倾注了极大的热情的谭中[②]先生及夫人访问了云南大学，双方就此事进行了商谈，云南大学还聘请了谭中教授担任中印合作顾问。在谭中先生的热心推动下，云南大学与印度国际大学建立了先期联系。为加快落实与印度国际大学的合作，双方进行了互访，就云南大学派遣教师/研究生赴国际大学中国学院进行汉语教学、互换学生短期访问交流团、接收对方教师/研究生到云南大学进修方面达成共识，并决定在捐赠语音实验室设备、捐赠图书音像教材等方面给予国际大学以支持。

（2）打造印度汉语人才培养的摇篮。

云南大学从服务桥头堡战略出发，积极主动地开展工作，成为中印友好的传承

---

① 谭云山（1898—1983），印度国际大学中国学院创院院长，并主持该学院直至其辞世。印度总理英·甘地夫人称之为"伟大学者"。

② 谭中，谭云山之子，20世纪50年代移居印度，加入印度籍，在印度研究中国历史文化，先后任尼赫鲁大学、德里大学教授、系主任，英迪拉·甘地国立艺术中心教授，德里中国研究所前主席，在印度学界、教育界有重要影响。谭中教授以其卓越的学术成就及为中印文化交流做出的贡献赢得了印度政府和各界人士的尊敬，印度政府特颁发2010年度印度国家最高荣誉奖"莲花奖"给谭中先生，"莲花奖"是印度政府为奖励在科学、文艺、艺术和学术方面取得卓越成就的人士颁发的奖章，是印度对于在这些方面取得成就的人士的最高荣誉。访问期间，谭中先生为云南大学师生做了题为"从地缘文明透镜看中印关系发展""国际新形势下的南亚现状"等讲座，对中印关系进行了剖析并为云南大学师生增进了对印度的了解。

者；从中国学院的实际需求出发，从硬件和软件"双管齐下"，对印度国际大学中国学院进行教育援建。

教师培养方面，派出对外汉语教师及汉语国际教育专业在读研究生赴国际大学中国学院任教，为其预科、本科、研究生专业学生讲授汉语口语、中国文化选修、电影欣赏等课程，结束了中国学院2006年以来没有中国外教的状况，并逐步完善了中国学院的汉语教学课程。此举受到学生的热烈欢迎，极大提高了学生学习汉语的积极性。同时，学校接收中国学院的教授前来进修，帮助其中国文化论文的写作及素材的收集。除汉语推广外，中国学院存放有大量中国政府在20世纪中叶赠送的古籍和书籍，由于时间久远和保存条件有限，这些书籍急需整理和修补。为此，云南大学派出一名图书馆管理人员在中国学院做图书编目整理和修补工作。

云南大学作为印度国际大学的援建单位，选派教师和志愿者到印度国际大学工作。他们克服当地环境和饮食等方面的困难，为印度国际大学中国学院的学生进行汉语教学，推广汉语及中国文化，为中国学院成为培养印度汉语人才的摇篮提供了有力的师资力量，使从中国学院毕业的汉语学生成为印度汉语教学的主力军；除汉语专业教学外，中国学院不定期开设了很多汉语培训班，学习者多为印度商人，他们认为汉语可以给他们带来更多的商机。

通过双方的努力，构架起了中印文化交流的桥梁，掀起了中印两国互相研究彼此文化的热潮。国际学院大力推广汉语教学，既有利于扩大云南大学在印度的影响，向印度宣传中华文化，消除误解和偏见，树立更好的国际形象，更是培养印度亲华、友华力量的有效途径。

2. 师生交流常态化，增进中印青年间的相互了解

（1）中印关系急需加强民间交流。当前形势给高校在印度留学生的培养方面赋予了新内涵，这对留学生的教育和管理工作也提出了新要求。在新的形势下，应以教学为中心，以管理、服务为两翼，构建"教学、管理、服务"三位一体的留学生教育管理模式。①除了教学、管理工作，更重要的是服务于"以人为本"的宗旨，通过生活、学习等方面的人文关怀，使留学生更好地融入留学生活环境中，同时也能拉近感情、增进友谊。目前有2位印度博士生分别在云南大学重点实验室与国际关系研究院交流学习。

留学生工作从眼前计、从长远计都是举足轻重的。高校要加强自身能力建设，

① 黄骏：《关于构建中国与东盟留学生教育合作平台的思考》，《东南亚纵横》，2005年第8期。

吸引更多的印度学生来华学习、交流，培养更多友好的"国际校友"；通过推行高等教育国际化而建立起来的良好国际关系，也可为国家带来直接而长远的利益，成为夯实中印友好的基础。

（2）除了长期留学生外，云南大学还积极举办各类中印交流短期项目。在福特基金会赞助下，云南大学国际关系研究院与印度加尔各答大学、美国新派大学合作开展"中印知识与能力建设"暑期项目。①该项目包括在三所大学共同开设中印关系的研究生课程和暑期交流活动，通过跨文化交流和多元的视角，加深三国学生和学者对中国和印度的了解，促进交流，加强互信。这是云南大学近年来通过国际合作方式提升研究生教育水平的积极探索，为进一步促进中印学生交流项目提供了借鉴和思路。项目通过跨文化交流和多元文化视角，加深了三国学生和学者对中印双方的了解，促进交流，加强互信，是一个值得探索的合作模式。

从2012年起，云南大学与印度国际大学每年分别选派20名学生到对方学校进行为期2～3周的短期交流。该交换项目已顺利启动②，两校已经顺利完成第一轮的师生交换项目，即将开展第二轮的项目工作，学生报名非常踊跃。该交流项目不仅能够让云南大学的学生进一步拓展视野、提升跨文化交际能力，而且通过交流学习对印度国际大学的办学历史和现状有了更加全面和深入的了解。同时，国际大学的学生对中国的历史文化、风土民情、经济社会发展现状也有了亲身体会。双方师生开展了关于中印关系、语言文化等方面的交流，使印度师生直观地了解了真实的中国、中国人民和中国的睦邻友好政策。

作为云南大学的外事归口管理部门，国际合作与交流处要求已经参与项目赴印度国际大学交流的师生，每一位都根据自己赴印的经历写一篇学习、交流体会，并结合图片汇集成册，这样就能从普通民众、青年视角的民间外交中发现问题、找出差距，以此对走出去的青年学生如何自觉开展民间外交的方向和渠道加以研究和进行指导，完善项目，力争将此项目作为云南大学与印度民间外交的品牌项目，增进云南大学师生对印度的了解。

（3）为促进两校交流，印度国际大学主动提出其音乐和表演专业是其优势专业。印度歌舞历史悠久、独具特色，表演具有相当的深度和广度，极富有艺术性。双方初步商定在2013年6月初，借云南南博会之机会，该校组成一个专业演出团来云

---

① 2011年进行了第一期，第二期暑期项目于2012年6月22日至8月20日期间分别在昆明和加尔各答举行。

② 2012年5月，印度国际大学13名交换学生来云南大学进行了为期两周的交换学习；云南大学于2013年1月派出16名学生在两名老师带领下，到国际大学进行为期2周的交换学习。

南大学作专场演出，让云南大学的师生领略印度歌舞的魅力，从而增进中国青年学生对印度和印度文化的了解。

（4）云南大学优越的办学环境和优良的教育资源吸引了印度专家留校进行长期合作研究。云南大学重点实验室自2003年以来聘请印度国家鱼类基因资源局M. Palanichamy博士到校进行合作研究，与云南大学教师一同完成了由张亚平院士主持的"印度人群群体多样性及起源、迁移研究"项目研究，目前在国际有影响力的学术期刊Nature等发表论文多篇。Palanichamy博士具有较高的科研水平，在主持国家科研项目方面能力突出，特别是发表的论文质量高、影响力大，为云南省科研水平的提升做出了一定的贡献，2012年他以在云南大学期间出色的研究成果荣获"云南省外国专家彩云奖"。

此外，Palanichamy参与多项国家和省部级科研项目，目前正在主持一项国家自然科学基金。由于Palanichamy教授的学术影响，他应邀参加了在新德里举办的"国际民族、文化和群体基因组学"大会以及在印度勒克瑙举办的"基因组学在医学领域的应用"研讨会，并做了大会发言。这些活动不仅显示了他在印度乃至国际上的学术影响和地位，同时也很好地宣传了云南大学。

3. 全方位、宽领域的交流与合作

除了与印度国际大学展开各种交流活动外，我们积极开拓与南亚的文化教育交流与合作，还先后与印度普那大学、泰戈尔大学、加尔各答大学、贾达普大学等多所高校签署了合作交流协议，共同开展了丰富多彩的文化交流活动，取得了显著成效。

除协议高校外，云南大学与印度尼赫鲁大学国际关系学院、印度尼赫鲁大学社会科学学院、印度国际大学、印度德里大学一直保持着良好的合作研究、师生互换等交流与合作；同时，也与印度政府保持良好的交流与合作。2003年10月印度国大党经济事务委员会秘书长到云南大学做中印关系的发展问题的讲座并与师生交流；原印度驻广州总领事馆总领事Indra Mani Pandey先生曾多次到云南大学访问，促进了云南大学与印度高校的合作。

4. 点面结合，成效明显

（1）2012年4月22日，中国驻印度大使张炎及加尔各答总领事张利忠一行访问了国际大学并参观了中国学院。张炎大使高度评价了印度国际大学在汉语教学与汉语人才培养方面的卓越成就，同时对云南大学方面的工作给予了积极的评价。

（2）2013年4月20日，云南大学90周年校庆隆重举行，印度国际大学校长Dattagupta Susanta Kumar教授和国际学院院长Banerjee Avijit教授专程赶来参加校庆活动。Dattagupta Susanta Kumar教授表示通过参加云南大学90周年校庆活动、与云南大学校领导商谈如何深化、扩展合作事宜，对云南大学的学科水平、历史底蕴都有了更深刻的了解，并表示对两校今后的合作充满信心，希望云南大学继续加大对印度国际大学的支持，进而互利共赢、共同发展。

（3）基于云南大学对国际大学中国学院援建的成效斐然，应国际大学邀请，云南大学为印度国防部26名军官进行为期10天13次19小时的汉语培训，内容包括汉语语音基础、汉语会话和中印文化交流等。印方对教学过程进行了全程的录音和录像。将汉语语言及文化从教育领域推广到了印度政府军队，这是对云南大学汉语推广工作和对外汉语教学成效的极大的肯定。

（二）在实践中扩大影响，充分发挥高校作为公共外交的平台和窗口作用

云南大学与印度的教育合作不断深化、渠道不断拓展，充分发挥了高校作为民间交流的平台和窗口作用。

1. 以中印建交60周年（2010年）和泰戈尔诞辰150周年（2011年）为契机，开展了系列卓有成效的教育交流与合作

罗宾德拉纳特·泰戈尔（Rabindranath Tagore）先生是对东方文化做出了巨大贡献的印度文学泰斗，是亚洲第一位诺贝尔文学奖获得者。他一生十分重视中国文化和中印两国人民的友谊，亲切地比喻"中国和印度是极老而又极亲密的兄弟"，并为推动中印两国在相关领域的沟通与交流搭建了友谊的桥梁，从而成为中印交流的典范。

以"中印建交60周年"及泰戈尔诞辰150周年纪念为契机，云南大学与印度政府联合开展了一系列纪念泰戈尔的文化交流活动。这些活动声势大、影响广、时效性突出、后续工作开展良好，是云南大学不断拓展和强化中印间文化教育交往的体现，为桥头堡战略实施过程中深化云南与印度的合作奠定了坚实的基础。

（1）"泰戈尔学者"。[①]

2011年12月6日，"泰戈尔学者"签字仪式在云南大学举行。印度驻华大使苏杰生表示："印度历来重视中印高校间的交流与合作，中国国务院总理温家宝2010年12月访问印度期间决定将2011年定为中印交流年，尤其关注学者和学生的交流互访。此次设立的泰戈尔教席是一个长期合作项目，三年结束后双方可以续签。"他还表

---

① "泰戈尔学者"为纪念泰戈尔诞辰150周年，印度驻广州总领事馆文化事务处推荐云南大学与印度文化关系委员会达成合作意向，印度文化关系委员在云南大学设立了"泰戈尔教席"以加强"滇印合作与文化交流"。

示："之所以选择云南大学，是因为该校长期以来为滇印学术合作做出了突出贡献。"

首名泰戈尔学者Chintamani Mahapatra（金达教授）①于2012年9月1日至12月20日在云南大学国际关系研究院访学，开设了印度（南亚）政治发展概况、印巴关系、中印关系等方面的课程，并参与对南亚国际关系方向的博士、硕士的指导。除了以上工作任务外，他还为云南大学师生作了五场精彩的报告，主要是对印度经济社会发展30年来所取得的巨大成就的全景式回顾，吸引了云南大学和相关机构的广泛参与。报告不仅提升了听课师生的外语能力，激发了师生立足地缘优势积极开展面向东南亚、南亚地区相关研究的热情，更对促进云南大学国际化发展起到了极大的促进作用，并获得良好的学术交流效果，受到与会者的一致欢迎与好评。目前，云南大学正与印度文化关系委员会商谈下一位泰戈尔学者的选派事宜。

（2）"泰戈尔：远行的罗曼史（Tagore：Romance of Travel）"画展。

泰戈尔不仅仅集诗人、戏剧家、小说家、哲学家、教育家、人文主义者及音乐家于一身，他的画作亦驰名中外。2011年，印度文化关系委员会、印度驻广州领事馆选择和云南大学联合主办泰戈尔绘画作品及图片展。泰戈尔一生钟爱远行，在他诞辰150周年之际，他的45幅珍贵图像从印度一路远行到了云南大学，展现了他精彩的一生，给云南各界人士带来一场文化的饕餮盛宴。

此次画展在深化双方高校学术层面的合作、增进我国民众对泰戈尔绘画艺术成就的了解、加强中印友好关系及扩大文化交流、在青年一代中延续中印间的传统友谊等方面均产生了积极的作用。

（3）"泰戈尔铜像"。

作为"中印交流年"和纪念泰戈尔先生诞辰150周年的后续活动之一，印度政府计划选择一所中国大学并向其赠送泰戈尔半身像。2013年恰好是泰戈尔先生获得诺贝尔文学奖100周年纪念，有着特殊的历史意义和深刻的内涵，铜像在云南大学落座，是传达中印友好的象征。赠送泰戈尔纪念雕像被印度政府视为一件神圣的事，每尊由印度政府赠送的铜像，都由印度国家领导出席安放揭幕仪式。云南大学已于2012年11月接受了这座半身像，将择时由印度政府高官和云南省政府领导出席落成典礼。

泰戈尔铜像的获赠是云南大学的一种荣耀。铜像将落座云南大学图书馆大堂，

---

② Chintamani Mahapatra教授来自于印度尼赫鲁大学国际关系研究院美国和西欧国际问题研究中心，研究专长是国际关系、国际政治或印度政治、社会和历史文化。

希望每一位来到图书馆的学子都会被泰戈尔先生的理想和精神所激励而奋发向上。

2. 通过举办"东亚峰会高等教育合作论坛"，加强区域多边合作

2009年，云南大学成功承办了"2009东亚峰会高等教育合作论坛"①。论坛有东亚10+6国政府部门和高等教育机构参与，对东亚高等教育合作现状、制约因素、合作前景进行探讨和分析，对东盟十国与中、日、韩、澳、新、印间的高等教育资源、合作目标和利益进行协调，最终目的是探索和推动构建一个东亚高等教育合作行动框架和一系列合作机制，以便从制度和机制上把东亚高等教育合作推向务实的方向，使高等教育合作真正成为推进东亚区域全面合作的重要动力。

本次论坛为所参加论坛的各高校提供了一个面对面互动和交流的平台。开幕式上，印度旁遮普大学（Panjab University）校长Ranbir Chander Sobti在论坛上代表所有参会高校致辞，介绍了印度旁遮普大学是印度唯一一所在理工方面名列世界500强的大学，并表达了印度高校在东亚峰会框架下进行对外宣传、交流的良好愿望；在此框架下，印度旁遮普大学通过与参会的中国高校进行交流，并与中国的部分高校签署了合作协议。

四、启示与思考

1. 官民共举，民为基础，教育为先

2014年5月19日至27日，李克强总理出访亚欧四国，并将首站选为印度，体现了中国新一届政府对中印关系的高度重视。

教育交流有着很高的灵活度，是较为理想的民间外交形式。高校的作用是通过多种渠道，加强民间交往与互动，发挥学术界和教育界独特理性作用。作为高校来说，可充分利用国内外教育资源，广泛联系国际教育界友好人士，从国家人文外交战略高度出发创造性地开展工作，在青年一代中培养友好观念、加强互动、培育民间交流，为两国人民增进友谊、增加信任产生积极作用，同时也奠定两国政治、经济合作关系的民心基础。

顺应时代需求，教育文化交流作为中印的战略伙伴关系的重要平台正演绎着丰富的内涵，在交流与合作中消除误解与分歧，从而达到巩固两国战略伙伴关系的长期目标。

---

① 此次论坛旨在东亚峰会框架下,借鉴欧盟教育合作机制推进东亚区域内高等教育合作行动框架与合作机制的构建。

2. 为两国长远的合作与发展储备年轻力量

与印度的教育合作最重要的是找准定位，明确职责，前瞻谋划，适应形势，创新思路，拓展功能，优化布局；以服务大局为宗旨，以促进教育改革发展为落脚点，以民间性为特色，以人文交流为依托，以品牌建设为引领，注重统筹谋划，注重内涵发展，注重能力建设。

人文交流是人与人、心与心的交流，具有基础性、先导性、广泛性和持久性，是国家关系发展极为重要的桥梁和纽带。国家把人文交流提升到战略层面，这是外交工作的一个创举。教育、文化的交流是突出民间特色、拓展人文交流的深度和广度的灵活、有效的渠道。

青少年是国家的未来，对于任何一个国家皆是如此。印度受过高等教育的年轻人思想活跃、朝气蓬勃，是印度未来的希望。作为新的一代，中印青年加强交流，不仅使得中印交流变得更加容易，也有助于中印两国政府制定正确的外交政策。加强中印青年的交流，必将推动两国关系不断发展，创建一个更加美好的未来。

高等教育要服务于国家宏观的外事目标。云南大学拟加强在印度的留学生招生。留学生教育不仅能扩大我国的国际影响力，还能传播中国文化。云南大学拟将印度国际大学的师生交换项目打造成品牌项目，构建一个中印青年之间的交流平台，使两国青年可以在交流的过程中收获理解、收获友谊，为两国长远的发展与合作储备力量。

3. 建设南亚研究基地，通过智库和高端人才服务外交战略

中印同在亚洲，互为近邻，情感却很陌生，彼此了解有限。过去的20年，中印两国高层交往日趋频繁，双方在议会、政党、青年、人文、教育等领域的交流与交往也很活跃，然而相对人口基数，两国之间的民间交往还处于起步阶段，彼此的了解还不深。

交流是双向的，了解也是互相的。目前，云南大学正在积极申请教育部印度国别研究基地和智库，利用学术平台，以学校自身的南亚研究优势，积极发挥高校科研机构在社会发展中的决策咨询作用，为国家在中印关系决策方面提供咨询建议和战略性指导，为国内民众提供关于印度等南亚各国准确的、高质量的信息；同时，邀请印度高端的专家、学者、文学家和艺术家到学校讲学、展览艺术作品、进行科研合作、举办高层次国际论坛等，建立系列交流机制，促进印度学者通过亲身体验扩大其了解中国的信息渠道，加大对中国文化、社会的了解，从而回国后能够就中国的情况发出真实的声音，促进印度民众对中国的了解，从而更好地服务国家外交

战略。

4.建立教育合作的长效机制

借中印建交60周年纪念和泰戈尔先生诞辰150周年纪念之机，云南大学把握机遇与印度政府等联合举办系列活动。这些活动对于提高在云南大学师生及昆明市民对印度及其丰富多彩的印度文化的关注度、倡导中印友好发挥了重要作用，为新时期中印文化交流与合作提供了助力，进而为发展中印战略合作伙伴关系做出一定的贡献。

教育和文化在两国的交往中起着"随风潜入夜，润物细无声"的作用。中印两国都是世界文明古国，有着非常深厚的文化底蕴。歌舞、电影、画展、节庆、瑜伽、文艺演出等是老百姓和青年学生喜闻乐见的文化交流方式。高校有着良好的硬件设施，有着较为集中的交流对象，为民间交流提供了一个极佳的平台。印度的歌舞、瑜伽、电影越来越受到中国观众的喜爱。作为学校，可以联合民间组织举办论坛、研讨会，派出和接待民间文化艺术团体和文艺界人士进行友好访问，组织演出和展览等中印学术、文化交流活动。这样的活动可以为高校师生提供深入了解印度艺术作品所蕴藏的深层含义的难得机会，不仅能够服务在校师生，更能够借助新闻媒体、网络等扩大宣传规模，为加强中印友好关系及扩大文化交流产生积极作用。同时，我们也应总结经验，保持现有项目的可持续性发展，将其做好、做大，使其形成规模并实现机制化，不断扩大影响；此外，还应积极拓展其他领域的交流与合作，与时俱进，不断开拓新项目，积极开发新的合作伙伴和工作渠道，利用文化增进相互理解。

参考文献

［1］王宪鹏.中国与东南亚的民间外交［J］.公共外交季刊，2011，（4）.

［2］于欣力."桥头堡"背景下的云南大学国际化战略研究［C］.东陆留记（第一辑）云南大学出版社，2011：294-361.

［3］帕拉维·艾亚尔.用云南模式发展印度东北地区.汪北哲译［N］.印度教徒报，2006-10-7.

［4］赵伯乐.印度将如何构筑对华战略［J］.环球，2009，（17）.

［5］赵伯乐.中印关系——新型的大国关系［J］.当代亚太，2005，（8）.

［6］孙士海.南亚的政治国际关系及安全［M］.北京：中国社会科学出版社，1998.

［7］E·莱文.未来大学的九大变化.陈海东译［J］.中国高等教育，2001，

（19）：47-48.

　　［8］陈继东.云南背靠大西南与印度开展合作的基础和条件［J］.南亚研究季刊，2002，（4）.

　　［9］中印关系亟待加强民间交流［N］.中国新闻报，2009-10-30.

　　［10］吴兆礼.中印关系发展需要跨越"陷阱"［N］.人民网，2010-4-15.

　　［11］查尔斯·弗兰克尔（Charles Frankel）.《被忽视的对外事务：美国的对外教育与文化政策》（The Neglected Aspect of Foreign Affairs： American Educational and Cultural Policy Abroad，Washington）.1966.

　　［12］黄骏.关于构建中国与东盟留学生教育合作平台的思考［J］.东南亚纵横，2005，（8）.

论新形势下"引智"工作与高校发展的关系^①

1983年7月8日，邓小平同志发表了"利用外国智力和扩大对外开放"重要谈话，至今已经过去30年。这30年，中国和世界都发生了巨大的变化。小平同志把引进国外智力确定为"一个战略问题"，掀开了我国引智事业的新篇章。《国家中长期教育改革和发展规划纲要（2010–2020年）》明确指出，要"坚持以开放促改革、促发展。开展多层次、宽领域的教育交流与合作，提高我国教育国际化水平"。

党的十八大报告提出，我国将"推动引资、引技、引智有机结合"，"统筹双边、多边、区域次区域开放合作"，"扩大文化领域对外开放，积极吸收借鉴国外优秀文化成果"。^②

在各国经济社会发展中，人才资源已成为最重要的战略资源，人才在综合国力竞争中越来越具有决定性意义。国家的核心竞争力越来越表现为对智力资源和智慧成果的培育、配置、利用能力，表现为对知识产权的拥有、运用能力。谁拥有了人才优势，谁就有了竞争优势。引进国外智力，借鉴先进的教育理念和教育经验，能促进我国教育改革发展，提升我国教育的国际地位、影响力和竞争力；适应国家经济社会对外开放的要求，培养大批具有国际视野、通晓国际规则、能够参与国际事务与国际竞争的国际化人才。

在云南省政府、省教育厅、省外国专家局和学校党委、行政的领导下，云南大学"引智"工作以邓小平理论、"三个代表"重要思想为指导，坚持以科学发展观为统领，服务于学校国际化发展的工作目标，围绕中心、服务大局，按照"抓管理、抓重点、抓成果"和高端引领、整体推进的基本思路，以落实国家引智"十二五"规划为主线，按照学校教学和科研的实际需要来聘请外籍教师，贯彻"以我为主，按需聘请，择优选聘，保证质量，用其所长，讲求实效"的原则，以

---

① 原文载于《东陆洋先生从教记》（云南大学出版社，2016年12月出版）。
① 《十八大报告》，来自新华网，2012年11月19日。http://www.xj.xinhuanet.com/2012-11/19/c_113722546_4.htmhttp://www.xj.xinhuanet.com/2012-11/19/c_113722546_6.htm

实施高端外国专家项目为突破，扎实推进外国专家管理工作，不断创新工作举措，提升管理和服务水平，外国专家管理的各项工作取得了新进展。

一、正确认识和把握"引智"工作面临的新机遇和新挑战

今后两年是"引智""十二五"规划实施的关键阶段，我们的"引智"工作既迎来了新的发展机遇，也面临严峻挑战。国家"十二五"规划纲要指出："加强实践培养，依托国家重大科研项目和重大工程、重点学科和重点科研基地、国际学术交流合作项目，建设高层次创新型科技人才培养基地。注重培养一线创新人才和青年科技人才。积极引进和用好海外高层次创新创业人才。"这给我们高等教育的人才培养目标提出了新的要求，对高校引智管理工作提供了新思路。

（一）以云南"桥头堡"发展战略为契机，打造国际国内"引智"平台

国家"十二五"规划纲要指出，要"发挥沿边地缘优势，制定和实行特殊开放政策，加快重点口岸、边境城市、边境（跨境）经济合作区和重点开发开放试验区建设，加强基础设施与周边国家互联互通"，"把云南建成向西南开放的重要桥头堡，不断提升沿边地区对外开放的水平"。①云南省具有向西南开放的独特优势，是我国重要的边疆省份和多民族聚居区，与越南、老挝、缅甸接壤，与东南亚、南亚多国邻近，是我国通往东南亚和南亚的重要陆上通道，战略地位十分重要。国务院在《关于支持云南省加快建设面向西南开放重要桥头堡的意见》（国发〔2011〕11号）中指出，应提升我国沿边开放质量和水平，进一步形成全方位对外开放新格局，坚持互利合作、共赢发展，积极融入国内外区域合作，拓展合作领域，创新合作方式，实现共同发展；加强对云南省外事工作的指导和协调，为其开展对外交流与合作提供政策便利，加大对云南省人才和智力支持力度，并设立云南大湄公河次区域教育联盟秘书处。

在国际区域合作不断深化和国家进一步深入实施西部大开发战略的新形势下，在实施把云南建设成为中国面向西南开放的重要"桥头堡"战略中，云南大学正面临着国际化建设前所未有的发展机遇。目前，云南大学已身兼教育部"中国—东盟大学校长论坛"中方秘书处单位、教育部"与周边国家开展教育合作与交流专家组"秘书处、云南省教育厅"云南高校国际交流协会"副会长单位，以及国际区域性教育合作组织GMSTEC（大湄公河次区域高等教育联合会）、GMSARN（大湄公

---

① 《十二五规划纲要》第五十章《完善区域开放格局》第三节《加快沿边开放》。

河次区域学术与科研网络）的董事单位等职能。借助这一系列职能所搭建的合作与交流平台，云南大学与国内外，尤其是周边国家院校机构建立了一批国际合作与交流项目。云南大学与周边国家与地区开展各类长短期项目14个，其中一年以下短期项目8个，一年以上长期项目6个。短期项目如与泰国清迈大学、泰国孔敬大学的师生短期交流项目等。长期项目如与韩国岭南大学交换生项目、人文学院与泰国宋卡王子大学2+2合作办学项目、1+2+1中美人才培养项目、中加（加拿大）嵌入式人才培养合作项目与亚洲理工学院的"3+2"本硕连读项目等。

在国家加大沿边开放、加强区域合作的政策扶持下，云南大学引进国外智力工作的重点是要充分利用国际国内两个市场和两种人才资源，坚持"请进来"与"走出去"相结合，既要引进利用好国际人才智力资源，又要培育、推进国内人才，多渠道、多层次引进外国专家和有计划地实施公派出国培训，实现国际人才本土化和本土人才国际化。这对于加快推进我校国际化战略，提升学校的软实力和核心竞争力具有十分重要的意义。

（二）以出入境法的实施为契机，努力提升"引智"管理服务水平

2013年7月1日实施的《中华人民共和国出境入境管理法》以法律形式明确了人才引进的行政程序；增设"引进人才"签证类别，制定外国人在中国境内工作指导目录、外国人在中国境内工作管理办法等。这些政策法规使我们的引智管理工作进一步规范化、法制化，优化了国外智力引进政策环境、强化了外国专家管理职能。

在全球化趋势的驱动下，国际化程度越来越高，外籍教师需求快速增长，聘请规模将不断扩大，各种新情况新问题会不断出现。这给我们的外国专家管理工作带来了新的挑战。由于"引智"工作具有人性化的特点，跟意识形态密切相关，极易引起社会的关注；"引智"工作无论是引进国外智力，还是开展人才培训，核心在于以人为本。因此，如何严格依照出入境法的要求履行管理职责是一个值得重视的问题。我们应科学地将"引智"和管理紧密结合起来，做好新时期的外国专家管理工作，既要依法管理，又要以人为本，切实把对外国专家的管理服务工作抓紧、抓实、抓好。

二、优化引智结构，提高引智效益，全方位推进"引智"工作

"引智"工作的总体目标就是通过"引进来、派出去"为学校的教学和科研发展服务。为此，我们必须解放思想，创新工作机制。一是调整工作思路。在目标导向上，"引智"工作必须与云南省经济社会发展的重点领域和学校的整体发展目标相一致，在提升学校的核心竞争力、增强自主创新能力等方面有新的作为；在工

作重点上，应紧贴学校重点领域形成一批有重要影响的引智成果；在"引智"方式上，构建"项目—引智—基地"三位一体、互为依托、相互促进的引进国外智力新模式。

（一）坚持从实际出发、从需要出发，引智工作既重"量"又重"质"

近年来，在云南省政府、省教育厅和省外专局的关心支持下，云南大学"引智"职能部门——国际合作与交流处主动向各学院推荐，积极联系海外专家，使"引智"规模有了新的突破。2013年共聘用长、短期外籍教师70余人；其中，聘请长期外籍教师34人，接待短期访问学者40余人。长期外籍和境外教师为我校研究生和本科生开设正式课程60余门。外国专家和教师为我校做出了形式多样的贡献：合作研究与专题讨论相结合、培训与研讨相结合、实验技术指导与研究生培养、学术交流与洽谈合作项目结合。外国专家、教师的上述活动，极大地丰富和活跃了学校的学术氛围。外国专家为我们提供了最新的信息、资料、实验技术和研究方法，从而有力地促进了学术的建设和发展，提高了相关领域的研究水平，取得了明显的成效。此外，在编写教材、全国性竞赛学生培训和学生课外社团活动等方面，外籍和境外教师也发挥了积极的作用。

除了聘请长期外籍教师外，我校还设立了短期访问学者项目、名师课堂和国际交流讲坛，邀请海外知名学者和专家来校作访问讲学并举办讲座。2013年度，我校共邀请到了40余名国外高校学者和知名人士来我校访问交流。

（二）以高端外国专家为引领，推动引智规模的提升

云南大学在引进国外智力的过程中，不断与时俱进，转变思想，"引智"工作从注重数量向注重质量转变，在注重引智数量增长的同时更加注重引智质量的提高，更加注重国际化人才智力竞争力的增强。2011-2012年，学校连续两年引进美国高层次富布赖特专家到我校讲学；2012年，学校与印度驻广州领事馆文化事务部签订了《泰戈尔客座教席协议》，每年派1～2名高端印度学者到我校访学，2012年选派了第一名泰戈尔教席访问学者——来自于印度尼赫鲁大学国际关系研究院的Chintamani Mahapatra教授在我校国际关系研究院访问讲学。除此之外，学校还设立了云南大学国际交流讲坛，邀请到春晖计划专家、诺贝尔奖专家、微软高管、各国政要等全球知名的各界人士到校交流访问，不仅开拓了师生的国际视野，还提高了学校的国际影响力。

（三）以项目和基地为依托，大力开展特色"引智"

云南大学办学历史悠久，所处的区位和地理位置重要，在国内外享有盛誉。经

过数十年的发展，生物学、民族学和国际关系研究（南亚和东南亚）等学科在国内独树一帜，具有鲜明的优势和特点，其中生态学、微生物学、民族学是国家级重点学科。近年来，在国家外专局和云南省外专局的大力支持下，云南大学负责完成了多项国家级和省级"引智"项目，还建立了多个引进国外管理人才项目基地。2011年，云南大学成为首批获得国家"111计划"和"千引工程"专项资助的地方高校，是学校全面实施国际化战略的一个重大突破。2013年，学校有三个重点项目通过国家外专局2013年度高端外国专家项目计划，云南大学国家软件人才国际培训（昆明）基地是国家外专局批准成立的第十一个基地。学校以"基地"和"项目"为依托，积极引进国外技术和管理人才，为学校科研发展提供智力支持，有利于提高学校的国际化程度，拓展师生和管理干部的国际视野，实现人才的国际化培养。

三、转变观念，创新管理，以"引智"为突破口，提升国际化水平

（一）宏观规划，全校联动，构建立体化管理服务体系

高校国际化工作是一项富有挑战性、创新性的工作，考验的是如何化被动为主动、常规里求突破的能力。"引智"管理工作既要坚持基本原则，又要把握处理具体问题时的灵活性；既要强化外事归口管理、统一指挥的观念，又要强调以人为本、服务为先的理念；既要加强管理部门的职能作用，又要理顺平行职能部门间的分工协作关系；既要立足自身为本校发展谋利益，又要尊重对方负起责任。

在学校党委、行政部门的支持下，学校专门成立了学校外事工作领导小组：由校长亲自任组长，主管外事的副校长任副组长，各主要职能部门的负责人为成员；成立学校外事工作专家咨询委员会。学校高度重视国际化推进工作，学校党委牵头，召开了学校推进国际化工作会议，制订了国际化办学战略实施方案，为开展各项交流合作项目进行宏观规划。分管领导亲自督导本单位的国际交流合作项目的开展；各学院指定专人负责推进和落实本单位国际交流合作项目；各部处充分发挥部门优势特色，创造性开拓对外合作。学校从战略的高度，动员广大师生应树立全球眼光，积极参与到国际交流活动中，争当国际化行为主体。实践证明，只有各个层面的人员都积极参与，高校国际化建设才能取得最佳成效。

筑巢引凤，引才拴心。云南大学将继续从各个方面创造条件，让外国专家在学校工作生活得更舒心、更安心；全力搭建服务平台，协调相关部门进一步完善引智服务和保障体系。为改善我校外籍教师的聘请待遇，加大高层次国际人才的引进力度，根据目前的物价水平和聘专形势，对周边高校和校内其他单位的情况进行调

研，学校进一步改善了外籍教师的工资待遇水平。目前，外籍教师工资水平与中国教师已存在明显的差距。在校领导的关心关注下，学校将对现有外籍教师的工资标准再次进行调整，外籍教师的月工资增加1 000元，其他福利待遇也明显改善。

（二）拓宽"引智"渠道，完善"引智"机制，提高"引智"能力

当我们具备了参与国际交流与合作的优势和潜力，有了宏观规划，工作能否取得实效，关键还要看人的态度。思想是行动的先导，认识是前进的动力。在学校党委、行政部门的正确指导下，国际处的全体同志在部门领导的带领下，积极开拓创新，发挥国内和国外的渠道，构建校内和校外两个平台，不断拓展"引智"渠道。

1. 树立开放引智的理念，跳出"引智"看"引智"

要依托市场化、社交化、团队化手段拓展海外高端人才引进渠道，充分发挥网络、宣传和中介机构的作用，尝试以"外才引外才"，鼓励团队引进，以项目带人才。要重视搭建交流平台，逐步实施外国专家休假、联谊、慰问、专家建言等服务工作，根据时代特点开发线上线下互动、社交等服务，搭建专家之间的交流互动平台，畅通交流渠道，帮助他们更好地融入经济社会生活的方方面面。要加大外国专家奖励力度，建立健全外国专家激励机制，吸引更多专家到我校服务。要评选表彰为我校发展做出突出贡献的一批专家，切实使被评选表彰的专家能在外国专家中起到激励表率的作用。在主管部门和学校领导的关怀重视下，我校的聘专工作井然有序、安全稳定、成绩突出，得到了上级部门的认可。近年来，云南大学聘请的美国经济学专家Collin Starkweather、法国语言学专家Serge Leclercq、英国人类学专家David Lewis、印度生物学专家Malliya Palanichamy分获2007年、2008年、2009年、2012年云南省政府"彩云奖"表彰。学校知名古生物专家侯先光教授2008年荣获国家外专局"引智贡献奖"表彰。

2. 加强高校侨务工作，发挥归国华侨智力优势

高校侨联是学校党委联系广大归侨侨眷和海外侨胞的纽带，是归侨、侨眷和海外侨胞的"四海归心"之家。侨务工作的主线是凝聚侨心、汇集侨智、发挥侨力。云南大学地处我国面相南亚、东南亚开放的前沿，正面临着国际化建设前所未有的发展机遇。在这种机遇下，侨务工作与高校的国际合作、交流的关系密不可分。云南大学侨联具有以下特点：一是云南大学侨联会员具有来源和联系广泛的特点，归侨主要来自越南、印度尼西亚、泰国、缅甸、美国等地；二是侨联会员具有党派多样性的特点，除中共党员外，各民主党派都有侨联会员；三是侨联会员具有职称、职务及年龄"三高"的特点，据统计，侨联成员中有副高以上职称和副处以上职务的占73%。高校实现人才的国际化培养过程，都是学院为主体、教授唱主角，而唱主角的教授就需要通达海内外。同时，我们也要通过搭建平台、健全制度、强化服务，使许多侨界高素质人才成为高校学科带头人。

值得一提的是，云南大学引进的多名海外华侨专家荣获2012年国家侨联授予的"侨界贡献奖"表彰。其中，国家中组部"千人计划"引进人才、云南大学物理学院特聘教授吕正红（加拿大籍）和云南省百名海外高层次人才、软件学院郑智捷教授（澳大利亚籍）入选国家侨联"创新人才奖"。另外，中科院"百人计划"引进人才、云南省高端科技人才、物理学院徐文教授（澳大利亚籍）的科研项目"石墨烯的光电特性及其器件应用"荣获"创新成果奖"。云南省在这次评选中共有5人获得"中国侨界贡献奖"表彰，其中云南大学获奖人数达3人。

3. 立足边疆，发挥"区域性"定位优势

作为一所地处边疆的大学，云南大学在制定发展目标的时候，必须分析其区域性定位。众所周知，云南与越南、缅甸、老挝三国接壤，又处于中华文化圈与东南亚文化圈、南亚文化圈最前沿的地方，与西亚和非洲文化圈临近。云南大学的区域性定位以我校所具备的地缘优势为基础，以便在我们所处的地理范围之内发挥我校所应当发挥的作用。但是，云南大学的区域化发展战略却不能仅限于我们所处的地理区域，而应当以中国的西南部地区和东南亚十国为核心，以南亚次大陆的印度和孟加拉为重要支撑，辐射西亚和东部非洲等地区。通过与以上地区高校开展合作交流，扩大云南大学在东南亚的影响，有利于稳定边疆、弘扬中华文化、增强中华民族的凝聚力，从而实现合作共赢。

4. 围绕学校人才队伍建设需要，"自主培养"和"人才引进"两手抓

随着国际环境的发展变化，引进人才工作的地位已由"自主培养是基础，引进人才是补充"提升到"自主培养和引进人才并举"的高度。广大云南大学干部要加强学习研究，尽快适应新形势的发展需要，提高应对能力。云南大学干部要重点加强政策法规、外语、信息技术、管理知识的学习，提高自身的工作能力和管理水平；通过举办培训班、研讨会、外出调研等形式提高业务能力，开拓"引智"视野，增强服务意识。

为了让云南大学的干部素质进一步提高，在教育管理理论和管理方法上借鉴高等教育发达国家的做法，学校决定在加强师资队伍建设的同时，进一步加强学校干部队伍建设，根据中央和我省干部培训的相关要求和学校实际，有计划地选送中层干部出国培训。从2009年以来，已经派出了3期管理干部出国研修学习。学校组织

开展海外研修，是寄希望于管理干部从更大范围内和更深程度上拓展视野、学习先进、借鉴经验，达到学有所思、学有所悟、学用结合、用有所成的目的，为建设区域性高水平研究型综合大学、实现学校更好更快地发展贡献智慧和力量。

结　语

目前云南大学工作日益成为我们更好地实施人才强国强省、科教兴国、可持续发展和建设创新型国家战略的重要内容。但是，云南省是一个欠发达的边疆民族省份，经济发展相对滞后，与发达地区相比，在国际人才竞争中我们处于相对不利的态势。云南大学与教育部直属高校和国家"985"高校相比还存在的巨大差距。我们要更加清醒地认识到参与国际人才竞争的难度和压力，迎难而上，有化挑战为机遇的勇气。学校应充分利用云南省作为"中国面向西南开放的重要桥头堡"的地缘优势，及时抓住国家在开放中把云南推向前沿的机遇，积极在人才资源的交流与合作领域探索与周边国家进行合作的途径和方式，以引进国外智力为突破口，努力推动学校国际化水平的提高。

推动"引智"工作持续快速发展，服务高校国际化战略[①]

《国家中长期教育改革和发展规划纲要（2010–2020）》（以下简称《纲要》）明确指出，我国教育要扩大开放，要以开放促改革，促发展。

云南大学地处中国面向南亚、东南亚开放的前沿，在实施把云南建设成为中国面向西南开放的重要"桥头堡"战略中，正面临着国际化建设前所未有的发展机遇。"引智"工作对于加快推进高校国际化战略，提升我校的核心竞争力具有十分重要的意义。

一、构建国际合作与交流的立体化网络，注重国内和国外两个"引智"工作平台的建设

《纲要》要求："提高交流合作水平。扩大政府间学历学位互认。支持中外大学间的教师互派、学生互换、学分互认和学位互授联授。加强与国外高水平大学合作，建立教学科研合作平台，联合推进高水平基础研究和高技术研究。加强中小学、职业学校对外交流与合作。加强国际理解教育，增进学生对不同国家、不同文化的认识和理解。推动我国高水平教育机构海外办学，加强教育国际交流，广泛开展国际合作和教育服务。支持国际汉语教育。提高孔子学院办学质量和水平。加大教育国际援助力度，为发展中国家培养培训专门人才。拓宽渠道和领域，建立高等学校毕业生海外志愿者服务机制。"

目前，云南大学已身兼教育部"中国—东盟大学校长论坛"中方秘书处单位、教育部"与周边国家开展教育合作与交流专家组"秘书处、云南省省教育厅"云南高校国际交流协会"副会长单位，以及国际区域性教育合作组织GMSTEC（大湄公河次区域高等教育联合会）、GMSARN（大湄公河次区域学术与科研网络）的董

[①] 原文载于《东陆洋先生从教记》（云南大学出版社，2016年12月出版）。

事单位等职能。借助这一系列职能所搭建的合作与交流平台，云南大学与国内外，尤其是周边国家院校机构建立了一批国际合作与交流项目。开展各类长、短期项目共14个，其中一年以下短期项目8个、一年以上长期项目6个。短期项目如与泰国清迈大学、泰国孔敬大学的师生短期交流项目等。长期项目如韩国岭南大学交换生项目，人文学院与泰国宋卡王子大学2+2合作办学项目，1+2+1中美人才培养项目，中加（加拿大）嵌入式人才培养合作项目与亚洲理工学院的"3+2"本硕连读项目等。

为配合国家的汉语国际推广工作，云南大学设立孔子学院的数量增加到3个（云南省目前共有5个孔子学院），它们是孟加拉南北大学孔子学院、缅甸福庆大学孔子学堂和伊朗德黑兰大学孔子学院。值得一提的是，通过境外缅甸华文教师函授班和泰国华文教师函授班的举办，云南大学为缅甸和泰国培养出一批合格的华文教师。此举对宣传云南大学，实施云南大学教育"走出去"战略，加快云南大学的国际化，扩大云南大学在东南亚的影响具有重要意义。

二、深入扎实地做好"引智"工作，努力为学校平稳较快发展提供智力支持和人才保证

"引智"工作的总体目标就是通过"引进来、派出去"，为我校的教学和科研发展服务。为此，我们必须解放思想，创新工作机制。一是调整工作思路。在目标导向上，"引智"工作必须与云南省经济社会发展的重点领域和我校的整体发展目标相一致，在提升学校的核心竞争力、增强自主创新能力等方面有新的作为；在工作重点上，应紧贴学校重点领域形成一批有重要影响的"引智"成果；在"引智"方式上，构建"项目—引智—基地"三位一体、互为依托、相互促进的引进国外智力新模式。

（一）依法办理聘专程序，加强外专、外教的管理

2009年共聘用外籍（境外）长短专95人次，其中，长期聘请外籍专家/教师63人次，接待短期访问学者32人次。长期外籍和境外教师为我校研究生和本科生开设正式课程60余门。外国专家和教师合作研究通过与专题讨论相结合、培训与研讨相结合、实验技术指导与研究生培养、学术交流与洽谈合作项目结合等多种形式为学校做出贡献。外国专家、教师的上述活动，极大地丰富和活跃了学校的学术氛围。外国专家为我们提供了最新的信息、资料、实验技术和研究方法，从而有力地促进了学术建设和发展，提高了相关领域的研究水平。此外，在编写教材、全国性竞赛学生培训和学生课外社团活动等方面，外籍和境外教师也发挥了相当大的作用。在

主管部门和学校领导的关怀重视下，学校的聘专工作井然有序、安全稳定、成绩突出，得到了上级部门的认可。近年来，学校校聘请的经济学专家Collin Starkweather、法语专家Serge Leclercq和人类学家David Lewis分获云南省政府2007年、2008年和2009年云南省政府"彩云奖"表彰。

（二）以"基地"和"项目"为依托，积极引进国外技术和管理人才，为学校科研发展提供智力支持

近年来，我国不断加强对外交流与合作的力度，其范围也不断深入与广泛。云南大学被列为全国十所"教育援外基地"的高校之一，这既是对我校人才培养的肯定，也是云南省委、省政府、省教育厅以及各兄弟院校对我校关心与支持的结果。

受教育部委托，云南大学援外基地每年为来自肯尼亚、赞比亚、南非、越南、老挝等发展中国家的官员、专家学者举办培训项目；从2008年起，已经成功举办了四次项目培训，包括以"生物多样性与环境保护"为主题的培训和越南党政干部旅游管理研修班等。学校以此为契机，积极培养国际性人才，同时把人才培养和教育援外紧密结合起来，继续发挥区位优势和学科优势，建成一个面向两亚和东盟、辐射非洲的援外培训基地，并为学校实施云南省委、省政府"走出去"战略、为将云南大学建设成云南省面向南亚、东南亚的教育大通道，为巩固和增强我国与周边国家的友好关系，构建和平、稳定的周边环境做出贡献。

云南大学国家软件人才国际培训（昆明）基地是国家外专局批准成立的第十一个基地，是为了贯彻国务院《鼓励软件产业和集成电路产业发展的若干政策》（国发〔2000〕18号），由国家外专局进行立项审批和授牌以及中国国际人才交流基金会实施评审、工作指导和支持的国家级基地。昆明基地的建设紧密结合了云南大学和云南省内其他高校现有人才培养的目标，而且也抓住了现在用人单位对人才的需求。因此，昆明基地的建设不仅可以完善云南省信息产业的产业链，而且有利于培育良好的产业生态环境。昆明基地的建设和发展必将服务、引领和带动以软件服务外包为主体发展方向的云南省信息产业的蓬勃发展。

近年来，在国家外专局和云南省外专局的大力支持下，云南大学负责完成了多项国家级和省级的"引智"项目，如侯先光教授的"最古老的动物群落——云南早寒武世澄江动物群研究"（国家级）、申东娅教授的"有限空间内多天线的集成和传播特性研究"（国家级）、常学秀教授的"植物化感克藻技术在水华蓝藻防治中的应用"（省级）、胡问国教授的"射频识别RFID远距离抗金属电子标签的研制"（省级）等。2008年，学校知名学者侯先光教授因其突出贡献，被国家外国专家局评选为引智先进工作者，获得国家"引智"工作"突出贡献奖"表彰。自20世纪80年代以来，侯先光教授一直与国外多所大学及科研单位保持密切的合作关系；其中，与英国莱斯特大学、牛津大学、瑞典国家自然历史博物馆、瑞典皇家科学院、美国蒙大拿大学的研究人员建立了长期良好的合作关系，为推动云南大学、云南省乃至中国在古生物学方面的研究做出了重大贡献。2010年5月，应牛津大学自然历史博物馆邀请，云南大学古生物重点实验室在该馆展出澄江寒武纪生物群化石标本。云南大学是中国高校中的第一家在牛津大学自然历史博物馆举办基础科学研究方面展览的高校，此次展出的澄江古生物化石标本也是首次在海外展出。

三、围绕学校人才队伍建设需要，提高出国（境）培训质量和干部自主培养

《纲要》指出，要"借鉴先进的教育理念和教育经验，促进我国教育改革发展，提升我国教育的国际地位、影响力和竞争力。适应国家经济社会对外开放的要求，培养大批具有国际视野、通晓国际规则、能够参与国际事务与国际竞争的国际化人才"。为了让云南大学的干部素质进一步提高，在教育管理理论和管理方法上借鉴高等教育发达国家的做法，学校决定在加强师资队伍建设的同时，进一步加强学校干部队伍建设，根据中央和我省干部培训的相关要求和我校实际，有计划地选送中层干部出国培训。经云南省教育厅、省外专局、国家外专局和省外办批准，学校党委刘绍怀书记率领的云南大学赴美高等教育研修团一行16人，于2009年11月28日经上海前往美国执行为期21天的培训任务，主要目的是学习和了解美国高等教育的体系，美国加州教育的法律法规、政策措施、实践经验和院校管理。在学习过程中，培训研修团接受了由加州多明戈山州立大学的教授、行政管理人员、政府教育官员的培训。通过学习和考察，培训研修团全体成员在理论和实践方面都有了很大的收获，这些收获将会在学校的建设、发展中逐步发挥作用。此次学习使学校的干部队伍建设在国际化方面迈出了重要的一步，为今后几年继续派干部出国培训研修探索了路子、积累了经验。

随着国际环境的发展变化，引进人才工作的地位已由"自主培养是基础，引进人才是补充"提升到"自主培养和引进人才并举"的高度。国际金融危机的蔓延和向实体经济的扩散，对我国和云南省经济的影响逐步显露。为此，广大"引智"干部要加强学习研究，尽快适应新形势的发展需要，提高应对能力。"引智"干部要

重点加强政策法规、外语、信息技术、经济知识的学习，提高自身的工作能力和管理水平；通过举办培训班、研讨会、外出考察调研等形式提高业务能力，开拓"引智"视野，增强服务意识。

四、解放思想、与时俱进，进一步在科学发展中争取更大作为

"引智"工作是随着我国的经济社会建设需要而逐步发展起来的，在不同的历史时期，"引智"工作有着不同的历史使命和深刻内涵，也随之产生不同的工作重点和工作措施，但始终不变的是"解放思想、与时俱进"的工作意识。在新的历史时期，"引智"工作要体现新的时代特色，适应新的时代要求，就必须坚持以科学发展观为统领。科学发展观是"引智"工作的强大思想武器和行动指南，"引智"战线的同志只有深入学习、实践科学发展观，解放思想、与时俱进、开拓创新、务求实效地开展工作，实现国际人才引进与国内人才培养并举，才能从根本上把握住"引智"事业的前进方向，才能进一步在科学发展中有更大的作为。

目前"引智"工作日益成为我们更好地实施人才强国强省、科教兴国、可持续发展和建设创新型国家战略的重要内容。但是，云南省是一个欠发达的边疆民族省份，经济发展相对滞后，与发达地区相比，在国际人才竞争中处于相对不利的态势。云南大学与教育部直属高校和国家"985"高校相比，存在的巨大差距让我们更加清醒地认识到参与国际人才竞争的难度和压力。迎难而上，要有化挑战为机遇的勇气。我们要充分利用云南省作为"中国面向西南开放的重要桥头堡"的地缘优势，及时抓住国家在开放中把云南推向前沿的机遇，积极在人才资源的交流与合作领域探索与周边国家进行合作的途径和方式，努力推进学校的国际化进程。

总之，"引智"工作的独特优势在于，既有利于引进、利用好国际人才智力资源，又有利于培育、推进国内人才的国际化水平。在工作中要树立开放的"引智"理念，要跳出"引智"看"引智"。"引智"工作无论是引进国外智力，还是开展人才培训，核心在于以人为本。在各国经济社会发展中，人才资源已成为最重要的战略资源，人才在综合国力竞争中越来越具有决定性意义。国家的核心竞争力越来越表现为对智力资源和智慧成果的培育、配置、利用能力，表现为对知识产权的拥有、运用能力。谁拥有了人才优势，谁就有了竞争优势。云南大学应抓住机遇，有所作为，提高"引智"能力，拓宽"引智"空间，完善"引智"服务，增强"引智"效益；要坚持"请进来"与"走出去"相结合，充分利用国际、国内两个市场和两种人才资源，多渠道、多层次引进外国专家和派出培训，实现本土人才国际化

和国际人才本土化；要坚持从实际出发、从需要出发，选准选好项目，大力开展特色"引智"；要从注重数量向注重质量转变，在注重"引智"数量增长的同时更加注重"引智"质量的提高，更加注重国际化人才智力竞争力的增强，同时要充分发挥云南大学侨联、校友会的优势，及时了解和掌握"引才""引智"信息，建立健全更为广泛的"引智"信息网络体系。

引进海外优质教育资源，开辟高校通才教育新路[①]

进入21世纪，经济全球化带来了我国高等教育的国际化。如何更好地同国际接轨？我们认为更有效地实行通才教育是目前我校解决这个问题的关键所在。

早在1945年，哈佛大学委员会就为通才教育下了定义："学生在整个教育过程中，首先作为人类的一个成员和一个公民所接受的那种教育。通识教育的目的是有效的思考，思想沟通，恰当的判断，分辨各种价值。"[②]

改革开放以来，云南大学经过了多年的探索，逐步形成了"教为不教，学为创造"的教学理念，其核心思想和宗旨是培养具有创新意识和创新能力的高素质人才，要求我们的教育要达到既传承知识又创新知识、既适应社会又引领社会、既和谐人生又通识天下的目的；要求教师不仅仅"传道、授业、解惑"，还要重视培养学生的学习能力，教学目的应从教学生"学会"转变为教学生"会学"，从而促进学生自主发展。这一教学理念的宗旨就是培养全面发展的高素质创新型人才。

教学理念是一流的，可是在贯彻的过程中却并非一帆风顺。我们认为，有三个方面的要素值得特别重视。

一、学习国外的一流大学办学模式和成功经验

国外一流大学有很多通才教育的模式。

例如哥伦比亚大学的模式。它特别突出古典的重要性，从这所学校毕业，无论学哪个专业，一定要对古典有经验，或《四书》，或《可兰经》，或《圣经》，或古希腊哲学经典。

又如哈佛大学的模式。它强调五种中心课目的知识，第一门课是历史和社会分析；第二门课是文学艺术；第三门课是外国文化；第四门课叫作道德推理，如儒家

---

① 原文载于《东陆洋先生从教记》（云南大学出版社，2016年12月出版）。

② 薛为昶：《简说大学"通识教育"的现状、问题及路径》，《淮海海工学院学报》（人文社会科学版），2014年第2期。

伦理、亚里士多德的伦理，或讲各种其他的社群伦理，或讲正义，或讲自由；第五门课与自然科学有关的课，有时讲进化论，有时讲量子论，有时讲相对论等。

此外，哈佛大学还特别重视学生的海外经历。该校正努力在未来几年把出国学习学生人数增加两倍，期望每位哈佛大学本科生要有一次国外工作、学习、研究的经历，要求所有学生继续学习外语。哈佛大学有许多实力很强的国际研究中心，并且提供60余种外语教学。萨默斯校长设立了国际项目办公室（0IP），要求对专业课程做出调整，为国外学习提供便利而减少一门核心课程必修课，取而代之的是国外一学年学习的学分。哈佛希望提供世界性的教育和世界中的教育（Education of the world and in the world）。

二、学习国内兄弟大学开展通识教育的成功经验

2005年9月，复旦大学成立了复旦学院对其新生进行通识教育。复旦学院汲取国内外一流大学本科生培养的经验，以培养全面发展的高素质创新型人才为目标，推进本科教育的改革。目前复旦学院负责全校本科一年级和部分二年级学生的教育教学管理工作，对学生进行全面素质熏陶的尝试。

三、结合云南大学的实际情况，找到一个又好又快发展通才教育的契合点

向国外一流大学和我国一流高校学习是推进学校教学改革的一个方面，而我们必须面对现实和自己的基础开展工作。尽管学校一直在不懈地推进在校学生的"海外经历"，但是就目前来讲本科生无法保证像哈佛大学的学生一样在本科阶段都有一次出国研修的机会，甚至无法像复旦大学那样马上对所有的一、二年级的本科生实施通才教育。毋庸讳言，学校的现实基础是薄弱的，每年学校只有不到100个学生有机会到国外的大学研修，25个学生到山东大学威海分校进行第二校园经历，这对于云南大学——云南省唯一的一所211大学来讲实在是太少了。现实要求我们必须尽快采取得力措施。

我们认为，引进海外优质教育资源（合作办学）+教学改革无疑是一条开辟学校独特通才教育的新路，可以通过试点的方式来分步骤实施。具体设想如下。

——借鉴广西大学的成功经验，由学校和加拿大国际教育基金会[①]共同合作。为

---

① 加拿大国际教育基金会是加拿大著名的跨国教育机构，总部设在多伦多，其董事长荣守宇教授在中加两国教育交流合作领域都有一定声誉。基金会自创立以来，本着促进中加友好交流、培养与世界接轨的国际化专业人才的教育理念，为中加两国在文化教育领域都做出了积极贡献。

此，云南大学与加拿大滑铁卢大学[①]瑞尼森学院[②]共同合作创办了"云南大学中加国际学院"。

——创办中加国际学院的目的，就是为社会培养既具有扎实英语基础又具有其他专业知识的社会急需的复合型人才。学院纳入全国高校统一招生，学生通过云南大学录取线，并达到中加国际学院录取标准择优录取。作为教学改革的尝试，明年可以先招收200～400名学生。

（一）办学模式

1. 中国 2+2

学生在中加国际学院学习两年与加拿大接轨的大学英语课程，同时有计划地选择有关专业的基础课程，自第三年始申请选择在外语学院学习两年，获我校外语本科文凭。

2. 中国 2+3（双文凭）

学生在中加国际学院学习两年与加拿大接轨的大学英语课程，同时有计划地选择有关专业基础课，自第三年始申请并转换到其他专业学习三年，修业期满成绩合格者获我校双本科文凭。

3. 中国→加拿大（英国、澳大利亚）1+2，1+3（双文凭）

学生在中加国际学院学习一年，可申请到加拿大滑铁卢大学（英国桑德兰大学、澳大利亚墨尔本理工学院）等与CFCIE有协议的大学继续学习两年或三年，获该校三年本科或四年荣誉本科文凭。

4. 中国→加拿大（英国、澳大利亚）2+1，2+2（双文凭）

学生在中加国际学院学习两年，可申请到加拿大滑铁卢大学（英国桑德兰大学、澳大利亚墨尔本理工学院）等与CFCIE有协议的大学继续学习一年或两年，获该校三年本科或四年荣誉本科文凭。

（二）教学模式

基金会牵头组织中加双方高等教育家、教育管理者设计了具有加拿大高等教育特色并适合中国高校教改要求的教育模式、教学大纲、课程设计、教学环节、内容及毕业去向。该教育模式既符合中国教育部大学教育大纲的要求，又与加拿大、英

---

① 滑铁卢大学成立于1959年，是加拿大一流的综合性大学。在加拿大最权威的教育杂志 *MACLEAN* 的排名榜上，连续10年排名第一，特别是它的计算机专业在北美更是首屈一指。在外界交流方面，该校是英联邦大学协会成员，与世界上的44个国家有交流项目，和许多大学有着长期的专业合作。目前滑铁卢大学在校全日制本科生约20 000人，博士、硕士研究生2 500人，授课教师800人。

② 瑞尼森学院建校于1959年，拥有雄厚的师资力量和良好的社会声誉，是滑铁卢大学唯一接收国际留学生学习英语的学院，同时提供社会学工作者、东亚研究、语言学（含中文、日文、韩文）研究等本科学位及证书课程。

国、美国的大学接轨。中加国际学院学生在中国的学分直接切换到加拿大滑铁卢大学等英语国家大学的相关专业获得承认。中加国际学院的英语教育模式采用全部加拿大式大学英语教育模式，包括全部英语教学，全部外籍教师主讲主干课程，辅助于中方助教及语法、词汇课程；全部用加拿大教材，加美文化、影视及英语角等一系列活动，全部采用西式加美大学英语教育模式、师资及英语教学内容。

（三）课程设置

根据教育部所制定的大纲的要求和云南省地方经济发展对复合型人才的迫切需求，中加国际学院与云南大学共同商定教学大纲和教学计划，课程设置以培养提高学生英语听、说、读、写、译等实际运用能力为原则，采用分级教学，主要课程包括英语听说、交际、阅读、写作、加拿大概况、国际职业礼仪、国际新闻与时事、基础英语、英汉、汉英翻译等。主要课程均采用从国外引进的原版教材，如听说、阅读、写作采用美国汤姆森学习出版集团出版的《博采英语》（Tapestry）系列（该教材仅"听说"在美国就有100多所大学在使用），《交际》采用英国剑桥大学出版社出版的《剑桥国际英语教程》系列；此外，还组织外教自编讲义和教材《英语文学选读》《加拿大概况》和《国际职业礼仪》等。通过合作办学，创办一种新的模式，旨在让学生在贴近全英文的学习环境下学习计算机和英语或其他相关专业，培养更能适应国际大环境的专门人才。

（四）办学特色

随着我国加入世界贸易组织、申奥成功以及对外交往的进一步深入，社会对既懂外语又懂专业知识的人才的需求量会越来越大。而我们现在培养的学生学英语的缺乏其他的专业知识，而学其他专业知识的又缺乏扎实的英语基础，特别是缺乏英语的应用能力。这样的学生很难适应社会经济发展的需要。作为教学改革的尝试，创办中加国际学院的目的，就是为社会培养既具有扎实英语基础又具有其他专业知识的社会急需的复合型人才。作为这种人才培养模式的第一步，中加国际学院的学生在进校后的第一和第二年主修英语专业的相关课程、教育部规定本科生必修的德育课程并选修今后分流进入主专业的基础课程。两年后，学生分流到学校其他学院进行其他专业的系统学习。分流到外国语学院英语专业的学生须继续学习两年，学完大纲所要求的全部课程并达到要求者将获得英语专业本科文凭和学士学位。分流到其他专业的须继续学习三年，英语将成为他们的第二专业。学生毕业时如果能够取得主修专业规定的毕业学分，可获该专业毕业证书；对符合学士学位条件的，将根据有关规定授予相应的学士学位。如果学生能够修完第二专业本科教学计划规定的全部课程并取得相应学分，将获得我校第二专业本科毕业证书。经过这种模式培养出来的学生将来无论是考研还是就业都将会具有很强的竞争力，将为云南省的经济发展做出贡献。

该项目将是云南大学与世界一流大学开展实质性、创新性合作的一个契机。目前，我们曾专门到已经开展这个项目8年的广西大学进行考察，发现他们在教改和合作办学方面已经远远地走在了前面，他们的学生已经可以在多种场合崭露头角。

例如，2003年，中加国际学院学生胡译月在26个省、市、区的全国大学生英语竞赛中，获中国文化部、人事部及中国教育电视台与澳大利亚——悉尼中国电视联合举办的"中华新秀选拔赛"全国冠军。

2004年，有中加国际学院学生参加广西大学代表队，在"Jessup英语国际法模拟法庭"（中国赛区）决赛中取得了团队总分全国第二名的好成绩。"Jessup英语国际法模拟法庭"是第二次在中国召开，全国范围的大学参与了角逐，广西大学代表队的排名领先于很多全国重点大学，如浙江大学、北京师范大学以及上海交通大学等。

2005年，中加国际学院大二学员覃晔在"中央电视台中华杯全国英语辩论赛"中，从来自全国35个省市和自治区上千所大学的决赛者中脱颖而出，获得了全国第18名的优秀成绩（覃晔在广西壮族自治区45所大专院校竞赛中获大学生英语竞赛冠军）。

2007年，中加国际学院学员苏小真于3 000多所大学参加的全国大学生公益形象大使大赛中脱颖而出，荣获全国第二名。

中加国际学院海外学子：至2005年，中加国际学院已有60多名学生选择在国外大学学习并获取学位，包括加拿大滑铁卢大学、多伦多大学、皇后大学、英国森德兰大学、澳大利亚墨尔本科技学院以及新西兰和法国等国的大学。其中，已有若干名学子毕业于加拿大滑铁卢大学。

同时，因为该项目的成立，广西大学也被国家教育部授予了"全国高校人才培养试验区"的称号，并获得每年50万元的奖金。

云南大学与广西大学有很多相似之处，我们应尽快把适合我们的先进经验拿过来，同时把它变成我们自己的东西。在合作办学与教改方面，我们一定还有很长的路要走，但是我们没有时间了，不能等也没有条件靠。为了云南大学的国际化和通才教育的又好又快发展，我们一定要迎着困难上。正如耶鲁大学前校长理查德·雷文所说，"我相信通识教育的真谛就是发扬批判性独立思考的自由，充分发挥人的聪明才智，摆脱偏见、迷信和教条主义的束缚。无论课程的内容是什么，无论它如何发展，我想说，通识教育的旨趣不在于教人思考什么，而是如何思考"①。

---

① ［英］约翰·亨利·纽曼著：《大学的理念》，中国人民大学出版社，2012年9月出版。

高校架构下的外事团队建设与高校国际化进程的推进①

"优秀是一种习惯，素质不用提醒"。6月初的一天，我从教育部成都援外工作会议回到办公室，第一眼看到的就是在同事的办公桌上躺着的一页纸上的这一句话，心中受到感染，情不自禁地读了起来。同事说这页纸是他记录的5月25日机关干部培训班上卢书记的重要讲话，虽说这次我没有能够参加到学校安排的活动，但是从他记录的短短的一页纸，已经令我感到这次讲话对于这位同事的影响和感召。为此，我从新闻网站上下载并阅读了讲话的摘要，也请同事帮我要了讲话录音。通过学习我认为，认真学习卢书记的讲话，深刻领会讲话精神，对于如何建设学习型、创新型外事团队，推进学校的国际化进程具有重要的指导意义。

一、解决团队成员的归属感问题，使之以发自内心的荣誉感、责任感、自豪感去投身国际交流工作

随着全球国际化进程的加快，高等学校的国际化建设已经成为各个大学的工作重点，同时国际化程度的高低也已成为衡量高等学校水平的一个重要标准。

2007年是云南大学的国际年，加强国际交流，提高国际合作与交流的层次，是我们的工作重点。一支高素质的外事干部队伍，一个精诚合作的团队则是开展工作的基础。众所周知，只有一流的外事工作团队才能引领一流的国际交流，而团队成员的归属感是我们面临的一个主要问题，正如卢书记讲话中所说，"要让工作人员能够从中找到归属感、信任感、安全感、支持感、舒畅感；要让工作人员以一种发自内心的荣誉感、责任感、成就感投身工作，将各项工作做得更好"。大家能否积极主动地，创造性地工作，这个团队是否给每一位工作人员提供了一个家的感觉，是否可以让大家在心情舒畅的氛围下工作是关键。6月11日，欧洲管理学大师弗莱德曼·马立克博士在云大演讲时提出："管理的过程实际上是从管理到自我管理的过程。当团队成员由

---

① 原文载于2007年8月30日《云南大学报》。

被管理者发展到自觉自愿的规划自己的工作时，所产生的创造力是无限的。"

2007年年初，国际合作与交流处提出了"和谐共进"的工作理念，结合团队成员的专长，对工作岗位和职责进行了调整，力求发挥成员主观能动性，建设"团结、高效、创新"的工作集体。

我们的目标就是要让我们团队中的每一位同志都有归属感，并以发自内心的荣誉感、责任感、成就感去投身工作。我们相信，这不仅能让我们每个人在轻松愉快的氛围中工作，也一定能大大提高我们的工作效率。

二、工作中必须懂团结、会团结，并牢固树立几个意识

俗话说：同心山成玉，协力土变金。成功，需要克难攻坚的精神，更需要团结协作的合力。心理学认为，如果我们能与同事、领导之间形成和谐的信赖的关系，那么我们和同事、领导相处的气氛就会更融洽，更有助于形成相互尊重、理解的工作氛围和友好宽松的工作环境，可以最大限度地发挥我们的聪明才智和工作热情。卢书记的讲话中指出的"懂团结是一种大智慧，会团结是一种大本事"正是对此的一个精辟概括。国际合作交流处是学校对外交流的形象窗口，一个高素质，高度团结、积极向上的团队精神正是我们应该做到的。

卢书记在讲话中还提到了意识问题，他指出："必须树立忧患意识、公仆意识、节俭意识、政治意识、大局意识、责任意识。"所有这六个方面的意识对于我们外事干部都特别紧要。尤其是现阶段，我们的留学生规模尚小，我们的合作办学相对于兄弟高校有所滞后，树立忧患意识尤为重要。我们给自己的定位是：

（1）服务。服务全校的师生，这需要我们有公仆意识。

（2）协调。协调全校各单位，各部门的国际合作与交流。

（3）引领。在国家政策的指引下，在学校党政领导的指导和支持下，引领我校的国际合作与交流蓬勃、有序、健康地发展，这需要我们外事工作者具有高度的政治意识、大局意识、责任意识。同时，我们要提倡节俭意识，节俭办外事。

团结的集体是形象的体现，而意识的提高则是形象的升华。在国际合作与交流工作中这些将显得尤为重要。

三、服务、协调、引领学校的国际化，必须"多用智慧，少用权力；多靠人格，少靠地位"

国际合作交流处是学校的职能部门，需要为学校的国际化起到参谋的作用。我

们在实际工作中，最应当遵循的就是用智慧而非权力，靠人格而非地位。美国人尼布尔曾经这样说："愿赐我平静，接受我无法改变的事；愿赐我勇气，改变我能改变的事；愿赐我智慧，明辨是是非非。"

在实际工作中，我们往往不缺乏接受挑战的勇气，也可以尽量平静地接受无法实现的愿望，问题在于我们常常自以为是，常常漫不经心，对于稍纵即逝的机会缺乏足够的敏感去把握，对于面临的困境缺乏清醒的认识，我们往往迷失于力所能及与力所不及两者之间。工作中以智慧为后盾、为导向，勇气就不会变成鲁莽，平静就不会变成懦弱。所以，我们的工作要多用智慧而不是权力，多靠人格而不是地位。

毋庸置疑，在学校领导的重视和大力支持下，在兄弟部门的配合下，我校的国际合作与交流工作有了一点起色，在推进学校国际化进程中迈出了坚实的步伐。

首先，学校将2007年确定为我校的国际年，并且无论从经费投入、人员配备到平台搭建都给予了比以往更大的支持力度。学校的重视和支持是我校国际合作与交流发展的决定性因素。

其次，由于国际处工作主动性的提高、工作效率的改善，我校的国际化开始从被动"等项目"到主动"找项目"的转变。

在教育部国际司的全力支持和各相关院校的配合之下，我校被指定为"第二届中国—东盟大学校长论坛中方秘书处单位"，经过我们的积极筹备，论坛于2008年3月14-16日在越南河内顺利召开，并获得教育部领导和与会代表的充分肯定，大会决定2009年的中国—东盟大学校长论坛圆桌会议由我校主办。

继2006年成功举办"东盟高等教育研修班"之后，我校又获商务部批准，将于2007年7月初继续承办"援外培训项目"。与此同时，在得知教育部准备扩大原有的4个援外基地的意向后，我们立刻通过省教育厅向教育部申请，争取成为教育部和商务部的下一批援外基地。

通过不懈努力，我校在2007年初被国家教育部列为"中国政府奖学金院校"，使我校国际交流工作迈出跻身"国家队"的步伐。到2007年为止，国家留学基金委已向我校输送7个国家的17名国家奖学金学生。

四、积极加强与兄弟高校的沟通和交流

积极推动省教育厅和云南各高校成立国际交流协会，学校任副会长单位；我们先后赴大理学院、红河学院、苏州大学考察、学习，取长补短，携手共进。其中，

与大理学院探讨留学生管理工作，并已经签订了联合培养留学生协议。我们积极参加"中国教育交流协会引智工作分会第五届年会""2007年留学生工作会"等重要会议和活动，积极学习会议精神并与兄弟院校交流工作；同时，积极向相关部门申请把此类会议的主办权放在云南大学，如举办第六届"引智工作会年会"和"2008年留学生工作会"等。其中，"引智"年会将于2007年8月10日在云南大学召开，届时会有教育部、国家外专局等相关领导和多所高校的外事处长参会，这次会议的召开会促进云南大学同兄弟高校的联系以及我校的国际交流工作。2008年留学生工作会也将于2009年初在我校召开。

请进来与走出去相结合，巩固原有项目与开发新项目相结合。密切关注公派出国（境）工作，尤其是对学校国际化发展具有重大意义的重点出访项目，如赴伊朗洽谈合办孔子学院项目、赴印度商谈高等教育合作项目等；关注学生国际交流，如我校优秀学生赴新加坡交流项目。

高度重视智力引进工作对我校科研教学发展所具有的重要意义，引进外国文教专家到校合作研究、从事教学。

在稳固国际教育交流中心"1+2+1中美人才培养计划"的同时，以项目为依托，积极寻求新的国际合作与交流项目，促成艺术与设计学院教师赴美国特罗伊大学进修。

重视汉语国际推广工作。除做好我校与孟加拉南北大学合办的孔子学院的建院工作以外，积极寻求与其他国家的高校共建孔子学院的路子。目前，已经与伊朗德黑兰大学、印度普纳大学达成合办孔子学院的意向。

五、坚持改革与创新

面对新的工作格局，为适应新时期高校外事工作发展的需要，开展了一系列改革创新工作。

注重战略规划与研究，对新时期高校外事部门的职能与定位、创新与发展、机遇与挑战进行全方位思考，撰写理论文章。

大力开展宣传工作，为"国际年"造势。在校内媒体上发布国际交流信息，编辑《云南大学国际交流与合作简讯》。

尽管取得了上述的一点成绩，但是我们应当清醒地认识到我们的工作距离学校国际化要求以及高水平兄弟大学的国际化工作依然有相当大的差距。关于团队建设还需要解决以下三个矛盾：思维定式与思维开拓之间的矛盾；当前工作与长远目标之间的矛盾；人力资源缺乏与繁重的工作任务之间的矛盾。

"优秀是一种习惯，素质不用提醒。"要让优秀成为我们的习惯，让素质彰显于细节之中，让出色的工作体现我们的最好水平。作为直接从事国际交流工作的外事工作人员更应该认清形势、培养习惯、提高素质，为学校的国际化做出我们的努力，扩大学校国际交流，以此促进学校教学、科研、管理等工作又好又快地发展，使云南大学能高起点、高速度地融入国际高等教育发展的潮流，从而实现既定的国际化发展目标！

居危思危，负重奋进，努力开创高校外国
留学生工作的新局面①

2007年1月10日是云大外事工作者需要铭记的日子，因为这天教育部国际合作与交流司函复云南省教育厅，宣布云南大学正式成为承担政府奖学金项目院校。《复云南省教育厅关于将云南大学列入中国政府奖学金院校的请示函》（教外司来〔2007〕22号）指出："云南大学作为我部和云南省政府共建高等院校，拥有民族学、生物学等多个特色学科，经研究，今后将根据工作需要，委托你校承担中国政府奖学金来华留学项目。"

云南大学外事人终于迎来了跻身外国留学生管理工作"国家队"的行列，光荣地成为118所学校中的一员。

2007年3月20-23日，在厦门大学召开了"2007年中国政府奖学金来华留学工作会议"。教育部国际司领导，国家留学基金委领导和来自全国118所政府奖学金项目院校的留学生管理人员齐集一堂进行工作研讨。国际司刘宝利副司长形象的把这次会议称之为"全家福"工作会议。会上我见到了许多老朋友，如北京语言文化大学留办的于叔诚处长——一位从事留管工作几十年的前辈和大哥，大家都怀着喜悦的心情交流思想、感情和工作。在这个团队中，我有一种"回家"的感觉。通过交流，我了解到北语每年给留学生签发的JW201，JW202表（注：留学生来华签证申请表）竟然高达10 000多人。感叹之余，我不禁觉得有必要重新审视我校留学生工作的现状，认真思考、规划我校未来的留学生规模和层次。

毋庸讳言，我校的留学生工作开展得很早，曾经走在全省乃至全国的前列；同时，我们也不得不承认，最近几年我们落后了，不仅大大落后于曾经与我们同列的苏州大学，也落后于排名曾经在我们之后的云南师范大学和大理学院。以苏州大学为例，他们的留学生在三年间从500人的规模迅速上升到了1 800余人，而大理学院现

---

① 原文载于《云南大学国际化探索与实践》（云南大学出版社，2009年11月出版）。

有留学生700人，云南师范大学有留学生千余人。我们在感叹兄弟院校留学生事业突飞猛进的同时，也不得不深刻反思自己的工作。

高等教育国际化已经成为一个世界性的趋势，其中学生生源的国际化已经成为高校国际化水平的重要衡量指标。让我们看一下英国《泰晤士报·高等教育增刊》2005年大学排名指标：同行评议（Peer Review）、海外教师（International Faculty）、海外学生（International Students）、师生比（Faculty/Students）、论文引用/教师（Citations/Faculty）以及雇主评议（Recruiter Review）。六项指标中"海外学生"位居第三，可见这是国际化的重要内容。按我校目前在校生22 000人、外国留学生在校人数500人计算，外国留学生仅占学生总数的2.2%。我校国际化目标是：在"十一五"末期国际学生力争达到在校生总数的10%，即在校外国留学生达到2 000人的规模。我们的目标不可谓不宏伟、不远大，而我们现实的基础又是这样薄弱，因此我们必须居危思危，负重奋进，努力拓展我校外国留学生工作的新局面。这不仅仅是云大外事人面临的挑战，同时也是每一个云大人需要肩负的历史使命。

临渊羡鱼，不如退而结网。我认为留学生工作的拓展同其他工作一样，也离不开"天时""地利""人和"。

首先，留学生发展要上应"天时"。来华留学生工作已经越来越受到国家的高度关注。教育部领导在传达会议精神时，多次提到来华留学工作对我国培育"软实力"的重要意义。"软实力"的观点是美国哈佛大学教授约瑟夫·奈首先提出来的。其意为：国家通过说服力而不是武力经常能够在最大程度上实现自己的目标。"硬实力"采用的是军事和经济手段，而"软实力"采用的则是文化和意识形态手段。我们的来华留学生工作、国际汉语推广工作都是国家"软实力"建设的重要元素。

胡锦涛总书记在2006年11月闭幕的"中非合作论坛北京峰会"开幕式上亲自宣布："在2009年之前，向非洲留学生提供中国政府奖学金名额由目前的每年2 000人次增加到4 000人次。"

我校留学生工作要顺应"天时"，利用加入政府奖学金项目院校的有利时机，积极争取国家奖学金的名额，同时借助国家政策积极申请国家奖学金的预科班项目，力争尽快使我校成为预科班试点院校。

其次，与"天时"相对应，我们的"地利"优势亦极为可贵。当前，在省委、省政府提出"走出去"战略的大背景下，我们应充分利用云南优越的地理优势和环境优势，充分利用"第二届中国—东盟大学校长论坛"中方秘书处的特定角色的优势，积极参与和推进我校与东南亚和南亚国家学校、机构的合作，尤其要加强与越南、泰国、新加坡、马来西亚、菲律宾、印度等国家的著名高校和机构的合作，主动走出去，大力招收周边国家的留学生。

最后，与"天时""地利"相比，"人和"更为重要。在接受留学生方面，整个云南大学要攒成一个拳头。形成一个合力，单靠国际交流处不行，单靠留学生院也不行。我们要发挥我们的学科优势，让我们的每一个学院、每一个部门都意识到招收外国留学生的重要性。学校也要对招收留学生的学院给予政策上的倾斜，让每一个学院和每一个招收留学生的教师都感受到招收留学生实际好处，才可能有效地提高各个教学单位和个人的教学积极性，保证教学质量。其次，我们还要意识到留学生的管理和生活有别于中国学生，我们在生活上尤其在居住条件上要给予他们更多的关心和帮助，让他们有家的感觉，感受到云南大学这个大家庭的温暖，带动更多的留学生到我校学习。

总之，如果我们可以上合"天时"，下顺"地利"，中聚"人和"，云南大学留学生事业更美好的明天一定会到来，我校在"十一五"末国际学生力争达到在校生总数的10%的目标一定会实现。

抢抓机遇，又好又快地发展留学生事业①

云南大学于2007年1月获得教育部接收国家政府奖学金资格，并于当年9月接收了第一批15位"国家政府奖学金"留学生到我校学习汉语、历史、人类学和计算机科学。同年，教育部设立了一个单方面全额奖学金—"中国政府专项奖学金—省市学历生项目"，旨在鼓励和支持我国有关边境省区、自治区加强与周边国家的教育交流。2008年，教育部新增黑龙江省、吉林省、辽宁省、内蒙古自治区、广西壮族自治区、云南省、贵州省、甘肃省、新疆维吾尔自治区等教育厅为中国政府奖学金招生单位，自主招收周边国家来华留学学历生。其中，云南省获得了100个自主招收学历生的名额。

云南大学作为云南省唯一一所"211"院校、全省四个国家政府奖学金院校之一，责无旁贷地要支持国家的大外交战略，保质保量地完成教育部和教育厅赋予我们的任务。更为重要的是，这次国家政府奖学金下放，给我们提供一次难得的机遇，通过采取各种渠道招收周边国家的奖学金学历生，我们可以扩大我们的留学生的规模、提高留学生的层次，以公费奖学金留学生为依托，努力拓展自费留学生项目。同时，我们可以整合全校资源，构建区域合作的平台，促进我校留学生事业又好又快地发展。

一、以政府奖学金生为杠杆，以自主招收奖学金学历生为导向，促进留学生事业又好又快地发展

改革开放以来，来华留学生教育日益成为我国高等教育国际化的一个重点。20世纪末教育部提出了"扩大规模、提高层次、保证质量、规范管理"来华留学生教育工作的方针。进入新世纪以来，我国的外国留学生规模获得了比较迅速的发展，2006年各类来华留学生总体规模达到16万人，2007年达到19万多。我国的外国留学

---

① 原文载于《云南大学国际化探索与实践》（云南大学出版社，2009年11月出版）。

生教育发展实践了教育部提出的十六字方针，取得了飞跃性的发展。

"周边是首要，大国是关键。"我国留学生工作的发展趋势也恰恰印证了这一点。以本科生为例：

来自韩国和日本两个国家的汉语言本科留学生的总数，占当年全部汉语言本科留学生总数的70%。

来自韩国和越南两个国家的经贸专业的本科留学生的总数，占当年全部经贸专业本科留学生总数的67%。

来自韩国、越南、马来西亚三国的中医本科留学生的总数，占当年全部中医本科留学生总数的67%。

来自韩国、越南、蒙古三国的管理专业本科留学生的总数，占当年全部管理专业本科留学生总数的65.7%。

来自越南、韩国、蒙古三国的工科本科留学生的总数，占当年全部工科本科留学生总数的40.8%。

就云南大学来看目前留学生队伍的构成也正是如此。以2007年为例，833名留学生中，除韩国学生之外，大部分学生主要来自于我们的周边国家泰国、越南等。2008年，我校长短期留学生增至1 400余人，但是学生的国别比例没有发生太大变化。无论是在留学生规模上还是在层次上，这种情况离高校国际化的要求、离学校"十一五"规划有着巨大的差距，这主要体现在以下两方面：

（1）按目前的留学生规模，要在"十一五"规划末期实现留学生人数翻一番，仍然有很多工作要做。

（2）语言生仍是留学生主体，学位、学历留学生人数比例相对较低（约占10%）。边境省份自主招收周边国家奖学金学历生的政策，将为我们突破现状提供大好机遇。

云南省具有地缘优势，与越南、缅甸和老挝接壤，边境线长达4 000余千米。目前学生的主要来源除韩国外，主要来自周边国家，尤其是大湄公河次区域五国。我们的经验主要表现在以下几方面。

（1）针对周边国家开展调研。由我校外事工作咨询委员会牵头，会同各方面的专家学者，举行来华留学生学科建设专项研讨，对周边国家留学生的教育需求进行综合分析；对留学生生源地（国）和我校的学科优势开展分析、评估，制订切实可行的招生计划。

（2）依据国家政策和我校的专业优势，把拟招收的留学生生源地划分出重点领域——以大湄公河次区域五国（即越南、柬埔寨、泰国、缅甸、老挝）为第一方阵，以东亚、东南亚、南亚各国（韩国、日本、印尼、菲律宾、印度等）为第二方阵，实施有计划有重点的招生。

（3）充分利用数字化信息传媒扩大招生宣传，在国外举办教育展；由国际处牵头，协同教务处、研究生部、人文学院、留学生院等相关单位，以媒体宣传、网站建设、教育展览等形式开展不同层次和规模的招生宣传。

总之，在招生过程中，我们以国家政府奖学金生为导向和杠杆，以云南省政府奖学金和学校奖学金为辅助，采取各种措施，吸引周边国家高校的学生到我校学习。

二、以公费奖学金留学生为依托，努力拓展自费留学生项目

在进入政府奖学金项目院校之前，我们除了个别的云南省政府奖学金的学生外，外国留学生绝大部分是自费生，即使是现在我们的学生中的绝大多数也是自费留学生。政府奖学金的设立，尤其是自主招收奖学金学历生为我们提供了机遇，同时也使我们的宣传有了一个更为切实的依托，那就是努力开拓自费留学生项目。

为此，我们需要尽快确立一批适合向周边国家大力推广的优势学科，以我们的优势学科向周边国家提供教育援助。除招收奖学金学历生外，我们还需要进一步完善合作办学模式、扩大合作办学规模，以我校与泰国宋卡王子大学、锡伯康大学"2+2"联合培养模式为龙头，逐步扩大我校与缅甸、老挝、柬埔寨、越南、泰国等国家的高等教育合作，逐步增加联合培养学生的人数。

目前，我校正在与GMSTEC的相关高校合作研究共同开发联合培养GMS发展研究硕士（Master of Development Studies）的项目。这个项目拟在澳大利亚维多利亚大学、泰国孔敬大学和我校开始实施；研究领域为跨境生产系统（农业生物/林业）、社会变化与贫困、区域合作机制、跨境移民、环境问题、旅游业；学习时间为2年；课程为8门，其中4门为核心课程（相当于中国的学位基础和学位专业课），即发展理论、发展实践、政策分析和研究方法，其他4门为选修课，由学校自行决定；第一年以必修课为主，第二年以论文和部分选修课为主；每个学生必须在其他国家的大学学习至少一个学期，学费按接收学校标准收。

尽管目前教育部的自主招收奖学金学历生明确规定不得招收联合培养的学生，但是我们可以通过给孔敬大学提供一定的国家政府奖学金学历生的名额，并争取同等数额的学生派往孔敬大学。同时，积极争取教育部批准云南大学与维多利亚大学和孔敬大学联合授予（GMS）发展研究硕士学位，通过与GMSTEC合作，让我们的

学生"走出去"，同时通过引进先进的教学管理制度和经验，实现教学管理水平与国际接轨合作培养硕士研究生。

三、整合全校资源，构建区域合作的平台，发展我校的留学生事业

自主招收中国政府奖学金学历生，也为我们整合全校资源、构建区域合作的平台、开展留学生招生工作提供了一个难得的机遇。谨以国际区域性组织澜沧江—湄公河次区域高等教育联合会—GMSTEC（Greater Mekong Sub-region Tertiary Education Consortium）为例说明。我校目前为GMSTEC的董事会员单位。GMSTEC是由新西兰惠灵顿维多利亚大学所设想和牵头建立，目标是把澜沧江–湄公河区域（泰国、老挝、越南、柬埔寨、中国云南省）、新西兰和澳大利亚的部分大学集中起来建立一个大学联合会，以在多种范围的活动中紧密合作，尤其以教学、课程开发、高质量的制度与程序、英语的教学与发展、文化交流及参加与澜沧江–湄公河区域发展有关的研究项目为重点。同时向亚行、世行等机构申请资助，开发大学之间的合作项目。

GMSTEC自成立以来，每年轮流在会员学校召开1～2次年会或基金会理事会议。迄今为止，GMSTEC共有9所正式会员学校（指具有学位授予权的学校，有投票权），它们是新西兰惠灵顿维多利亚大学、新西兰坎特伯雷大学、澳大利亚阿德莱德大学、泰国孔敬大学、泰国亚洲技术学院、泰国金蒙古科技大学、中国云南大学、越南河内国家经济大学、越南胡志明经济大学；一所副会员学校（不具学位授予权，无投票权），即泰国湄公学院；4所观察员学校，即柬埔寨金边皇家大学、柬埔寨皇家农业大学、老挝国立大学、越南河内科技大学。

如果我们采取有力措施，与上述湄公河次区域的相关高校联系并提供部分奖学金生名额，将有效扩大我校在这个组织中的影响，提高我校的地位和话语权，同时为我校同他们在其他领域的合作与交流开辟更为广阔的空间。

纵观目前在国际区域教育合作领域的工作现状，在教育部的大力扶持下，我校已初步搭建了有助于开展国际区域合作的三个平台。

对外联络平台——GMSTEC及GMSARN董事会员单位、中国—东盟大学校长论坛秘书处单位（我校2007年初取代北京外国语大学成为教育部"中国—东盟大学校长论坛"中方秘书处单位，并由我处与东盟大学联盟［AUN］秘书处合作，成功举办了"第二届中国—东盟大学校长论坛"），共建亚洲研究中心（我校2008年初与中国教育国际交流协会签署共建"亚洲研究中心"的协议。借助这一平台，我校的国际区域教育合作与交流将可以延伸到东盟以外的亚洲国家）。

学术政策咨询平台——教育部针对周边国家交流专家组（受教育部的委托，我校整合校内外学术资源，组成"教育部针对周边国家开展合作与交流的专家组"，由肖副校长担任组长并设秘书处于我校国际处）。

对外科研培训平台——亚洲研究中心、教育部援外培训基地以及云南省国际人才培养基地。

2007年3月31日，温家宝总理在万象举行的大湄公河次区域经济合作第三次领导人会议中发表讲话，表示要加强次区域人力资源开发合作机制，中国将于2008年向次区域国家增加200个中国政府奖学金名额，供学生到中国云南省、贵州省和广西壮族自治区的具有中国政府奖学金来华留学生招收资格的高校学习。我认为，这是借国家政策的东风，整合学校的学科地缘优势，充分利用各种信息渠道，使三个平台高效协力运作的良好机会。对内，我们要提高服务质量，改善校园网、图书馆的可及率，膳食、住宿等后勤服务，生活补助、证照管理等服务；尤其需要扩大基础设施（留学生公寓）建设，为稳定、扩大留学生规模提供有力保障，以此来实现又好又快地发展留学生事业。

两年前，我曾在云南大学校报上发表了一篇文章，名为"居危思危，负重奋进，努力拓展我校外国留学生的新局面"。我在文中分析了云南大学由起步较早的招收留学生院校，因为发展慢而落后于兄弟院校的现实，也提到了英国《泰晤士报·高等教育增刊》2005年大学排名六项指标，即同行评议（Peer Review）、海外教师（International Faculty）、海外学生（International Students）、师生比（Faculty/Students）、论文引用/教师（Citations/Faculty）以及雇主评议（Recruiter Review）。为了留学生事业又好又快地发展，我们应当更加关注如何上应"天时"，下顺"地利"，中聚"人和"。

两年来，在校领导的关心和支持下，在各相关部门的协作下，云南大学的国际合作与交流工作应当说取得了一定的成绩，留学生的规模和层次都得到了很大的提高，区域合作的平台也逐步地构建起来，汉语国际推广、派出、"引智"工作开始全面活跃。一年内，在教育部的大力扶持下，我们连续召开了三次全国性的外事工作会议（派出、引智和留学生管理），使我们从兄弟院校学到了许多有益的经验。

两年后的今天，教育部设立的"中国政府专项奖学金—省市学历生项目"给了学校自主招收奖学金学历生机遇。我们所要做的，就是群策群力，不要让机会从身边溜走，努力实现留学生事业的又好又快发展。

我国高校参与教育援非的多视角分析①

摘　要：教育援助是援助国通过无偿提供资金、设施等硬件和信息、技术、经验等软件以支持受援国教育发展的一种国际援助。随着对外援助的多元化发展，以及各援助国日益重视通过援助提升本国的良好国际形象和软实力，教育援助越来越成为各国对外援助的一种重要形式。2009年11月召开的中非合作论坛第四届部长级会议上，温家宝总理提出的中国援助非洲的八项举措中有两项就是教育援助：加强人力资源开发与合作，扩大人员交流。我国开展对外援助50年来，向非洲提供的教育援助包括援助非洲建设学校、向非洲提供奖学金到我国留学、在非洲建设孔子学院、派遣援非教师及志愿者到非洲从事教育活动、援建非洲高校教育项目、举办多种形式和主题的援非研修班、帮助非洲培训专业人才等。我国高校作为高等教育的载体，在参与教育援非中扮演着重要的角色。从历史、战略、政治经济和教育多个视角来分析我国高校参与教育援非，对于充分认识我国高校参与教育援非的职责和意义以及提升我国教育援非的水平和效果具有重要意义。

关键词：教育援非　历史视角　战略视角　政治经济视角　教育视角

一、历史视角：从"授人以鱼"到"授人以渔"，从人道主义到大国责任

有学者把殖民时期传教士和教师进入非洲殖民地从事教育活动视为国际社会对非洲早期的教育援助。从整个国际援助非洲教育的历史来看，总体有这样几个走势：从重视中等教育、职业教育和高等教育转向重视基础教育，再转向基础教育、高等教育和职业教育并重；从重视量的扩增转向质的提高；从硬件援助转向软件援助。我国对非援助的历史有变与不变两条主线。不变之处，在于这种援助始终是在相互尊重、相互平等基础上的互惠互利，这与西方国家对非援助有很大的区别：西方国家把对非援助看作赠与而且附带了很多援助条件，而我国强调援助是互利合作、不带附加

---

① 与郑蔚合写，原文载于2010年第5期《学园》。

条件。所变之处，则是对非援助的政策选择、关注重点随着非洲国家和我国的社会、经济发展而不断调整。从20世纪50年代开始对非洲进行援助，经历了以帮助非洲国家捍卫民族独立、维护国家主权的政治援助，到80年代以后"平等互利、讲求实效、形式多样、共同发展"的援助，再到如今集政治、经济、战略及人道主义支持为一体的经济技术发展援助；援助方式也从提供物资、现汇、成套项目等"硬援助"逐步增加技术、信息、智力等"软援助"，再到现在"硬援助"和"软援助"并重的援助。在这一历史背景下，我国对非教育援助是我国对非援助过程中从"授人以鱼"到"授人以渔"的转变，体现了从"患难与共"色彩极强的人道主义发展为务实互惠的大国责任。我国早期的对非教育援助起源于60年代援建成套设备项目，针对参与这些项目技术人员培训的需求而开展了为数不多的非专业技术人才培训。80年代以后，中国政府开始逐步向非洲派遣志愿教师、为非洲学生提供奖学金到我国留学以及开展人力资源培训。1983年，我国政府与联合国合作，开始在华为以非洲国家为主的发展中国家举办各种实用技术培训班，培训方式从90年代后期逐步扩展为学历教育、官员培训、"走出去"培训以及人员交流等多种形式，为非洲国家培养了大批管理和技术人才，增强了非洲发展中国家的自主发展能力。

二、战略视角： 提升国家软实力的重要途径

在中国对非合作战略中，文化教育交流虽然不像双方的经济与政治交流那样具有基础性作用，但是却不可忽视它在中国对非战略中的重要支柱作用 。教育援非在对非战略中是提高我国在非软实力的重要途径。

美国学者约瑟夫·奈提出，一个国家的"软实力"包括四种力量资源：第一，文化的吸引力和凝聚力；第二，意识形态、思想观念和发展模式等的感召力和辐射力；第三，制定国际规则和建立国际机制的能力；第四，恰当的外交政策。对外援助政策与文化外交、多边外交并列为我国软实力的三个维度 。

通过对外援助，能够带动我国内部的各种要素向受援国进行多层次的扩散和渗透，同时展示国力、维持和提升国际形象以及国际影响力。相比基础设施建设援助、工程援助、减贫援助等其他类型的援助，对非教育援助具有更加深入人心、影响更加深远的特点。塞舌尔外交部大使到我国参加了援外培训后表示："这是一项非特质的世纪性工程，它将在中国与发展中国家人民间架起一座心灵的桥梁，它比特质援助项目更能促进理解和友谊，其意义怎么估计也不为过。"

教育援非是一项人心工程，因此它可以通过人与人的直接接触从以下几方面对

提高我国软实力起到独特作用。

（1）可以让非洲国家更为直观地感受中国的语言和文化，以扩大我国语言文化在非洲的影响力和凝聚力。

（2）可以向非洲国家传递我国的政治经济发展模式，从而间接影响（而不是直接干涉）非洲国家的政治经济发展意识和方向。

（3）可以提升我国在非洲的国家形象和政治威望。

（4）可以向非洲国家宣扬和传播我国社会价值观念、生产生活方式。

三、政治经济视角：服务于双方的国家利益

从根本上说，对外援助是一个国家国内政治、经济的国外拓展，没有一种援助是单向受益、单向驱动的。对非教育援助亦是如此。非洲需要中国，中国也需要非洲。非洲需要中国以援建学校、人力资源培训、提供奖学金赴中国留学、派遣志愿者和专家赴非等形式的教育援助，来帮助非洲国家培养经济发展急需的专业人才和领导人才，提高非洲国家政治稳定和经济发展能力。我国在30余年改革开放的发展过程中积累了许多成熟的生产技术和管理经验，这些技术和经验对于非洲国家具有重要的借鉴作用。我国通过教育援助将这些技术和经验传递到非洲国家，对于增强非洲国家的自主发展能力、促进经济发展和社会进步产生了重要作用，也受到了他们的普遍欢迎和高度赞誉。2010年3月，非洲经济研究协会主任奥卢·阿加凯耶教授在接受记者专访时就提出，非洲国家特别希望中国在帮助和援助非洲基础设施建设、企业发展的过程中，加强人力资源培训，为非洲培养更多的高级专业人才，实现知识和技能的转移。希望中国能将这种人力资源培训从人文领域扩展到自然科学和商业领域，不仅在非洲开设孔子学院也在非洲开设商学院和工学院，不仅让人们学会说汉语也学习中国的先进科技知识，使双方专业人才的交流范围更加广泛，更加频繁。他希望中方能为更多的非洲人提供赴中国留学的机会，让更多人才能够重返非洲，服务社会。

对我国而言，教育援非对于维护我国政治、经济利益也至关重要，因此，高校参与教育援非要以服务于国家利益为主导思想。中国在国际舞台上和包括非洲在内的发展中国家有着很多共同的政治、经济利益。首先是政治外交方面的利益。中国要寻求和创造有利于自身发展的国际环境以实现其战略目标，除了努力改善与发达国家的关系、积极创造睦邻友好的周边关系之外，还需要增进与非洲国家的关系，以取得非洲国家整体力量支持来制约少数国家对中国的阻遏。其次

就是经济方面的利益。中国需要非洲的资源和市场，尤其非洲有十亿人口，非洲的潜在市场中国肯定不能忽视。

对非教育援助培养了大批对华友好人士，使他们成为我国政治外交利益的潜在维护者。尤其是在华人力资源培训、留学等形式的援助，使非洲人民亲眼看见了我国改革开放的巨大成就，直观认识到我国经济、社会发展的模式和经验，也深刻体会到中国人民的善良和友好，从而增进了对我国的好感和友谊。我国为非洲受援国培训的各类人才，普遍跻身各国政界、商界和军界中高层，他们为积极推动双边友好关系以及维护和宣传我国的良好国际形象做出了重要贡献。另外，教育援非也可以直接或间接开拓非洲经济市场、促进中非经贸合作。到中国参加援外培训，留学的官员深深体会到中国商品的琳琅满目、物美价廉，也了解到与中国企业的合作前景，许多非洲国家的参训官员纷纷推动其国内有关部门和企业与我国建立合作关系。2005年埃塞俄比亚学员到我国参加援外培训期间，代表其国内企业与天津一家公司签订了购买价值450万美元的纺织机械合同；一位赞比亚官员在华参加援外培训参观了北汽福田汽车股份有限公司后，当即与该企业签订了40辆汽车的购买合同；尼日利亚官员参加援外培训后，促成了该国企业与甘肃水利科学院签署1 300万美元的雨水利用等工程合同。

四、教育视角：推进教育国际化的有力手段

高等教育国际化是当前我国高等教育重要的发展趋势，其实质就是知识、教师、学生和管理经验等高等教育要素的引进和输出。我国高等教育国际化长期以来以"引进来"为主，即输入发达国家的教育知识、资源、技术和经验，派出教师和留学生向发达国家学习，而吸引外国留学生来华留学、为国外开展人力资源培训、走出去办学等输出我国教育资源的形式在近几年才开始快速发展起来。中国高校的教育水平和科研实力比较适合非洲发展中国家当前和今后一段时期内经济发展的需要，非洲是中国高等教育走向世界的较为理想之地。因此，我国高校参与教育援非也是我国高等教育国际化的需要。通过教育援非，我国高校从以下几方面提高了国际化程度，扩大了我国高等教育在非洲的影响力。

（一）扩大外国留学生教育规模

早在中华人民共和国成立后的20世纪50年代初，我国就接受了来自埃及、肯尼亚和喀麦隆等国的十几名留学生。至2005年底，我国已向非洲50个国家提供政府奖学金，促成1.8万多人次非洲留学生到我国高校学习。2005年享受中国政府奖

学金的外国留学生总数为7 218人；其中，非洲学生为1 367人，占18.95%。温家宝总理在2009年11月召开的中非合作论坛上承诺，2012年向非洲提供的中国政府奖学金名额将增至5 500名。卢旺达、坦桑尼亚等国政府提供全额奖学金支持本国学生到中国高校留学。援非奖学金项目同时也带动了非洲自费来华留学生人数的迅速增长。

（二）增进汉语国际推广，拓展"走出去"办学空间，提高国际化办学水平

"走出去"办学是目前我国高等教育国际化亟待发展的一项重要内容。我国高校通过参与援建非洲孔子学院、赴非办学项目拓展了"走出去"办学的空间。截至2009年12月，我国在世界88个国家设立了282所孔子学院和272个孔子课堂；其中，非洲17个国家共建立21所孔子学院及4所孔子课堂。通过孔子学院建设，在埃及、南非、肯尼亚、纳米比亚和卢旺达等部分非洲国家，中文和中国文化已成为这些国家大学的重要课程之一。另外，非洲孔子学院几乎全都建在非洲的一流大学，中国大学通过与非洲一流大学共建孔子学院，客观上有助于提高我国高校"走出去"办学的水平，同时广泛带动了中非高校之间的高层次教育交流。随着经济的发展和工业化程度的提高，一些非洲国家急需大批职业性、应用性、技术性人才。作为工业基础比较雄厚的发展中国家，我国的职业技术水平和职业教育发展经验比较适合多数非洲国家经济发展的需要，中非之间开展职业技术教育合作的前景十分广阔。近年来，我国已成功地援助埃及、埃塞俄比亚等国家建立了中非职业技术教育学院。这些"走出去"办学形式大大提高了我国高校在非洲的影响，也大大地提高了我国大学的国际化教育水平。

（三）提高师资队伍国际化程度

从20世纪50年代至今，我国高校共派出900余人次援非教师到非洲任教和讲学，今后三年内我国还将继续派出教师援非。在非洲的工作经历有助于提高他们的国际化教学水平，同时也成为学校师资队伍国际化的宝贵财富。

（四）扩大国际人力资源培训，提高国际教育培训水平

从20世纪80年代至今，我国为160多个发展中国家和地区举办各类援外培训班3 000多期，培训人员约9万人，其中对非洲的培训约占援外培训总人数的43%，培训内容涉及经贸、党政、外交、国防、农业、教育、卫生、科技、文化、环保等20多个领域。自2000年中非合作论坛举办以来，教育部与商务部合作先后在国内高校建立了10个国家教育援助非洲基地，参与此项工作的高校达50多所，至2009年年底共举办了73期以援非为主的研修班，1 300余名主要来自非洲国家的中高级教育官员、学者和专业技术人员参加了学习。从2008年起，教育部还与商务部合作，委托北京大学、清华大学设立了"为发展中国家培养硕士人才项目（MPA）"，旨在为非洲国家培养精英管理人才。今后三年内我国政府将为非洲培训各类人才两万名。我国高校通过承办这些援非人力资源培训工作，提高了师资水平、国际化教学水平和国际培训项目管理水平。

（五）促进我国高校与非洲高校的合作与交流，提高我国高校在非洲的影响力

通过教育援非，我国高校与非洲高校建立了广泛的联系，促成了大量实质性教育合作项目的展开，也提高了我国大学在非洲的知名度和声誉。

（六）加强了我国高校对非洲问题的研究

开展对国际问题的研究是高校国际化的一个重要方面。教育援非推动了我国高校非洲研究的发展，至2009年初国内已有11所大学成立了非洲教育、职教、经济和政治等研究机构。这些研究机构对非洲问题的研究不仅丰富了这些高校的国际问题研究内容，也为我国对非教育援助政策、对非战略的制定和调整提供了决策参考。

总之，无论是从"授人以鱼"到"授人以渔"历史视角，还是从提升国家软实力的战略视角，抑或服务于双方的国家利益的政经视角，乃至到推进教育国际化的教育视角，当认真地分析和探索我国高等院校参与教育援非意义的时候，我们就会更加深刻地理解和体会到教育援非与教育国际交流合作是密不可分的，在中外人文交流、公共外交中居于何等重要的位置，对国家总体外交又具有何等重要的贡献。同时，就我们这些参与教育援非的高校而言，也更加坚定了我们积极参与教育援非的信心和决心。

参考文献

［1］顾建新.国际援助非洲教育发展及对我国的启示［J］.非洲教育研究，2008，（3）：54-59.

［2］卡林·巴蒂利.中国对非洲的文化战略：重要性、前景与挑战［J］.西亚非洲，2009，（5）：24-28.

［3］Leo Ferning & James Bowen. Twenty–Five Years of Educational Practice and Theory 1955–1979, Boston: Martinus Nijhoff Publishers, 1980: 89.

［4］罗建波，刘鸿武.论中国对非非洲援助的阶段性演变及意义［J］.西亚非洲，2007，（11）：25-30.

［5］翁明.临行点符——"乔老爷"首次率团赴联大［C］.符浩，李同成.《经纬天地——外交官在联合国》，北京：中国华侨出版社.1995: 48-62.

［6］赵磊.理解中国软实力的三个维度：文化外交、多边外交、对外援助政策［J］.社会科学论坛，2007，（5）：150-157.

［7］张秀琴，薛彦青，强亚平，罗建波.中国和非洲国家的教育交流与合作［J］.西亚非洲，2004，（3）：24-28.

论加强高校侨务工作与推进高校国际化①

摘　要：侨联是学校党委联系广大归侨侨眷和海外侨胞的桥梁纽带，是归侨、侨眷和海外侨胞的"四海归心"之家。侨务工作的主线是凝聚侨心、汇集侨智、发挥侨力。高校侨联的优势在于人才荟萃、智力密集、联系广泛。在这个进程中，高校国际合作与交流的工作定位已经由"单纯的迎来送往"转变为"服务、协调、引领和督查"；工作重心也由单纯地追求签署校际合作协议数量与单纯地向国外高校学习和"笑脸相迎、笑脸相送"转变为"开辟国际合作与交流的渠道，提高学校国际化程度；拓展师生和管理干部的国际视野，实现人才的国际化培养；学院是主体，教授唱主角"。

高校在开辟国际合作与交流的渠道、提高学校国际化程度、拓展师生和管理干部的国际视野、实现人才的国际化培养过程等各个方面，无疑是以学院为主体、由教授唱主角。加强侨务工作是推进大学国际化有机组成部分，如何做好这两方面的工作无疑是摆在我们面前的一个新课题。

关键词：高校侨务工作　高校国际化　国际视野　高校侨联

引　言

高校侨联是学校党委联系广大归侨侨眷和海外侨胞的桥梁纽带，是归侨、侨眷和海外侨胞的"四海归心"之家。侨务工作的主线是凝聚侨心、汇集侨智、发挥侨力。在我国高等教育的改革和发展中，高校的国际化正日益受到重视。在国家大力建设中国—东盟自由贸易区以及我省建设面向东南亚、南亚国际大通道的背景下，云南大学地处我国面向南亚、东南亚开放的前沿，正面临着国际化建设前所未有的发展机遇。

在这种机遇下，侨务工作与高校的国际合作与交流的关系密不可分。

---

① 原文载于《云南大学国际化探索与实践》（云南大学出版社，2009年11月出版。）

如何把高校的国际化潮流与侨务工作的优势有机结合起来是需要我们认真研究的重点课题。高校侨联的优势在于人才荟萃、智力密集、联系广泛。本文将尝试结合云南大学侨联的实际工作，在学习科学发展观的基础上着重思考侨务工作与高校国际化的关系以及今后侨联工作的重点发展方向。

一、立足高校侨联人才荟萃的独特优势，由具有本土化情节和国际化视野相结合的教授在推进高校国际化的进程中唱主角

早在1977年10月，邓小平同志就曾经说过 "海外关系是个好东西"。[①] "侨"的特色在于对国内、国外两方面社情都熟悉，海内、海外两头都通达。20世纪80年代以后，随着改革开放和对外交流的发展，新一代的华侨华人，不但人数众多，而且高学历、高素质的特点更为突出。据中国侨联副主席林明江透露，从1978年到2006年，我国出国留学人员达106.7万人，其中约21万人已经成为新的华侨华人。据不完全统计，教育部直属高校中，有接近80%的校长人选有过留学经历，超过60%的博士生导师是留学回国人员；此外，81%的中国科学院院士、54%的中国工程院院士、72%的 "九五"期间国家863计划首席科学家也是 "海归"人士，他们当中有相当一部分是归侨。云大侨联具有以下特点。一是云大侨联会员具有来源和联系广泛的特点。归侨主要来自越南、印度尼西亚、泰国、缅甸、美国等地；侨眷多为改革开放以后的出国人员的亲属，主要分布在美国、加拿大、英国、越南、泰国、缅甸等国家和地区。二是侨联会员具有党派多样性的特点。除中共党员外，八个民主党派都有侨联会员。三是侨联会员具有职称、职务及年龄 "三高"的特点。据统计，侨联成员中有副高以上职称和副处以上职务的占73%，离退休的侨联成员比例高达75%。

大学国际化已经成为高等教育的一个不可阻挡的潮流。在这个进程中，高校国际合作与交流的工作定位已经由 "单纯的迎来送往"转变为 "服务、协调、引领和督查"；工作重心也由单纯地追求签署校际合作协议数量与单纯地向国外高校学习和 "笑脸相迎、笑脸相送"转变为 "开辟国际合作与交流的渠道，提高学校国际化程度；拓展师生和管理干部的国际视野，实现人才的国际化培养；学院是主体，教授唱主角"。

高校在开辟国际合作与交流的渠道、提高学校国际化程度、拓展师生和管理干部的国际视野、实现人才的国际化培养过程等各个方面，无疑是以学院为主体、由

---

① 《邓小平年谱（1975–1997）》上册，第214页，中央文献出版社，2004年版。

教授唱主角。而唱主角的教授就需要通达海内外，也就是我们说的具有本土化情节和国际化视野相结合的教授。无论是从海外归来，还是有海外经历的教授都是高校推进国际化的主力军。

同时，我们也要通过搭建平台、健全制度、强化服务，使许多侨界高素质人才成为高校学科带头人。

二、发挥联系广泛的优势，实施"走出去"战略，传承和传播中华优秀文化

学校目前大力实施"走出去"战略，为拓展师生的国际化视野、培养具有创新意识和创新能力的高素质人才开拓渠道、搭建平台。所有这些离不开侨联的对外联系广泛的优势。目前，学校构建了覆盖全校的国际合作与交流的工作网络，充分利用教育部"中国—东盟大学校长论坛"中方秘书处单位、教育部"与周边国家开展教育合作与交流专家组"秘书处、省教育厅"云南高校国际交流协会"副会长单位以及国际区域性教育合作组织GMSTEC、GMSARN董事单位等资源和平台，积极拓展形式多样的国际交流项目。这些平台的建设与加强侨务信息平台、共建平台、联谊平台、调研平台建设，互为补充和支撑，在国务院侨办的扶持下，在云南省侨办支持下，实施走出去战略，发挥高校优势在境外开展华文教育。

（一）缅甸华文教师函授班

2000年9月经国务院侨办和云南省政府批准，省政府侨办、云南大学、暨南大学、华侨大学和昆明华侨补校以"云南海外交流协会文化教育考察团"名义两次对缅甸进行考察访问。通过访问对缅甸的国情、侨情特别是华文教育开展的情况有了深刻的认识。考察团访缅期间，受到我驻缅使领馆及当地华侨社会的高度重视，他们对开展华文教育提出很多建设性意见和建议，特别希望云南大学发挥云南省地缘优势，针对缅甸华文教育急需解决的师资问题，能在当地利用函授的形式培养教师。这样做，既可以解决工学矛盾，减少学员的经济负担，不离土、不离乡也能为当地华校培养更多的教师；同时，也符合云南省实施对外开放、建设东南亚国际大通道的战略构想和云南大学发展思路。在考察基础上，经国务院侨办、我国驻缅大使馆同意及省教育厅2000年9月批准，云南大学成人教育学院在缅甸曼德勒、腊戍两地成功地举办函授"汉语言文学"专业非学历教育（大专层次）培训班，在缅甸曼德勒、腊戍两地共招收了近80名学员，学员大部分为当地华校的教师、侨领，还有部分当地缅族的学生。这件事在当地华侨社会以及东南亚尤其是缅甸、老挝和泰国华人华侨社会中引起轰动，被当地华侨华人及社团誉为"具有开创性的事件"。

首届缅甸函授班毕业后，当地使领馆、侨团、华校强烈要求举办第二届、第三届缅甸函授班。2002年8月28日在缅甸曼德勒举办第二届缅甸函授班，有85位学员参加学习。2004年8月在缅甸曼德勒、腊戍、东枝三地举办第三届缅甸函授班，有212位学员参加学习。2007年10月我校在缅甸曼德勒、腊戍、东枝三地举办第四届缅甸函授班，有180位学员参加学习。

通过举办四届函授班，我校共为缅甸培养557位合格的华文教师。函授教育效果好、影响大、意义深远，对宣传云南大学、实施云南大学教育"走出去"战略，加快云南大学的国际化进程、扩大云南大学在东南亚的影响起到了积极的推动作用，同时；有利于稳定边疆、弘扬中华文化、增强中华民族的凝聚力，对增进中缅传统友谊、促进当地华人的生存和发展产生了积极影响，特别是唤起更多的华裔子女的爱国热情。在与我省接壤的周边国家培养一支对我国友好的、年轻的政治力量，使边疆地区的改革开放具有一个良好的外部环境，对构建边疆长治久安具有十分重要的意义。

（二）泰国华文教师函授班

2005年12月云南省侨办与云南大学联合组团对泰北进行了考察访问。通过访问，对泰北的国情特别是对华文教育开展的情况有了深刻的认识。针对泰北华文教育急需解决的师资问题，经与泰北华文学校协商，当地特别希望云南大学发挥云南省地缘优势，尤其是在缅甸举办函授班，利用函授的形式为泰国培养华文教师。这样做，可以让学员不离土、不离乡，既解决了工学矛盾，又减少了学员的经济负担。从2006年10月开始，我校成人教育学院与泰国南邦公立育华学校、泰北大谷地华兴中学合作先后在泰北南邦、大谷地两地成功举办了首届泰国"汉语言文学"函授班，共招收了151名学员。学员大部分来自泰国北部、中部、南部及当地30多所华校中正在从事中文教学的教师，年龄最大的82岁、最小的22岁，是名副其实的"师范班"。此举在当地华校中引起轰动，被誉为"具有开创性的事件"。

在全球"汉语热"的推动下，面对当地华校最为紧迫的华文教师不足、华文教师教学水平有待提高的问题，我校因地制宜找到一条在当地培养华文教师的新路子。利用函授的形式开展华文教学，不失为华文教学的一种新的探索，取得的效果是明显的。

（1）函授班培养的是当地正从事华文教育教学的教师，这些教师与国内外派的教师相比，熟悉当地华文教育的情况，掌握当地的语言，从事华教的时间较长并且可能终身从事华教事业，是一批"用得上，留得住"华教教师。

（2）目前，在海外开展的华文教育以"语言教学""对外汉语教学"的方式立足；由于偏重"语言"，"文化"方面比较"薄弱"。函授班弥补了"语言教学"的不足之处。函授班丰富多彩的"文、史、哲"课程，使得华文教学在短短的时间内，在中华文化深度方面得以加强。

（3）系统学习作为一名海外华文教师的应知、应会，特别是通过函授学习培养了学员的自学能力，而这种自学能力的提高对学员来说将是终身受益的。

（4）通过函授班的学习，取得云南大学毕业证将对华文教师的生存与发展提供保障。按照泰国政府的规定，大专毕业即可申请合法的教师资格，华校中有大专学历的教师占一定比例，即可申请泰国教育部门承认的公立学校而得到一定的教育经费补助，纳入泰国基础教育体系。这对华校的生存与发展将起到很好的推动作用。

（5）效果好，成本低。由于受许多因素的影响，目前在泰国的华文教师收入还不高、生活困难，如要他们超过经济承受能力去再提高是不现实的。云南大学函授班送学上门，学员在本地能享受国内优质的教育资源，其效果是不言而喻的。

（6）函授班为泰国华文教育培养一批接班人。通过这些年轻老师的辛勤劳动，为当地培养熟悉汉语的人才，唤起更多的华裔子女的爱国热情，也为更多有能力到国内高校深造的学生做了充分准备。

（7）云南大学与云南省侨办充分合作，发挥各自的优势开展华文教育，其效果是明显的。

从上面几点我们可以看出，函授班的举办无论在意义方面还是在影响力度方面，都得到了充分的肯定。云南大学在泰国举行函授教育，效果好，影响大，意义深远，有利于稳定边疆、弘扬中华文化、增强中华民族的凝聚力，对增进中泰传统友谊、促进当地华人的生存和发展起了积极的推动作用，为当地的华文教育办了一件大实事。

走出去我们看到了无限的空间，走出去我们尝到了成功的喜悦。缅甸和泰国是我们成功的尝试。当今我们正面向全世界积极推广汉语和汉文化，孔子学院遍地开花，教师严重缺乏，各地华侨的作用将显得尤为重要，他们无疑是一支强大的队伍。加强对各地华侨的培训，广泛发挥他们的积极性，也是我们传播文化的一条捷径。

三、深度发掘智力密集的优势，大力发展侨爱心工程，组织、引导海内外侨胞支持并参与教育发展事业

2009年1月8日，中共中央政治局委员、全国人大常委会副委员长王兆国在中国

侨联七届六次全委会议上指出："要坚持以凝聚侨心为核心，以促进和谐为己任，广泛开展侨界和谐创建活动，支持海内外侨胞热心慈善事业、参与公益活动，以爱心促和谐，以奉献促和谐；真心诚意为侨界群众做好事、办实事、解难事，积极配合有关部门解决有困难的归侨侨眷的生产生活问题，使他们切实感受到党和政府的温暖。要以增进乡情、亲情、友情为重点，多渠道、多层次、多形式地开展海外联谊工作，引导广大归侨侨眷和海外侨胞大力发扬爱国爱乡优良传统，不断激发民族自信心和自豪感，为推进祖国统一、实现民族振兴做出更大的贡献。"

云南省的高校集中了一批归侨、侨眷知识分子，他们当中不少是教育、科研骨干。进入新世纪以来，高校的侨情发生了很大的变化，一大批海外留学人员回国，高校已成为产生新侨民的重要领域，侨联的主体力量越来越大，工作对象越来越多，工作任务越来越重。我校现有归侨侨眷300余人，有海外经历背景的人员就更加可观；随着对外交往的扩大，出国和回国人员增多，这个数字还在增加，占学校教职工的比例还在扩大，成为学校教学科研和管理工作中一支重要力量。

云南大学侨联成员为学校的建设发展广泛联系海外侨胞，在引进海外专业人才方面发挥了重要作用。近几年来，我校侨联成员协助学校先后引进一批留学海外的学者，如云大软件学院联系澳籍华人郑智捷教授，从美国回国的张喜光教授、张力教授、王仲明教授等一批优秀人才，他们中很多人是学有专长的学科带头人。侨联在争取海外资金支持学校的建设发展中也发挥了重要作用，如联系引进海外侨胞的资金设立了"云南大学伍达观教育基金""岳红奖学金"以及岳红高等研究院，在学校伍马瑶人类学博物馆、校医院、MBA培训大楼、中山邦翰楼、田家炳化学与工程学院、软件学院等建设中，都有海外侨胞的大量捐赠，这对于改善我校的办学条件发挥了积极作用。

云南大学留学归国人员、侨眷侯先光教授自20世纪80年代以来，一直与国外多所大学及科研单位保持密切的合作关系，其中与英国莱斯特大学、牛津大学、瑞典国家自然历史博物馆、瑞典皇家科学院、美国蒙大拿大学的研究人员建立了长期良好的合作关系。自1984年侯先光教授发现澄江动物化石群之后，其一直致力于澄江动物化石群的研究，因其取得的突出成就，于2003年获得国家自然科学一等奖（并列第一）。云南澄江动物群的发现，不仅使我们认识到所有现代动物门类几乎同时产生在寒武纪生命大爆发时期，还提供了另一个证据，即各类动物的不同行为特征在寒武纪生命大爆发时期也可能同时产生。侯先光教授与其合作者英国牛津大学Derek J.Siveter和莱斯特大学Richard J.Aldridge、David J.Siveter的研究论文Collective

Behavior in an Early Cambrian Arthropod在自然科学学术期刊*SCIENCE*（Vol 322｜10 October 2008）上发表。为推动云南大学、云南省乃至中国在古生物学方面的研究做出了贡献，获得国家外国专家局颁发的"2008年度国家引进国外智力贡献奖"，成为我省教科文系统唯一获此殊荣的专家。

侨联在引资、引进人才和与海外侨胞联系上发挥了重要作用。我们要着眼高校侨务资源实际，强化服务意识，努力在政治上、生活上关心广大归侨侨眷，特别是加强对新侨和留学归国高素质人才的服务力度，不断团结、凝聚、扩大侨界力量，形成知侨、爱侨、助侨的浓厚氛围，进而激发他们理论创新、科研创新的最大潜能，实现科研成果向生产力的有效转化，为助推我省经济社会持续快速发展发挥独特的优势。

在新的历史起点上，侨联工作正面临着不可多得的发展机遇和条件。高等学校既是培养人才的基地、科教兴国的支柱、传承先进文化的重要阵地，又是归侨、侨眷和侨界知识分子最为集中的部门。胡锦涛总书记要求侨联组织按照凝聚侨心、汇集侨智、发挥侨力、维护侨益的要求，最大限度地把归侨侨眷和海外侨胞团结起来，最大限度地把归侨侨眷和海外侨胞的积极性调动起来，最大限度地把归侨侨眷和海外侨胞的独特优势发挥出来。展望未来，我们豪情满怀。我们决心发挥人才荟萃、智力密集、联系广泛的优势，充分调动一切积极因素，在沟通海内外、吸引国外智力和财力等方面发挥作用，为开创侨联工作新局面而不懈努力。

"亲、诚、惠、荣"的周边外交与服务驻在国华人华侨[①]

摘　要： 好邻居金不换。朋友可以选择，但邻居只能相处。睦邻友好、守望相助，这既是中国人邻里相处之道，也是中国同周边国家发展关系的基本方针。而如何服务好邻国的华人华侨也是周边外交的一项重要工作。本文拟对缅甸曼德勒福庆孔子课堂服务缅甸华人华侨的案例进行分析，并展现如何以"亲、诚、惠、容"的方式来服务周边睦邻友好外交战略。

关键词： 周边外交　华人华侨　孔子课堂

一、缅甸华文教育的历史与现状

缅甸现有华人华侨约250万，主要分布在仰光、曼德勒、勃生、毛淡棉等主要城市。华人华侨中以云南籍为多，福建籍次之，广东籍位居第三。闽、粤籍华人华侨主要分布在中部和南部地区，缅北地区则以滇籍华人华侨为主。20世纪50年代至60年代初缅甸全国华校已接近300所。1965年缅甸政府颁布了《私立学校国有化条例》，将全缅甸近300所华文学校全部收归国有，并按缅甸教学大纲进行教学，这实质上是在中小学取缔了汉语教学，使得缅甸华文教育受到重创。此后直到20世纪80年代末，缅甸汉语教学转入艰难阶段，华人华侨以举办宗教学校之名行华文教育之实，兴办了一批孔教学校、佛经学校。进入21世纪，随着中缅经济交流的日益频繁和中国加大对海外华文教育、汉语教学的支持力度，缅甸的华语教育逐步恢复并取得空前发展。根据福庆孔子课堂校长李祖清博士论文资料数据，2009年缅北地区有各类华校50所，招生总计56 595人，教师人数1 572名。这些学校都是华人华侨捐资，同乡会、商会、青年会兴办的，成为缅甸华语教学的中坚力量和主力，成为保留祖籍文化的重要途径。

[①] 原文载于《东陆留记》（第四辑）（云南大学出版社，2015年1月出版）。

二、福庆学校与孔子课堂

福庆学校位于缅北曼德勒，创办于1993年，学校董事会皆由曼德勒地区商业成功的华人组成，建校之初只有几十名学生。

2000年云南大学为了实施教育"走出去"战略，与缅甸福庆学校合作先后在缅甸成功举办了四届"汉语言文学"函授班，共招收了近450名学员。学员大部分为当地中文学校的教师、社会各界人士，还有部分当地缅族的学员（包含对中国文化感兴趣的僧侣）。此举在当地对外汉语教学中引起轰动，被我国驻缅使领馆誉为"具有开创性的事件"。利用函授的形式为缅甸培养汉语教师，这样做可以让学员不离土、不离乡，既解决了工学矛盾，又减少了学员的经济负担，为当地培养了一批"用得上，留得住"的汉语师资。

2008年，借国家汉语国际教育推广的东风，云南大学与福庆学校合作兴办孔子课堂，并取得了一定的成绩。学校开始在办学模式和办学目标上积极调整，以符合孔子课堂的办学宗旨。作为孔子课堂的福庆学校在原有的办学基础上，对于办学目标作了新的定位：积极向当地主流社会渗透，努力带动周边地区华校积极向当地社会渗透，并通过使领馆为各地华校提供教师培训的机会，促成他们与国内各方面多层次的联系，帮助其开展HSK考试等。

三、在缅甸设立孔子课堂的重要意义

孔子课堂设立以来，中缅双方努力将孔子学院的办学宗旨与当地教师的个人理想和生存改善结合起来，利用当地现有的条件办学，引导大家对于孔子学院办学宗旨的理解，激发为此宗旨工作的热情。目前福庆孔子课堂已经由一个单独与国内的交流和发展逐步转变为组织者，协助领馆、侨联、侨办、汉办开展对缅甸各类工作特别是教育培训工作的联络组织，由一个同乡会的学习场所发展成为一个华人的汉语学校，进而发展成为一个缅甸的汉语学校。职能的转变、办学方式的调整使福庆学校呈现出更强的适应性和生命力。

2011年3月，福庆孔子课堂新教学楼与新办公楼落成，两栋楼建筑总面积分别达10 000多平方米，主体建筑各为四层，内设有办公室、汉语体验中心、多媒体教室、会议室、练功房、教师休息室、图书阅览室等。两栋大楼均为福庆学校董事会侨领、当地热心教育的华裔、学生家长、毕业校友、教师等捐资建兴。课堂的大型液晶屏幕也是当地最富盛望的两位侨领捐助购买，为学校日常的庆典、学生活动添置了最好的设备。目前，云南大学福庆孔子课堂已经拥有1200名学生，40名专职教师。

四、启示

在双方合作中，我们本着理解、尊重、互利共赢的原则，激发缅方进行汉语国际推广的热情。

（一）缅方利用侨领的声望和人脉，拓展孔子课堂的工作

例如，2010年巡回书展在14个地区的16个教学点展出汉办教材图书700余册。利用书展和教学点初步建立的信任和联系，开办了缅甸首届汉语教学研讨会；利用研讨会和各教学点主管建立的联系，举办了由年轻教师和中学生参加的缅甸汉语学校中华才艺培训班，这个活动又带动"汉语桥"活动的开展。开拓性地在马圭、旺兰开办了会话班，填补了这两个地区的汉语教学空白；在八莫、和平、抹谷等地开展HSK推广活动，使大家了解HSK，并积极推动了HSK考试。通过汉办举办的各类本土教师培训活动，福庆孔子课堂抓住机遇，利用现有教师具有比较好的汉语基础的有利条件，先后输送62人到中国参加汉办举办的各类本土教师培训班。

（二）充分利用云南大学的资源积极支持福庆的发展

汉语国际推广，推选最好的师资派往福庆担任中方主任，派出艺术学院师生前往福庆教授声乐舞蹈课程，针对当地社会和各类学校普遍缺乏文艺活动的状况，帮助福庆在校内开展多样的文体活动。近两年来，学校组建了乐队，开展唱中文歌比赛、汉语作文比赛等活动，由于办学基础比较扎实，这些活动一经开展，便得到学员的积极响应，迅速开展。这些活动不仅大大激发了在校学生的学习兴趣，而且大大吸引了校外人士，不少学员就冲着这些活动来到福庆。2009年，课堂举办各种文化活动19次，约5 100人次参加；2010年举办39次，参与人数在8 300人左右。每次的活动都有大量华人华侨、侨领热情参与。

结　语

回顾云南大学福庆孔子课堂服务当地华人华侨的成功经验，我们认为，华人华侨是中华民族在海外的延伸和有机组成部分，是我国经济社会发展的独特力量，是我国同世界各国友好交往与合作交流的重要桥梁。海外的华商熟悉中国国情，又

融入了居住国社会，事业有成，是当地经济不可忽视的力量，在海外建立了良好的人脉关系和商业网络，能为高校"走出去"大有作为。我们只要利用好人力资源优势、组织优势和信息优势，充分利用国内的政策和资源，借助海外华人华侨的力量，就一定能共同办好我们的汉语国际推广事业。

"桥头堡"背景下的云南大学国际化战略研究[①]

摘　要：高等教育国际化已成为一些西方发达国家的重要国策，是世界一流大学竞相追逐的目标，也是高等教育发展的一种基本趋势。本文的研究目的是分析"桥头堡"背景下云南大学实施国际化的战略环境，并提出云南大学的国际化战略思路及对策。由于国内外针对大学国际化战略方面的研究很少，迄今为止我国也仅有为数很少的高校制定和实施了国际化战略，因此这项研究具有对教育国际化的理论进行补充的理论价值，也具有指导云南大学实施国际化战略的实际运用价值。笔者使用了文献研究、访谈、问卷调查的方法，对高等教育国际化的相关理论和国内外研究进展进行了介绍，并比较了国内外知名大学实施国际化的情况，从中得出了启示。接下来，本文采用战略管理理论中的SWOT分析法分析了云南大学实施国际化的环境，得出了云南大学实施国际化战略所面临的外部机会和挑战以及内部优势和劣势。论文还分析了"桥头堡"战略对高等教育的要求，就是为"桥头堡"建设提供具有国际化视野的复合型人才，然后根据云南大学的国际化现状，提出了云南大学如何将自身的国际化结合"桥头堡"建设需要来实施国际化战略的思路和对策。本文的创新点是对比归纳了国内外知名大学实施国际化的情况，并在此基础上得出了对高等教育国际化战略有益的启示，提出了云南大学国际化战略的思路和对策。

关键词：桥头堡　云南大学　国际化战略

第一章　导论

第一节　选题背景

如果说全球化是当今时代最重要的特征，国际化则是时代赋予大学的使命。20世纪90年代以来，伴随着经济全球化进程的不断加快，人才需求的国际化不断加强，高等教育国际化也日益加剧。美国、英国、澳大利亚、日本、新加坡等一些发达国家已将高等教育国际化作为一项重要国策。美国在20世纪60年代就推出了

[①] 原文载于《东陆留记》（第一辑）（云南大学出版社，2011年11月出版）。

《国际教育法》，以大量吸引外国留学生并为这些外国留学生居留在美国提供法律保障；1999年美国国际教育者协会（NAFSA）建议美国政府使美国留学生达到世界留学生总数的40%，到2010年有10%的美国学生到国外进修学分，到2050年达到50%。欧盟于20世纪70年代就开始积极推动其大学国际化，从颁布《联合学习计划》（JSP）、ERASMUS学生交流计划到90年代以后通过《博洛尼亚宣言》"伊拉斯谟计划""苏格拉底计划"，其大学国际化进程从推动教师和学生国际流动到建立统一的欧洲学分转换体系、学位制度以及建立一个统一的"欧洲高等教育空间"，国际化的范围也从欧盟内部逐步扩展到泛欧合作。澳大利亚更是将高等教育国际化建立在以市场为导向的出口教育模式上：从1986年至2006年的20年间，澳大利亚实施以政府主导，为外国人提供商务、学术、服务三位一体的留学教育服务，使其留学生教育于2006年创收80亿美元，成为排名全澳年出口收入第四位的大宗出口产业。

面临世界范围内大学国际化发展的强劲势头，从21世纪以来，我国政府和大学自身都在积极推进大学国际化。我国政府已针对高等教育国际化出台了一些法规和规定，如《高等学校接受外国留学生管理规定》《中华人民共和国中外合作办学条例》等，其中《国家中长期教育改革和发展规划纲要（2010–2020年）》明确指出，我国教育要扩大开放，要以开放促改革，促发展。胡锦涛主席在2010年7月13日的全国教育工作会议上说，教育事业发展的生机活力在于改革开放，必须始终按照面向现代化、面向世界、面向未来的要求，立足社会主义初级阶段基本国情，坚持继承和创新相结合，不断深化教育体制改革和教育教学改革。温家宝总理在会议上做了题为"强国必强教，强国先强教"的报告，对扩大教育对外开放提出了明确要求。

但是从国家的层面来说，大学国际化还没有放到一个战略高度去实施，我国还缺乏一个从宏观和战略的高度上审视并规范全国大学国际化活动的法规。从大学的层面来看，仅有极少数的大学将国际化作为学校的发展战略之一来推进，也仅有极少数大学制定了学校的国际化发展战略——直到2011年3月我国才出现了第一个公开发布国际化战略的大学——天津大学。从学术研究的角度来看，尽管近来关于高等教育国际化的研究也大量涌现，但针对大学国际化战略的研究却很少。因此，关于我国大学如何制定国际化战略以切实推进国际化进程的研究亟待展开。

第二节　研究目的和意义

一、研究目的

高等教育国际化发展是高等教育发展的一种基本趋势，已经成为建设高水平大学的必然路径。本文基于"桥头堡"背景，在梳理国内外大学国际化战略实施情况的基础上，得出对云南大学实施国际化战略的有益启示，通过分析云南大学所处的特殊环境及国际化现状找出制约云南大学国际化进程的主要因素，根据其制约因素提出"桥头堡"背景下云南大学国际化战略思路及对策，以期对云南大学制定和实施国际化战略、推进国际化进程提供参考。

二、研究意义

（一）理论价值

目前我国关于高等教育国际化的研究大多围绕国际化的现状、问题、趋势、特点，以及外国高等教育国际化对我国的启示来进行，对于大学国际化战略的研究非常少，对于大学如何根据自身特点和需要制定国际化发展战略以及如何实施这种战略的研究几乎没有。本文对我国高等教育国际化战略的情况进行了梳理，并根据云南大学自身的特点及所处的环境提出了云南大学国际化战略的对策。这些对于管理学的战略管理理论和教育学的教育国际化理论都是一项有益的补充。

（二）实际运用价值

1. 从国家的层面来看

研究我国高等教育国际化战略有利于我国从国家战略的高度来总体把握这些问题，在维护大学学术自由、创新发展的同时回答几个主要的问题：

（1）如何使高等教育的国际化战略与国家的政治、外交及经济发展战略紧密相连？

（2）如何让大学在推进国际化的进程中肩负起国家的政治、外交及经济意愿？

（3）我国政府应如何为推进大学国际化提供应有的条件和保障？

（4）我国大学应实施什么样的国际化战略来借鉴世界先进科技文化，缩小我国与世界先进水平的差距，吸收外国智力来为我国社会经济服务，培养我国社会发展所需的国际化人才来提高我国高等教育的国际竞争力，同时也在世界范围内传播我国的语言、文化、价值观念来提高我国在世界上的影响力？

2. 从大学的视角来看

本文提出了如何根据自身环境选择国际化战略，为大学如何分析所处的发展环境，充分利用自身的优势，制定和实施国际化战略提供思路和依据。

3. 从云南大学的角度来看

本文全面分析了云南大学实施国际化战略的条件、优势及面临的问题，并根据云南大学的特点和优势做出了一个国际化战略规划，还为这一国际化战略的具体实施提出了思路。

第三节　概念的界定

一、战略的概念

在西方，战略一词"strategy"源于希腊语"strategos"，意为"军事将领、地方行政长官"；后来演变成军事术语，指"军事将领指挥军队作战的谋略"。东罗马皇帝莫里斯于公元580年前后写了一本训练高级将领用的军事教科书——《将略》（*Strategicon*），书中讲述了将军统帅军队的艺术，其实就是战略的意思。《简明不列颠百科全书》对战略的定义是："在战争中利用军事手段达到战争目的的科学和艺术。" 20世纪初英国战略思想家李德哈特在《战略论》中指出，战略是分配和运用军事工具，以达到政策目的的艺术。[1]20世纪50年代法国战略思想家爱博福尔在《战略绪论》中提出，战略是一种用来达到目的的手段，是一种运用力量的艺术。

在中国，战略一词历史久远，"战"指战争，"略"指"谋略"。春秋时期孙武的《孙子兵法》被认为是中国最早对战略进行全局筹划的著作。中国古代常称战略为谋、猷、韬略、方略、兵略等。毛泽东军事思想关于战略的核心观点是人民战争思想，即广泛宣传群众、广泛发动群众、广泛依靠群众，使敌人陷入人民战争的汪洋大海之中。

古今中外对战略的称谓繁多、定义各异，但都有这样一个含意，即在某种敌对状态下指挥军队克敌制胜的艺术和方法[2]。随着战略理论的发展，战略这一概念已被世界各国扩大延伸到军事以外的政治、经济等领域，泛指对全局性重大的、高层次决策的谋略。

二、大学国际化战略的概念

在笔者所查阅的国内外文献，仅有对"大学战略""大学国际化"概念的界定和分析，却没有对大学国际化战略概念的界定。寇普（Cope）在《机遇来自实力：战略规划案例研究》中把大学战略定义为"一种开放的系统论，指引院校之舟在前进道路上顺利地通过各种变化多端的环境；它是一种行为，对未来外部环境状况可

---

① ［英］李德哈特著，钮先钟译《战略论》呼和浩特：内蒙古文化出版社，1998:23.
② 张婕.高等院校战备管理的若干基本问题［J］.教育研究，2006（11）：35-40.

能引起的问题先提出解决方案；它是一种手段，在持续的资源竞争中用来争取有利地位；它的主要目的是把院校的前途和可预见的环境变化联系起来，使资源的获得快于资源消耗，从而能够成功地完成院校的使命"。我国学者较为公认的"大学战略"的概念是：在对大学内、外环境全面分析、预测的基础上，为适应未来的发展变化，创造和维持自身的竞争优势，对未来的发展目标、任务、措施以及落实和实现进行谋划。

综合国内外研究对大学战略的概念，大都把大学国际化战略的概念定义为：根据大学的总体发展目标，对大学的外部环境和内部条件进行分析所确定的实现大学国际化的一项行动计划，包括所要达到的国际化目标、指导思想，所需配置的资源和保障以及具体的举措。

第四节　研究方法和内容

一、研究方法

（一）文献研究法

本文查阅了大量有关高等教育国际化及其政策方面的书籍、期刊、硕士和博士论文、电子资源。

（二）问卷调查法

本文为收集我国大学国际化战略情况，设计了一个问卷，分别向国内外20余所大学国际合作与交流处发出，得到了这些大学在推进国际化过程中战略制定与实施方面的一手资料。

（三）比较研究法

本文对国内外部分大学的国际化实施情况，以及云南大学与国内重点大学国际化实施进行比较。

二、研究内容

本文拟对云南大学的国际化战略进行规划，以期对云南大学制定和实施国际化战略、推进国际化进程提供参考。主要研究内容如下。

（1）对国内外高等教育国际化实施情况进行比较分析，从中得出有益的启示。

（2）对云南大学的国际化现状和所处的内外部环境进行分析，找出云南大学国际化进程中的主要制约因素。

（3）根据云南大学的国际化进程现状及特殊环境得出云南大学国际化战略思路及对策。

第五节　论文结构

第一章为导论。在导论中介绍本文选题的背景和意义，并对整个研究的研究思路、方法和创新点进行说明。

第二章为高等教育国际化的理论综述。本章介绍大学国际化战略的含义，大学制定国际化战略的意义，与高等教育国际化相关的理论，以及高等教育国际化的国内外研究进展。

第三章为国内外大学国际化战略比较研究。首先把国内大学的国际化实施与国外知名大学作对比，找出我国大学国际化进程中存在的问题；然后将云南大学与国内一流大学的国际化情况进行对比，发现云南大学国际化进程中存在的问题；最后从国内外重点大学的国际化实施中得出启示。

第四章为云南大学国际化战略分析。本章将采用SWOT分析法对云南大学所处的特殊环境进行分析，得出云南大学实施国际化战略的优劣势，并利用访谈法、实地调研法及文献分析法对云南大学国际化实施的现状进行分析，找出制约云南大学国际化进程的主要因素。

第五章为云南大学国际化战略及对策。本章首先简要介绍"桥头堡"战略对高等教育的要求，然后结合云南大学国际化现状及环境提出云南大学的国际化战略思路，根据云南大学国际化进程中的制约因素，提出"桥头堡"背景下云南大学国际化的实施建议和保障措施。

最后一部分为结论及启示。本章根据前几章的研究内容得出最后的结论，并从国内外大学国际化的实施情况及云南大学的国际化现状和制约因素的应对措施中得出对高等教育国际化战略的启示。

第二章　高等教育国际化理论综述

第一节　高等教育国际化的内涵及意义

一、高等教育国际化的内涵

早在20世纪70年代，"高等教育国际化"这一概念就已经在欧美发达国家使用。对高等教育国际化的含义从不同的角度出发有不同的认识，国内外文献对高等教育国际化的内涵的分析可以归为以下几个角度。

（一）强调过程的角度

这一类观点强调高等教育国际化是将国际意识与高等教育的职能相结合的过程。1995年Hans de Wit在《高等教育国际化策略》一书中提出了高等教育国际化包含三层含义：

（1）高等教育国际化是将国际意识与高等学校的教学、科研和社会服务的职能相结合的过程。

（2）高等教育国际化是高等教育的国际交流与合作活动，包括课程的国际内容、与培训与研究有关的学者与学生的国际流动、国际技术援助和合作计划。

（3）高等教育国际化是形成全球的、超越本土的发展方向和氛围。

联合国教科文组织的国际大学联合会IAU（International Association of Universities）把它定义为：高等教育国际化是把跨国界和跨文化的观点和氛围与大学教学工作、科研工作和社会服务等主要功能相结合的过程，是一个包罗万象的变化过程，既有学校内部的变化又有学校外部的变化，既有自下而上的又有自上而下的，还有学校自身的政策导向。

欧洲国际教育协会把国际化看作一个高等教育更少地趋向于本国，更多地趋于国际发展的过程。

（二）描述内容、方法的角度

这类观点主要从高等教育国际化应包括的内容出发来界定国际化的概念。

加拿大多伦多大学安大略教育研究院Jane Knight女士，是当代研究高等教育国际化最著名、成果最丰硕的学者之一，她概括了界定高等教育国际化的四种基本方法。

（1）活动的方法，包括学生和教师的流动、留学生的招收、技术支持和知识的传播、合作研究和课程改革等。

（2）能力考核成绩的方法，主要关注在个体的职业和个性发展中融入国际的价值观念。

（3）文化的方法，主要关注在大学校园内形成国际文化氛围。

（4）过程或策略的方法，大学应该制定一个完整的策略，有步骤、有计划地在学校形成国际纬度，并使其成为显著特点。

美国的阿勒姆（Arum，S.）和范德瓦特（Va de Water，J.）基于对美国在过去30年中使用的概念和定义分析，提出高等教育国际化包括三种主要因素。

（1）课程的国际内容。

（2）与培训与研究有关的学者和学生的国际流动。

（3）国际技术援助与合作计划。

我国学者顾明远和薛理银从人员要素、信息要素、财务要素和结构要素四个方面来对高等教育国际化的内涵进行了比较科学的概括，即：指教育向世界开放，接受外国的学者和留学生，与国外大学进行合作研究和开发；教育系统在目标上努力培养具有世界知识、全球视野和国际交往能力的人才；开设有关外国文化的课程，以及普通课程中的国际视角，为学生提供到国外学习的机会等。

（三）分析结果的角度

这类观点侧重于从国际化所达到的结果的角度来定义高等教育国际化。日本广岛大学教育研究所喜多村和之教授提出了衡量高等教育国际化的三条标准是通用性、交流性和开放性，即国际化首先是高等教育使本国文化受到他国与民族的承认和接受，其次是建立起与他国学者之间的交流制度，第三是像对待本国人一样对待来自异国的个人和组织。我国有学者认为高等教育国际化是一个先进的、开放的、充满活力的体系。

（四）明确趋势的角度

这类观点把高等教育国际化看作多种多样的具体活动的发展趋势。例如，厦门大学刘海峰教授认为，高等教育国际化是高等教育扩大对外开放、加强国际学术交流、增加留学生的派遣与接收、开展合作研究与联合办学的趋势；邴正认为，教育国际化是指在教育思想、模式、内容以及课程、教材、教师、学生等诸方面国际交流的趋势。

（五）界定

综合以上观点，笔者将高等教育国际化界定为：高等教育国际化是指一国的高等教育在坚持民族化的前提下，以一种开放的态度通过跨国界的交流与合作来使自身的教育观念、教育方法以及教育的主体和客体融入世界，从而培养出具有国际竞争力的国际化人才的过程和趋势。

高等教育国际化的内容应包括以下几方面。

（1）教育理念的国际化：从全球的视角出发来认识教育的改革和发展问题。

（2）课程的国际化：关于课程国际化，目前国内外学者普遍达成的共识，一是开设专门的国际教育课程；二是开设注重国际主题的新课程；三是在已有的课程中增加一些国际方法方面的内容；四是推进国际普遍关注的重大课题研究；五是注重地区性研究；六是建立校际关系，把到国外参观学习与课程联系起来。笔者认为还应增加一项：开设英文或双语授课的课程。

（3）人才培养目标的国际化：高等教育国际化应致力于培养能够参与国际化竞争的、具有国际视野的国际化人才。

（4）学生的国际化：包括两方面，一是推动本国学生的海外经历和参与国际交流的经历，二是招收外国学生到本国就读。

（5）教师的国际化：包括本校教师的赴外交流进修和外籍教师的征聘。

（6）研究的国际化：通过国际合作、参与国际研讨会、期刊及书籍等交换和推广研究成果。

（7）管理的国际化：学校应采用国际通行的先进管理理念和方法，包括教学与科研设备等硬件设施的国际化，以及管理人员、管理方法等软件的国际化。

二、高等教育国际化的意义

推进大学国际化不仅对大学自身发展具有重要意义，它对于一个国家的政治、经济发展也具有长远的、战略性的意义。

（一）国际化是高等教育自身发展的需要和趋势

大学从产生之日起所肩负的最主要职责就是知识和技术的传播、发展和创新，而知识和技术是没有国界的，因此大学理所当然应通过培养模式、教育方法、课程内容以及教师和学生在世界范围内进行交流和借鉴来保持其作为新知识、新技术、新文化的孕育基地。同时，大学也需要通过国际化办学来提高师生的国际视野、国际知识与能力，进一步提高自身的核心竞争力、拓展生存与发展的空间。

（二）大学国际化服务于一个国家的政治和外交利益

尤其是一些发达国家都通常把接受留学生视为影响第三世界的重要手段。美国非常注重通过高等教育的国际化来保持和扩大其影响以及认知其他文化、语言和体制（Knight，1997）。

美国著名高等教育家阿特巴赫曾经一针见血地指出，在所有发达国家，接受外国留学生都与该国基本的政治外交政策联系在一起。英国曾经为每个殖民地培养一批大学教师、建立一所大学学院，以培养忠实于大英帝国的殖民地管理精英的战略。澳大利亚学者也承认，澳大利亚政府近30年来吸收和资助亚洲学生的重要目标之一就是为了接受政治和外交的评估。

美国的《国际教育法》提出，"要确保这一代和未来几代的美国人在整个有关其他国、人民和文化的知识领域，有充分机会并在最大可能的程度上发展其智力"。这充分表明了美国政府希望通过教育的国际化来加强美国人对世界的了解，以实现美国在全球霸权的理想。

（三）大学国际化还贡献于一国的经济发展

经济全球化使国际经济竞争更为激烈，而这种竞争归根到底是综合国力和人才的竞争。发达国家通过高等教育的国际化大量吸引留学生，并吸引优秀留学生毕业后服务于这些国家的经济、科技产业，从而获得了相当可观的人才经济价值。同时，留学生的学费对于这些发达国家的经济贡献也非常巨大，而且通过推行高等教育国际化而建立起来的良好国际关系，也可为国家带来直接而长远的经济利益。

第二节　高等教育国际化的相关理论

一、全球化理论

世界大学国际化最根本的动力就是全球化。20世纪90年代以来，随着世界各国更深入地融入全球化进程，国内外理论界有关全球化的理论层出不穷。列文（Levin）认为，全球化至少在12个方面影响着高等教育：① 国际化；② 经费来源多样化；③ 私有化；④ 电子技术及通讯；⑤ 生产率及效率；⑥ 外部竞争；⑦ 机构重组；⑧ 劳动职能转换；⑨ 国家干预；⑩ 伙伴关系；⑪ 劳动力培训；⑫ 商品化。[①]

西方理论界对全球化的内涵和定义有不同的理解。罗兰·罗伯林从时空压缩和整体意识的角度将全球化理解为：全球化既指世界的压缩，又指认为世界是一个整体的意识的增强。美国学者德里克（Dirik）、英国学者斯克莱尔（Sklair）等把全球化看成是市场、资本主义的全球扩张。英国学者罗宾·科恩和保罗·肯尼迪在合著的《全球社会学》里把全球化看作人类社会"全方位的一体化"。也有学者认为全球化实质就是"一体化""资本主义化""美国化""西方化"等。

从全球化的内容来看，早期很多经济学者往往只把全球化看作经济的全球化，是市场、金融、跨国公司在全球的扩张。但随着全球化的发展，越来越多的学者从自己的学科对全球化进行研究，认为全球化不仅包括经济的全球化，也包括政治、文化、教育、社会等领域的全球化。如里斯本小组认为，人们可以感受到众多的全球化过程：金融的全球化；市场和市场战略的全球化，特别是竞争的全球化；技术全球化和与此相联系的知识，科学工作者研究、发明创造的全球化；生活方式、消

---

① Levin, J. S. Missions and Structures: Bringing Clarity to Perceptions About Globalization and Higher Education in Canada［J］. Higher Education, 1999, 37（4）:377-399.

费行为与文化生活的全球化①。

此外，全球化的理论还包括全球化的起源、特征、影响等。

二、相互依存理论

早在20世纪六七十年代，就有西方学者提出经济和政治上的"相互依存"，作为一种崭新的诠释当代国际关系的理论范式。时至今日，在全球化的大背景下，国与国、地区与地区的"相互依存"关系已经从政治、经济逐步扩展到了科技、文化、教育和社会。正是这种相互依存，为各国在政治、经济、科技、文化、教育等方面的国际合作提供了新的理论基础；也正是因为世界各国的高等教育在教育资源、教育市场等方面的联系日益形成了一种相互依存的局面，才需要在这种错综复杂的相互依存关系中通过国际化来寻求国际教育关系的平衡。

相互依存理论是罗伯特·基欧汉和约瑟夫·奈两位学者创立的。而他们的理论又是在吸收其他一些学者相关理论的基础上形成的，重点是查理·库伯的"国际经济相互依存理论"。美国学者查理·库伯（Richard Cooper）在1968年出版的《相互依存经济学：大西洋共同体的经济政策》一书中指出，各国经济的相互依存是经济政策协调的基础，也是各国经济政策协调产生的原因所在，同时他还分析了没有政策协调的后果。这一理论认为，一个国家的经济发展在一定程度上取决于其他国家的经济发展程度和所实施的政策；同时这个国家的经济发展和政策又会影响其他国家的经济发展和政策的制定，这就形成了国与国之间在经济上的相互依存。随着对外开放程度与资本流动性的提高，一国与其他国家在经济上的依赖程度也会提高；随着各国间经济相互依存度的加深，使得一个国家很难在不考虑其他国家经济发展及采取的政策的情况下实现本国的宏观经济政策目标，缺乏国家之间的经济政策协调会使各国付出巨大的代价。

罗伯特·基欧汉和约瑟夫·奈进一步引入了政治经济学的分析方法，提出了复合相互依存的概念。他们认为，相互依存是指国家之间、地区之间的行为相互影响为特征的格局；一个相互依存关系中无法提前预测带来的好处和付出的代价对谁更高；相互依存并不以完全均等互利为特征，也不排除主体之间在利益分配时的竞争和冲突的可能性；相互依存关系中的不对称最有可能在交往时提供给主体影响力即权力的来源，在国际关系中绝大多数是不对称的相互依存，而这也正是讨价过程的

---

① 里斯本小组.竞争的极限：经济全球化与人类未来［M］.北京：中央编译出版社，2000.

核心所在。

第三节　高等教育国际化的研究进展

笔者检索了中国学术期刊网（CNKI）（1979–2010）的中国博士学位论文全文数据库、中国优秀硕士学位论文数据库，发现题目中包含"大学国际化"或"高等教育国际化"的论文有42篇，其中41篇为硕士论文，一篇博士论文；再检索中国期刊全文数据库，发现题目中包含"高等教育国际化"的论文有583篇。同时，从已有的文献看，国内仅有一本论文集——《大学国际化理论与实践》（2007年）和四本有关高等教育国际化问题的专著：陈学飞著的《高等教育国际化：跨世纪的大趋势》（2005年）、程建芳著的《应用型大学国际化教育实践与思考》（2006年）、吴坚著的《当代高等教育国际化发展》（2009年）、成文章等著的《云南省高等教育国际化战略研究》。为理清思路，笔者对所掌握的文献进行了认真的梳理和归类，发现国内外文献对高等教育国际化的理论研究大致可以归为以下几类。

一、有关高等教育国际化概念、内涵的研究

这些研究是指对大学国际化含义的界定和分析，在前面一节中已进行了分析，在此不再重复。

二、有关大学国际化原因及趋势的研究

美国学者菲利普提出，大学国际化的动因与来源有三个：追求利益、提供入学机会和不断发展的跨国高等教育领域。美国著名高等教育专家伯顿·克拉克指出，大学国际化是其自身发展的需要。①

我国最具代表性的研究是徐海宁教授的《高等教育国际化的多视角分析》，他在文中较为全面地从以下几方面阐述了高等教育国际化的动因：

（1）历史视角——从国际性到国际化到全球化；

（2）政治视角——为民族国家的利益服务；

（3）经济视角——经济全球化和经济利益是高等教育国际化的外在动力；

（4）教育视角——高等教育自身发展的内在要求。

我国另有学者认为，高等教育国际化也是学术、文化、社会跨国发展的结果；杨德广认为大学国际化是为了在以知识为基础的世界经济竞争中提供人才

---

① ［美］伯顿·克拉克.建立创业型大学：组织上转型的途径［M］.王承绪译.北京：人民教育出版社，2003.

与科技优势，以长期保持国际竞争力；汪旭晖认为母国教育市场的压力迫使高等教育走出国门以开拓海外市场，很多发达国家都将高等教育视为一种可以出口的产业。

三、有关高等教育国际化趋势的研究

国内外学者还就大学国际化趋势方面提出以下几方面的看法。我国学者陈学飞在其专著《高等教育国际化：跨世纪的大趋势》中提出21世纪大学国际化的两大趋势是：高等教育与产业界及整个社会生活将有越来越密切的关系，并将进一步向大众化和普及化方向发展；有学者从高等教育是依附、借鉴国外高等教育还是创新的角度探讨了我国高等教育国际化的发展方向，最后得出了"在继承中学习、在借鉴中超越"的结论；国外有学者提出20世纪90年代开始，大学联盟成为大学国际化的一种流行趋势；还有研究分析了北美、欧洲和亚太地区跨国教育的发展趋势，强调政府政策制定要基于国家层面和国际化层面。中国人民大学前任校长纪宝成则提出，随着经济社会发展与高等教育发展大学的基本职能不断丰富，国际文化交流已经成为大学继人才培养、科学研究、服务社会之后的第四项基本职能。

四、有关高等教育国际化某一方面问题的研究

这类型包括国际学生流动、外国留学生教育、课程国际化、学分互认等。美国、英国、日本等西方国家对此作的实证研究较多：有学者分析了OECD国家为弥补本国高层次劳动力不足而出台的各种吸引外国留学生的政策；有学者探讨了国际化教育的质量监管问题，并介绍了英国和澳大利亚的跨国教育质量保证体系；有学者研究了课程和教学方法实现国际化的方法。我国学者也从中外合作办学、外国留学生教育以及推动学生及教师国际化等方面进行了研究：王一兵提出开展中外合作办学项目是推进我国大学国际化的一种比较有效的形式；另外，还有关于如何通过开展国际交流实现大学国际化办学特色的研究。

五、有关高等教育国际化中存在的问题及对策的研究

席明在他的文章中从中国加入世贸组织以后所面临的各种挑战入手，初步探讨了国际化所面临的问题；黄磊对高等教育国际化实现的四种模式（合作办学、互派教师、科研合作、接受外国学生）进行了探讨，并对这四种模式中出现的问题进行了分析；王庆石和刘伟对我国高等教育国际化中的"引进"与

"输出"问题、国际化与民族化问题、国际化与全球化问题进行了探讨并提出了相应的对策。

六、有关高等教育国际化与本土化的研究

近几年来我国不少学者围绕高等教育国际化和本土化的关系进行了研究，普遍达成的共识是：高等教育的国际化与本土化是既对立又统一的；我们在推进高等教育国际化的同时，要使其符合本土需要；国际化并不意味着"全盘西化"和"国际一体化"，而要结合中国国情，既吸取外国高等教育经验又不失我国优秀传统[①]；高等教育的国际化具有包容性、民族性、依存性和开放性等特点[②]；高等教育的本土化，就是要吸取本国高等教育实践中的成功经验，并根据本国的实际情况采取恰当的发展战略，不能照搬洋教条，在学习其他国家经验的同时要找到它与自身的文化共性，找到转化外国经验的固着点、切入点和生长点。

第三章 国内外大学国际化战略的比较研究

第一节 国内外大学国际化实施情况的比较研究

一、国外几所大学国际化实施情况

20世纪80年代开始，西方发达国家如美国、英国、澳大利亚、日本、新加坡等国家就开始极力倡导高等教育的国际化。这些国家的高等教育国际化比我国起步早得多，发展也比我国成熟得多，它们无论在宏观策略、具体内容以及表现形式上都有非常丰富的、值得我国推进高等教育国际化借鉴的经验。

2006年美国《新闻周刊》公布了全球最具国际化的100所大学排行榜，对大学主要的评价标准是：论文得到最广泛引用的各领域研究者，刊登在科学杂志《自然》和《科学》上的论文数，社会科学、艺术、人文科学论文引用指数，外国教授和外国留学生的人数比例，学生对教授的比例，图书馆藏书量。前三项占据50%的评分，后两项占40%的评分，最后一项占10%的评分。

下文对美国哈佛大学和耶鲁大学、英国伯明翰大学、新加坡国立大学、新西兰惠灵顿维多利亚大学的国际化实施情况进行对比。

---

① 刘海峰.高等教育国际化与本土化［J］.中国高等教育，2001，（2）.
② 毛禹功.浅议高等教育的国际化、民族化、社会化［J］.扬州大学学报（高教研究版），2006（12）:3-5.

（一）教育目标国际化

美国哈佛大学校长2002年在北京大学演讲时就明确了哈佛大学的办学目标是加强与其他国家大学的合作，从而培养具有国际眼光的未来领导者。哈佛大学文理学院院长柯伟林教授更为明确地表示：哈佛大学的目标是培养"世界公民"。他于2004年率领哈佛大学"本科生课程设置评估委员会"进行的以培养世界公民为主题的教学改革获得了成功。

美国耶鲁大学早在1997年就在学校的年度报告中正式使用"全球化"的提法；2000年耶鲁大学校长里查·莱文首次提出要把耶鲁建成一所国际化大学。进入21世纪以来，这一目标更为明确，在耶鲁大学2005年正式推出的《耶鲁国际化：2005–2008战略框架》中，指出全球化环境下耶鲁大学的战略目标是：为学生在日益相互依赖的世界中发挥领导和服务作用做好准备；吸纳全世界最有才能的学生和学者；把耶鲁大学建设成为全球性大学。

英国伯明翰大学自1900年获"皇家宪章"建立之日起就在用全球的视野履行它的国际化使命。其2006年出台的《我们都要国际化——伯明翰大学国际化战略简介》是这样表述伯明翰大学的发展目标的：在现有的优质的研究和教学的基础上，把学校发展成为全球公认的最好的国际化大学之一。

新加坡国立大学在其网页上写着"国大正致力于发展成为蜚声海内外的综合性教学和研究机构"，"国大立志成为环球知识企业"。国大还以国际一流大学为参照目标来评价自己，实施国际化高标准定位，进行国际化评价，并提出争取在20年内跻身世界前10所顶尖大学之一。

新西兰惠灵顿维多利亚大学在"2009–2015国际化战略"中指出，该校的一个重要发展目标是：推动国际化以提高大学的学术水平，将学校发展成为一个创新型国际大学。

（二）教师和学生的国际化

哈佛大学每年约有2 800名来自120多个国家的外国留学生毕业获得各级学位，其在校的18 000名学生中约有3 000名学生在海外100多个国家做不同课题的研究。学校明确要求其所有的本科生必须有"国际经验"，即在他们四年的学习中必须有去其他国家学习、工作、从事研究的经历。学生可以在学习期间请假去国外旅游、工作或研究他们感兴趣的课题。学校为陪同团的学生提供实习期、奖学金和一定的资助，比如哈佛的海外学院教学计划（HOST）是专门为高年级研究生提供去海外教学的机会。

耶鲁大学每年以优厚的待遇吸纳世界各领域的杰出人物到学校执教，目前拥有

1 900多位国际学者，占耶鲁老师总人数的53%。耶鲁大学从19世纪30年代就开始招收外国留学生，1994年耶鲁大学国际学生占本校学生的比重为2%；这一比例在2006年增至8%，2009年增至10%。耶鲁大学的"2005-2008战略框架"规定，要为耶鲁学生暑期赴国外学习、研究生国外论文研究、教师国外交流等提供财政支持；为师生赴海外进修、旅游提供健康与安全网站、医生助理紧急救助网页和更加明晰的国外旅游资助政策；为每一所学院制定国际学生招生及资助计划。2005年耶鲁大学设立了专项基金为每个本科生提供出国学习或工作的经济资助；另外还规定，在文理学院增设六个教授职位专门吸纳来自欧盟国家的相关专业教师，法学院要引进国际法规与政策专业的教师，利用现有的讲师职位聘用国际研究领域专业人士充实"国际理念与制度""当代挑战"等课程的师资。

英国伯明翰大学四分之一的教师来自海外，教师国际化支持是伯明翰大学国际化战略中的一个核心内容，包括通过提供信息、鼓励、建议来支持教师的国际活动，支持教师在国际上技术转换和参与其他学习组织，吸引来自海外的教师移民使学校成为一个多国、多文化的雇佣机构，设定在未来五年鼓励学术人员赴海外留学的国际化师资培养计划。目前伯明翰大学有学生3万人，其中4 000余人都是外国留学生，留学生数量居英国高校第四。学校非常鼓励学生在校期间的海外学习和旅行。为此，学校专门制订了苏格拉底/伊拉斯谟交流计划（Socrates/Erasmus exchange program），用于支持学生在31个欧洲国家之一进行为期一年的学习生活。该计划合作伙伴遍及整个欧洲的150多个机构，是英国最大、最成功的学生的交流计划之一。

新加坡国立大学外籍教师占全校教师的比例超过50%，外国留学生占本校学生的比例：本科生约为22%，研究生高达56%。学校成立了国际人力资源小组，每年赴海外招聘高级人才。学校每年要选派一定数量的教师出国进修或攻读学位；学校要求每个系所要按该领域的在全球大学中5个优异系所为标准来评价，系所级教师的研究计划、绩效考核、职位晋升等审查均以国际审查为主；学校还积极支持教师参加国际学术活动，专门为教师提供出国旅费，供教师自由运用，可用于教师出国访问、参加会议或者邀请外国访问学者到校学术交流。新加坡国立大学每年约有来自世界各国名校的短期交换生1 000名，学校为学生制订了规模庞大的赴海外交流计划，近20%的在校学生能赴国外大学进修：2001-2002学年赴海外交流的学生为280人，2006-2007学年增至949人。

新西兰惠灵顿维多利亚大学预计2012年外国留学生人数占全校学生总人数将达到16%，而且来自同一个国家的人数比重不超过25%；2010年来自全额自费留学生的学费收入增长到总收入的18%。该校2009-2015年国际化战略对学生国际化采取了以下举措：将"维多利亚国际领袖计划"（VILP）打造成一个国际化旗舰项目，旨在帮助学生成为具有批判性的"国际公民"和创造性的国际知识经济贡献者；增加学生与世界著名大学学生交流的经费支出，为尽可能多的学生提供交流机会；继续为国际学生提供高品质的、适当的文化支持及精神指导；鼓励国际学生与国内学生更多互动，包含鼓励国际学生更多地了解新西兰生活中的毛利人文化；努力提供多样的住宿选择，以满足不同的留学生的需要。截至2010年，VILP的注册学生人数达到600人，参与学校国际流动性计划的学生人数由2010年的250名增加到2012年的300名。学校的国际化战略对教师国际化也进行了规划：支持教职员工发展国际联系，丰富国际事务；保证高水平、国际化的员工招募；支持教职员工学术国际流动；为广大教职员工寻求在其工作领域能够接触到最好的国际实践机会，包括教职员工交流；引入国际改革体系用以鼓励员工更积极地投身课程国际化、国际学生的招募或其他国际活动。

（三）课程体系国际化

哈佛大学的课程体系国际化改革始于2001年第27任校长Lawrence Summers。这位曾经担任过克林顿政府财政部长的经济学家一上任就提出，哈佛大学必须改革现有的本科生通识教育的内容和形式，给学生以更宽泛的教育，使他们在国内国外都能过上富有成果的生活。2004年哈佛大学文理学院柯伟林院长领导了由教授、学生、校友和行政人员组成的"本科生课程设置评估委员会"，开始了侧重国际化的课程改革。此次改革的主要目标是：通过增加课程广度，培养学生综合思维与思辨能力，改进学业辅导机制和教学方法，丰富学生学习体验，使学生具有全球化视野，培养世界公民；改革的内容也包括了一项重要的国际化举措，大幅度提高学生参与国际学习的机会。此次改革取得了令人满意的成果，引起了美国及其他一些国家高等教育界的普遍关注和强烈反响。

耶鲁大学从100多年前就开设了国际问题的课程，目前学校开设600多个有关国际问题的课程。这些课程涵盖了世界各国的语言、文学、艺术、音乐、历史、宗教、文化、政策、经济和社会学。耶鲁国际与区域研究中心讲授和研究世界的每一个主要地区，定期教授50多门外语，设有30门独立学习的外语课程。耶鲁大学的"2005-2008战略框架"规定，把耶鲁国际与区域研究中心的预算增加3倍，用于扩大中心的全球化研究和教学工作。耶鲁大学认为，真正的全球性大学不是为自己谋利，而是与其他一流大学一起共同促进人类的进步，因此耶鲁大学把改善人类生存环境作为21世纪学校科学研究的重点。

英国伯明翰大学专门成立了国际化课程工作级，负责更新国际化课程和处理国际化课程相关的事务。学校在国际化战略中对课程设置国际化方面进行了一系列的规定，强调要把自己定位为"世界公民"的学校，开设不同的语言课程和有关其他国家的文化课程，目的是让学生建立对其他文化的敏感度。

新加坡国立大学为培养具有全球化视野的国际化人才，努力构建国际化的课程体系：采用英语为教学语言，提倡通识教育和跨学科的学习方式，吸收美国式的选课制和学分制。在课程内容方面，学校要求教师根据世界前沿、尖端的课题研究，不断更新教学内容，甚至直接引入国外高质量教材，使教学与国际接轨。在教学技术方面，学校广泛应用多媒体技术、国际网络技术，以提高教学质量和效率，如以"越洋录像会议"做媒介与哥伦比亚大学、伦敦大学等开展跨地域教学和讨论。学校的许多课程质量具有国际水准，一些专业的毕业文凭获得了国际学术机构的认可。

新西兰惠灵顿维多利亚大学是公认的国际教学和学习的中心，以"国际理解与参与"课程为优势特色科目。学校在推进课程国际化方面采取的举措有：鼓励和支持在校教师开设有关国际化的课程；鼓励和支持在校教师在教学中酌情有关国际化的教法，特别是关于跨文化交际的知识；提升维多利亚大学在国际关系、区域研究、战略研究、应用语言学、跨文化心理学等领域的国际影响力；加强外语教学和学习；评估在教学过程中更多地使用技术，灵活的学习方法和远程国际化学习带来的益处。

（四）推进国际化的举措和保障

哈佛大学虽然没有专门制定国际化战略，但一直在有组织、有制度地推进国际化。早在1944年学校就设立了哈佛国际办公室，专门为外国留学生和外国学者提供服务，帮助他们适应在美国的学习和生活，为他们提供签证、财政问题、社会与文化差异以及个人心理咨询等服务。1998年学校又建立了哈佛国际发展中心，专门致力于以政策为基础的国际问题研究。为鼓励拉丁美洲和加勒比学生到哈佛就读，哈佛大学于1964年创立了LASPAU组织。这个组织的主要任务就是制订和执行这个区域的教师和专家的学术交流计划，至今为止已有15 000多名学者通过这个计划来美国研究和学习。另外，哈佛大学还积极参加各种国际教育计划，如非洲研究委员会、哈佛大学亚洲研究中心、中东研究中心、洛克菲勒拉要美洲研究中心、国际发展组织、世界银行、世界事务委员会等国际教育研究计划都与哈佛大学有关。

耶鲁大学为了针对全校和每一所学院制订国际化规划，于2004年对全校骨干教师进行了广泛的征询，校长召集相关学院和部门召开了四次会议讨论之后，制定了"耶鲁国际化：2005-2008战略框架"。这一战略围绕三个目标组成：一是为学生在日益全球化的世界中发挥领导和服务作用做好准备，二是把全世界最有才能的学生和学者吸引到耶鲁大学来，三是把耶鲁建成全球性大学。战略包括15项策略和60个项目，可以归结为四个方面：一是建设国际化的组织机构和人事制度。例如，创办"全球化研究中心"，成立"国际活动校长理事会""大学国际教育顾问委员会""国际事务办公室""耶鲁学院国际教育与奖学金项目办公室"等专职机构；创建"世界学人计划"，为各国正在崛起的领导人提供培训。二是加强国际化师资队伍建设。三是提供优质的国际化活动服务支持。例如，为国际高级访问学者提供办公场所和住宿；加大图书馆重点研究领域的藏书量；建立国外学习数据库，使学生可以在网上申请留学奖学金项目，同时开通"耶鲁与世界"网站；编印《耶鲁全球化》杂志及《校长国际活动委员会》时事通讯、《耶鲁与世界参考指南》等出版物；支持了非洲学生会、中国学生会等50多个国际学生社团建设等。四是为招收外国留学生和推动本校学生海外经历提供各种资助。

英国伯明翰大学2006年正式出台了"我们都要国际化——伯明翰大学国际化战略简介"。这一战略从以下五个方面推进国际化进行了详细规划：领导、行政、管理与组织；学生招收、项目、经历与支持；教职员工与校友；合作伙伴与国际声誉；研究与知识转换。这个战略的目的是加强伯明翰大学的国际化形象和程度。根据战略要求，学校成立了由校长担任主席的国际事务理事会，负责监督战略的实施；学校要吸引更多赞助商的资金以支持学校的各种国际活动。

新加坡国立大学设立了校级与院级国际评价委员会，定期进行国际化各项指标的评价。国大引进了美国麻省理工学院、霍普金斯大学、德国慕尼黑科技大学等6所国外大学来学校设立分校，同时在国外建立了5所海外分校。2006年新加坡国立大学还成立了"面向中国发展战略委员会"，计划5年内每年派出1 000名学生到中国进行交换、实习、考察等活动。新加坡国立大学还在环球大学协议中扮演策略性角色。从2006年开始，新加坡国立大学与亚洲、欧洲和美国的9所大学成立环球大学联盟。

新西兰惠灵顿维多利亚大学为推动国际化进程制定了"惠灵顿维多利亚大学2009-2015国际化战略"。该战略围绕以下九方面制定了国际化的举措：国际化教学与学习；国际市场营销、招生与收入；学生与校友国际化；教职员工国际化；研究国际化；国际发展、服务与公平；在国际背景下的毛利人，太平洋岛屿族裔和新西兰白种人；国际政策、行政及质量保障；地区和国家战略。为保证该战略的各项举措落到实处，学校还制定了相关政策和程序，以便有效地管理维多利亚大学国际化成就。例如，制定正式批准程序，使建立新的国际联系和国际合作关系制度化；进一步完善了学校的基础设施，如维多利亚大学拥有世界顶尖的图书系统和信息技术系统。

第二节 云南大学与国内重点院校国际化实施的比较

云南大学的国际化实施情况与国内重点院校相比在以下方面还存在较大差距。

一、缺乏战略规划，国际化未能得到计划性、制度性推进

国际化战略的制定是一个重新认识自我的过程。通过国际化战略的制定，可以明确本校国际化的思路，使高校能够实质性推进国际化进程。云南大学相对国内其他高校尽管在国际化的起步较早，从20世纪80年代初就开始招收外国留学生、聘请外国专家、开展国际合作，但目前还没有从战略高度对学校的国际化进行规划。近年我国部分重点院校如北京大学、清华大学、山东大学、北京第二外国语学院、天津大学、哈尔滨工程大学等都制定了国际化战略，但云南大学至今还没有正式出台国际化的战略规划。由于没有战略性规划，云南大学国际化的目标定位和发展思路不够明确，国际化的观念也没能在学校范围内全面树立起来，国际化的举措也没有全方位实施展开。虽然学校领导非常重视国际化的推进，但由于没有制定国际化战略，目前国际化主要靠学校国际合作与交流处一个部门来推进，没有形成一种有计划、有制度的全方位推进国际化的格局，国际化的力度、广度和深度都亟待提高。

二、学生国际化的程度相对薄弱

学生国际化程度主要体现在两方面：一是外国留学生的规模和层次，二是本国学生的国际化。

云南大学招收外国留学生起步较早，是西南地区最早招收外国留学生的院校之一。就外国留学生的规模而言，云南大学与国内一流高校相比虽然仍然较小，但近年来发展势头很快。尽管2007年以前云南大学外国留学生的规模较小，仅为每年500余人，但2007年以后迅速增长至1 000多人次，目前在云南省是外国留学生招生人数最多的高校。但是，现在面临的问题是外国留学生的层次还不够高，主要原因一方面是到校接受学历教育的外国留学生比重较低；另一方面，云南大学目前尚处于努力扩大外国留学生的招生规模阶段，对外国留学生的入学门槛要求较低，这就造成

了到校就读的外国留学生综合素质不高的局面。从数据来看，云南大学2009年共招收外国留学生1 643人，其中仅有206人是学历学位教育学生，其余均为短期研修生；2010年招收外国留学生986人，其中学历学位教育学生363人。

在推进本校学生国际化方面，学生海外经历是衡量这项国际化内容最重要的指标。目前国内一流高校都非常重视学生的海外经历。云南大学目前能为本校学生提供赴外交流学习的项目约有20个，近两年来每年派出赴外学习、交流、进修、实习的学生仅为每年80人次左右；学生交流项目中约三分之二是与亚洲大学的合作项目，与欧美国家大学的学生交流项目仅为三分之一左右。因此，与国内一流高校相比，云南大学在推动本校学生海外经历方面亟待加快步伐、加大力度。

三、中外联合办学项目很少

中外联合办学项目对于推动一所大学的国际化意义重大，一所高校的中外联合办学项目如果达到了一定的规模，则对本校的教育理念、教学方法、培养方案、课程设置、管理机制等方面的国际化都将起到有效的带动作用。近年来国内一流高校都纷纷与国外知名大学建立了中外合作办学项目，而且大多都成立了专门的国际教育学院来运作这些中外合作办学项目。相比之下，云南大学中外合作办学起步晚，数量少，规模小，没有成立专门的机构来管理和推进。云南大学从2005年才开始启动了第一个中外合作办学项目——由中国教育交流国际中心（CCIEE）牵头、全国部分高校参与的中美"1+2+1"人才培养计划。但该计划由于参与成本较高，专业分散，课程对接较为复杂，每年能够参与的学生较少，2009年和2010年共派出24名学生，2011年拟派出16名。吸纳国内其他高校的合作办学经验并结合云南大学自身实际，学校在2009年启动了第二个中外联合培养项目——"中加合作嵌入式人才培养创新项目"，参与该项目的学生在云南大学学习两年后可以选择到国外和本项目有合作协议的高校相应专业继续学习两到三年（即2+2或2+3模式），学习期满考核合格后可获得云南大学与外国高校双文凭，目前在读该项目的学生总数为208人。学校从2010年就开始筹建国际学院来管理和推进中外合作办学项目，但到目前为止还没有正式成立学院，因此中外合作办学项目的管理遇到了诸多问题，项目的进一步扩大更是难以推进。

四、教育内容国际化程度较低

教育内容的国际化，主要是指通过学科建立、专业设置和课程内容的国际化来培养国际化的人才。国际化人才的素质包括国际态度、国际意识、国际活动能力、国际知识等。要培养国际化的人才，就必须推进课程的国际化。根据经济合作发展组织的归纳，国际化课程包括9个类型：

（1）具有国际学科特点的课程，如国际关系、欧洲法律等；

（2）传统科领域的课程通过国际比较方法得以扩大，如国际比较教育；

（3）培养学生从事国际职业的课程，如国际商务、管理；

（4）外语教学中的有关课程；

（5）科际课程，如超过一个国家的地区研究；

（6）旨在培养学生获得国际专业资格的课程领域；

（7）合作授予学位或者双学位课程；

（8）课程必修部分由当地老师教授；

（9）包含有专门为海外学生设计的内容的课程。

国内一些一流高校为使人才培养与世界一流大学接轨、提升办学国际化水平，近年来在都采取了一些课程国际化建设的举措。例如，山东大学2010年首批启动了20个优势专业的国际化建设项目，包括哲学、金融、法学、汉语言文学、考古学等；厦门大学从2011年起将启动13个国际硕士项目和5个本科英语授课专业。云南大学开设有上述第一至四类的课程，然而第五至九类的课程却很少甚至没有。学校目前除了外语专业之外没有任何一个专业可以全英文授课。另外，学校能用英语开设的课程不足总课程数的2%，这不仅成为学校招收外国留学生的一个制约因素，也成为学校与外国高校建立学生交换项目以推进本校学生海外经历的一个重要障碍。

五、国际化的配套保障条件和资源较少

与国内一流高校相比，云南大学国际化的配套保障条件和资源要少得多。

（一）缺乏制度性的保障

国内一些重点高校如复旦大学、山东大学等已建立起一整套国际化的评估机制，云南大学目前还没建立专门的国际化评估机制，也没有把各学院、各单位的国际化建设情况列入考核评估范围，因此也就没有形成全校联动的国际化推进模式。另外，目前国内部分重点高校在校级层面上组建了推进国际化的组织机构，如北京第二外国语学院成立了"国际化战略领导委员会"，云南大学还没有成立类似的组织来专门监督国际化各项工作的进展。由于没有制度上的规定，云南大学国际化建设的目标和任务还没有分解和落实到各个部门。在这方面，北京大学、复旦大学、

华中理工大学、厦门大学等高校通过制度性的规划把留学生教育、在校学生国际交流、教师赴外进修、引进海外高层次人、国际化课程建设、中外合作办学等各项国际化工作落实到了各个相关部门。

（二）在经费保障方面极为落后

国内很多重点高校近年都纷纷加大了对国际化建设的投入力度：天津大学2010年11月正式启动了国际化战略，为了实现战略目标，天津大学在未来5年内将投入至少2亿元设立学生海外交流奖学金、国际文化交流活动基金、合作办学基金，对获得国际合作项目的教师给予奖励，设立全英文试点专业启动经费等；山东大学专门设立了"研究生海外留学基金"（每年约投入200万元），从2008年起每年派出50名研究生赴国外高校进修一年；哈尔滨工程大学也投入专项资金设立了"引进国外先进智力专项经费""研究生参加国际会议资助项目""教师考察交流专项资助""国际会议专项资助""优秀学生出国考察专项资助""学校骨干教师出国研修专项资助"。云南大学目前引进外国专家仅靠国家财政拨款而没有学校的投入，教师出国进修仅靠国家或省级项目拨款而没有学校的投入，学生赴外交流学习没有任何专项经费支持，外国留学生奖学金仅有国家和省级的奖学金也没有学校的投入，课程国际化建设没有任何经费支持。

（三）一些必要的国际化配套硬件资源匮乏

云南大学目前每年招收约1 000名外国留学生却没有专门的外国留学生公寓，仅在一幢中国留学生公寓中拨出三层稍加改造作为留学生住所。一方面是床位数量远远不能满足目前留学生需要；另一方面设施非常陈旧和落后，甚至达不到教育部规定的奖学金接收院校的标准，经常引起留学生的抱怨，还有中外学生混住带来了很多管理方面的问题。另外，云南大学也没有外国专家公寓，外国专家租住校外公寓一方面大量挤占了本来就很有限的外国专家经费，另一方面也给管理带来很多麻烦和隐患。

当然，云南大学在国际化进程中也有一些特色和优势，详见第4章第2节"内部优势"。

第三节　从国内外知名高校国际化战略实施中得到的启示

一、国际化程度最高的大学也是综合排名最高、最知名的大学

从国内外知名高校的发展中我们不难发现，走在国际化前沿的高校必定也是位居综合排名前列的高校，而没有国际化就没有一流大学。在美国《新闻周刊》2006

年公布的全球最具国际化的前10所大学中，有7所大学也分别列居2009年和2010年QS世界大学排名的前10位；在2010年QS世界大学排名榜里，中国大学前五名也是走在我国高等教育国际化前列的大学。

表3-1　2010年和2009年QS世界大学排名（前10名）

2010年排名	2009年排名	学校	国家
1	2	剑桥大学	英国
2	1	哈佛大学	美国
3	3	耶鲁大学	美国
4	4	伦敦大学学院（伦敦学院大学）	英国
5	9	美国麻省理工学院（MIT）	美国
6	5=	牛津大学	英国
7	5=	伦敦帝国学院	英国
8	7	芝加哥大学	美国
9	10	美国加州理工学院（加州理工学院）	美国
10	8	普林斯顿大学	美国

美国《新闻周刊》2006年公布的世界最国际化大学前十强：

（1）哈佛大学（美国）；

（2）斯坦福大学（美国）；

（3）耶鲁大学（美国）；

（4）加州理工学院（美国）；

（5）加州大学柏克莱分校（美国）；

（6）剑桥大学（英国）；

（7）麻省理工学院（美国）；

（8）牛津大学（英国）；

（9）加州大学旧金山分校（美国）；

（10）哥伦比亚大学（美国）。

其中，在亚洲大学中日本东京大学排在第16位，被评为亚洲最国际化的大学。此外，日本还有4所大学入选，它们是京都大学（第29位）、大阪大学（第57位）、东北大学（第68位）和名古屋大学（第94位）。中国入选的只有三所大学：香港科

技大学（第60位）、香港大学（第69位）和香港中文大学（第96位）。另外，两所
亚洲大学是新加坡国立大学（第36位）和南洋理工大学（第71位）。

表3-2　2010年QS世界大学排名榜里中国大学前五名

2010	大学
47	北京大学
54	清华大学
105	复旦大学
151	上海交通大学
154	中国科技大学

二、追求国际化理念，形成国际化的共同意愿

　　理念指引发展的方向，最具国际化的高校首先最具国际化的理念。国际化的教育理念是一种远见卓识，它能正确地反映高等教育的时代特征，科学地指引高等教育发展的方向。国际化程度较高的大学，如美国的耶鲁大学、哈佛大学以及我国的北京大学、复旦大学等高校都是富有高水准的国际化理念的大学。正是这种理念促使它们按国际化目标要求，在实践中不断推动国际化。而且这些高校追求国际化的理念已经达成一种共同的战略意愿，既有战略领导，又有实施国际化的院系所积极响应，形成一种自上而下的结合。我国高校需要有一种危机感，要充分认识到在全球化的形势下，如果不将国际化作为学校的一项发展目标来追求就意味着要落后。我国一些高校尽管也在推进国际化，但国际化的理念尚未深入人心，还没有形成一种共同一致的意愿。因此，我国高校应增强追求国际化的意识，让国际化成为全校每个人对自己的要求和努力的共同意愿，形成自上而下的共同行动，加快国际化步伐，积极采取国际化举措来推进国际化。

三、制定国际化战略，有组织、有计划、有保障地推进国际化

　　国际化的战略造就一所国际化的大学。纵观国内外最具国际化的高校，如耶鲁大学、剑桥大学及我国的北京大学、天津大学等都已制定了国际化战略，并把国际化作为了学校的发展目标之一。另外，它们都将制定国际化战略当作一个自上而下、自下而上统一认识、集思广益、反复锤炼、不断提升的过程。比较这些大学的国际化战略笔者发现：在国际化的目标定位方面，国内外大学通常都对自己的定位

较高；国外知名大学的战略通常没有较具体的规划，战略更多在于定位国际化的理念和高瞻远瞩的战略境界，国内知名大学更侧重于具体的规划；国外大学更注重突出自己的特色和优势，如哈佛大学突出本科课程体系的国际化、剑桥和牛津突出居世界领先地位、英国曼彻斯特大学和卡迪夫大学突出各自在某些学科的特色和优势，而国内大学通常更倾向于向研究型、综合性、国际化看齐。对一所大学来说，国际化的战略就是这所大学的一项国际化的制度，只有在有效的制度支持下，大学才能明确国际化目标和思路，保证各项工作有组织、有计划、有保障地推进。

四、积极创造条件吸引外国留学生

外国留学生人数是衡量一所大学国际化程度的重要指标。美国《新闻周刊》2006年进行的最具国际化的100所大学排名的一项指标就是"外国留学生占本国留学生人数的比率"，占了总评分的10%。最具国际化的大学必然是外国留学生人数比率最高的大学，如哈佛大学是15%，耶鲁大学是10%，而且这些大学推行国际化的一项很重要的举措就是积极创造条件吸引外国留学生。美国高校是向外国留学生提供经费资助最多而且因招收外国留学生而获得最高经济回报的国家，美国也是始终保持世界上吸收外国留学生最多的纪录的国家。哈佛大学、耶鲁大学等高校纷纷利用名目繁多的奖学金项目，营造图书馆、公寓、信息等各种服务来吸引外国留学生。英国伯明翰大学、新西兰惠灵顿大学都将进一步改善吸引外国留学生的条件纳入了其国际化战略举措中。我国高校要推进国际化就要高度重视外国留学生的招生、教育和管理，要积极创造一切条件吸引外国留学生。目前我国高校吸引外国留学生的意识还不够强，宣传和营销措施力度也不够大，在为外国留学生提供服务方面还有待改善，外国留学生的管理也需要进一步与国际接轨。

五、注重学生的国际交流

现代科技文化交流是一种双向交流，许多国家都已经意识到，要培养出国际人才，增进民族间的相互理解，就必须派学生到相关国家去了解该国的历史、文化、风土人情，去体验该国的生活，这样才能够真正深入地了解对方。因此，国外知名高校都非常支持本校学生出国学习、交流、考察，并为此投入大量的经费和相关配套的服务。一些一流高校甚至要求学生在校期间必须有海外学习经历，如哈佛大学。耶鲁大学从2005年起设立了专项基金为每个本科生提供出国学习或工作的经济资助，因为耶鲁大学认为，学生作为一个世界公民，首先必须了解世界。

六、积极开展国际合作办学

高等教育国际化的目的就是强化国际教育交流与合作，而国际合作办学则是一种深度的国际教育合作形式。国内外知名高校都非常注重国际合作办学。在这方面，发达国家的知名高校以向外输出教育资源为主，我国的高校则像很多发展中国家一样，以输入国外教育资源为主。其实，无论对发展中国家还是对发达国家来说，建立输出与输入的平衡关系有利于本国高等教育的发展。但发达国家的高校大多主动输出轻视输入。美国、英国、日本、澳大利亚等发达国家的知名高校尤为注重开拓境外教育市场，即通过与国外教育机构合作在境外办学或在海外设立分校。美国高校是在海外设立分校最多的国家，仅斯坦福大学截至2006年就在澳大利亚、柏林、佛罗伦萨、京都、莫斯科、牛津、巴黎、圣地亚哥和我国北京大学设立了九个分校。日本高校在20世纪90年代末就已经在欧美发达国家建立了26个分校。我国的上海交大于2003年在新加坡南洋理工大学设立研究生分院，这是由教育部批准的国内大学首次在海外设立分校，我国苏州大学于2011年获教育部批准将在老挝设立分校。

七、国外知名高校受益于政府的法规和政策规范及对国际化的支持

国外知名高校在国际化进程中取得的显著成果很大程度上得益于政府的支持，一些极力倡导高等教育国际化的发达国家的政府已经为高等教育国际化专门颁布了法令、法规和政策。这样做，一方面是将高等教育国际化的要求固化和规范起来，使之成为国家意志，从而保持了国际化原则的延续性和稳定性；另一方面是为高校推行国际化提供了巨大的政策支持和经费支持。美国在1966年通过了《国际教育法》，2000年又颁布了《美国2000年教育目标法》，这两部法律都强调教育的国际化，充分表明美国对高等教育国际化的重视，以及美国融入世界、影响世界的决心。澳大利亚是较早为海外教育立法的国家，1990年颁布了《澳大利亚高等教育机构为国际学生提供教育的实施准则》，2000年又颁布了《2000年海外学生教育服务法》。新加坡政府一直致力于推行"教育配合经济发展"的战略，视高等教育国际化为推动经济发展的重要环节。1998年新加坡政府制订了"工业21"计划，其中教育配套部分目标就是把新加坡建设成为区域教育中心和国际教育枢纽，提出了在未来10年内引进10所世界知名大学来新办分校的计划。1976年，欧委会颁发了一项教育行动计划，高等教育国际化正式开始启动；同年，又制订了促进各高校教师国际流动的联合学习计划（JSP）。1987年，欧共体最主要的学生交流计划——

ERASMUS学生交流计划正式出台。

第四章 云南大学国际化战略分析

第一节 云南大学国际化发展现状

一、来华留学生教育近年来规模迅速扩大，层次有所提高

自学校2007年被列为接收中国政府奖学金留学生的院校以来，学校留学生规模不断扩大，结构日益优化。2009年全年到校留学生来自五大洲的23个国家，共1 643人；其中，长期生252人，短期生1 391人；学历生206人，包括本科56人、硕士生127人、博士生23人、非学历生1 437人。数据中包括省政府奖学金生16人，中国政府奖学金生117人，孔子学院奖学金生110人。奖学金人数占留学生总人数的15%，自费生占留学生总人数的85%。

为贯彻"扩大规模、优化结构、规范管理、提高质量"的来华留学生工作方针，学校成立了留学生服务中心，将全校留学生住宿、证照办理等日常事务纳入一体化统一管理。正是有了归口统一、规范的管理，2009年学校因留学生工作取得的成绩获得教育部授予的"来华留学生教育先进集体"光荣称号和"来华留学生教育工作20周年荣誉证书"。

二、实施"走出去"战略，通过国际汉语推广、境外孔子学院建设扩大影响，拓宽生源，锻炼师资

云南大学与国外高校联合分别设立了孟加拉南北大学孔子学院、伊朗德黑兰大学孔子学院、缅甸曼德勒福庆孔子学堂。目前这三所孔子学院（课堂）每年招生人数总计1 200余人次，各项工作有序开展：孟加拉南北大学在孔子学院的基础上成立了中国研究中心，落成典礼于2010年11月举行，我驻孟加拉大使张宪一出席落成典礼。上级领导对我校在建孔子学院给予高度关注。2010年8月，秦光荣省长率团访问孟加拉，视察我校与孟加拉南北大学共建的孔子学院，对学院开展的工作给予了高度评价；2010年9月，中央政治局常委李长春访问伊朗时视察了我校与德黑兰大学共建的孔子学院，学院的工作给他留下深刻印象。

此外，云南大学还积极开拓新的孔子学院合作学校。学校于2009年在韩国淑明女子大学成立了"韩中文化交流研究中心"；2010年1月正式启动了与印度国际大学合作共建该校中国学院的项目，该项目由云南省秦光荣省长于2008年与印度西孟加拉邦达成了协议，省政府将投入450万元作为资助，由云南大学从2011年起对国际大学在汉语教学、师资培养、学生交流及教材和书籍等硬件建设方面给予长期资助，条件成熟的情况下申报成立孔子学院。

三、努力开拓派出和引进师资的渠道，教师国际化程度提高

2009年和2010年两年间，学校共派出赴海外进修、参会、研究的教师435人次，完成了国家留学基金资助出国留学项目、西部地区人才培养特别项目、青年骨干教师出国研修项目、云南省地方公派出国留学项目、国家公派研究生专项出国留学项目、出国（境）培训项目等10余个项目的申报与派出工作。两年共聘请长短期外籍（境外）专家164人次，并于2010年首次聘请美国富布莱特专家到校讲学，为期一年。

2011年，云南大学成为首批列入教育部地方"111计划"和国家外专局"千引工程"的地方院校之一。

四、开办了一批联合培养、学生交流项目，推动了学生全球观念的形成和跨文化交流技能的培养

作为学校主体的学生的国际化是国际化人才培养的重要组成部分。为推动学生的国际化，云南大学近年来为学生开创了一批与国（境）外高校合作的联合培养和学生交流项目，提高了学生参与国际交流的程度。目前，云南大学与国外20多所大学开展了学生交流项目，学校正在筹备成立国际学院专门负责中外联合培养项目的开办和管理。2009年学校建立了中加合作嵌入式人才培养创新项目，目前在读学生总数为208人，学生毕业后将获得中方和外方两个文凭。该项目在一定程度上拓宽了我校办学的全球化视野。学校与美国加州几所大学开展了"1+2+1中美人才培养"项目，使本科生在我校就读第一和第四年、到美国高校就读第二和第三年，即可获得中美两校本科学位；2009年和2010年两年共派出学生24名，成为全国该项目派出学生人数最多的院校。在过去的两年间，学校还开展了与泰国宋卡王子大学 "2+2"本科联合培养项目，与泰国皇家师范大学学生交流学习项目，与韩国岭南大学、建国大学、庆北大学学生交换项目，与日本中央大学学生交流项目等，平均每年派出80余名学生赴海外学习交流。

这些项目对开阔学生眼界、发展跨文化交流技能、加强全球观念都起到了重要作用。参加项目的学生经历了海外校园文化的熏陶后，社会视野、思维方式、交际

能力、学习效果等均发生了明显变化。

五、举办各类学术活动，营造国际化校园文化氛围

近两年来云南大学通过开展以下内容丰富、形式多样的国际学术活动使校园文化日益呈现出国际化的气氛。

一是承办国际会议及大型文化活动，活跃校园国际化气氛。两年来我校先后承办了20余次重要国际学术会议和大型活动，有效地活跃了校园的国际文化气氛。

2009年承办了有"人文奥运盛会"之称的第十六届"国际人类学/民族学大会"，来自世界各地的3 000余名人类学和民族学家前来参会。

2010年承办了"东亚峰会高等教育合作论坛"。该论坛于2009年作为在泰国举行的第四届东亚峰会（10+6）上的中方参会成果由温家宝总理对外宣布举行。东亚10+6国（东盟10国与中国、日本、韩国、澳大利亚、新西兰、印度）高层教育官员和一流大学校长约150余名代表参加了论坛，刘延东国务委员致信祝贺论坛的举行。目前由教育部郝平副部长作序，主要由学校负责编写、翻译的论坛文集《东亚峰会框架下的高等教育合作》正式出版。

另外，两年间，学校还承办了教育部的援外培训项目"亚非生物多样性保护、管理与合理开发研修班"，中联部"越南党政干部旅游管理专题培训班"，亚非各国的60余名司局级干部分批参加了培训。

二是邀请国外专家和知名人士、学者来学校讲座。近两年来，学校共举办了90余场外国专家和学者的讲座，其中有世界著名未来学家奈斯比特、英国著名历史学家西蒙温切斯特等世界知名学者，美国、英国、德国等数名大学校长，英国驻华大使、日本驻华大使、韩国驻华大使、美驻成都签证领事等。

第二节 云南大学实施国际化战略的环境分析

在战略管理中通常用SWOT分析法对战略环境进行分析。SWOT一词是由四个英文单词"Strengths（优势）""Weakness（劣势）""Opportunities（机遇）"和"Threats（威胁）"的首字母组成的。SWOT分析的分析结构是由时间（现在与未来）、组织（内部和外部环境）、分析向度（优势与劣势、机会与威胁）、影响因素（人员、经费、设备等）、目标、战略等六大因素所组成。目标是分析的核心要点，不同的目标要求会形成不同的SWOT分析。以下主要分析云南大学国际化战略所

面临的外部机遇、外部威胁、内部优势和内部劣势。

一、外部机会

（一）与三亚相接的地理区位优势明显，面向南亚、东南亚以及东亚合作成果突出

云南大学所属的云南省正处于中国东盟"10+1"和泛珠三角"9+2"二者之间的连接点，是中国通向东南亚和南亚的重要门户，也是大湄公河次区域的核心区域之一。云南省与东南亚、南亚各国地域上山水相连，文化宗教传承相通，便利的交通和人文环境使我们与南亚和东南亚各国进行合作与交流具有国内一流高校无法比拟的区位优势。居于这样的区位优势，云南大学与东南亚、南亚的合作成果非常突出。云南大学参与并活跃在这几个区域的一系列国际性多边、双边合作组织中，是GMSTEC（大湄公河次区域高等教育基金）及GMSARN（大湄公河次区域学术研究网络）理事院校、亚欧大学校长论坛成员院校、中国—东盟大学（AUN）校长论坛中方秘书处单位、中韩大学校长论坛成员院校。2010年10月学校承办了"东亚峰会高等教育合作论坛"。该论坛于2009年作为在泰国举行的第四届东亚峰会（10+6）上的中方参会成果由温家宝总理对外宣布召开。2011年7月学校又承办了GMSTEC（大湄公河次区域高等教育基金）第十次理事会。云南大学在孟加拉和缅甸分别设立了一所孔子学院和孔子学堂，目前两所学校每年招生人数达600名，举办各类汉语语言文化推广活动40余项。学校于2009年在韩国淑明女子大学设立"淑明女子大学—云南大学韩中文化交流研究中心"。学校还与印度国际大学达成合作协议共建该校的中国学院，并已申请到云南省专项经费支持。云南大学每年招收的外国留学生中有三分之二来自南亚和东南亚。

（二）中国—东盟自由贸易区建设带来的先机与便利

随着中国—东盟自由贸易区于2010年1月1日如期建成，云南省作为中国与东盟连接的枢纽优势进一步凸显，云南省从原来的西南边缘经济体上升为国际经贸前沿，意味着云南省在国家经济和国家战略中的地位格外突出。中国—东盟自由贸易区国家的开放空间不断扩大，为云南省进一步扩大教育开放提供了合作平台。这一历史先机不仅能给云南省带来丰厚的经济效益，也将为云南省与东盟高校的教育合作创造巨大的发展空间。

另外，配合中国—东盟自由贸易区建设，云南省与东盟国家之间的交通、信息通道等硬件建设已初见规模：正在修建的泛亚铁路连接昆明和新加坡，途经马来西亚、泰国、柬埔寨、越南、老挝、缅甸，云南—老挝—缅甸—泰国—新加坡—印度尼西亚国际光缆传输干线也在加快落实，云南省已与东盟 7 个国家实现了直航，云南已成全国拥有国家级一类口岸数第四多的省份。这些硬件设施为云南大学参与东盟各国的教育交流与合作提供了便利的通道和平台。

（三）从"大通道"到"桥头堡"建设带来的政策优势

世纪之交，国家开始实施西部大开发战略，云南省委审时度势，做出了"建设连接东南亚、南亚国际大通道"的战略决策。西部大开发10年来，云南交通基础建设累计投入2 500多亿元，公路、铁路、航空和水运建设全面推进，打通了云南对外开放的各条经脉，"内陆边陲"成了"开放前沿"。

2009年7月，胡锦涛总书记视察云南时提出要"把云南建设成为中国面向西南开放的重要桥头堡"。2009年12月，云南省委第八届第八次全体会议确定将"桥头堡"建设作为未来云南发展的三大战略目标之一。推进"桥头堡"建设的主要任务是"建立通道、建设基地、搭建平台、打造窗口"。这个战略的实施将使包括云南在内的我国西南地区从开放的末端变为开放的前沿，实现开放与开发的双轮驱动。2011年5月，《国务院关于支持云南省加快建设面向西南开放重要桥头堡的意见》正式出台，从基础设施建设、产业体系完善、开放型经济发展、对外交流合作等方面确立了云南2015年至2020年的发展目标，并且从财税、金融、投资源共享与产业、生态补偿、人才和机制改革等方面提出了一系列支持"桥头堡"建设的政策措施。在"桥头堡"建设中，除了经济、政治、安全等内容外，文化教育也是不可或缺的一个重要方面。作为云南省的最高学府，云南大学也将利用"桥头堡"建设带来的机遇和政策优势，致力于开放型文化、教育和社会交流的中心、平台、基地、窗口建设，经过若干年的努力，成为将云南省建成我国面向东南亚、南亚、西亚和东非开放的文化教育"桥头堡"的重要力量。

（四）与南亚、东南亚地区历史文化相连

云南历史上的"蜀身毒道""南方丝绸之路""茶马古道"以及"郑和七下西洋"的壮举都表明，云南一直与东南亚、南亚等区域有着较密切的经济文化联系。改革开放30年来，云南的文化、教育事业迅速发展，民族团结，宗教和谐，边疆稳定。

（1）跨境民族的友好交往：云南有多达16个民族跨界而居，与境外民族山同脉，水同源，人同种，民同俗，开展以跨界民族为主体的民族民间社会交往是云南对外开放和社会交流的一大优势。

（2）同周边华侨华人的联系密切：云南是中国第五大侨乡，旅居海外的云南籍华侨华人约有250多万人，分布在以东南亚、南亚国家为主的70多个国家和地区，周边华侨华人理应成为云南面向西南开放、推进高等教育国际化的重要力量。在对外社会交流中，云南大学应充分利用好这一资源，将云南大学建成同东南亚南亚国家华侨华人保持密切联系的基地。

（3）宗教文化的国际交流：云南不仅民族众多，而且宗教种类齐全，是中国宗教类型最多、分布最广、宗教信仰极具特色的省份，有佛教、基督教、伊斯兰教、道教和原始宗教等五大类型宗教。云南大学与区域内各国宗教界开展平等友好的宗教文化交流，不仅可以用事实现身说法，展示中国宗教政策取得的巨大成就，还可在国际上发挥宗教外交的功能，服务于和谐世界的构建，提升中国的国家软实力。

（五）云南省实施"走出去"战略带来的政策支持

2006年7月，云南省委、省政府出台了关于云南高校"走出去"战略的实施意见，该意见明确云南高等教育国际化的重点拓展领域是东南亚、南亚，在未来5年内，在东南亚、南亚兴办10所孔子学院教授汉语。在国家汉办支持下，我省高校目前已成功承建了5所孔子学院和1所孔子课堂，分别是云南大学与孟加拉南北大学合办的孔子学院、云南大学与伊朗德黑兰大学合办的孔子学院、云南大学与缅甸曼德勒福庆学校合办的孔子课堂、云南师范大学与越南河内大学合办的孔子学院、云南师范大学与泰国清迈大学合办的孔子学院、云南民族大学与斯里兰卡凯拉尼亚大学合办的孔子学院。该意见还提出，在云南高校全面开设有关东南亚、南亚知识方面的课程作为公共基础课，增设和安排国际关系学、国际问题研究、国际政治、国际文化研究、区域问题研究、周边国家研究等科目作为学生学习的选修课；在省属重点科研院校中扶持建设一批对周边国家经济、文化、教育等进行专门研究的科研院所；积极引进各类优质教育资源开展中外合作办学，努力办好一批高水平的中外合作学院，提高对外汉语教学水平；充分发挥各高校的带动作用，大力开展与东南亚、南亚国家的职业教育合作。同时，云南还将在未来5年内，重点扶持和建设10个左右具有高水平的国际人才培养基地，云南大学已被列为其中之一。

二、外部威胁

（一）云南省教育国际化的相关配套设施和服务不足

与东部和沿海城市地区相比，云南由于历史上整个社会的国际化意识和水平偏低，在社会的硬件设施和软件服务方面国际化程度很低，如缺乏国际化的会展场所、宾馆酒店，街道和店铺几乎没有英文标牌，图书馆、医院、邮政、保险等基本公共服务机构在语言、服务和管理方面与国际接轨程度较低，不便于境外人员在当地的学习、工作和生活。

（二）云南整体教育水平偏低，国际化能力不齐

云南省的教育在国内处于中下水平，教育系统和各类学校的国际化意识、对外开放意识还不强，国际合作的能力也有待提高。作为中国西部的一个欠发达省份，云南省无论是政府还是社会对教育的投入都不多，省内教育国际化的水平参差不齐，高等学校的国际合作交流学水平较高，职业教育和基础教育的国际化水平和能力都相当低，甚至处于空白状态。

（三）云南省所面临的国际环境复杂

云南所面向的国家大都是经济社会发展滞后的不发达国家，文化、社会、民族、宗教各个方面与中国之间存在着极大的差异；一些国家还面临着政治、社会动荡不稳的情况，还有的国家对中国怀有疑虑，"中国威胁论"也在一些国家中拥有市场；国外民族、宗教力量的负面影响，敌对势力的渗透破坏，都可能通过跨境教育进入云南，对边疆民族地区的和谐稳定构成威胁。目前云南省是全国所有省份中国外NGO组织办事机构最多的省份，很多国外敌对势力通过这些NGO组织与当地高校人员开展私下合作，非法采集我国机密信息，对我国国家安全构成了威胁。因此，在这一国际环境较为复杂的区域开展教育交流与合作具有特殊的难度。

（四）周边高校在国际化的配套资源、设施和举措方面各具特色，对云南大学形成了竞争优势和威胁

近年来云南省部分高校很重视国际化发展，竞相采取各种举措、提供各种资源和设施来推动国际化，在很多方面已经超过了云南大学，对云南大学形成了一定的威胁。例如，云南师范大学、昆明理工大学、云南财经大学都为本校建造了外国专家公寓和留学生公寓，外国专家可以免费入住，留学生也仅缴纳很低的费用就可以入住。相比之下，云南大学既无外国专家公寓又无留学生公寓，这成为学校进一步扩大留学生和外国专家规模的主要障碍。云南财经大学十年前就划拨了设施先进的教学场所成立了"国际工商学院"，昆明理工大学也于近年成立了"津桥学院"，专门开拓和发展中外合作办学项目，而云南大学尽管也启动了两个中外合作办学项目，却一直未能成立专门的学院。

三、内部优势

（一）对外开放历史悠久，在海外尤其是南亚和东南亚享有较高的知名度

云南大学的创建本身就是国际化的产物，其首位校长是云南省首批留美学生董泽先生。共同筹备大学的肖扬勋、张邦翰、童振藻、柏西文等24人中多数为海外留学归来的学子。董校长明确指出："东陆大学（云南大学最初名为东陆大学）非一人之所有，更非云南、中国的，实世界的也。"当时东陆大学以"发扬东亚文化开发西欧学术，造就专门人才，传播正义真理"为宗旨。

1937-1949年在著名数学家熊庆来执任校长时期，云南大学因熊校长的国际化视野、严谨的治学治校风格而获长足发展、蜚声中外，因此1946年和1986年再版的英国《简明不列颠百科全书》把云南大学列为世界知名的15所中国高校之一。

2009年5月QS首度推出亚洲区大学200强排行榜。在这次亚洲大学的排行榜中，云南大学出人意料地与厦门大学、大连理工大学同排在第151名，在中国大学中列居第23位。这说明学校确实具有自己的优势和特色，并且受到了一定的国际认可，获得了一定的国际知名度。目前云南大学已成为在西南地区乃至大湄公河次区域都具有一定知名度的高等学府，近年来周边国家学生都希望到云南大学留学深造。

（二）80多年的办学积淀使学校具备了深厚的大学文化底蕴和雄厚的教学科研实力，为国际化办学提供了多学科、多层次和高起点人才培养的能力

云南大学创建于1922年，1923年4月开始招生，是一所集文、史、哲、经、管、法、理、工、教育九大学科门类的综合性大学，是国务院确定的全国88所重点大学之一。1997年国家计委正式批准将云南大学列为国家"211工程"重点建设的61所大学，云南大学成为云南省目前唯一的一所"211工程"重点院校，同时也是西部开发重点建设院校和省部重点共建院校。云南大学的民族学、生态学、专门史和微生物学在各自学科领域拥有一流的师资力量和丰富的研究成果。同时，学校重视教学国际化，如工商管理与旅游管理学院、生命科学院、经济学院等均可开设中英双语课程，为国际学生学习专业知识提供了语言条件。

（三）独特的自然和人文资源优势结合学科优势形成国际化办学的特色潜力

云南动植物资源丰富，素有"植物王国""动物王国"的美誉；云南省地形地貌多样、旅游资源丰富；云南有26个少数民族在这里世代栖居、繁衍，形成了具有丰富、独特少数民族文化。借助以上独特的自然和人文资源，加上云南大学在生物学、民族学、旅游管理方面的悠久研究传统，云南大学的这几个学科具有与国内一流大学相比的相对优势，同时也成为云南大学国际化办学的巨大潜力所在。由于学校的民族学在全国名列第一，被誉为"人文奥运会"的世界人类学与民族学大会于2009年在云南大学召开，云集了4 000名来自世界各地的学者，此次会议对于提高学校的国际知名度和促进学校对外合作项目起到了重要作用。借助生物生态学科优势以及旅游管理的优势，学校先后承办了"亚非生物多样性保护与开发管理研修班""越南党政管理干部旅游管理研修班"等对外培训项目。2008年学校又被列为"云南大学文化与管理国际人才培养基地"，主要面向南亚和东南亚培养国际管理人才。

（四）学校日益活跃的国际交流与合作、丰富的外事经验和一支高效干练的外事队伍是学校实施国际化战略的优势条件

近年来云南大学国际交流与合作发展迅速，学校与境外100多个高校与机构建立了合作交流关系，目前合作项目达280余个；近年来每年承办20余次重要国际学术会议和大型活动，招收外国留学生1 400人次。云南大学是大湄公河次区域的两个高校联盟组织GMSTEC及GMSARN的成员，是云南省最早在海外建立了孔子学院的单位；2007年学校被国家外专局列为全国11个"软件国际人才培养基地"之一，同年被教育部指定为"中国东盟大学校长论坛"中方秘书处；2008年被教育部列为中国政府奖学金项目院校，同年被教育部列为全国十个教育援外基地之一；2011年学校又成为首批列入教育部地方"111计划"和国家外专局"千引工程"的地方院校之一。

日益活跃的国际交流与合作活动为学校积累了丰富的外事经验，同时也锻炼出一支高校干练的外事队伍，这将成为学校实施国际化战略的优势条件。

四、内部劣势

（一）部分教职员工囿于传统文化观念，国际化理念尚未全面树立

就云南大学目前的状况而言，广大教职工在教育国际化方面的思想还比较保守，面对全球化的形式还没有一种忧患意识、风险意识，还没有形成推进学校国际化的责任感和紧迫感，于是就形成了只是校领导重视、国际处推动，其他各级有关部门和学院不重视、不支持的局面。国际处将一些赴外进修学习或者合作研究的机会推广到相关学院，可学院却不积极参与；国际处积极开拓建立了孔子学院、汉语国际推广等一些对外合作项目，在外派教师时却得不到相关学院和部门的支持；国际处积极引进外国专家和教师到各学院讲学、授课、合作研究，却在外国专家的管理以及安排专家的教学方面得不到学院必要的配合与支持；国际处努力招收外国留学生，但外国留学生却得不到与本国学生同等的管理和服务待遇，有的部门甚至还认为招收外国留学生是项增添麻烦和增加负担的工作。

（二）整体教学和研究的总体水平和国际化水平不高

云南大学在由中国校友会网总编赵德国、中南大学蔡言厚教授、厦门大学冯用军博士、桂林电子科技大学王凌峰博士和中国校友会网刘明等共同执笔完成的《2011中国大学评价研究报告》中排名第64，在武书连、吕嘉、郭石林的《2011中国大学评价》中排名第79名。这两个大学排行榜是当前最流行，也最具有权威性的排行榜。尽管学校的少数学科的教学和研究在全国位居前列，但从综合排名可以看出，学校整体的教学研究水平在全国不算高，目前学校的发展目标是在近几年内挺进50强。国际教育的一个基本特征是个性化小班教学，人数为30人以内。学校现在的课程都是在60人的中型教室进行，不利于教学的互动，难以开展研讨或案例教学或情景教学。而且教学的组织仍以教师讲授为主要形式，滞后于国际教育的教学方法。截至2011年，学校获得国家社会科学基金和教育部人文社会科学重大招标项目为5项，获国家自然科学一等奖1项，国家科学技术进步二等奖2项，全国高校人文社科优秀成果一等奖2项。学校仅有3篇论文发表于世界顶级学术刊物*Nature*和*Science*。学校仅有约2%的课程能用英语开设。这些在很大程度上成为我校吸引外国留学生到校就读、引进外国专家到校工作的障碍。

（三）师资队伍不能适应国际化要求

没有一流的教授就不会有一流的大学。同样，没有国际化的教师资源共享队伍，也不会有国际化的大学。云南大学师资尤其是高水平师资不足，教职工的英语水平较低，成为参与国际合作与交流的主要障碍。英语是世界通用语，在国际交流中起着不可替代的作用。云南大学的教师和学生普遍存在英语书面理解较强，口语、写作交际能力差的现状。学校大约80%的教职员工不能使用英语交流，10%的教职员工可以使用英语进行简单交流，仅有10%左右的教职工可以将英语作为教学、工作和研究语言。学校开辟了外国基金会资助的研究项目，在请各单位申请时，提交上来的申请却寥寥无几，主要原因就是很多教师得知要用英语写申报书和日后的项目报告后就知难而退；一些外国高校主动找上门来要与我校某些专业的教授进行对口合作研究，但却由于语言障碍无法实施。

（四）管理和服务的国际化程度较低

由于国际化意识不强，再加上语言障碍，学校的很多管理和服务机制与国际接轨程度较低，让外国留学生和外国教师不太适应。学校的一些管理体系和规章制度还需要在符合国际惯例上下工夫，如对外国留学生的管理规定等。校园内部还没有建设起一套国际通行的留学生生活保障机制来留住外国留学生。学校的网络也没有覆盖所有的学生宿舍，学校的图书馆和电子图书馆在顺应国际化教育发展潮流方面还存在一定的缺口。

第三节　云南大学国际化进程中的主要制约因素

一、推进国际化的认识和定位不够准确，影响了国际化的总体思路

（一）高等教育国际化首先是高校在应对全球范围内激烈的教育竞争必须采取的举措

如今，全球范围内的生源市场竞争已经达到了白热化程度。各国政府和高校正在通过先投资、提供服务后获取经济回报的方式，竭尽所能地吸引外国留学生以及到海外办学。就连过去那些坐等学生上门的哈佛大学、耶鲁大学、牛津大学和剑桥大学等顶尖高校也不得不放下身段，四处推销自己。

（二）高等教育国际化也是高校必须肩负的一项维护国家高等教育主权的艰巨任务

近20年来，西方国家非常重视对我国的教育资源输出，一方面是吸引我国学生去留学，另一方面是加大对我国的教学和科研的投入，如直接资助科研项目等。这些在很大程度上威胁到了我国高等教育的主权，对我国形成了文化渗透。因此，我国高等教育只有走国际化道路，才能在保留传统、宣扬中华文化、在世界教育市场上与发达国家高校形成抗衡。

（三）推进国际化也是高校自身改革发展、适应全球化竞争的需要

国际化能够带动高校教师业务水平和学校教学管理水平的提高。

目前，云南大学对国际化的认识和定位还不够准，这将直接影响到国际化总体思路的规划及实施。学校目前还没有充分认识到高等教育国际化是抵挡不住的世界潮流，学校必须主动去迎接它、适应它；国际化将给学校带来的巨大市场和优质教育资源，以及大量的外国留学生对学校十分重要；推进国际化并不只是锦上添花、可有可无之举，而是一项迫在眉睫的使命和责任；推进国际化是需要先投入才能见成效、见效益的一项长期工程，不能采取先获取效益才予以政策支持的方式来推进国际化。

二、用于国际化的资金投入较少，影响了国际化进程

云南大学用于国际化的资金投入较少，与云南大学办学经费总体投入不够有关，这也是我国非部属院校的西部高校的一大难题；再加上学校又按省政府要求，在呈贡新建了一个新校区，背负了金额巨大的债务，用于各项工作的拨款也一再紧缩。

云南大学每年用于国际化的资金大致有以下几块。一是日常工作经费：学校投入20万；二是外国专家经费：云南省财政拨款60万；三是孔子学院建设经费：国家汉办投入50万；四是外国留学生招生和管理经费：教育部投入20万。在以上几项经费中，仅有孔子学院建设经费一项能够维持正常运转，其他几项经费都远远少于各项工作正常运转所需。以"日常工作经费"为例，这项经费要用于国际合作项目的开拓与管理、境外来访人员的接待、我校教职工和学生出国（境）报批工作以及国际合作与交流处全处的工作。而在这几项支出中，每年需维持校级学生交流、合作研究、合作师资培养等各种合作项目近50个，教职工和学生出国境300人次左右，接待境外来访人员更是高达600余人次。20万的经费要用于如此庞大的项目如同杯水车薪，已经节俭到了严重影响各项国际化工作正常运转推进的程度。再以外国专家经费为例，云南大学每年聘请的长、短期外国专家大约是80人次，其中长期专家约为20人次。聘请一名外国语言专家到校讲授英语需要支付的费用约为8万元，聘请一名普通外国教师的费用约为6万元。因此，学校每年60万元的经费只够聘请6名普通外国教师和3名外国专家，其余聘请的外国专家和教师均由各聘用单位自筹经费。而且，由于学校不能为外国专家提供免费的公寓，由学校经费支持聘请的外国专家和教师实际领到的酬金也仅为每月2 800～4 000元，因为每名专家和教师的聘请经费中要用3万元来支出住宿租金。偏低的工资待遇已经影响了学校所能聘请到的外国专家的质量，80%愿意接受这样的待遇到云南大学工作的外国专家和教师是由于希望到云南来旅游居住一段时间，或者是刚毕业的外国大学生为了获取一份工作经历。

三、国际化的相关配套资源和设施不足，影响了外国留学生规模的扩大和层次的提高

目前云南大学与推进国际化相关的配套资源和设施不足主要表现在以下几方面。

（一）没有专门的外国留学生公寓，现有的200套经学生宿舍改造成的外国留学生宿舍也达不到教育部规定的要求和标准

近年来云南大学每年招收外国留学生人数为1 000人～1 600人，其中300人左右

为中国政府奖学金生、孔子学院奖学金生和云南省政府奖学金生。由于学校没有专门的外国留学生公寓，自费学生一律在校外自行租房居住。而按照教育部的相关要求，对于政府奖学金生的住宿应由学校提供外国留学生公寓。两年前为解决这部分奖学金生的住宿问题，学校就将一幢学生宿舍的一楼至三楼稍加改造作为外国留学生宿舍，其余四至七层仍为中国学生宿舍。经过改造的留学生宿舍每间宿舍3~4人共同居住，没有独立的卫生间，只能每层楼男生和女生分别共用一个洗手间和一个沐浴室。而且宿舍无网络设施，不能上网；家具陈旧，下水道经常堵塞，水管经常漏水；没有门禁系统，一些设计也不符合防火安全要求，存在一些安全隐患。上中外学生混住，由于文化、生活习惯不同，经常发生冲突。

（二）不能为外国专家和教师提供免费的公寓

由于学校不能为外国专家和教师提供免费的公寓，也没有相关的经费补贴，一方面是外国专家经费被大量挤占，另一方面是外国专家的管理方面有诸多不便，安全方面也存在隐患。上级部门下达的每年60万的外国专家经费将近一半要用于支付外国专家租住学校宾馆或者校外公寓的租金。有的外国专家在校外租房，由于语言不通，再加上文化差异遇到了各种麻烦：乘坐公交车来学校上课被盗，有的外国专家在外租房与房东发生冲突，有的外国专家骑自行车到校途中穿越马路时被汽车撞伤……这些事故的发生不仅影响了外国专家和教师在我校的正常工作，也给学校的管理部门——国际合作与交流处增加了很多额外的工作负担，而且还要为一些事故支付赔偿金。

（三）没有与国际接轨的，集会议室、多功能教室和吃住一体的宾馆

目前云南大学凭借云南省的旅游资源和自然资源优势，以及学校本身的学科优势，承办了越来越多的国际会议、研修班，并吸引了越来越多的国外学生、学者来校研修学习或授课，但是学校却缺乏一个与国际接轨的，集会议室、多功能教室和吃住一体的宾馆。目前学校承办国际会议、研修项目，住宿通常安排在学校的宾馆，宾馆设施和服务都不具备国际化的水平，服务人员不懂英语，也缺乏国际化的服务意识。因此，学校国际合作与交流处在承办一些高级别的研修项目时，不得不对宾馆服务人员进行专门的礼仪、国际文化知识等培训，甚至还要亲自列出菜谱以便为来宾提供西式的餐饮服务。凭借外部条件和内部优势来大力开拓国外学者、学生到校研修项目、暑期课程项目和短期游学项目应当作为云南大学推进国际化的一项特色内容，但要开拓这项工作需要一个设施不一定很豪华但具备研讨式教室、多功能教室、圆桌型会议室以及相关服务与国际接轨的宾馆。

（四）没有符合国际化教育特点的教室

目前云南大学除了MBA项目和外国留学生语言教学项目之外，所有的教室都只能容纳70多人，没有小班教学的教室；而且教室的布局均为教师讲台在上、学生课桌排列在下，这样的教室仅适用于教师讲、学生听模式的教学，无法进行国际化的研讨式、讨论式以及情景式教学。

（五）缺乏外国教师办公室和国际学生沙龙式的场地

外国教师在我校工作，需要一个环境舒适的办公室，以便安排各自的Office Hour（用于接待学生来访的工作时间），以及聚在一起讨论工作、交流经验。目前云南大学为外国教师设置了一个小小的图书室，并将这个图书室同时作为外国教师办公室使用。但图书室设立在一个像地下室一样的房间，而且空间狭小、设施简陋，无法满足外国教师办公的需求。另外，外国留学生在学校除了课堂学习之外，很大一部分时间需有一个环境温馨舒适的、沙龙式的去处，以便结交朋友、练习语言、交流思想、探讨学业、策划社团活动、举办各自国家的文化节，但目前云南大学没有场所可以满足外国留学生的这一需求。

四、缺乏国际化的制度规范，制约了国际化推进的广度和深度

从国家层面来看，早在1980年美国卡耐基教育政策理事会主席克拉然·科尔就明确指出："教育国际化是一个所有学校必然面临的重大挑战，因此要制定相关政策，扩展美国高等教育的国际维度。"一个国家高等教育国际化的水平越来越维系于该国政府是否支持高等教育国际化，是否制定了有利于高等教育国际化的政策与制度。我国目前还没有专门针对高等教育国际化方面的政策和法规，现有的教育法规政策不够健全，难以支持高等教育国际化的各项工作内容。目前我国涉及高等教育国际化方面的规定仅有《中华人民共和国中外合作办学条例》《中华人民共和国中外合作办学条例实施办法》《高等学校接受外国留学生管理规定》，但这些法规和规定仅限于高等教育的某一项国际化活动，我国仍然缺乏一部从宏观和战略高度上推进和规范全国范围内高校国际化活动的法规。同时，上述的法规和规定也存在一些不尽如人意的地方，需要进一步修订和完善，如缺乏相关的配套政策。因此，从国家层面来说，缺乏具有前瞻性又能融合国际规则和国际惯例的高等教育国际化法规已成为我国高校推动教育国际化的一个制约因素。

从学校的层面来看，学校至今没有制定国际化战略来指导国际化的思路，将国际化作为一项制度规定并落实到各相关单位；也没有在校级层面上成立研究和推进

国际化的组织，如国际化领导小组或国际化工作委员会。

五、外国留学生管理和中外合作办学的机制尚未理顺，影响了这两项工作的推进

目前云南大学还未能将外国留学生与中国学生趋同化管理，没有一项规定将外国留学生的教务、学习、住宿等各项管理工作像中国学生一样分解到学校的教务处、学生处、研究生部，学校国际合作与交流处不仅要负责全校外国留学生的归口管理，还要负责一部分本应属于学生处、教务处负责的外国留学生管理事务，例如发放毕业证、宿舍安排以及处理各种外国留学生日常遇到的问题。而国际合作与交流处仅有一个外国留学生科来负责这些外国留学生事务，工作人员有限，机构职权范围有限，不能为外国留学生提供更加周全的管理和服务。外国留学生管理机制的不顺，不仅为在校外国留学生日常学习、生活带来了很多不便，也成为学校进一步扩大留学生规模的一大障碍。

在中外合作办学方面，目前学校没有成立专门的学院来管理和进一步开拓中外合作办学项目。学校本已经于2009年启动了"中加嵌入式人才培养项目"，目前该项目在读学生已超过了200人，预计2011年将再招收100人。目前该项目仅成立了一个项目办公室，仍挂靠在学校国际合作与交流处管理。这给项目的教学工作、学生管理工作带来了诸多不便，项目的招生、管理人员和教学人员的聘请、教学方案的审定、学生团支部活动、学生入党、学生日常管理等各种事务都要国际合作与交流处来协调和管理，使国际合作与交流处承担了很多应该由学院承担的工作。另外，由于没有专门的机构来管理中外合作办学项目，项目的进一步开拓也成为一个难题。要开拓一项中外合作办学项目，需要投入大量精力与外方联络、进行可行性与合作方案的研究和制订、课程的对接、项目的报批以及接下来的招生、宣传和教师学生的管理，而这些工作放在国际合作与交流处或者哪一个学院都不可能完成，需要一个专门的机构和专职的人员来协调学校教务、外事、学生管理的相关部门和相关学院的工作。鉴于这种情况，学校进一步扩展中外合作办学项目成为一个难题。

第五章 云南大学国际化战略及对策

第一节 "桥头堡"战略对高等教育的要求

2009年7月，胡锦涛总书记考察云南时明确提出，要把云南建成中国面向西南开放的"桥头堡"。2011年5月6日，国务院批准并出台了《国务院关于支持云南省加快

建设面向西南开放重要桥头堡的意见》（以下简称《意见》）。《意见》提出了五个方面战略定位：一是我国向西南开放的重要门户；二是我国沿边开放的试验区和西部地区实施"走出去"战略的先行区；三是西部地区重要的外向型特色优势产业基地；四是我国重要的生物多样性宝库和西南生态安全屏障；五是我国民族团结进步、边疆繁荣稳定的示范区。

《意见》从基础设施建设、产业体系完善、开放型经济发展、对外交流合作、城乡居民收入、基本公共服务、社会保障体系、生态建设和环境保护等方面确立了云南2015年及2020年的发展目标，并明确了七个方面的主要任务和工作重点：一是强化基础设施建设，提高支撑保障能力；二是依托重点城市和内外通道，优化区域发展布局；三是加强经贸交流合作，全面提升开放水平；四是立足资源和区位优势，建设外向型特色产业基地；五是加强生态建设和环境保护，实现可持续发展；六是大力发展社会事业，切实保障和改善民生；七是加快脱贫致富步伐，建设稳定繁荣边疆。

尽管《意见》对高等教育并没有提出明确的要求，但从《意见》提出的五项战略定位，可以看出，"桥头堡"建设关键在人才，基础在教育，根本靠高等教育。为实施"桥头堡"战略提供人才保障的必然选择就是高等教育国际化。因此，我们要以足够的眼光和足够的高度充分认识高等教育对于"桥头堡"建设的重要性和紧迫性。建设我国面向西南开放的"桥头堡"，积极参与国际合作与竞争，需要大量的高水平国际化人才。建设一支具有国际视野、通晓国际规则、能够参与国际事务与国际竞争，特别是了解和熟悉东南亚、南亚国家经济、文化、政策、法律的高层次人才队伍，要求我省必须加快高等教育国际化步伐，提高国际化水平，积极引进和培养高水平国际化人才。省政协委员、云南大学副校长肖宪也提出：在"桥头堡"建设中，加速推进全省高等教育国际化，可增进云南与周边国家间的相互了解和认识，能为进一步推进云南与这些国家的经贸合作、文化交流打下基础并提升高校教学、科研和管理水平，建设"教育桥头堡"。交流也是一种服务贸易，通过提供教育服务，可以获得教育服务贸易的收益。

因此，"桥头堡"战略要求我省高等教育要将为"桥头堡"建设提供人才保障作为己任，按照"桥头堡"建设的要求，制订高等教育国际化发展战略规划，提升国际化水平，为"桥头堡"建设准备充分的人力资源和智力支持。为此，应从以下几方面着手开展工作。

1. 制订推进云南省高等教育国际化发展规划

从实施"桥头堡"战略的高度，用全省一盘棋的思想来研究、谋划和制订云南高等教育国际化发展规划。通过这项规划，构建推进高等教育国际化的体制和机制，整合我省高校资源，突出各高校优势，以向东南亚、南亚和东亚开放为重点，协调推进云南省高等教育的国际化发展。另外，要求各高等院校要在整体规划的指导下，结合自身特点，突出自身优势，编制各自的国际化战略规划。

2. 加强对高等教育国际化工作的组织领导

由省级教育主管部门牵头，人事、外事、文化、公安等多个部门参加，建立云南省高等教育国际合作领导体制和服务体系，定期组织不同行业、不同部门、不同层面的工作联席会议，研究解决高等教育国际化方面的重大问题。根据高等教育国际化的新形势和新要求，认真研究和完善相关政策，针对不同类型、不同地区的高校，制定适合云南省省情、高校校情的高等教育国际化进程表，制订相关政策、具体行动计划等。

3. 加大对高等教育国际交流与合作的支持力度

设立"桥头堡"建设教育专项基金，专项支持省内高校与东南亚、南亚开展合作，鼓励省内高校 "走出去"合作办学，吸引国外知名大学在省内设立分校；设立专项留学生奖学金，专项资助东南亚、南亚等国家留学生到我省学习，将云南建设成为我国面向东南亚、南亚的教育交流与合作中心。争取国家采取特殊政策和措施，支持云南高校扩大招收留学生规模，支持云南与东南亚、南亚国家政府间开展教育交流与合作，相互换文承认和认可学历、文凭、教师或教授资格等。

4. 加强高校国际化课程建设

积极引进国外先进的教育理念、教学方法和管理经验，建立与国际接轨的教育教学管理体制。整合高校现有的学科专业，重点建设一批有特色和优势的高水平学科专业。加快国际化课程建设，打造一批优质国际课程和双语教学课程，培养一批优质双语授课教师和国际化课程授课教师。在继续加大引进外籍教师、聘请著名专家教授规模和力度的同时，尝试聘请外国教育管理和行政骨干，直接参与高校教育和教学管理，将国际上先进的办学思想、教学方式、管理模式与我省高校实际结合起来，促进高校教育教学改革。

5. 建设中国面向东南亚和南亚的汉语国际推广基地

近年来云南省在面向东南亚和南亚的汉语国际推广工作已初具规模。目前来云南学习的外国留学生中80%以上是来学习汉语的，很多学生在学习汉语结束后自然会转入其他专业学习；另外，云南省部分高校已在东南亚和南亚国家建立了5所孔子学院（堂）。云南省高校应凭借已在东南亚和南亚国家取得的汉语国际推广成效，进

一步发挥云南省与两亚国家的地缘优势和亲缘优势，努力把云南省建成中国面向东南亚和南亚的汉语国际推广基地。

6. 建设中国面向东南亚和南亚的国际人才培养基地

云南省高校学科门类齐全，各校特色鲜明，完全可以满足东南亚和南亚国家对实用技术人才和管理人才的需要。而且云南省教育厅在2009年已经投入启动了在云南省建设10个国际人才培养基地的项目。在"桥头堡"战略背景下，云南省应在此基础上继续努力，把云南省建设成为中国面向东南亚和南亚的国际人才培养基地，为"桥头堡"建设以及两亚国家输送国际人才。一方面，云南高校要尽量多招收东南亚、南亚、西亚和东非国家的留学生前来学习汉语和其他专业，要增设面向这些国家的奖学金，要让云南成为全国拥有东南亚、南亚、西亚和非洲留学生人数最多和交流合作项目最多的省份。另一方面，云南高校也要加强对这些地区和国家的研究，在省内高校开办和发展东南亚、南亚、西亚和非洲国家小语种专业，培养大批通晓当地语言、熟悉当地情况的专门人才，要让云南成为国内研究东南亚、南亚、西亚和非洲水平最高的省份，成为中国人学习东南亚、南亚、西亚和非洲语言最方便的省份。

第二节　云南大学国际化战略思路

一、指导思想

以邓小平理论和"三个代表"重要思想为指导，深入贯彻落实科学发展观，在实施把云南建设成为中国面向西南开放重要"桥头堡"战略中，根据国家重大战略部署的新需要、新实际，按照"桥头堡"战略的总体定位和发展任务，充分发挥我校的地缘优势、学科优势和办学特色，加快推进教育国际化进程，为"桥头堡"建设提供人才和智力支撑。利用国际国内两个市场、两种资源，重点面向南亚和东南亚市场培养人才，重点拓展与东南亚、南亚国家高等教育机构的交流与合作，提高云南大学的国际化程度，把加快国际化进程作为我校建设区域性高水平研究型综合大学、挺进全国高校50强的一项重要战略举措。

二、基本原则

云南大学实施国际化战略的基本原则是：以开放促改革、促发展；坚持为国家"与邻为善、以邻为伴"、"睦邻、安邻、富邻"的周边外交方针和政策服务；坚持为"桥头堡"战略人才培养需要服务。具体应做好以下几方面工作。

（一）坚持依法办学，规范运作

要以《中华人民共和国高等教育法》《中华人民共和国民办教育促进法》《中华人民共和国中外合作办学条例》《中华人民共和国外国留学生管理办法》《国家中长期教育改革和发展规划纲要（2010-2020年）》，云南省委、省政府在《关于加快推进高等院校实施"走出去"战略的若干意见》（2006年7月）《国务院关于支持云南省加快建设面向西南开放重要桥头堡的意见》为依据，做到依法办学。

（二）坚持发挥优势，突出特色

云南大学国际化战略应紧扣云南省的资源优势和云南大学的学科优势，以服务"桥头堡"战略，服务云南省经济、社会为主要目标；既要积极与西方发达国家开展合作交流，又要重点突出南亚和东南亚特色。

（三）坚持"走出去"与"请进来"并举

国际化是双向的，云南大学在实施国际化战略中要同时做好"走出去"与"请进来"两方面的工作，要充分利用国内和国际两个市场、两种资源，努力开拓周边国家教育市场，在实现国外优质教育资源"请进来"的同时，还要实现办学和汉语国际推广的"走出去"。

三、战略目标和任务

在"桥头堡"战略背景下，云南大学实施国际化战略的总体目标是：服务于"桥头堡"战略需要，把云南省建成中国面向西南的教育对外开放重要窗口、国际教育合作与交流平台、国际人才培养与交流合作枢纽，将云南大学建设成为东南亚、南亚区域一流水平大学，成为中国面向东南亚、南亚重要的国际人才培养基地。

具体目标和任务如下。

（一）大力发展留学生教育，拓展在校学生国际交流渠道，提高我校人才培养的国际化水平

1. 大力发展留学生教育，扩大规模，优化结构

加强对外国留学生的招生、教学、管理和服务工作，使我校的外国留学生总规模到2015年达到3 000人，其中学历生占外国留学生人数的20%，即600人。

2. 加大学生国际交流力度

拓展交流渠道，丰富交流形式，为在校学生提供更多的国际交流机会。每年至少新增两个学生交流项目，到2015年有海外经历的学生达到在校生人数的5%，即1 250人。

（二）加大交流、引进和培养力度，提高我校师资队伍和课程建设的国际化水平

1. 做好教师国外进修和海外高层次人才引进工作

在教师聘用和晋升政策中，对教师的出国经历逐步提出要求。至2015年，各主要学科的骨干教师都应有国外访问、进修的经历，海外留学三个月以上者占全校专任教师的比例达到20%以上。

2. 改进和加强外籍教师的聘用工作

积极拓展聘用渠道，面向全球广揽人才。到2015年，长、短期外籍教师占全校专任教师的比例达到8%以上；每年至少聘请10位高层次国际著名专家学者到校讲学。

3. 加强国际化课程建设

设立"云南大学国际化课程建设基金"，支持有条件的学科和专业开设一批英语和双语课程。到2015年，双语课程达到全校课程总数的3%，英语课程达到全校课程总数的3%。

（三）加强国际学术交流与合作，提升我校科研实力和学科建设的国际化水平

1. 采取措施，推动国际科研合作和学术交流

支持和鼓励各学院主办或承办高层次国际学术会议，邀请国际著名学者到校讲学；支持和鼓励教师参加国际学术会议。到2015年，我校每年主办或承办的国际学术会议不少于20个，参加国际学术会议的教师100人次以上。

2. 鼓励教师争取和承担国际合作研究项目，通过引进国外归国博士等人才，为该项工作提供人才条件保障

到2015年，我校教师承担或参与的国际合作科研项目数量在现有基础上增加一倍，达到6项；国际合作科研项目经费在现有基础上增加50%，达322.5万元。

3. 鼓励各单位与国外高校、科研机构开展科研合作，共建科研合作平台和产学研基地

到2015年，全校要争取建立10个国际科研合作平台或产学研基地。

（四）引进国外优质教育资源，实施"走出去"战略，提升我校的中外合作办学水平

1. 积极引进国外优质教育资源，推进国际合作办学

完善管理机制，成立国际学院，办好"中加合作嵌入式人才培养创新项目"，开拓其他形式的中外合作办学项目。到2015年，中外合作办学学生人数达到600人，学生能有多国别、多方向选择。

2. 积极做好汉语国际推广工作

到2015年，在办好现有的3所孔子学院（课堂）的基础上，再新建2所孔子学院（课堂），在周边国家开办5个汉语中心或中国文化中心。

第三节　云南大学国际化发展对策

一、培育和树立国际化理念

国际化的理念是高等教育国际化的重要前提，教育的改革和发展问题需从国际的、全球的视角下审视。现在越来越多的国家在高等教育人才培养目标上都增加了国际化的内容，世界一流高校都将国际化作为学校发展的一项战略。1983年邓小平同志就提出："教育要面向现代化，面向世界，面向未来。"《国家中长期教育改革和发展规划纲要（2010-2020年）》明确指出，我国教育要扩大开放，要以开放促改革、促发展。这些实质上就是要求我国高等教育要走国际化道路。云南省委、省政府在《关于加快推进高等院校实施"走出去"战略的若干意见》（2006年7月）中，也提出要进一步促进我省高等教育对外开放，提高我省高等教育对外合作与交流的水平。云南省要建设中国面向西南开放的"桥头堡"，就意味着云南需建成中国面向西南的教育对外开放重要窗口、国际教育合作与交流平台、国际人才培养与交流合作枢纽。这些实质上就要求云南大学要走国际化道路。

树立国际化理念，就是要从全球角度看待高校的价值和功能，要有国际化的战略思维；要有国际竞争意识与国际交流意识，有要学习和借鉴国际上领先高校成功经验的积极心态，要有使教学、科研、管理等达到国际水平的决心。

除了正式出台国际化战略，我们还需要建立国际化的学习和研究机制来培育国际化理念。可以分两个阶段实施教育国际化学习研讨活动：第一阶段由校党委和校行政组织，学习对象为全校所有中层干部、机关管理人员和所有外事联络员；第二阶段由各学院、研究院、所、中心负责组织，对象为各院、所、中心管理人员和教师。学习和研讨内容包括高等教育国际化的基本理论和发展态势，国内外高等教育国际化进程和先进经验介绍，推进高等教育国际化的主要策略和基本要求等。通过有组织的宣讲和学习活动，使我校管理人员和广大教师提高对教育国际化的认识水平，提高对教育国际化的重视程度，进一步理解和支持学校为提升国际化战略所采取的各项措施。

另外，我们需要逐步建立教育国际化研究平台，逐步建立学校教育国际化方面的研究机构或组织，负责教育国际化的理论研究、实践调研、动态监测，为我校国际化战略的科学决策提供依据。

二、加强国际化配套基础设施与服务建设

国内外知名高校都非常重视与国际化配套的基础设施建设。例如，韩国高丽大学（2005年英国《泰晤士报》世界排名第184位）国际化战略举措之一就是建造集休闲、居住、交流于一体的国际公寓，建造专门用于开展国际教育的国际馆与中央广场；美国圣荷西大学国际化的一项措施是专门针对亚洲学生的需求建设了一个独立的国际留学园供亚洲学生学习、居住；我国的复旦大学也为留学生和外国专家建立了独立舒适的公寓，还把建设国际学生沙龙列入了下一步国际化举措之一。由于各种原因，云南大学目前还没有外国专家和留学生专用的公寓、餐厅、活动室等，在配套基础设施方面远远低于国际标准水平线。

因此，云南大学要在现阶段实现以下国际化配套基础设施与服务建设：建设一所达到教育部接收政府奖学金生标准的外国留学生公寓，以满足所有接受政府奖学金到校学习的外国留学生以及部分自费生住宿需要；建设一个外国专家公寓，为我校长、短期外国专家提供住宿；建设一个舒适的外国专家办公室和外国留学生活动室；建设一个设施和服务与国际接轨的学校宾馆，用于接待学校的国际会议、国际研修班、国际短期课程和培训项目等；建设一批可容纳20人～60人不等的、圆桌式和小组研讨式多媒体教室和会议室，用于开展互动式和案例情景教学、国际课程和培训项目等；确保网络覆盖校园所有的教学楼和宿舍，增加无线上网的区域，充实校园网的内容和功能，增设英文网页。

三、大力争取政府和其他多方支持

发达国家走在国际化前沿的大学取得良好的国际化效果，都得益于政府的政策和经费支持。新加坡政府一方面大量投资改善新加坡的工作、生活环境，另一方面向高校投入了大量经费支持高校实施世界水平的高薪和福利以吸引世界级水平教授到高校工作。我国政府已经树立起追逐高等教育国际化的思想，但由于国际大学之间的竞争日趋激烈，我国政府应在进一步创造国际化的环境、对教育提供更多的经费、给予高校更多的自主权等方面采取政策支持。

作为高校来说，也应该积极通过各种途径、各种方式呼吁并赢得政府的支持。在目前"桥头堡"战略背景下，云南大学应该紧扣这一主题，将推进自身国际化进

程与"桥头堡"建设紧密结合起来，为"桥头堡"建设培养国际人才，把云南建设成为中国面向西南开放的教育和文化枢纽视为己任，设计出符合"桥头堡"建设需要的国际化人才培养方案、国际化推进项目，赢得省政府的理解，进而获得政策和经费的支持。近几年来学校国际合作与交流处已经向教育部、国家外专局、云南省政府、云南省教育厅争取到对学校国际合作项目的一些政策和经费支持，但还是不足以对学校国际化工作提供全方位、多层次的支持。比如，学校的学生交流工作、外国留学生公寓的建设就没有经费支持。今后学校应把向政府及其他相关机构争取经费支持提高到校级层面，在努力争取上述部门政策和经费支持的同时，进一步对学校国际化工作做出战略性安排，争取境外合作伙伴、国内外企业界及杰出校友的支持。

结合"桥头堡"建设，可以重点考虑从以下几方面设计具体方案报云南省政府争取支持。

（1）结合已经建成的三所孔子学院（堂），申请政府支持在云南大学建设一个中国面向西南开放的汉语国际推广示范基地。

（2）整合本校已经获得的"教育援外培训基地""国家软件人才国际培养基地""云南省国际人才培养基地"的建设，申请政府扶持建立一个"东南亚、南亚国际人才培养基地"，基地为来自两亚国家的优秀学生提供奖学金，为两亚国家的企事业单位和政府开展中高层管理人员的短期研修和培训，服务于"桥头堡"建设，为两亚地区培养中高级管理人才。

（3）争取政府支持设立教师和学生"走进两亚"研修项目基金，专门用于支持我校教师短期赴东南亚和南亚国家进行专题研修；一方面增进我省高校人才对两亚国家的了解，另一方面可收集有关两亚国家各种专题的一手信息和资料，服务于"桥头堡"建设需要。

四、以国际化要求完善校内相关体制和规定

目前云南大学的一些现有的体制和规定还不利于国际化的推进，需要进一步改善。另外，有关推进国际化相关工作的部分体制和规定尚未建立。为此，云南大学需要以国际化的要求改进现有的一些机制和规定，同时建立、健全与国际化相关的机制和规定。为实现学校国际化战略目标，需要统一思想，重点建设和完善以下体制和规定。

（一）建全提升国际化战略的相关制度

正式出台国际化战略，对我校在提升国际化战略进程中涉及的目标、任务、体制与机制、责任与权利进行原则性规定。同时，结合学院制建设，修订、完善原已出台的《外国专家管理规定》《外国留学生管理规定》《教师和学生公派出国（境）管理规定》等涉外管理规定。制定适应新形势并与学校积极推进教育国际化相符合的有关运行规范和规定，强化校院（部门）两级对教育国际化的指导、服务、协调、监管机制等。另外，就学校国际化进程中涉及的重大问题和举措专门出台相关规定，以确保相关工作顺利推进。

（二）建立国际化建设评估和激励机制

建立考核评估体制：从2010年开始至2015年间筹备建立国际化建设评估机制，把国际化建设成效作为一项重要内容纳入对各职能部门、学院、研究院的考核指标体系。在筹备阶段每两年举行一次国际化建设工作会议，总结学校两年内国际化战略实施成效，并要求各学院、研究院对本单位两年内的国际化建设情况提交书面总结，学校对国际化建设成绩突出的单位和个人进行奖励。

建立激励机制：采取积极有效的措施，调动学校各部门对教育国际化工作的积极性。在重点和特色专业的建设和规划中，在优秀教学奖、科研成果奖等的评定中，学校要把教育国际化工作作为重要的方面加以考虑并给予明确的政策倾斜。学校在制订相关经费分配方案时，要对教育国际化项目实行一定幅度的倾斜，切实调动相关部门推动国际化办学的积极性。学校要设立教育国际化工作贡献奖，对各单位教育国际化工作、外国留学生教育工作中取得突出成绩的单位和个人进行奖励。科研处、科技处也相应出台针对国际合作科研成果的奖励政策。

五、着力推进课程设置的国际化

致力于国际化的高校都不遗余力地发展国际化的课程。经济合作组织（OECD）研究报告认为，国际课程是指课程在内容上具有国际取向，其目标是培养学生能够在一种国际和多国背景中行动（包括职业和社会方面），课程设计不仅要面向国内学生，也要面向国际学生。目前云南大学开设的传授国际先进技术和应用技术的课程、外国语言与文化、跨文化研究、比较研究等课程都属于课程国际化的范畴。在推进课程设置国际化方面，学校设立"云南大学国际化课程建设基金"，资助以下几方面的课程国际化工作。

（一）课程结构逐步实现国际化

要在国际化理念指导下，调整优化现有课程结构，淘汰陈旧落后的课程，增开具有国际化内容的课程，并让更多的课程都体现国际观点。

（二）课程内容逐步实现国际化

开设国际法、国际形势、国际政治、区域文化等方面的专业和选修课程。

（三）大力进行课程改革

在现有的教材基础上，积极引进国外原版教材或采用国外先进的教材经本土化改造，设计出国内外基础知识和前沿知识与国际发展趋势相结合的课程。

（四）加大双语教学力度

从政策和资金方面加大支持力度，把外语课教学与专业课教学紧密结合起来，有计划、有步骤地开展一批双语课程建设，再进一步开展一批双语授予课的国际课程建设。

六、提高教师和学生的对外交流与国际化程度

在教师交流方面，致力于培养具有国际竞争力的教师和具有国际视野的管理队伍。为此，采取"引进来"和"送出去"两种方式：一面积极从国外引进优秀师资，一面通过教育部、云南省政府、国外基金会以及学校的项目资助，选派中青年教师和行政管理人员出国交流进修，同时积极鼓励和促成中外教师联合开课、开展合作研究。

在提高学生国际化程度方面，致力于培养具有国际视野和能力的学生，从以下几方面入手。

（一）通过多种形式的国际合作办学拓宽本科、研究生教育的全球化视野

我校将加强以下几种模式的国际合作办学：与国外高校合作办学，联合授予学位（如我校从2004年开始与六所美国大学开展的"1+2+1"本科人才培养项目，"2+2"中加嵌入式人才培养项目），今后进一步拓展"4+0"中外双学位项目，与国外高校互认学分交换本科生项目，颁发进修证书。

（二）为我校学生拥有海外学习经历创造条件，推动学生全球观念的形成和跨文化交流技能的培养

设立"云南大学学生海外经历基金"（50万），资助优秀学生赴海外进修、交流、参会、研究，拓展学生国际视野，培养学生国际交往能力。

（三）提高外国留学生培养的规模和质量

学校除了积极争取各类政府对外国留学生的奖学金外，还将设立"云南大学来华留学生奖学金"。未来几年内，我们将注重外国留学生培养的几个原则：科学研究与汉语教学相结合，语言文化教育与专业教育相结合，非学历教育与学历教育相结合，境外汉语推广与境内教育相结合，课堂教育与远程教育手段相结合。

七、营造国际化校园氛围

学校将通过开展以下内容丰富、形式多样的国际学术活动使校园文化日益呈现出国际化的气氛。

（1）承办国际会议及大型文化活动，活跃校园国际化气氛。借助我校民族学、生态学、国际关系、工商管理等学科在国际上具有的一定知名度以及云南省丰富的自然资源、人文资源和旅游资源，承办和主办重要国际学术会议和大型活动，活跃校园的国际文化气氛。

（2）设立国际合作与交流论坛，促成外国专家和知名人士到校举办讲座或演讲。

（3）扩大外国留学生规模。学校计划未来五年将外国留学生规模扩大到3 000～4 000人次。来自世界各国的留学生带着不同的语言文化背景、世界观、人生观和价值观以及他们本国的最新知识、信息和学术思想到我校学习，融入我们的学生当中，中西文化交融，无疑丰富了学生的学术和文化阅历。

（4）通过设立"学生国际交流协会"提高学校学生国际交流的参与度。我校于2007年底成立了这个协会，协会开展的活动至今已经在很大一批学生中产生了开阔国际视野、提高跨文化交流能力的影响。

（5）举办各类国际文化交流活动。今后可以多开展一些外国留学生文艺演出晚会、音乐会、国际日、国际文化展等活动。

第四节　云南大学国际化的保障措施

一、组织保障

（1）在全校范围内形成以院系所为单位，教师学生为主体，全校各职能部处全力提供服务的全校联动，规范、协调、高效的国际合作与交流工作模式。学校党政主要负责人是我校推进国际化建设的第一责任人。将各学院国际化建设情况列入考核评估范围，并作为学院主要负责人的任期目标考核指标之一。

（2）成立"云南大学国际化建设领导小组"，统领全校国际化推进工作，领导小组办公室设在国际合作与交流处；各学院（研究院）也相应设立"国际化领导小组"，由学院（研究院）行政主要负责人任组长，下设专（兼）职外事秘书，负责本学院（研究院）国际化建设相关工作。

（3）进一步明确学校国际化建设的责任部门和单位，将国际化建设主要目标和任务分解落实到各相关部门和单位。

① 留学生教育：国际合作与交流处、留学生院负责，教务处、研究生部、学生处、各学院协助。

② 在校学生国际交流：学生处负责，教务处、研究生部、国际合作与交流处、各学院协助。

③ 师资队伍国际化建设：人事处负责，国际合作与交流处、各学院协助。

④ 外籍教师聘用：国际合作与交流处负责，人事处、各学院协助。

⑤ 国际化课程、专业建设：教务处、研究生部负责，各学院协助。

⑥ 国际科研合作和学术交流：科研处、社科处负责，国际合作与交流处、各学院协助。

⑦ 中外合作办学：国际学院负责，国际合作与交流处、教务处、学生处协助。

⑧ 汉语国际推广：国际合作与交流处负责，人事处、留学生院协助。

⑨ 学校英文网页制作与维护：宣传部负责，网络中心、国际合作与交流处协助。

（4）进一步明确几个国际化建设重点部门的设置和职能。

① 国际合作与交流处：是学校国际化建设的主要执行和协调部门，负责全校国际合作与交流事务的日常工作、汉语国际推广、外籍教师和留学生的归口管理。根据国际化建设需要，进一步完善国际合作与交流处的机构及人员配置。

② 国际学院：以"中加嵌入式合作办学项目办公室"为基础组建，负责中外合作办学项目的开拓、运行和管理，负责项目学生的教学和行为管理。在现有"中加合作嵌入式人才培养项目"的基础上，积极拓展其他形式的中外合作办学项目。

③ 留学生院：负责我校各类短期外国留学生、预科留学生的汉语教学，与人文学院中文系共同承担汉语文学本科专业外国留学生、汉语国际教育硕士研究生的培养，负责全校各类外国留学生的汉语和中国文化等公共课的教学工作以及对外汉语考点管理等工作；内设外国留学生服务中心为各类留学生提供生活服务。

二、制度保障

（一）正式出台国际化战略

对我校在推进教育国际化过程中涉及的指导思想、目标任务、保障措施等进行原则规定；修订、完善原已出台的各项涉外管理规定，制定适应我校国际化建设的国际交流和合作项目的审批程序和运行规范；结合学院制建设，明确各学院国际化建设的目标、责任和要求。

（二）逐步建立和完善国际化建设评估机制

2010-2015年，每两年举行一次国际化建设工作会议，总结和评估学校国际化战略实施成效；学校对国际化建设成绩突出的单位和个人进行奖励。2015年正式建立国际化建设评估机制后，每年对各单位进行考核评估。

（三）建立有效的激励机制，调动学校各单位国际化工作的积极性

在各学院、研究院的目标责任制建设中，学科建设和专业建设中，在各种教学和科研奖励的评定中，对教师的考核和晋升，都把国际化建设列为重要指标。学校在分配资源、经费时，对国际合作与交流项目给予倾斜。对在国际合作与交流工作中取得突出成绩的单位和个人进行奖励。

三、经费保障

学校将在国际化建设方面拓展经费渠道，争取各级财政对我校国际化建设的经费支持，同时逐步加大学校预算投入力度增加预算投入。

在近一两年学校资金较困难的情况下，暂时采取"以外事养外事"的办法，将国际处上交学校留学生（奖学金生）学费的50%用于设立基金，保障各项相关工作的顺利开展。为大力促进学校的国际化建设，具体办法为：

（1）设立"云南大学国际化课程建设基金"（25万元），用于英语课程建设和中青年骨干教师到境外进修学习，要求返校后能开设1~2门用英语授课的课程。

（2）设立"云南大学外国专家基金"（25万元），主要用于支持重点学科、新兴学科聘请国外高层次人才、国际著名学者到校讲座、交流。

（3）设立"云南大学学生海外经历基金"（20万元），资助优秀学生赴海外进修、交流、参会、研究，拓展学生国际视野，培养学生国际交往能力，提高学生的国际竞争力。

（4）设立"云南大学来华留学生奖学金"（15万元），扩大来华留学生规模，

提升层次。

（5）设立"云南大学国际化工作基金"（25万元），用于资助高等教育国际化相关调查研究，资助国际化从业人员、研究人员出版相关图书、发表相关论文等；奖励国际合作交流工作突出的单位和个人、资助单位及个人开展各类国际合作交流项目。

四、硬件设施保障

建设外国专家公寓和外国留学生公寓，为计划内的外国专家和中国政府奖学金生免费提供住宿；扩大国际合作与交流处办公场所，改善办公条件，配备外事接待用车；建设一个设施和服务与国际接轨的学校宾馆；建设一批可容纳20～60人不等的、圆桌式和小组研讨式多媒体教室和会议室；增加无线上网的区域。

第六章 结论及启示

高等教育国际化是全球背景下抵挡不了的世界潮流。在世界各国政府和高校纷纷采取相应的政策和举措来大力推进高等教育国际化，世界教育市场的竞争日益激烈到了白热化程度时，中国高校应当把主动迎接、适应和推进国际化当作一种紧迫的使命和责任。

综合国内外文献，高等教育国际化的内容大致包括：教育理念的国际化、课程的国际化、人才培养目标的国际化、学生的国际化、教师的国际化、研究的国际化和管理的国际化。高校推进高等教育国际化不仅是自身发展的需要，也服务于一个国家的政治和外交利益，同时还贡献于一国的经济发展。与高等教育国际化相关的理论主要是全球化理论和相互依存理论。国内外学者对高等教育国际化的研究可以归纳为以下几类：有关高等教育国际化概念、内涵的研究，有关大学国际化原因及趋势的研究，有关高等教育国际化趋势的研究，有关高等教育国际化某一方面问题的研究，有关高等教育国际化中存在的问题及对策的研究，有关高等教育国际化与本土化的研究。

通过对国外知名大学国际化实施情况的比较笔者发现，在2006年美国《新闻周刊》公布的全球最具国际化的100所大学排行榜中，排在前10位的大学有7所大学也分别列居2009年和2010年QS世界大学排名的前10位。另外，除了英国的剑桥大学和牛津大学外，排行榜前10位的大学被美国包揽。以美国哈佛大学和耶鲁大学、英国伯明翰大学、新加坡国立大学、新西兰惠灵顿维多利亚大学为例，这些大学在教育目标国际化、教师和学生国际化、课程体系国际化、推进和保障国际化方面都采取了行之有效的举措，值得我国高校借鉴。与国内重点院校相比，云南的国际化实施情况还存在一些差距：缺乏战略规划，国际化未能得到计划性、制度性的推进；学生国际化的力度相对薄弱；中外联合办学项目很少；教育内容国际化程度较低；国际化的配套保障条件和资源较少。

国内外知名高校国际化战略实施情况为我们带来以下启示。

（1）国际化程度最高的大学也是综合排名最高、最知名的大学。

（2）追求国际化理念，形成国际化的共同意愿。

（3）制定国际化战略，有组织、有计划、有保障地推进国际化。

（4）积极创造条件吸引外国留学生。

（5）注重学生国际交流。

（6）积极开展国际合作办学。

（7）国外知名高校受益于政府的法规和政策的出台，规范和支持国际化。

云南大学国际化发展近来主要取得了以下成绩：来华留学生教育近年来规模迅速扩大，层次有所提高；实施"走出去"战略，通过国际汉语推广、境外孔子学院建设扩大影响、拓宽生源、锻炼师资；努力开拓派出和引进师资的渠道，教师国际化程度提高；开拓了一批联合培养、学生交流项目，推动了学生全球观念的形成和跨文化交流技能的培养；举办各类学术活动，营造国际化校园文化氛围。用战略管理理论中的SWOT分析法对云南大学实施国际化战略的环境进行分析，笔者得出以下结论。

（1）云南大学具备的外部机会主要有与东南亚、南亚和东亚相接的地理区位优势，中国—东盟自由贸易区建设带来的先机与便利，从"大通道"到"桥头堡"建设带来的政策优势，与南亚、东南亚、东亚地区历史文化相连，云南省实施"走出去"战略带来的政策支持。

（2）云南大学所面临的外部威胁是云南省教育国际化的相关配套设施和服务不足；云南整体教育水平偏低、国际化能力不齐；云南省所面临的国际环境复杂；周边高校在国际化的资源配套、设施和举措方面各具特色，对云南大学形成了竞争优势和威胁。

（3）云南大学具有的内部优势为对外开放历史悠久，在海外尤其是南亚和东南亚享有知名度较高；80多年的办学积淀使学校具备了深厚的大学文化底蕴和雄厚的教学科研实力，为国际化办学提供了多学科、多层次和高起点人才培养的能力；独特的自然和人文资源优势结合学科优势，成为国际化办学的特色潜力；活跃在国际交流与合作一线，具有丰富的外事经验，高效干练的外事队伍是学校实施国际化战略的一项优势条件。

（4）云南大学的内部劣势主要有广大教职员工囿于传统文化观念，国际化理念尚未全面树立；整体教学和研究的总体水平和国际化水平不高；师资队伍不能适应国际化要求；管理和服务的国际化程度较低。

云南大学在近十年来推进国际化的进程中，还受到了这样一些因素的制约：推进国际化的认识和定位不够准，影响了国际化的总体思路；用于国际化的资金投入较少，影响了国际化的进程；国际化的相关配套资源和设施不足，影响了外国留学生规模的扩大和层次的提高；缺乏国际化的制度规范，制约了国际化推进的广度和深度；外国留学生管理和中外合作办学的机制尚未理顺，影响了这两项工作的推进。

2009年7月，胡锦涛总书记考察云南时明确提出，要把云南建成中国面向西南开放的"桥头堡"。2011年5月6日，国务院批准并出台了《国务院关于支持云南省加快建设面向西南开放重要"桥头堡"的意见》（以下简称《意见》）。尽管《意见》对高等教育并没有提出明确的要求，但从《意见》提出的五项战略定位可以看出，"桥头堡"建设关键在人才、基础在教育、根本靠高等教育。因此，"桥头堡"战略要求我省高等教育要推进国际化，为"桥头堡"建设准备充分的人力资源和智力支持。为此，云南省高等教育可从以下几方面着手：制订推进云南省高等教育国际化发展规划，加强对高等教育国际化工作的组织领导，加大对高等教育国际交流与合作的支持力度，加强高校国际化课程建设，建设中国面向东南亚和南亚的汉语国际推广基地，建设中国面向东南亚和南亚的国际人才培养基地。

在"桥头堡"建设的战略背景下，云南大学应该理清国际化的战略思路，坚持依法办学、发挥优势、"走出去"与"请进来"并举的原则，服务于"桥头堡"战略需要。为把云南建成中国面向西南的教育对外开放重要窗口、国际教育合作与交流平台、国际人才培养与交流合作枢纽，将云南大学建设成为东南亚、南亚区域一流水平大学，成为中国面向东南亚、南亚重要的国际人才培养基地，具体可以采取以下国际化战略对策：第一，培育和树立国际化理念；第二，加强国际化配套基础设施与服务建设；第三，大力争取政府和其他多方支持；第四，以国际化要求完善校内相关体制和规定；第五，着力推进课程设置的国际化；第六，提高教师和学生的对外交流与国际化程度；第七，营造国际化校园氛围。为此，学校需要为实施国际化战略提供以下保障。

（1）组织保障：在全校范围内形成以院系所为单位，以教师、学生为主体，全校各职能部门全力提供服务的全校联动，规范、协调、高效的国际合作与交流工作模式；成立"云南大学国际化建设领导小组"，统领全校国际化推进工作；将全校的国际化建设目标和任务分解落实到各相关职能部门；进一步明确几个国际化建设重点部门的设置和职能。

（2）制度保障：正式出台国际化战略；逐步建立和完善国际化建设评估机制；建立有效的激励机制。

（3）经费保障：学校增加国际化建设经费，设立"云南大学国际化课程建设基金""云南大学外国专家基金""云南大学学生海外经历基金""云南大学来华留学生奖学金""云南大学国际化工作基金"。

（4）硬件设施保障：建设外国专家公寓和外国留学生公寓等。

最后，从国内外知名大学国际化的实施情况以及云南大学的国际化现状和制约因素中，笔者得出以下启示。

（1）世界一流的大学必然是国际化的大学，追逐国际化是一所大学提升水平、层次的必然选择，也是在经济全球化背景下大学应承担的使命和责任，高校应该主动积极地迎接国际化。

（2）政策和制度是高等教育国际化的保障。在国家层面，一个国家高等教育国际化水平的高低越来越取决于该国政府是否制定了有力的政策和规定来支持高等教育国际化。国内外国际化程度最高的大学都受到了国家层面的政策支持，缺乏国家政策、制度保障的高等教育国际化难以取得令人满意的效果。在学校层面，一所大学是否制定了国际化战略或出台了推进国际化的相关制度是这所高校国际化成功与否的重要条件。

（3）树立国际化的教育理念是高等教育国际化的重要前提。纵观国内外走在国际化前沿的大学，它们都是在形成了全校上下一致的国际化共同意愿之后才取得了国际化的各项成果。

（4）高校国际化应当积极服务于国家战略和人才培养需要，将推进国际化进程与国家战略和人才培养需要结合起来，以赢得省政府的理解，进而获得政策和经费的支持。

（5）国际化需要投入才能见成效，没有先期的资金和资源投入，一所高校的国际化很难得到实质性进展。

参考文献

［1］Andrews, K. The Concept of Corporate Strategy, Dow Jonew-Irwin Homewood, IL. 1971.

［2］Annalee Saxenian. The New Argonauts: Regional Advantage in a Global Economy［M］. Cambridge Mass: Harvard University Press, 2006.

［3］Ansoff I. Strategic Management［M］. London: Macmillan, 1965.

［4］David Coleman. Quality Assurance in Transnational Education［J］. Journal of Studies in International Education, 2003（7）: 345.

［5］De Wit, H. Rationales for Internationalisation of Higher Education（I）, n. d. Available online at:http://www.ipvpt/millennium/witll.htm

［6］Experience［R］. Ottawa: CBIE Millenium Series No. 8. Canadian Bureau for International Education, 2007: 20.

［7］Hamel, G. The concept of Core Competence, in Hamel, G. & Heene, A.（eds）, Competence-based Competittion, Baffins Lane, Chichster: John Willey & Sons. 1994.

［8］Karine Tremblay. Academic Mobility and Immigration［J］. Journal of Studies in International Education, 2005（9）: 196.

［10］Knight, J. Internationalisation of Higher Education: A Conceptual Framework. In: Knight J, de Wit H（Eds.）Tristan Bunnell. The growing momentum and legitimacy behing an alliance for international education［J］. Journal of Studies in International Education, 2004（8）: 5.

［11］Michael E. Porter. Michael E. Porter on Competition.［M］. Boston: Harvard Business Review. 1998

［12］OECD. Internationalisation and Trade in Higher Education, Opportunities and Challenges{R}. Paris: OECD, 2007: 316.

［13］Prahalad C. K, Hamel G. The Core competence of the coporation.［J］. Harvard Business Review, 1990（3）:79-91.

［14］Sheril L. Bond, Jun Qian and Jinyan Huang. The Role of Faculty in internationalizing the Undergraduate Curriculum and Classroom.

［15］Teece David, Gary Pisano, Amy Shuen. Dynamic Capabilities and Strategic Management［J］. Strategic Management Journal. 1997（7）: 509-533.

［16］陈学飞.高等教育国际化——从历史到理论的策略［J］.上海高教研究，1997（11）：58-59.

［17］菲利普·G·阿特巴赫，［加］简.奈特·高等教育国际化的前景展望动因与现实［J］.别敦荣等译.高等教育研究，2006（1）：14-15.

［18］耿弘.企业战略管理理论的演变及新发展［J］.外国经济与管理，1999（6）20-29.

［19］黄进.国际化·现代化·本土化——新世纪高等学校的办学方向［C］.大学国际化理论与实践，北京：北京大学出版社，2007:45-54.

［20］黄磊.高等教育国际化问题与对策探囊取物析［J］.广东外语外贸大学学报，2007（9）：29.

［21］李福华，刘云.论高等学校的国际化办学特色［J］.清华大学教育研究，2006（3）：77-82.

［22］刘海峰.高等教育国际化与本土化［J］.中国高等教育，2001（2）.

［23］明茨伯格.战略历程——纵览战略管理学派.刘瑞红译［M］.北京：机械工业出版社，2002:18-33.

［24］［美］伯顿·克拉克.建立创业型大学：组织上转型的途径.王承绪译［M］.北京：人民教育出版社，2003.

［25］徐海宁.高等教育国际化的多视角分析［J］.江苏高教，2006（2）：51-53.

［26］蒋晓萍.高等教育国际化评析［J］.教育导刊，载2009（12）：26-29.

［27］迈克·波特.竞争战略［M］.华夏出版社：2001.

［28］王庆石，刘伟.我国高等教育国际化的相关问题及其对策［J］.现代教育管理，2009（5）：24-27.

［29］汪旭晖.高等教育国际化的动因与模式［J］.辽宁教育研究，2007（8）：90-93.

［30］汪涛，万健.西方战略管理理论的发展历程、演进规律及未来趋势［J］.外国经济与管理，2002（3）：33-38.

［31］王一兵.高等教育国际化——背景、趋势与战略选择［J］.教育发展研究，1992（2）：11-15.

［32］王颖.近十年大学国际化问题研究趋向［J］.江苏高教，2008（3）：47-51.

［33］吴坚.当代高等教育国际化发展［M］.北京：人民出版社，2009.

［34］［日］喜多村和之.大学的国际化［J］.大学论集，1986（15）：41-43.

［35］席酉民，郭菊娥，李怀祖.中国大学国际化发展特色与策略研究［M］.北京：中国人民大学出版社，2010.

［36］席明.高等教育国际化问题探析［J］.中国科教创新导刊，2007（475）：18.

［37］杨林，陈传明.国外企业战略管理理论演变：矛盾论的视角［J］.经济管理，2005（1）：14-18.

［38］中国高等教育学会引进国外智力工作分会.大学国际化理论与实践［C］.北京：北京大学出版社，2007（11）.

［39］于欣力，王浩.云南大学国际化战略探索与实践［M］.昆明：云南大学出版社，2009.

［40］于欣力，郑蔚.从2009年QS亚洲大学排行榜看云南大学的国际化［J］.思想战线，2010.2: 133-134.

下篇 Part II

本篇包括笔者从事的外事工作实践、取得的成效和自己的感悟以及海外见闻三部分内容。

背起行囊，体验外面世界的精彩，
做一个健全的人[①]

　　背起行囊，体验外面世界的精彩，做一个有自学能力、有自制力和自我调节能力、人格健全的、有创新精神的人，做一个有准备的人。

　　2005年，在我校加入"1+2+1中美人才培养计划"一周年的时候，我曾在校报发表文章《也谈如何营造校园国际化文化氛围》，分析了国外发达国家办学理念的变化以及观念、机制和国际化氛围跟高校发展的关系。2001年是我校加入中教国际教育交流中心举办的"1+2+1中美人才培养计划"两周年。我们欣喜地看到，两年来，参加项目的学生从2人增加到7人，到美国高校的数量也从2个增加到5个；同时，通过这个平台的搭建，我校将从本科生的培养，到研究生培养，到青年教师的出国进修，乃至到美国学生的来华留学，从学历互认到学分互认和课程对接，将逐步建成中美高校之间合作的全方位立体模式。

　　新的学期已经开始了。通过两年来的不懈宣传，特别是赴美学生的口碑相传，开学前就有部分学生和家长给我打招呼要求报名参加"1+2+1中美人才培养计划"，说就是冲着这个项目中一些好的美方大学才报考我们学校的。我相信开学后报名的学生会更多，感到肩上的担子很重。

　　一段时间以来，我一直在思索这个项目对于我们参加项目的中方高校和学生的真正意义；对于将要远行的学子们，我们应有怎样的希望和寄语。

　　前些天，我拜读了吴松教授的文章《"教为不教，学为创造"作为教学理念再诠释》，有了一种豁然开朗的感觉。作者站在哲学的高度，从古代到现代，从国外到国内，对"教与学"的真正目的进行了精彩的阐述。通过读这篇文章，我对我们项目的意义也有了进一步的认识。

　　[①] 原文载于《云南大学国际化探索与实践》（云南大学出版社，2009年11月出版）。

中美高校之间无疑存在着巨大的差异，我们无意评判彼此的优劣，只是需要指出其中的区别。所谓"道之所存，师之所存也"，也就是说，唯有"道"才是真正的"师"，唯一真正具有优先性的只有"道"。我们要以一种敞亮、开放的"真理姿态"替换那种封闭、固执的"知识霸权"；用养成"健全的人"的理念取代传统的"塑造""单向的人"的知识主义定式。我们开展"1+2+1中美人才培养计划"项目的目的是培养国际化复合型人才，对于即将报名参加项目的学生，我们寄寓他们的希望是：背起行囊，体验外面世界的精彩；做一个有自学能力、有自制力和自我调节能力、人格健全的、有创新精神的人，做一个有准备的人。

一、做一个有自学能力的人

在我们传统教育所形成的基本范式中，"诲人不倦"与"学无止境"是对教师与学生的角色要求。想象一下实际的情况：教师把所谓的知识要点写在黑板上，学生则匆忙照着黑板抄笔记。不仅如此，教学还同时意味着考试，意味着正襟危坐，意味着一整套基于维护教师权威的课堂纪律。考试总是预设着标准答案，至少也是参考答案，而课堂纪律总是要求"专心听讲，认真做笔记"。教学活动遵循的是"复印机原理"。在这种教育范式中，教师被预设为真理和知识的在握者，不仅手握绝对知识，而且自信在道德问题上也似乎有着不可置疑的权威。

而国外的学校更重视让学生自己去学习，课堂学习多采用讨论方式，有些作业分组集体完成，教师只是起着指导和帮助的作用。为了出色地完成作业，学生常常要去图书馆查阅一些相关的资料进行归纳总结，这要求学生要会学、肯学，能够分析出哪部分是重点、哪些内容是关键，从而掌握知识精华。国外大学的教授们很注重学生的临场应变能力。开学时，有的教授会将某本教科书的章节进行分割，由学生自愿组合分组讲授；学生讲解完毕后，教师再对其中学生无法理解的问题进行"画龙点睛"。

二、做一个有自制力和自我调节能力的人

其实，出国留学对于学生更是一次挑战。我们的学生从小就在优越的环境下长大，在父母的"保护伞"下成长。我们的大学为学生提供宿舍，有班干部、辅导员以及院系领导给学生提供指导和帮助。学生对于自己的能力缺乏了解，生活自理能力也普遍较弱。

而海外大学，一个班的学生往往来自不同的国家，一方面学生可以体验多元化

的文化；另一方面，因为习惯的不同，学生难免不适应，身在异乡，学生难免产生孤独感和恐惧感。

出国留学对于学生的承受力、独立性、受挫力和适应性等无疑是一种更严格的考验。除了来自语言方面的暂时不适应外，更多的是源自融入陌生国度的困难。远离故土亲人，面临无数的未知，在语言不通而不能充分表达自己意愿的时候如何交流？遇到必须自己解决而又感到束手无策时怎么办？快乐和痛苦时，向谁诉说，如何调整心态？——在这种情况下，也许有些学生会抵抗不住某些物质或精神的诱惑而误入歧途并难以自拔；只有具备了较强的自我调节能力和自制力，才能迅速对新的环境做出积极的反应，从而使自己适应环境，心情舒畅地投入学习。

三、做一个自立的、人格健全的、有创新精神的人

大学教育的目的是育人，学生上学的目的是成才。当然，最要紧的是，真理不再是某种现成的、固定的东西，等待着学生去发现与掌握。我们常常一边宣称要培育"全面发展的人"，一边却造成所谓"单向度的人"的大量涌现。这当然可以归咎于急功近利的拜金主义、事无巨细的规范主义以及技术主义的统治，但是，今天的确已到了我们该认真省察和反思的时候了。

犹太人对于教育的热情众所周知。在希伯来语中，教育是"hinukh"，有"服务、奉献"之意。也就是说，教育不仅是知识的传授，而且是培养能为社会做贡献的人才。

在第三届中外大学校长论坛上，陈至立同志曾指出，建设创新型国家，关键在人才。大学是科技进步和人才培养的结合点，在建设创新型国家中担负着重要的使命，肩负着不可替代的历史责任。大学要构建创新型人才的培养体系，成为培养和造就高素质的创造性人才的摇篮；要成为知识创新的策源地。她还强调，大学的精神和灵魂是永恒的。要坚定不移地守护大学的精神家园，使大学在创新和服务中以它的先进思想和品格影响社会、引导社会。

教育部国际司司长、国家留学基金管理委员会副主任曹国兴在总结2005年的留学工作和展望2006年的留学工作时，也一直在强调"创新"这个概念，强调留学工作和留学人员应更好地配合国家创新体系目标的确立。

展涛校长在《写在新学期》一文中指出："还有我们的'三种经历'，每一项工作都意味着工作量的成倍增加。但是，每一项创新都在让我们的学生受益，使他们更具有竞争力，更具有未来的发展潜能。在充满竞争与机遇的环境中，谁创新，

谁就能赢得机遇、赢得未来。谁满足于现状，满足于自我，谁就会被竞争所淘汰、被时代所淘汰。"他还说："但我相信，我和大家一样，都是可以改变自己和超越自我的，是可以在实践中不断学习、不断进步的。"

值得骄傲的是，我们派出的学生在美国的大学里正在茁壮成长，他们每一个人甚至刚刚到达美国的这一批学生，都在或多或少地进步着并在改变自己和超越自我，尤其值得一提的是王楠同学上学期荣获了她所在大学——乔治·梅森大学的一等奖学金。

学校为学生提供这个项目，父母为学生提供经济保证，学生是幸运者；离别父母朋友，背起行囊，远赴大洋彼岸，学生是勇者；体验欧美文明汲取其精华，学生将成为智者；而培养出一个自立的、人格健全的、有创新精神的人，这才是开展"1+2+1中美人才培养计划"项目的真正意义所在！

感　想

2006年5月，我接待了一批非常特殊的客人。云南大学的吴松校长带着学校纪委书记兼组织部长张昌山、校长助理刘晓江和人事处长王志刚来到了山东大学威海校区。他们来只有一个目的，就是跟山东大学商谈调我到云南大学国际处工作的问题。说心里话，离开自己生活了40余年的山东和工作了20余年的山东大学，离开自己朋友圈和家人，我的内心是非常不舍的。可是，当我想到一位日理万机的大学校长，放下手上的工作，专程为了一个部门的负责人而不辞辛苦辗转数千里时，心中的敬佩之情油然而生。跟吴松校长相识是非常偶然的，2015年教育部教育国际交流协会组织去美国访问时我们曾在同一个团里，虽然只有短短十几天的时间，我却深深地为吴校长豁达、诙谐的人格魅力所折服。不过，我无论如何也没想到这相处的短短几天竟成为我来云南大学工作的契机。

经过两校领导的协商，不但办成了我到云南大学工作的事情，而且两校达成了关于本科生的交换项目。

"1+2+1中美人才培养"项目是教育部教育国际交流协会力推的项目，也是山东大学威海分校和云南大学都积极参与的项目。这是两校在国际合作方面的一个契合点。上面这篇文章是为赴美国参加1+2+1项目的学生写的，同时也是为自己写的。我自己将在一个陌生的环境中工作，身在异乡，远离亲人和朋友，也难免产生孤独感和恐惧感，对我自己的承受力、独立性、受挫力和适应性也是一个严峻的考验。

来到云南大学后，在吴校长第一次召集国际处全体同事的见面会上，我的表态就是积极融入国际处这个团队，尽快熟悉情况，跟大家一起把学校的国际合作与交流工作做好。

我也背起了行囊，抱着一种学习的态度，来到云南，来到东陆园，以自制力和自我调节能力，以健全的人格和创新精神，迎接新的挑战。

追随智者脚步，结缘翠湖①

　　我常常喜欢一个人静静地坐在翠湖岸边，守护和品味着内心的静逸与孤独，欣赏着远处湖中洁白鸟儿自由的飞翔，以及周围人与鸟、人与自然的和谐。这鸟儿的名字叫红嘴鸥，来自遥远的西伯利亚，每年的10月飞向昆明的翠湖。鸟儿无疑为翠湖增添了一道风景，人们开始络绎不绝地来看它们。鸟儿为什么飞越千山万水来结伴翠湖是一个谜，莫非它们也有灵魂和梦想，在冥冥之中预感到了昆明人的友善和翠湖的独特风光，才不远万里飞来此处过冬？

　　小时候我曾经梦想着有一天到昆明，一个四季如春的城市，常痴痴地想生活在那里的人们一定是过着神仙般的生活，他们是何等的幸福！长大后，我曾经游历了很多国家，到过很多地方。在这个长长的出访名单中，有很多地方给我留下了极为深刻的印象，像大英博物馆、格林尼治天文台、葡萄牙里斯本的罗卡角、尼亚加拉大瀑布、韩朝38度分界线、波兰的美人鱼以及我国威海的成山头，我也和朋友们写了一些相关的文字表达感受。这样的感受让我流连，但是始终与我无缘。终于，经过多年游荡，我选择了一个美丽的滨海小城，那里仿佛就是我的归宿，并且有着我想要的一切。一颗漂泊的心终于找到了自己的港湾。

　　而我现在却坐在了离家万里之遥的翠湖边，冥想着究竟是什么让我下如此决心从一个自己真心喜欢的地方来到这里。我时而困惑，时而自信。

　　坐在翠湖边，期颐着这周围和谐的景色。这美丽的鸟儿和这一池的湖水化解我的沉郁苦闷、惶恐落寞、软弱和迷茫，使我恢复轻松和快乐、平静和自信。

　　我在云南大学的办公室距离翠湖只有几百米，宿舍离翠湖也不过千米之遥。忙时，我无暇欣赏这美景与和谐；闲时，我常常不自觉地漫步到翠湖边或校园里的林荫道，感叹造物主的神奇。

　　理智抑或说精神常常跟灵魂在打架。精神不满意灵魂做出这个决定："你不

---

　　① 原文载于2007年3月21日《云南大学报》。

是喜欢大海、松林和玛嘉山吗？为什么离开这个你曾经苦苦寻觅的地方而远赴他乡？"

灵魂黯然，一缕清风掠过心头。"到这里来，你不过是追随着智者的指引，追随着你心中的梦想。"

精神争辩："你已经四十几岁了，离开自己的故乡、母亲、妻儿和熟知的朋友们，去一个陌生的地方，面对一个全新的环境和全新的人群。你孝吗？你尽到了一个儿子，丈夫，一个父亲的责任吗？你的所谓梦想能实现吗？"

灵魂默然无语，此时的脑海涌起一位哲人说过的话："故乡，并不止于一块特定的土地，而是一种辽阔无比的心情，不受空间和时间的限制，这心情一经唤起，就是你已经回到了故乡。"于是，我释然了。亲情、友情、爱情莫不如是。

实际上，人生不过是跟随智者脚步和自己梦想的一片辽阔的心情，以及在这番心情下的实践。而这位智者不是基督教中的上帝，因为他距我们太远，太高不可攀了。智者的极致是基督教中的耶稣，创立佛教的释迦穆尼，参透人性并创立道教的老子，创立儒家学说并带出72知名弟子的圣人孔子；也可以是那些修为极高的寺庙住持，可以是当代的鸿学大儒，可以是战场上战无不胜的将军。当然，更可以是现实生活中你心中的智者，当你的心灵受到感染、感动并感受到了他是一位你值得跟随的智者，他就在你的面前了。

一个率性男儿应当有勇气跟随智者的脚步，顺着他的指引前行，哪怕山有多高、水有多深、路有多长。

感　想

这个世界上"聪明人"很多，但"智者"却很少，因为"智者"需要的不光是眼界，还有格局和胸怀，而我有幸能够遇到这样的一位智者——云南大学吴松校长。

吴松校长在十年前就提出"教为不教，学为创造"的教育理念，在我看来这就是一种"大智慧"，而我对他能提出这样的教育理念十分钦佩，并将其贯穿于我所从事的国际交流工作的方方面面。2006年10月，我刚到云南大学国际交流处工作时，国际处只有两个科室四五个人，而且全是"大头兵"。"大头兵"的概念就是连一个科级都没有，全部都是科员。当时，我就在想，如何把这些年轻人带好？我从来不愿过多干涉年轻人的工作和生活，只是在宏观上给他们一些指导，在工作方法上为之指点一二；但要论之于人生的发展，我却是一贯奉行"自由"与"创造"二字，更多地发挥他们的主动性和创造性。我也希望能为年轻人的发展提供更多的平台，让他们多看、多听、多学习、多交流，为他们今后的成长打好基础。大家都知道，国际处日常的工作是非常繁忙的，但我还是鼓励他们在保证完成工作任务的情况下，在学历和技术职务方面有所提升。在我刚进云南大学国际处时，这些年轻人还只是本科或硕士毕业，但十年时间，他们现在都已是博士或副教授了，已出落成为一个个"进可攻一方土地，退可守一方安宁"的部门中坚力量，有的即使跳出了我们这个圈子，也都有很好的发展。这十年间，我编写了很多关于国际化、国际交流方面的书，并且鼓励这些年轻人积极参与其中，不仅在行政工作上要求进步，积极去实践探索，也要在理论与科研方面有所突破。我主张不要为了工作而工作。一方面我们要把工作当作事业来经营，另一方面我们要在工作中有所"创造"。

如果说，12年前我来到云南大学是为了追随"心中的智者"，这个理由就过于单薄。吴松校长对于我来说，不仅是智者，更是一个懂得我、欣赏我的知己和师长。我是一个常怀感恩之心的人，之所以来到云南大学，更多的是怀着对他知遇之恩的感激之情。

心中的智者[①]

　　我心中的第一位智者是我还未谙事就已经去世的祖父。只记得小时候，每到周末父亲都会用自行车带我去奶奶家，一定是顺路在济南有名的泰康食品店买一斤糕点。有一次，奶奶问我最想谁，我回答："爷爷！"一句话竟然使老人家潸然泪下。那时我不过是一个几岁的、只知道皮打皮闹的孩子，对爷爷的一生也毫无了解，说出这句话只能是天意，只能是鬼使神差。

　　后来我慢慢长大了，从父母那里，从叔叔、姑姑那里，从爷爷的学生那里，开始一点一点地熟悉并了解了爷爷。

　　我的爷爷于复新，字铭三，1890年8月生于山东安丘的一个贫苦人家。8岁时患中耳炎因延误治疗，致使双耳失聪。12岁开始到私塾学习，14岁转入教会小学学习；因学习成绩突出，19岁升入济宁中学学习。1911年，21岁时经人介绍到齐鲁大学医学院附属医院化验室当练习生，从刷试管开始踏入了医学检验的殿堂。

　　20世纪初叶，我国的临床检验刚刚起步，只有少数几家大医院才有化验室且均在外国人的领导下工作。齐鲁大学医学院即是少数知名教会大学之一。 实验诊断学是在生物学、化学、物理学、微生物学、病理学等诸多现代科学基础上产生的一门新型学科。可以想象，一位双耳失聪、起点不高的练习生，要想踏入实验诊断学这一被外国人垄断的科学领域是何等艰辛。但是，爷爷却在别人都放弃时仍努力不懈，在所有人都认定事不可为时仍殚精竭虑。他不仅坚持工作或恪尽职守，而且深入内在，寻求更多的东西。工作是为了内心的满足，并因为满足而愿意全力以赴，在没有其他外力的刺激下从内心照样迸发出激情。他这样做，只是为了让自己能做得更好。

　　为了掌握实验诊断学这门先进技术，他从此起早贪黑，全身心地投入到工作和学习中；尤其是1915年结婚后，更是将全部家务事托付给妻子。在妻子的细心照顾

下，他的生活、工作、学业安排得井然有序：每天跑步上班，一来锻炼身体，二来节省开支；上班随身带着干粮，饿了就着水啃上几口。就这样，他以勤补拙，不断积累专业知识，提高业务水平。经过艰苦自学和选课进修，他不但掌握了高超的检验技术，还养成了严肃认真的工作作风、勤俭朴实的优良品德，成为患者最信得过的检验专家。

他毕生从事临床检验工作，发明了享誉国际的"于氏试验"。1929年，他39岁时出版的《实验诊断学》是我国第一部检验学科方面的专著。从1939年举办我国最早的一期医学化验技师进修班开始，他为我国培养了大批检验学科的精英。从小双耳失聪的他，靠勤奋自学成为一代宗师。

这就是我的爷爷。他一生严于律己，宽以待人。例如，对享誉国际的"于氏试验"，他无论在课堂上还是在其他场合均称之为环状试验，从来不愿多提及个人的功劳与贡献。对于学生，他充满着爱护之情，尤其是对生活困难且学习刻苦的学生更是如此。因为他本人曾有过家贫辍学的经历，所以对于那些经济困难、生活难以为继、面临辍学危机的学生总是慷慨解囊，使他们得以继续学习。这些学生中的绝大多数后来都成为医学界的栋梁之材。

抗日战争结束后，徐伟烈教授等联名向齐鲁大学医学院推荐，由医学院聘请爷爷为临床细菌学教授。一个没有经过正规大学教育的农民的儿子，以其卓越的学术成就、超群的工作热忱和高尚的品德，在外国人主办的名牌大学被聘为教授，在当时我国的医学界也是绝无仅有的。

这就是我的爷爷。他以自己的一生实践了自己的梦想，完成了一个传奇。

我的血液中流淌着爷爷的血液，我的品格中有爷爷的遗传。虽然我偏离了父辈们给我指定的从医的方向，可是我依然执着于自己一份尚感不太成功的工作。我心中对家人、师长和朋友常怀有一分感激之情，他们并没有因为我执着于自己的工作而鄙夷而远离我。我的父母即使心中如何思念自己的小儿子，也情愿他远赴他乡放手一搏；我的妻子因为我的工作变动而不停地转换着自己的角色，含辛茹苦地抚养着我们的儿子；我的亲戚、朋友们一直鼓励我、支持我，让我有了坚持下去的理由。直到2005年2月的一天，我遇到了生命中的另一位智者。

称他为智者，是因为他点亮了我心中的一盏灯。在这之前，我不能说自己不敬业，也不能说自己不努力，但是流之于随性与遂意，而在这之后我应当随缘。

笑对人生，一句话说起来很容易，但是当遇到挫折和不如意的时候，仍能够笑对人生，这才是真正的智者。

感　想

不是父辈做过什么我们今天就应该享受什么。脱离父辈光环，奠定自身的价值，这是一件知易行难的事情。

未能"子承父业"选择学医，在外界看来，我是离经叛道的；而不听从父愿，选择学习英语，并从事高校的国际交流工作，这是我内心的选择。"堂吉诃德"式的骑士精神一直存在于我灵魂深处，因此我要从事自己喜欢的工作，将它当作事业去经营，当作梦想去描绘和实现。

当初离开山东大学来到云南大学国际处时，云南大学的国际处无论从基础设施、内部机制，还是人员管理都是松散一片。我心中自然知道，这样一个摊子我要把它支起来，将会是十分艰难的。我从小常听我爷爷的故事，爷爷在工作时的勤勉认真，我会时常拿来与自己的工作状态比较。工作时的倦怠，每个人都会遇到，特别在遇到困难的时候，更是压力倍增。我是一个随遇而安的人，曾经幻想过在山东威海那个小城舒适而又安逸地了此一生。但是，可能是心里那股倔劲，就像我爷爷一样，使我面对人生的一些挑战更愿意去勇敢地尝试，而不是安于现状。我不害怕压力与挑战，乐于去接受、去解决困难，甚至将困难化为转机。我是享受这个过程的。

现在，我也常回顾我爷爷那一辈的风骨，并与我身边的学生作比较。我羡慕年轻人旺盛的精力与强壮的体魄，却也感叹他们身上缺乏那种渴望突破自我的冲劲，安于现状对于他们来说似乎成了一种常态。

父母创造了优越的环境，却催生了无欲无求的"佛系少年"。我觉得对于青年人来说，"佛系"和奋斗之间的关系并不矛盾。一个人可以追求风花雪月的诗意生活，也可以积极面对现实，始终保持敏感和活力。在我已经40多岁时，我依然选择离开自己舒适的环境，跳出原本熟悉的圈子，去迎接挑战。这是我心中的"智者"——爷爷所告诉我的答案。那么，我也希望将这个答案告诉年轻人，不要害怕挣扎的痛苦和拼搏的苦累，跳出安逸的生活状态，为自己的人生争取些什么。

我想人生如果是一场梦，那么死亡便是你醒来的那一刻。一个人死了，梦就结束了。不要过早地让精神死亡，我一直这样提醒着自己。

品普洱茶，感悟人生①

一杯普洱茶，一支云烟是我坐在电脑前的惯常形象。

来云南前，普洱茶离我很远。

平时朋友们相聚，常常喝台湾高山乌龙茶，色、香、味俱佳，只是少了一点说不出的感觉。

来到云南后，我开始接触并喝起了普洱茶。

我不懂也无意评判两者的优劣。台湾高山乌龙茶是茶中的极品，它生长于海拔1 100～1 600千米之高海拔茶区，终年云雾笼罩，平日日照短，土壤相当适合茶叶生长，气候与水质极佳，且完全由手工采摘，茶色翠绿清透，呈现出淡雅的天然果香，口感清香、顺口回甘，滋味绝佳的高山气息，别有一股浑厚之高山韵味。

然而，我更喜欢普洱茶，更喜欢她的清透的琥珀颜色和平和的口味。当第一次与同事共饮普洱茶的时候，我惊诧于她如此美妙的颜色。我的同事介绍说，好的普洱熟茶就是这样的颜色，并且浸泡多次也颜色不改、口味不变。这种颜色使我追忆起了在波兰天高云淡的一年。

1999年至2000年，我在这个波罗的海的中欧国家做访问学者，做了一年的中国学生会主席。这一年里，我们在波兰的中国学者、学生团结友爱，学习生活都非常愉快。我们组织同学们去波兰南部的滑雪胜地滑雪；到奥斯威辛集中营的旧址追忆当年波兰犹太人的悲苦生活，声讨法西斯的残暴；我与学生会的副主席刘贵民一起编写了《剑盾美人鱼的国度——波兰》；我和很多同学结下了深厚的友谊。波兰盛产被誉为佛家七宝之一的琥珀，我深深地喜欢上了这种在地下埋藏了数千万甚至上亿年的神奇的松树树脂化石。这一年的时光是如此难忘。

渐渐地，我越来越喜欢普洱茶的平和的口味。她没有高山乌龙茶那么香，但是

---

① 原文载于2007年3月14日《云南大学报》。

入口却如此滑顺，且即使喝得再多，我的胃也没有任何不舒服的感觉。

她犹如我的爱人，虽不香艳却平实可以依靠，她已经成为我生活中不可或缺的一部分。忙时，她为我加油；闲时，她帮我打发寂寥的时光，让我感悟人生。

渐渐地，我感到品普洱茶也是对人生、文化的一种认知和感悟。我很同意用"俭、静、和、敬"四个字来概括普洱文化。

"俭"，即俭朴，返璞归真；

"静"，即清静，宁静淡泊，顺其自然；

"和"，即平和，心态平和，秉承中庸，安宁和睦；

"敬"，即尊敬，以礼待人，相敬如宾。

我们的生活和工作不也同样可以用这四个字概括吗？

2001年是云南大学的国际年，我们的工作会很忙碌，如果没有一个正确的态度和理念，我想我们的工作一定是一种辛苦而非享受。年初，我给同事们提出了"规范、创新、团结、高效"的原则。我想，大家都认同了快乐工作和享受工作的理念。

我与普洱茶已经结缘。

感　想

人经历岁月历练，茶经历岁月成就。与茶相伴的时间久了，越来越清晰地感受到：普洱茶是经历了岁月的修为，没有经历岁月的人不会懂。

许多人喜爱鉴赏茶，品茶自是喝茶人的一种能力。我爱喝茶，有人时常与我讨论茶的好坏或是自己对于喝茶的偏好和习惯。我想，喝茶的偏好与自身的感受是紧密相关的，这偏好自然会随着年龄的增长和境遇的不同有所改变。

刚到云南大学国际处工作的时候，工作的繁忙时常令我身心俱疲。那时的我爱喝浓茶，工作间隙一杯浓烈的普洱使我提神，能够集中精力于工作。而这些年，我却渐渐地养成静下心来品茶的习惯。

对于茶客而言，喝茶是让人安静下来的过程。喝茶之时可以放下尘俗琐事，把所有的心思和心情都倾注于茶水之中，享受当下的时光。这个过程，使我回归自我，用心感受时间的流逝。所以，茶水的浓或淡，只不过是不一样的体验罢了。

我是喜爱普洱的，这偏爱多年以来也未变。初尝茶者，醉心于对茶的味觉感知，而对于我这种常年喝茶的茶客却开始学会和茶对话了。我觉得，喝茶是有茶缘的。各种品茶的技巧我不想一一赘述，品茶最主要的还是靠喝，这样才能拥有自己较高的鉴别能力。对于喝茶的品种、浓烈程度以及方式的选择，则是自己经过时间的打磨，经过时间的验证，所形成的经验。

普洱常伴我左右，我对她的味道从陌生到熟悉，直到今天的眷恋。普洱之于我，怕是任何茶都不能替代的，爱人如她。

润物细无声①

来到昆明已近三个寒暑了，发现这里跟我的故乡山东有一个不太相同的有趣现象：在初夏和仲夏时节的昆明，常常在夜里会有一场细雨飘然而至，第二天早上上班的路上往往只见略显湿润的地面，蓝蓝的天空，迎面的清风让人感觉无比的惬意与清爽。我承认自己是一个非常恋旧的人，思念自己的家乡与亲人，而此时此刻往往把思乡的情结化作了工作的动力。

三年的时光转瞬即逝，平淡得仿佛什么也没有发生过。在这平淡中，我和我的外事团队的同事们共同成长、一起努力。我们明白，唯有这平淡才显出隽永。大音希声，大象无形。三年中，这支外事团队发生了很大的变化：郑蔚、赵高顺、王浩、沈芸、马理、何可人这几位当年的毛头小伙、姑娘已经成长为独当一面的外事中坚，钱均、毕媛媛、徐蕾、方芳这四位新近参加工作的同事也在工作中不断地磨炼自己，日益成熟。去年年底，学校对中层干部作了调整，吴芸副处长调任留学生院副院长，杨伟从留学生院副院长的岗位调到处里任副处长。在这次干部调整中，我们为兄弟部门输送了优秀的外事管理干部，而杨伟同志以极快的速度熟悉并适应了处里的工作，承担起了共同领导这支优秀外事团队的重任。无论如何变化，我希望我们的团队始终是一支和谐、协作、相互理解的学习型、创新型队伍。

在同事们的共同努力下，我们国际合作与交流系列丛书的第二卷《云南大学国际化探索与实践》就要与我们的同行见面并接受大家的检验了。这本书是我们在工作中理论联系实际、由实际工作又逐步上升到理论的一本书，内容涉及国际合作与交流的诸多领域，如国际合作交流项目的开拓与培育、高校间的双边与多边区域合作、留学生管理、教育援外培训、汉语国际推广、和谐国际化校园建设、合作办学以及外事团队建设等方面，是我们集体智慧的结晶。这既是对我们前一段工作的总结与回顾，也是我们新的工作的起点与开端。

---

① 原文载于《云南大学国际化探索与实践》（云南大学出版社，2009年11月出版）。

日前，偶然读了美国生态文学作家巴勒斯的《醒来的森林》一书，其中有一段描述鹰的文字给我留下深刻印象："鹰的飞翔是一幅动中之静的完美图画。它比鸽子和燕子的飞翔给人以更大的刺激。它翱翔时所付出的努力，人的肉眼很难观察到。那是力量的自然流动，而不是它有意在利用力量。"

毛主席曾经说过"鹰击长空"，这是何等壮美。而这壮美的背后是一般人不愿意付出的努力；这壮美的背后更是力量的自然流动而非有意在利用力量！我希望我们的团队协作如同鹰翱翔时一样，是力量的自然流动而非刻意地利用力量。

巴勒斯对于蜜蜂的评价也非常高，说它是"真正的诗人，真正的艺术家"，因为"蜜蜂从花中采集的只是甘露，由甘露到蜂蜜需要一个转化的过程。蜜蜂通过减少甘露的水分和加入一小滴蚁酸，酿出美妙的蜂蜜"。而工作的中艰辛与甘甜，不也恰恰如同这生活中的蜂蜜的形成异曲同工吗？

本书的成稿，除了感谢我的领导和同事外，我还要感谢我的父母、亲戚和很多支持我的朋友们。我的故乡在孔孟之乡——山东，父母都是知识分子。从小在父母的言传身教下，我慢慢懂得了以积极、平和的心态面对学习、工作和人生。父亲是当年抗日战争时期的一个热血青年，从济南南迁重庆，毕业后曾经在国共合作的延安医疗队工作；解放战争时期放弃了待遇优厚的中央大学的工作，来到了解放区。从我记事开始，父亲给我感触最深的有三件事：一是孝敬长辈，父亲每个周末都要到济南最有名的泰康食品店买一斤点心去看奶奶；二是热爱工作，他的专业是病理学，工作之外他几乎每天都要看书、学习至深夜；三是从未放松对外语的学习。他的这种对待工作和学习的态度深深地影响了我。

三年远在昆明工作的时光，我很感激在济南年近九旬的母亲。儿子不能在身边随侍，年迈母亲的日常起居必有诸多不便。每次给家里电话，她老人家总是淡淡地说："有你哥哥照料，我很好。你安心做好自己的工作，家里的事不用牵挂。"她的话如同绵绵的细雨深深地感动着我，给我以慰藉，也使我变得更加平和："儿子无法在您身边尽孝，可是一颗游子的心始终伴您左右。"我也感激我的妻子和儿子。儿子曾经跟我在昆明将近一年，因为工作忙碌，自己也没有更多的时间陪他，妻子便主动把孩子接回了山东。她又要忙工作，又要照顾孩子，我可以体会得到，这对于她来说会特别辛苦。孩子今天给我打电话，说他想我了。我感到了孩子的懂事与成长。还要感激我的其他学校的同行，他们在百忙中给我以鼓励，并对我们的文章提出中肯的修改意见。最后，我还要感谢责任编辑刘焰女士，她对于书稿做了大量的修订和整理工作。

现在书稿已经整理出来了。伏卷静思，我深知文章中一定有很多不成熟的观点和见解。我们之所以不揣浅陋将它出版，是希望得到同行们的指正与批评，是希望我校的国际合作与交流工作在前辈和领导们的指引下走向新的辉煌。我们希望我们看似平凡、烦琐的工作就如同和煦的春风、润物的细雨轻轻地吹拂与滋润学校工作的方方面面，让我们的校园变成一个繁花盛开的和谐世界，就如杜甫的千古名句所描述的那样：

好雨知时节，当春乃发生。
随风潜入夜，润物细无声。
野径云俱黑，江船火独明。
晓看红湿处，花重锦官城。

感　想

物质化的社会带来了更多利益的诱惑，急于求成的心理驱使着我们去寻求做成一件事的捷径。这本身是矛盾的，想要先做好一件事必须要放下功利心。工作的过程是一个积累、思考、感悟以及实践的过程，这些都需要时间。我们把自己的工作当作自己的孩子，花了心思去培养，自然会花开满枝、果实累累。

时间的力量是惊人的。作家格拉德威尔曾经在《异类》一书中说："人们眼中的天才之所以卓越非凡，并非天资超人一等，而是付出了持续不断的努力，一万小时的锤炼是任何人从平凡变成世界级大师的必要条件。"他将此称为"一万小时定律"，要成为某个领域专家，需要10 000小时。这在很多成功者身上都可以得到验证。例如，那些杰出的运动员们，从小接受枯燥的体能训练，从"童子功"开始，以时间来累积体能的增长。

在云南大学工作时，我把国际处当作自己的孩子，他的成长倾注了我无数个单调乏味而又枯燥的日子的付出。还记得刚到云南大学国际处的那几年，办公室成了我第二个家，下班回家我总是国际处最后一个离开办公室的，甚至连睡觉做梦都在想工作的事情。一开始，我总觉得时间不够用，我内心期盼在短时间内取得一些能够得到认可的成果。但是，在目的性很强的状态下，我忽略了对工作过程的享受，急于求成的心态使我的内心处于一种紧绷的状态，后来开始渐渐地体味出一种"慢"出来的时间的力量。时间的力量无形又巨大，但是它的发力是在缓慢中展现出来的。时间"聚沙成塔"，它让一切发生着变化；在无声无息中，它推动着一切，从不着急也不放弃，就这样点点滴滴地累积着，一分一秒都是力量。同样一件事，你每天重复去做，就会走得很远。处于工作中的我们，能够内心笃定而平和地做好每一件事，日积月累，便会使我们看见工作中小小的突破。由一个个小的目标而累积成的阶段性成果，便是对时间最好的肯定。

现在很多人做事都讲求时间成本，一件事未着手去做之前就谋划着花最少的精力获得最大的成果，不想着付出足够的时间与精力就渴求回报。带着这种情绪去学习和工作，必然是未完成目标便中途放弃。世界上没有一件事是可以速成的，包括工作的进步。

好酒自然有着一定的窖龄，佳酿是累积了时间的醇香。就像我们读书，读过的很多书都忘记了，那读书的意义究竟是什么？时间的积累会产生力量。你花费的时间必然为你的生活添砖加瓦，这个过程无形又漫长，学习、工作和生活中的每一点进步都值得等待。

剑盾美人鱼的国度——波兰[①]

　　未到波兰前，只知道安徒生童话里的美人鱼，以至到了华沙才发现那里到处都是美人鱼标志，主要的旅游景点都矗立着美人鱼雕像，用"美人鱼之国"来形容波兰并不过分。然而，和印象中美丽、柔弱的美人鱼形象不同，波兰的美人鱼左手持盾，右手擎剑，美丽端庄，刚强威严。

　　"剑盾美人鱼"是华沙的标志，也是波兰的标志，是波兰民族精神的象征。美丽刚强的美人鱼浓缩了波兰的历史，体现了波兰民族的坚强。

　　波兰地处中欧，北临波罗的海，南依喀尔巴阡山脉和苏台德山脉，山川秀丽，气候宜人，土地肥沃，是一个美丽富饶的国家。波兰人民质朴善良，却命运多舛。在波兰有文字记载的1000年左右的历史中，波兰曾遭受了数次大的外适度入侵，甚至还有100多年亡国的历史。但是，勇敢坚强的波兰人民正如剑盾美人鱼所昭示的，不畏强敌，不怕牺牲，从未停止过保卫家园的斗争。

　　波兰有文字记载的历史仅1000年左右。公元966年，皮亚斯特王朝的第四代大公梅什科一世接受基督教并在全国推行，这为天主教日后在波兰的兴盛打下了基础。同时，他还接受了拉丁字母来拼写波兰语，为波兰文化教育的发展奠定了基础。13世纪，波兰遭到了成吉思汗之孙拔都率领的蒙古—鞑靼联军的数次入侵，国家很不稳定。1410年，波兰打败了对自己有严重威胁的十字骑士团，从此开始了一个稳定发展的时期。15、16世纪是波兰的黄金时期，经济、文化都得到了很大发展，伟大的天文学家哥白尼就出生于这一时期。

　　1569年，波兰和立陶宛通过《卢布林合并条约》，建立了统一的波兰—立陶宛的王国。全体贵族通过自由选举产生国王来统治王国。这就是波兰历史上的贵族共和国时期，即第一共和国。随着这一合并，波兰版图大大扩大，国家达到鼎盛时期。

　　1652年，波兰议会通过了自由否决制度，规定只要任何一个议员投反对票，议

[①] 原文载于《游于道——云大师生走世界》（云南大学出版社，2015年12月出版）。

案就不能通过，这使许多关系国家命运的重大决策不能尽快得到实施，从而大大削弱了国家力量。临近的大国俄罗斯和瑞典分别于1654年和1655年趁机对波兰发动了战争，夺取了波兰的部分国土。1772年，俄国、普鲁士和奥地利对波兰进行了第一次瓜分，使波兰丧失了近1/3的领土；1793年俄国和普鲁士又对波兰进行了第二次瓜分。1794年春，波兰伟大的爱国者科希丘什科领导起义，赶走了沙俄驻军，但年底起义就被俄国残酷镇压下去。1795年，俄国、普鲁士和奥地利对波兰剩余的国土进行了第三次瓜分，波兰从此陷入了长达123年的悲惨亡国命运。

123年的亡国史就是123年斗争史。虽然起义被一次次地血腥镇压下去，但波兰人民一次又一次地站起来为祖国而战。其间，出现的一首广为传唱的歌曲充分反映了波兰人民的心声，歌曲唱道：

波兰没有亡，

只要我们还活着。

外国用暴力夺走一切，

我们要用战刀夺回。

波兰独立后，这首歌被定为国歌直到今日。

第一次世界大战结束后，波兰曾短时间独立。但仅仅过了21年的和平生活，在随后的第二次世界大战中波兰又惨遭纳粹德国的铁蹄蹂躏。波兰人民与纳粹法西斯进行了艰苦卓绝的斗争，直到现在都令波兰人引以为荣的是，"二战"期间没有一个稍有名望的波兰人和法西斯合作，从而使德国人想在华沙建立一个傀儡政府的计划落空。波兰人民的顽强斗争大大激怒了希特勒，从此他开始了对波兰的血腥镇压。据统计，"二战"期间波兰共牺牲600多万人，而当时波兰全国人口才3 500万。仅以华沙为例，1939年华沙已经是比较现代化的城市，建筑、交通都很发达，人口130多万，被喻为中欧的巴黎，但在"二战"期间，85%以上的建筑被毁，85万人死难。在人类历史上，还没有哪个国家的首都遭受过像华沙这样巨大的人员和物质损失。

战后波兰人民以极大的热情开始重建家园。经过几十年的建设，特别是近十年来由计划经济向市场经济的成功转轨，使得波兰又恢复了生机与活力，除了为作纪念而专门留下的"二战"期间的建筑外，再也看不到断墙残壁，代之而起的是一栋栋高楼和绿地。漫步华沙街头，映入眼帘的不仅有川流不息的车辆和现代化的高楼大厦，更难能可贵的是随处可见的绿地和城市森林，给人一种蓬勃向上的生命气息。从飞机上俯瞰波兰大地，再也看不出这片国土曾经饱受蹂躏的痕迹。一望无际的绿色平原上，星星点点的湖泊像镶嵌在大地上的一块块蓝色的明镜，维斯瓦河则宛如巨大绿地毯上一条长长的蓝色缎带，蜿蜒曲折地从南方边境的山地一直延伸到北方的大海。

剑盾美人鱼，正在向全世界展示她的美丽。

波兰和中国在近代有着相似的反侵略历史，并都为此付出了惨重的代价。现在，为了祖国的富强、美丽，两国人民又都在自己的家园上辛勤地建设着。愿世界和平永存，善良的人民安居乐业；让我们铸剑为犁，再不必手持剑盾保护自己的生存地。

说起美人鱼的来历，好客的波兰朋友给我讲了这样一个传说。很久以前，有一位名叫扎格蒙特的国王，在巡游，要为他的王国寻找一个理想的都城。这天，他来到维斯瓦河畔。这里只住着一户渔民，一对兄妹正在河边，一条美人鱼从维斯瓦河中跳出，为国王唱了一首歌，国王立刻喜欢上了这个地方，并决定在此地建都城。

国王向在河边嬉戏的兄妹问这里的地名，孩子们回答："没有名字。""那你们叫什么名字？"国王又问道。"我叫华沙（WARS）。"哥哥回道。"我叫沙娃（SAWA）。"妹妹答道。于是，他们兄妹的名字连在一起，给新的国都起名为华沙（WARS SAWA），而美人鱼就成了华沙的象征。后来，维斯瓦河里的水怪搅得周围老百姓终日不得安宁，美人鱼同水怪做斗争，用一位铁匠为她打造的剑和盾杀死了水怪，保卫了百姓的平安。从此，华沙人把美人鱼看作自己的守护神，其雕像也成了华沙的城徽。

美人鱼雕像是赫格尔于1855年创作的。波兰人民亲切地称她为"塞琳娜"，因为她不仅代表了美丽、勇敢，她更激励着一代又一代波兰人为民族的复兴而不屈地奋斗。

王宫小教堂和圣十字教堂分别安放着两位伟人：一位是伟大的军事建筑工程师和杰出军事家，另一位是音乐家。他们都是伟大的爱国者，曾为波兰赢得荣誉，客死他乡，但死后他们的心脏都被运回波兰，受到波兰人民的景仰。他们就是科希丘什科和肖邦。

伟大的爱国者科希丘什科生于1746年2月4日，作为志愿者都投身到乔治·华盛顿的麾下，参加了美国独立战争。1784年，为参加祖国人民保卫独立战争，争取革新的斗争，科希丘什科毅然地回到波兰。临行前，华盛顿将自己心爱的手枪赠送给他，以感谢他为美国人民争取独立而建立的功勋。科希丘什科曾领导数次反抗沙皇俄国的起义，其中最著名的是拉茨瓦维采战役。战役爆发在1794年4月4日，距克拉科夫约40千米的拉茨瓦维采附近。科希丘什科率领6 000起义军，其中包括2 000名手持镰刀和长矛的农民，打败拥有30门大炮、装备精良的6 000沙俄正规军。后来，普鲁士和沙俄联合镇压了起义。科希丘什科被俘，后流亡海外，1815年10月15日溘然长逝。他的心脏现在安放在王宫二楼的皇家小教堂一个简朴的台座上的匣子内，四名波军士兵肃立两旁，波兰各界人士来到这里都虔诚地鞠躬，并献上一束鲜花，以表达他们的敬仰之情。

世界著名的钢琴家、作曲家肖邦，1810年2月24日诞生在华沙以西60千米的一个名叫热拉佐瓦沃拉小镇上。肖邦的父亲是法国人，母亲是波兰人。他6岁开始学习钢琴，7岁就创作了《G小调波罗乃兹》，被人们誉为音乐神童；16岁时，到华沙高等音乐学院深造；19岁毕业；20岁到法国继续学习和进行音乐创作。行前，他带了一银杯故乡的泥土，从此再也没有回来。1849年10月17日，年仅39岁的肖邦病逝于巴黎，一颗灿烂的音乐巨星陨落了。人们根据他的遗愿，把他的心脏送回了波兰，并安放在华沙市中心的圣十字教堂。每年2月22日，华沙音乐界人士都要在这里举行音乐会并献花，缅怀这位伟大的音乐家。

肖邦虽然仅享年39岁，但他的不朽作品却为世人广泛传播。他的作品包括钢琴协奏曲2首，钢琴奏鸣曲3首，钢琴夜曲19首，钢琴练习曲24首，玛祖卡舞曲51首，波兰舞曲10首，等等。

肖邦不仅是一位伟大的音乐巨星，更是一位伟大的爱国者。亡国恨对他的创作影响很深，尤其是对沙俄深恶痛绝。他的很多作品反映了他对祖国的怀念，对民族独立的热切期盼和忧国忧民的悲愤心情。当他在海外听说华沙起义的消息，肖邦在给友人的信中说："我要奏出所有能唤起茫然\激愤\狂怒情感的音调。"1831年9月，他的《C小调练习曲》（《革命练习曲》）是其中最著名的一首。

科希丘什科和肖邦都是波兰人民的杰出代表，他们不但代表了波兰人民的聪明和智慧，更代表了波兰人民的不屈的战斗精神。正像美国音乐家威廉·舒雯所说，"肖邦的音乐向全世界宣告波兰不会灭亡"。笔者在波兰华沙经济学院做访问学者的一年里，亲身感受到波兰人民的淳朴、善良、聪明以及他们对中国人民的友好情谊。我深深爱上了这个美人鱼的国度。

感　想

肖邦的故居距离沙华大约五六十千米，开车一路西行，那个小镇名为热拉佐瓦·沃拉。1810年2月22日，肖邦出生在这里。

当时的欧洲报纸流行这样一句话："上帝把莫扎特赐给了奥地利，却把肖邦赐给了波兰。"一次，我们一行人在一家地道的波兰餐馆用餐，目光所至，一个大约七八岁的小男孩正静静地走到餐馆后边一架老式钢琴边，轻轻打开钢琴盖，一曲优美的钢琴曲飘然而出。那位长相貌似"洋娃娃"的小男孩所弹钢琴曲正是肖邦七岁时创作的《G小调波罗乃兹》。稚嫩的琴声打断了我们的谈话，短暂的安静使我们不约而同地传达给彼此的信号。那一刻，我突然想起了一句话："读懂肖邦就读懂了波兰，了解波兰就要认识肖邦。"肖邦用他独特的钢琴曲，向整个欧洲传递着最古老民族的声音：孤独、迷茫、沉默，这也表达了斯拉夫民族的情感。在肖邦所有的音乐作品中，最具波兰民族特色是波罗乃兹和玛祖卡舞曲。

波兰人民都很爱国。历史上，东边是沙俄，西边是普鲁士，波兰长期受这两个军事强国的欺凌和压迫，人民的爱国情结一直很深。肖邦自然也不例外了，从他的很多曲子中我们都能感受到他那股血脉贲张的激情和悲愤。

肖邦在其短暂的39年人生中，创作了200多首作品，包括钢琴协奏曲、叙事曲、练习曲、波兰舞曲等。这些作品无不散发着浓烈的爱国主义激情。1830年，当时肖邦20岁。他在不得不离开波兰的情况下，动身去了巴黎。为此，肖邦曾处于激烈的思想斗争中：爱国心促使他想留在波兰，事业心又逼迫他必须离开。就这样，他带着一把波兰的泥土离开了祖国，离开了他日夜思念的家乡。连他自己也没想到，这一走就再也没有机会回到祖国。路途中，他时时为他的同胞反抗侵略者起义的消息牵肠挂肚。当波兰起义失败的噩耗传来时，他满腔的悲愤之情化成一个个音符，组成了一曲曲流淌着爱国情、亡国恨的作品。著名的《"革命"练习曲》正是肖邦在悲愤之时创做出的重要作品之一。浪漫派大师舒曼曾这样形容："肖邦的作品是藏在花丛中的一尊大炮。"

我曾经看过的一部电影，名为《钢琴家》，它让人们记住了波兰的不幸和肖邦的音乐。作为一部反映犹太人在"二战"期间遭受纳粹迫害的影片，波兰籍导演罗曼·波兰斯基有意选用肖邦的钢琴曲作为电影的主题背景音乐，包括三首《夜曲》、两首《叙事曲》、一首《圆舞曲》、一首《前奏曲》和两首《玛祖卡》，每一首都恰到好处地契合了电影的结构、情节与主人公的心境；尤其在片尾，在一片荒凉的废墟中，钢琴家翻飞的手指下飘扬着肖邦的《大波罗涅兹》，听起来令人心酸，却闪烁着无尽的人性光芒。

从波兰回国后，我再次欣赏肖邦的音乐，理解和感悟更为深刻。音乐，给了我们另一扇永生之门。它在和平时期娱乐娱人，战争时期娱情娱性。音乐，没有仇恨，没有呐喊，没有咒骂，将斗争的戾气化为对生存的渴望。音乐，告诉世界，谁才是真正的强者。

葡萄牙散记①

2002年5月20–24日，世界著名的RMO国际展览公司（Reed Midem Organization）在葡萄牙里斯本举办"世界教育市场"第三届展览会，笔者任本团的秘书长兼翻译。

未到葡萄牙之前，我对这个美丽的国度知之甚少。以前因为工作关系，我曾到过一些欧美国家学习和访问，自认为对欧美的历史、文化、宗教和经济有所了解，但对葡萄牙的了解仅限于其地理位置在欧洲西南部，经济是欧盟各国中最落后的国家，97%的居民信奉天主教，当然还有其近年来迅速在世界足坛崛起的葡萄牙足球队。而当我来到这里、感受这里的时候，才发现这里同我想象的大不相同，即使是在如此短暂的时光中游览观光，我依然惊诧她的美丽与迷人，仿佛来到了一个世外桃源；特别是葡萄牙人平和、善良和温文尔雅的性格，给我留下了极深刻的印象。而当地华人、华侨和留学生团结向上的精神风貌以及中华民族所特有的吃苦耐劳的本性，使我看到了海外华人的希望。

葡萄牙与山东的经纬度大致相同，其面积相当于山东的三分之二，人口仅为山东的十分之一。更为神奇的是，我们山东有欧亚大陆最东头的成山头，葡萄牙有欧亚大陆最西头的罗卡角。

1992年我曾带山东大学30余名留学生来到被誉为"太阳启升的地方"，有"中国的好望角"之称的成山头。她位于山东省荣成市，因地处成山山脉最东端而得名。成山头三面环海、一面接陆，与韩国隔海相望，仅距94海里，是中国陆海交接处的最东端，是最早看见海上日出的地方，1988年被国务院批准为"国家级风景胜区"。成山头风景区最高点海拔200米，东西宽0.75千米，南北长1千米，占地面积为25平方千米。这里群峰苍翠连绵，大海浩瀚碧蓝，峭壁巍然，巨浪飞雪气势恢宏。只是我当时还不知道在大陆的另一边有一个罗卡角，当然更不知道10年之后会有机会访问有"欧洲之角"之称的罗卡角。

感谢当地导游简文达先生带我们来到了罗卡角，否则我们的葡萄牙之行将会留

① 原文载于2003年12月5日《山东大学威海分校报》。

下遗憾。

　　罗卡角距葡萄牙首都里斯本仅31千米，是伸向大西洋的一个狂风席卷的海角。因为它是欧洲大陆最西端的一个突出点，所以人们也称之为"欧洲之角"。大西洋的对岸是美国的首都华盛顿特区。

　　我们从里斯本驱车西行，途经太阳海岸的海滨公路约半个多小时就可到达罗卡角。太阳海岸是葡萄牙著名的海滨旅游区，范围包括埃斯托里尔和卡斯凯斯两个漂亮的海滨小城。那里有很多别墅和游乐设施。埃斯托里尔有个花园式的大赌场，光顾者络绎不绝。在卡斯凯斯有个海浪造就的秀丽的海蚀洞，大片海滩把古典建筑林立的小镇包围，感觉比一般的现代化海滨度假胜地好得多。

　　大西洋的海清亮、湛蓝；越往西行，道路两旁的树木越少。临近罗卡角，路边高地的土地越发贫瘠，但人工种植的紫色的、类似地衣的植被生长得十分旺盛，把原先裸露的、碎石般的灰土地装点得分外妖娆。葡萄牙人有对海与花的偏爱，他们以一种独特的感觉来热爱自然。他们看自然不是综合性的，而是偏向花、海、动物等较为女性化的东西。葡萄牙人对自然很爱护甚至尊崇，国内种花种草蔚然成风，每当夏季，街道旁、公园内及庭院中，五颜六色的花草争芳吐艳。

　　葡萄牙人将其对自然强烈的感情也倾注于海洋。海对葡萄牙人有着不朽的魅力，他们认为海不仅是自然的一部分，而且不同于其他的大自然成员，她如同母亲一样，是儿女们依赖的臂弯。

　　正沉湎于对海的欧赏，我们不知不觉抵达了罗卡角。

　　著名的罗卡角地貌像一只公鸡的鸡头，伸进波涛汹涌的大西洋，东西长约两千米，南北宽有数百米。它三面环海，崖高壁陡，惊涛拍岸，发出阵阵巨响，抛起层层浪花。在山岩上孤零零地耸立着一座高达数米的钢筋水泥纪念碑，碑顶上竖立着一个大十字架，面向大西洋的碑体上有几个醒目的大字"岩石之角"。另外一面还书写着16世纪葡萄牙著名诗人卡蒙斯的名言："大陆在这里结束，海洋从这里开始。"该碑建于1979年，是罗卡角最醒目的标记。罗卡角也是葡萄牙的旅游胜地，每年有成千上万的各国游客来到这欧洲的"天涯海角"，或在纪念碑下摄影留念，或驻足山巅观赏大西洋的滚滚波涛。更多的人在那里花3美元排队购买印有罗卡角标志、盖上旅游机构印戳的到此一游旅游证明卡。

　　葡萄牙首都里斯本坐落在特茹河（Rio Tejo）的入海处。特茹河是葡萄牙的母亲河，入海口处海天相连，蔚为壮观。连接着特茹河北岸的里斯本与河南岸有座著名的大桥——"4月25日"大吊桥（Ponte25deAbril）。该桥建于1966年，原名为Salazar桥，后为纪念1974年4月25日葡萄牙发生的不流血军事政变而改名为"4月25日"大桥。政变军人推翻了极右政权，在葡萄牙开始建立民主政府。

里斯本是座山城，街道和广场多用石块铺地。这里终年草木常青，四季鲜花竞放，这里既有松柏、杨柳，也有棕榈、菩提，还有柠檬、橄榄、无花果及柑橘等诸多果树。市郊最大的森林公园占地1800公顷，绝大部分系人工营造，但那里的动植物完全处于自然生长状态，生态环境十分优美，是人们野营、狩猎和体育休闲的理想去处。市内的植物园和动物园，既是供游人玩乐的地方，又是向人们普及自然知识、进行环境教育的场所，寓教于乐，生动有趣。

享有里斯本香榭大道美誉的自由大道很宽，林荫不仅遮蔽了人行道，而连中间的马路也覆盖了。自由大道后是连串的广场：拉斯多雷多斯（Reatau-radores）广场，罗西奥（Rossio）广场，圣乔治城堡（Castelo de sao Jorge）脚下的菲格拉（Figueira）广场，拜萨（Baixa）商业步行街旁的科西梅奥广场（Praca do Conercio）。爱德华七世公园（Parque Euardoc &l27；Ⅶ）位于里斯本自由大道端的彭巴侯爵广场旁，是一个绿意盎然的法式庭园，园里花草修得十分整齐。

圣乔治城堡始建于公元5世纪，入口处矗立着阿方索（Afonso）的胜利雕像。露台是市内的观光眺望点，在此可饱览里斯本的景色。国王曾住在这里，现在城堡变成了小博物馆，展览天主教与伊斯兰教的墓碑。城堡中的一个大厅是出名的餐厅。5月21日，举办方举行盛大的鸡尾酒会，我们也借此机会雨中夜游圣乔治城堡。

游览葡萄牙的街市通衢，触目所见，那些广告、招贴不是绘在纸上而是烧制在瓷砖上。彩瓷广告是用易氧化的颜料使其匆匆一看与新制作的广告毫无二致。画上的题材以表现思乡情绪的居多，都是20世纪50年代的风格。

原来，在独裁者萨拉查统治时期，曾发出严禁张贴印刷品的禁令。这道禁令不仅适用于政治团体而且工商企业也得遵守，甚至就连广告行业都不能幸免。但是，按照葡萄牙的法律传统，住宅门前的墙壁是不受检查的地方。不知是谁钻空子，开办了彩瓷广告公司。他们租下葡萄牙大小城镇的临街墙壁，将烧制好的各种彩色瓷砖，拼成广告图案，镶嵌在墙壁上，极受欢迎。

5月24日晚送走继续行程的代表团其他成员，我应提前返回国内工作，但由于航班的缘故，我必须在里斯本多待一天。

在这一天里，我还同部分华侨和留学生进行了非常有益的交谈，从他们身上我看到了我们民族的传统美德——勤劳、与人为善。从他们那里，我也了解到葡萄牙人民是友善的。良好的社会公德是一个国家、一个民族的系统工程，它需要人们世世代代持之以恒的努力。葡萄牙的社会公德有着浓厚的人情味，它追求的是人与人的和谐，人与自然的和谐，这不正暗合我们中华文化的优良传统吗？

感　想

　　15世纪，葡萄牙的航海事业曾叱咤一时，航海家纷纷向大西洋挑战。当你站在欧洲大陆最西端的罗卡角之上，感受大西洋的澎湃汹涌时，不难想象当年葡国船队面对惊涛骇浪该有何等的胸襟与胆略！"罗卡"的意思是"岩石"，岩石角上立着一块朴素的石碑，上面铭刻着西经9°30″、北纬38°47″，表明此地是欧洲大陆的最西端。而"葡萄牙的屈原"卡蒙斯的名句"陆止于此，海始于斯"的意境也融入了苍茫的海天无际之中。

　　翻看地图，葡萄牙国土犹如停泊在欧洲大陆边缘的一艘驳船，而罗卡角就是其美丽的舷窗。中国诗人喜欢惊天动地，葡萄牙诗人则喜欢感性和温情，"海草满头，海鸥在肩"是他们对罗卡角深情的描绘。

　　罗卡角跟别处确有不同之处。它险峻得让人觉得站在山崖边随时可能被谋害，那无遮无挡的风就是最令人生疑的杀手；还有那些远看平静、近看则"激情满怀"的海浪，翡翠般碎裂，让人联想到"宁为玉碎"的节操。

　　更远处，一座灯塔威严屹立，指引迷途的人们回家。说到这里，不得不讲一下灯塔的故事。15世纪，当葡萄牙探险队从里斯本启航后，他们正是绕过罗卡角才得以向着更为广阔的未知世界前进，由此开拓海上之路，使葡萄牙发展成为盛极一时的海上帝国。后来，葡萄牙人在罗卡角建造了一座20几米高的红白色灯塔，为出海探险的壮士指明方向。在罗卡角，纪念碑、标志石与灯塔共同站立在这个世界角落之上，面向无垠的大西洋，静观世间的沧海桑田。顺着小道往前，步行至悬崖栅栏前，视野里是那无尽的、永远翻滚着的蓝色海洋。海浪涌向岸边岩石的拍打声间歇传来，海风时而温柔时而呼啸而来。低头，便可望见那陡峭的崖壁；沿着山崖小道小心走一个来回，就在这天涯海角，与大西洋来一次亲密接触。如果时间凑巧，再与心爱之人依偎而坐，等待那轮落日缓缓坠进海洋之中，美极了。

　　来吧！到罗卡角，告诉大西洋你所有的情怀，然后转身离去，像葡萄牙航海家们一样去探索！

漫步普吉①

——参加"2009东盟与中日韩高等教育政策对话"有感

受何天淳校长和肖宪副校长的委托，我参加了2009年3月21—22日在泰国普吉岛召开的"2009东盟与中日韩高等教育政策对话"活动。本次对话活动由东盟大学联盟、泰国外交部、泰国高等教育委员会主办，主题是"知识促进东亚国家未来的高等教育"。中方出席本次对话的有北京大学、厦门大学、广西大学、贵州大学和云南大学。

由于2009年3月19日学校有三起重要的接待，加上航空公司衔接的问题，这次去参加会议时间上感觉特别紧张。19日晚11:30从昆明飞曼谷，第二天早上8:10飞普吉岛，22日中午就要赶14:45飞曼谷的飞机，当晚飞回昆明。会议主办方给参会的大学代表提供三天的食宿，我在普吉岛满打满算也只有两天的时间；时间虽短，收获和感想颇多。

一、进一步加强同国内高校的联系

参加会议的中方高校一些是国内顶级的"985"高校，如北京大学、厦门大学；另一些就是同东盟联系很多的高校，像云南大学、广西大学和贵州大学。

向兄弟院校学习。与会的中方大学在对周边国家的交流方面各有特色，北京大学、厦门大学主要是跟东盟各国的顶尖大学合作，如北京大学同泰国的朱拉隆功大学、新加坡国立大学、越南国立大学、韩国汉城大学已经开展了大量的实质性的交流与合作；广西大学同越南各个大学的学生交流活动开展得非常活跃；贵州大学因为2008年8月的东盟周的活动，同东盟的多所大学建立了合作关系。而云南大学针对东盟合作的项目虽然也很多，如与泰国、缅甸等国家联合培养学士学位生等，但是

---

① 原文载于《游于道——云大师生走世界》（云南大学出版社，2015年12月出版）。

总体上尚未有影响广泛的项目，没有产生规模效益。

整合资源，取长补短，发挥各自优势，开展针对东盟与日、韩大学的交流，联合举办面向东盟和日、韩的暑期夏令营。北京大学每年都有暑期学校，此经验对云南大学有很好的借鉴作用。目前云南大学的条件尚不成熟，尤其是2009年世界人类学民族学大会在云南大学召开，组织工作繁忙。不过，我们可以邀请参加北大夏令营的学生到云南学习一周，以我们的地缘、文缘和亲缘的优势来扩大学生交流的渠道。

联合国内外大学举办双向的学生游学项目。无论是国内高校的学生（如北京大学）到东盟国家游学，还是东盟的学生到国内高校游学，云南大学都是一个很好的中转站。

二、充分利用本次会议搭建的平台，广泛联系国外高校，努力达成实质性的合作关系

（1）广泛建立联系。会议期间，我同AUN的各级成员，新加坡国立大学以及与会的代表进行了广泛的接触。

（2）重点突破。会议期间，老挝国立大学、马来西亚 Kabang-saan大学和缅甸仰光经济学院都对与云南大学合作办孔子学院表现了浓厚的兴趣。

三、借助本次会议提供的讲坛，提升云南大学在周边国家的影响力

根据会议安排，我在3月21日下午做了题为Online Communication Makes Easy的发言，除了提到加强云南大学与东盟高校的学生互动、教师交流等项目外，还提出建立在线的BBS或Blog等形式的互动，受到与会代表的重视。

此次会议，我们收获颇丰。除了进一步加强同东盟大学网络（AUN）的联系外，还同国内外高校的同行交流了信息和工作，这对于我们进一步开拓新的项目打下了一定的基础。

普吉岛是旅游者的天堂。大海、绿树和红色的建筑和谐地融为了一个美丽的整体。因为金融危机，这里的房价下降了很多，这也是为什么这次高等教育政策对话在这里举办的原因之一。我是第一次到泰国，更是第一次到普吉岛。漫步普吉，我思绪万千，一边感慨美景钟灵毓秀，更多的是思考如何进一步地打开与东盟和日韩各国高校的交流与合作。不久前，读了张丽钧的《遍地筛子》："人生许许多多的时刻都是筛子。如果你是一个善于迁就自己、姑息自己的人，你就会听任自己在某

些'特别的时刻'松弛懈怠，你总能用一个个强有力的理由阻止自己前进的脚步。各种各样的逆境与不顺利就像是一个筛子，将那些懦弱者、犹疑者统统筛了下去，仅在筛网上留下了最有胆量最不怕吃苦的人。"对外合作与交流也是如此，除了敏锐的眼光，我们更需要脚踏实地和吃苦耐劳的精神。唯有这样，我们的国际合作与交流才能更上一层楼。

感　想

东盟高等教育一体化进程经历了三个历史时期：一是1965年成立的东南亚教育部长组织（SEAMEO），开启了东盟教育合作的先河；二是1992年东盟领导人召开第四次东盟首脑峰会，确立了高等教育在东盟一体化及人才培养中的重要地位；三是2006年，筹备近十年的"东盟大学网络"组织（AUN）开始招生，标志着东盟高等教育一体化从政策设想向实践探索转化。

随着中国改革开放的快速发展，尤其是"一带一路"倡议的实施，以及亚洲经济一体化进程的不断演进，中国与东盟国家间的经贸往来、教育合作和文化交流不断深化。

根据教育部公布的数据显示，2017年来华留学前10位生源国中有3个是东盟国家，分别是泰国（第二）、印度尼西亚（第八）、老挝（第十）。在东盟十国中，新加坡和马来西亚经济相对发达，优质高等教育资源较为丰富。这两个国家与中国之间的跨境高等教育形式主要表现为向中国输出优质教育资源，同时接收中国留学生；而其他八个东盟国家，由于相对中国而言经济社会发展水平较为落后，且优质高等教育资源相对稀缺，在与中国开展跨境教育合作中主要表现为从中国引进优质教育资源，同时向中国输出留学生。作为我国重要的毗邻友邦和"一带一路"建设推进的关键节点，全方位加强与东盟国家的教育合作关系，对我国的和平崛起具有重大的现实意义，而跨境教育通过传播文化、拉近情感纽带、培养大批"知华、友华、爱华"的国际友好人士，必将发挥不可替代的重要作用。

前事不忘，后事之师①

——德国奥斯威辛集中营见闻

2000年1月20日，在华沙学习的部分中国学者和学生来到波兰南部小镇奥斯威辛，参观当年纳粹德国最大的集中营旧址（已被辟为国家博物馆），所见所闻令人触目惊心。

奥斯威辛集中营始建于1940年，同年6月14日接纳了728名波兰和德国的政治犯，这是它关押的首批囚犯。1941年，纳粹党卫军头目希姆莱下令将该集中营作为消灭犹太人的死亡工厂，欧洲各地的犹太人被陆续运抵奥斯威辛。同年6月，纳粹德国入侵苏联，苏军战俘也被关入此集中营。随着"二战"的进行，关押的人中有欧洲几乎所有国家的人以及美国人、伊朗人、土耳其人、吉普赛人甚至中国人。奥斯威辛集中营遂成为纳粹最大的杀人工厂。

所有关押在集中营里的囚犯均受到惨无人道的蹂躏和迫害，并被迫进行着超强度的劳作，集中营大门上方几个德文大字——"劳动创造自由"至今赫然在目，真是对这死亡营的绝妙讽刺。参观的展室中有囚徒的住所，2米宽的隔间统铺里上、中、下三层一共要睡24人；此外，还有大量的衣服、皮鞋、人发以及用人发编织的毛毯等展品。这里还有令人发指的纳粹医院（类似于日本731部队在我国东北的人体试验工厂）、让人毛骨悚然的毒气室（一间210平方米的"淋浴室"一次可以毒死2 000人）和焚尸炉（囚犯被毒死后在炉内焚烧）。

奥威斯辛集中营可以关押25万人，杀害一批送进一批。纳粹的末日到来前，囚犯被集中杀害。1945年1月苏联红军解放奥斯威辛时，营内仅剩7 600余人，都已经被折磨得奄奄一息，有些女囚犯的体重仅有23~30公斤。当时仓库里还存放着约7 000公斤头发，近1.4万条人发毛毯，35万件男服，84万件女服。据各种资料显示，在奥

---

① 原文载于《云南大学国际化探索与实践》（云南大学出版社，2009年11月出版）。

斯威辛集中营有110万～150万人惨遭杀害，其中90%是犹太人。另有资料表明，遇害人数为350万～400万。所有这些让我们参观者不寒而栗。

中国和波兰都是"二战"期间遭受侵略时间最长、受害程度最重的国家。德、日的残暴程度也十分相似。但在对待"二战"的态度上，在对待当年自己国家所犯的罪行上，日本和德国的立场却迥然不同。相对而言，德国对纳粹的认识是深刻的。1970年，当时的联邦德国总理维利·勃兰特访问波兰时下跪，向"二战"中无辜被纳粹杀害的犹太人表示沉痛哀悼，向遭受纳粹蹂躏的波兰人民谢罪。今天，当奥地利右翼自由党头目乔尔格·海德尔鼓吹新纳粹主义和种族主义思想时，立即遭到了所有欧洲国家的强烈反对。前一段时间一些欧洲国家纷纷同奥地利断绝关系，以阻止自由党加入联合政府和海德尔出任政府职务。2000年2月19日，20多万奥地利人在首都维也纳举行声势浩大的游行示威，抗议自由党加入联合政府。正是由于各国的强硬态度和国内人民的坚决反对，海德尔不得不辞去自由党党首。

反观日本，形势却令人担忧。"二战"期间，日本法西斯给亚洲各国人民同样带来了深重的苦难。1938年，灭绝人性的日本军队在不到2个月的时间里屠杀了30万中国军民，制造了惨绝人寰的南京大屠杀，甚至当年在南京的德国武官都称其为"野兽军队"。日本在战后一直没有有效地反省罪行，近来在日本国内企图复活军国主义的势力更有愈演愈烈之势，他们不顾中国、韩国等周边国家的强烈抗议，否认"二战"罪行，矢口否认南京大屠杀，重写教科书，把"侵略"改成"进入"，参拜供奉着"二战"战犯的靖国神社……

然而，广大的日本人民是热爱和平的。只要全世界热爱和平的人民联起手来，共同与种族主义、军国主义宣战，就能维护世界的和平、人民的安宁。奥斯威辛集中营、731部队、南京大屠杀……这些令人发指的罪行绝对不能在人间重现！

感　想

凡是对"二战"历史稍有了解的人，恐怕没有人不知道奥斯维辛集中营。2000年1月20日，我与在华沙学习的部分中国学者和学生来到波兰南部小镇奥斯维辛，参观当年纳粹德国最大的集中营旧址，奥斯维辛之见闻令人心头不免涌上一股悲愤，思绪万千，久久难以平静。尤其是，当我站在那里，看着大门上的那句"劳动带来自由"时，"二战"的场面瞬间浮现在眼前。

骨瘦如柴的尸体堆成小山等待焚烧，大量的毒气空罐散落一地，被迫脱下的衣物和鞋子跟山丘一样高，当年大屠杀的历史让人难以置信。

　　凡是参观过奥斯维辛纪念馆的人无不为那些惨绝人寰的场景所震撼，为无辜的死难者感到悲痛！我不禁在想：这数以百万计的无辜死难者的亡灵能否警醒后人？如何避免这样的悲剧再次发生？世界和平如何才能维护？

　　牢记历史，开创未来；不忘战争，维护和平。以史为鉴，世界各国人民共促和平发展、共谋世代友好，相信我们的世界一定会更加平和与安宁！

访英杂谈①

　　"我在康桥的日子可真是享福，生怕这辈子再也得不到那么蜜甜的机会了。我不敢说康桥给了我多少学问或是教会了什么。我不敢说受了康桥的洗礼，一个人就会变气息，脱凡胎。我敢说的只是——就我个人说，我的眼是康桥教我睁的，我的求知欲是康桥给我拨动的，我的自我的意识是康桥给我胚胎的。"

——徐志摩

一、挥之不去的英伦印象——过去与现在

　　1990年10月，我曾以访问学者的身份公派到中伦敦百科学院学习一年。该校于1992年改名为西敏斯特大学（University of Westminster）。之后，我又分别于2007年和2011两度短期访问了英国。2012年10月这个美丽季节，我又一次来到了这个美丽的国度。22年弹指一挥间，可是对这个面积仅24.41万平方千米的欧洲西部岛国的印象却历久弥新，无法挥之而去。

　　人总是会对第一次的经历印象深刻，22年前的这个时候我既是第一次出国，也是生平第一次乘坐飞机。从教育部下达任务到最终成行经过近5个月的紧张准备，我终于在1990年10月11日登上了北京途径迪拜前往伦敦的国航班机。现在出差坐飞机已经是习以为常了，而在当时却有很严格的规定，只有达到相当的级别才可以乘坐火车软卧和飞机，对普通人来说坐飞机也是一件很不容易的事情。而出国就当年而言，则意味着若干轮的考试与选拔，对我们是一件更加困难的事情。回想1990年的今天，我同15个来自国内不同重点高校的外事同行一起踏上了共赴英伦学习的征程。我们同学的年龄跨度从26岁到46岁不等，我是其中最年轻的。当时"文革"的阴霾已经被改革开放的春风一扫而光，大家的思想空前解放，小平同志又适时地提出了大量派遣留学生到发达国家学习，幸运的我便搭上了20世纪90年代公派出国的

---

　　① 原文载于《游于道——云大师生走世界》（云南大学出版社，2015年12月出版）。

第一趟车。当一件事情成为常态的时候，我们是否记得之前的艰苦岁月，我们常常对应该珍惜的东西却往往流于随意。

回想当年登上去英国的飞机的那一刻，激动、喜悦的心情与积极探索一个陌生国度的期许相交织，漫长的22个小时飞行时间仿佛变得一晃而过而充满乐趣。印象深刻的是飞机上提供的伙食充足而且服务周到。从希思罗机场到中国驻英使馆教育处路上就深切地感觉到这里的空气如洗般清冽，天空也是碧蓝如洗，放眼望去一片片大小不一的碧绿的草地美得让人窒息，几只牛羊散落其间，悠然自得地吃着草。这种景象深深的印入我的脑海，以后每次来英国都深化了这种印象并深深为之感动。

到英国后首先要面对的同时也是最棘手的事情是找到价格合适、地点方便的房子，因为我们的学校位于市中心，周围的房价很贵；又因为一些特殊的原因，我们这一届学生比正常入学时间晚了接近一个月，学校多余的学生宿舍都已经处理完了。连续3个星期努力寻找而又找不到合适房子的窘困与三周后的某一天突然在学校周围找到了房子时的狂喜使得我悲喜交加。到英国感受最深的一件事是英国政府资助英国家庭欢迎国际学生在圣诞节期间到英国家庭做客，去作客的国际学生只需要给房东的女主人带一束鲜花或者来自本国的一件小礼品。这是我第一次在过节的时候到外国人家里去做客，新奇与忐忑交织，当时的心情犹如在眼前。

实事求是地说，当时的中国国力较现在不可同日而语，而人民的生活水平较英国人差距甚大，囊中羞涩的我到了英国后难免缩手缩脚。一方面这里的一切都是全新的，房子要自己找，生活和学习要自己安排；另一方面就是英国尤其是伦敦的物价高得离谱。有一位南开大学的同学来英国之前曾在美国学习了半年，她说当时英国的物价是美国的一倍。日常生活的困顿通常难不倒已经在艰苦环境中适应了的中国人，而中英之间高等教育的差距却让我感触更深，当时来英国才第一次接触到现代意义上的计算机。回想当初，我们想把自己当作一块海绵尽可能把自己所看到的，所接触到的都学到手带回国。

毋庸置疑，中国人是极其善于学习的民族。从20世纪80年代初开始大量派出留学生到现在，当初留学的精英们为祖国的建设起了不可估量的作用，这些从我们30多年改革开放所取得的成就中不难看出。我们的国家发生了翻天覆地的变化，中国大学有了长足的进步，我们的学者在国际舞台上也逐步有了话语权。

中国人是世界上最重视教育的国家之一（这一点跟犹太人有点类似），中国父母的最大愿望就是不惜投入一切让孩子成才，可是到了现在仍然有"钱学森之问"。我们的高等教育到底有怎样的缺陷？而让我们无奈的是，我们现代高等教育经历了很多坎坷，也有了长足的进步，同时却难以有根本性的改观，现代高等教育的真正精髓似乎与我们无缘。

时至今日，我一直在思考一个问题：英国以占世界1%的人口从事着全球5%的科研活动；每年发表的学术论文数量占世界总数的9%，引用率达到世界的12%，还涌现了80多位诺贝尔科学奖得主。除了其基础教育的独树一帜之外，其高等教育到底有些什么地方值得我们认真学习？作为从事高校国际合作与交流工作近30年的我，常常被这个问题所困扰。

对于本篇，我想借用20世纪30年代著名诗人徐志摩《再别康桥》中的诗句"撑一只长篙，向青草更青处漫溯"做结尾。

二、感受"体验式教育"——记一次与"体验式教育"的邂逅

当莫言喜摘"诺贝尔文学奖"的消息传来时，我们一行人正在大洋彼岸的英国牛津大学进行考察访问。诺贝尔奖作为一个世界级的顶尖奖项，其意义和价值不言自明。听到这个喜讯，作为一个中国人，我心中感到无上的骄傲和荣耀，因为这是国人第一次获得这个殊荣；但欣喜过后，作为一个从事高校教育的工作者，我心底还有一丝遗憾和沉重，因为我国在自然科学类的诺贝尔奖上建树寥寥，就如获得诺贝尔物理奖的杨振宁先生，也是受过"欧风美雨"的熏陶，而仅仅一个牛津大学，就培养出了47位诺贝尔奖获得者，其中从生物学到数学到医学百花盛开，影响着整个世界。这就不禁向我国的教育机制和人才培养模式提出了一个大大的问号。

从事高校教育工作尤其是外事工作近30年来，我一直致力于教育理念的改革和教育方法的革新。我到过不同的国家学习交流，每次都有新的收获和体验，每次都离那个著名的"钱学森之问"的答案更近了一些。而这次，在时隔22年后重新踏上这个以教育著称的国度，在牛津大学自然历史博物馆（The Oxford University Museum of Natural History）的感召下，我仿佛窥见了钱老先生"教育之问"答案的更多线索。

2012年10月18日，我们按照行程安排来到牛津大学久负盛名的四大博物馆之一——自然历史博物馆参观。深秋的天气有几分寒意，馆外的游客们都裹着厚厚的外衣。但当我们看到这座伫立150多年之久的哥特式建筑时，更觉得一种拒人千里之外的感觉，垂直而"消瘦"的窗户、高耸入云的尖顶、深灰色的房顶给人以无限的冷的感觉。

但快走到入口，就隐约听见里面的谈笑声和脚步声，我们都很奇怪：怎么有着和冷冽外观不符的亲和气氛？而踏进博物馆大门那一刻，就感觉到了扑面而来的暖

意，我们似乎来到了拍摄远古题材电影的巨大片场，四处耸立着史前动物的骨架，昆虫的标本，毛茸茸的动物模型。

而馆内更是人流如织，有家长带着孩子，有老师带着学生，有不同肤色的游客，都在零距离地欣赏展品：有的仔细地阅读展品介绍单页，有的与恐龙合影，有的小心翼翼地触摸毛茸茸的小动物，有的好奇地凝视蝴蝶标本，还有的三五成群认真的围在骨架前作拼图或者临摹。

我们乍看这派其乐融融的景象都觉得很突兀，因为国内的博物馆不仅少有孩子问津，即使来参观，也随处可见"安静""禁止拍照""禁止触摸"甚至"禁止靠近"的冰冷告示牌。在我们的常识里，博物馆永远是和肃穆联系起来的，展品肃穆，气氛肃穆。"轻轻地来，轻轻地走，挥一挥衣袖不带走一丝云彩"，大概是去国内博物馆的准则。我们和那些展品隔着和他们出土之前那段漫长时间的永恒距离。我们之间没有任何互动，也没有任何情感交流。在国内，我想该是没有孩子真的愿意在博物馆腻上一天的。

我们首先想到的是，这里展出的莫非不是真品？向导解答了我们的疑惑。她说，作为牛津大学中的一座优秀的免费博物馆，自然历史博物馆馆藏丰富，里面陈列了很多动物标本，恐龙模型，其中最著名的是牛津恐龙、渡渡鸟和雨燕塔。博物馆本身就是城市一级建筑，并且绝大部分都是价值连城的真品！向导还说，博物馆里常年有和各学校的合作参观项目，同时为了方便们人们更直观更方便地了解自然历史，这里经常开展各种令游客喜闻乐见的活动。

听了向导的话，看着随处可见的"请轻轻触摸我"的告示，看着天真可爱的孩子们自然而然地与比他们年岁大得多的、缺席这个世界很多年的展品同乐，去观看，去描摹，去触摸，去全方位地体验，零距离地感受大自然的奇妙与奥秘，好像他们本身就是这里的一部分一样的情景。看着孩子们纯净和焕发探索之光的眼神，我们一行人都被震动了，陷入了深深的思考中。

博物馆亲民与否、展品的开放程度、博物馆开展活动对孩子需求的关注度以及引导度，都从一个侧面折射出了中英教育理念的差异，是两国教育模式的一个缩影。

中国由于人口及历史等原因，长期以来较为重视应试教育。所以，我国的教育基本是以考试为导向的。从小国内的学生中就流传着一句话："考考考，老师的法宝；分分分，学生的命根。"正由于此，知识的传输永远被固定在课堂上，教师永远是教授的主体，传授的重点永远是书本知识；学生缺乏主动性，也缺乏探索的精神。在学校里，我们知道了生物的机体结构和其各部分的饶舌的专业名称，却还没有真正地接触过它们，只是明白在考试时填在试卷上可以拿到满意的分数，至于更深层面的生物灭绝、环境保护，更是一种无法在传统课堂上直观体验到的理念。

英国重视"体验式教育"。"体验式教育"在国外由来已久，拥有注重学生的主体地位，注重寓教于乐，注重反馈等特点，在国内却仅处于起步阶段。

"体验式教育"又称"发现式学习""经验学习""经验为主学习""活动学习"或"互动学习"，是由直接经验建立知识、技巧及价值观的一个过程，是一个学习的取向和模式，强调一切学习以经验为起点，通过学员自愿参与一连串活动，分享和反省他们所经历的体验，整理和转化成为一项有个人意义的信息，应用到学习、工作、生活中，带来另一次学习循环。[①]

而这次博物馆之行，让我在偶然中邂逅了一次生动的"体验式教育"。孩子们在实践中学习，那些饶舌的专业术语在博物馆中变成了生动而有感情的实物，那些烦琐的生物演化过程具体直观地在孩子面前零距离显现。博物馆的展品，全面地向孩子们展现并弥补了那段他们缺席的时光。而孩子们也在这些古老的朋友中收获了对大自然的认识和亲密的友谊。相信通过这种方式，他们不仅初步地了解了自然科学的知识，也建立了环境保护的观念（不忍心去伤害和他们平等的生物）。

中国有句俗话，"距离产生美"。但在这里所观察到的一切，我觉得"距离有时也不是美"。我们学骑自行车，学游泳，都要去亲身体验、亲身经历才可以最终习得，并且可以保证一生不忘。如果仅仅站在岸边，仅仅聆听怎么骑自行车的教程，是无法掌握它们的。骑车、游泳如此，学习亦然。目前，"体验式教学"在中国仍处于起步阶段，如何在中国的国情下推广践行此法，仍是我们需要思考的问题。

临走的时候，向导说，2013年由于拱顶修复工程，博物馆将会关闭一段时间。我抬头看着玻璃的拱顶上的一轮红日，想起毛泽东同志说的话：青年人朝气蓬勃，好像早晨八九点钟的太阳。希望寄托在你们身上。世界是属于你们的。中国的前途是属于你们的。

我相信中国教育的明天一定会更好！

三、教育关乎国家的未来——从"鸦片战争"所想到

"知识就是力量。"——弗朗西斯·培根

---

① 岳震，杨成，张腾编著：《铁路团组织体验式教育工作手册》，中国铁道出版社，2007年出版。

这次出访前，因一个偶然的机会，我看到了我们"研修团"的一位团友任勤老师带来的一本周重林、太俊林所著的《茶叶战争：茶叶与天朝的兴衰》。该书认为所谓的"鸦片战争"，实际上是一场因为茶叶而引发的战争。因为这本书跟英国相关，在英国期间我利用晚上休息的时间认真阅读了起来。通篇读完，对作者所引用龚自珍的一句话"将萎之华，惨于朽木"感慨颇深。这句话意思是说，将要枯萎的花比焦枯的木头还要凄惨。因为曾经有过辉煌的过往，现在却只能目睹这辉煌一步步走向平淡、走向尾声，自然比普通的消亡更让人唏嘘不已。我很受触动，浩浩中华，泱泱大国，在唐代达到极盛，八方来朝，无限荣耀；可是，当时间的车轮来到清朝末年，竟走向衰颓，一个国家在帝国主义坚船利炮的袭击下分崩离析。

是什么导致了这种结局？孙中山先生曾说过："教之有道，则人才济济，风俗丕丕，而国以强，否则反此。"江泽民同志也反复提到，"百年大计，教育为本。国运兴衰，系于教育"。通过这次访英研修，我深深地觉得，中国在中英"鸦片战争"中的惨败，不仅仅是由于清政府的腐败和昏庸无能，实际上，也是长久以来中英教育对决的必然结果。

2012年的金秋十月，我们一行16人来到英国的牛津大学、剑桥大学、爱丁堡大学等多所名校进行工作访问，并努力与其建立校际合作关系。牛津大学和剑桥大学都是世界级名校，那些在世界上享有盛誉的：培根、牛顿、达尔文、拜伦、雪莱、凯恩斯、汤因比等人都无一例外地出自这里。可以说，如果没有剑桥和牛津大学，英国的历史也许会重新改写。究竟这是怎样的一种教育，竟能造就此般传奇？我们带着心中的疑团，希望这次访问能给我们答案。

10月19日，我们来到了剑桥大学三一学院（Trinity College, Cambridge）——剑桥大学中规模最大、财力最雄厚、名声最响亮的学院。大门右侧的绿草坪中间，长着一棵枝繁叶茂的苹果树。据说，就是这棵树上的一个苹果，落到牛顿头上，从而启发他发现了万有引力定律。我们在剑桥大学的教堂前厅，看见了从三一学院毕业的著名毕业生培根和牛顿的玉石雕像。

培根有句妇孺皆知的名言："知识就是力量。"其实在中国古代，也有一位思想家说了一句类似的话，东汉王充说："人有知学则有力矣。"那么，几乎在同一个信条的指导下，缘何我们的教育却没有发挥它应该发挥的力量？众所周知，力是有方向的。我想，大概是我们的教育搞错了使力的方向。

刘震云在和崔永元的访谈中谈到，知识分子的目光应该像探照灯一样，照射的不是过去，也不是现在，而应该是未来。比如，你是一位科学家，苹果掉在你头上，你确实应该发现地球是有引力的。还有像发明蒸汽机、汽车、冰箱等，这都是知识分子应该给我们带来的。知识分子存在的必要性就是要借用你的眼睛——看你能看多远。

鸦片战争爆发前夕，我们的知识分子在做什么？教育内容不切实际，都是义理、考据。科举取士成为整个封建教育尤其是学校教育的核心和目的。写好八股文才是升官发财之路。写八股还受一定程式、一定字数限制，其立意又必须依据朱熹的《四书集注》，不能自由发挥。清朝统治者企图用这种死板、僵硬的取仕制度，束缚人们的思想，将一切不利于封建统治的异端邪说消弭于无形之中。清朝统治者还广开文字狱，于是知识分子只能埋首故纸堆，将目光投向过去，就更不要说去探索新发现了。

反观英国的教育，从其教育之初就提倡学生跟老师可以有不同的观点，鼓励学生跟老师辩论。特别是从文艺复兴后，伴随着资本主义的发展，教育思想的发展呈现出巨大的变化，教育思想异常活跃，教育家层出不穷。牛津大学、剑桥大学两校更是大力提倡独立思考，强调进行创造性研究。对于同一个问题，牛津大学会问："What do you think？"（你在想什么？）而剑桥大学会问："What do you know？"（你知道什么？）据此人们判断，牛津大学更注重思想，而剑桥大学更注重求知。但我们都能从其中看出他们以学生为中心，鼓励思考和创新的精神。所以这两所名校作为教育和学术研究中心，为英国乃至西方培养出了数以百计的积极探索、将目光投向未来的人才。

由此可见，方向不同，结果就大不相同。教育决定国家的未来，因为教育的不同，当年的清王朝故步自封、夜郎自大，英国人的鸦片轻易地就击败了这个看似不可一世的王朝，而中国优质的茶叶则在短短40余年间就被优良教育过的英国人引入印度并大面积种植，我们的茶叶造就了一个强大的英国。

刘震云说："中国教育的最大的问题是，中国教育本身就需要教育。"

所以，虽说"将萎之华，惨于朽木"，但是我认为，只要好好教育、细心呵护、根茎不萎，来年定能再次开出娇艳的花朵，并且生生不息！通过这次研修、访学，我开阔了眼界、拓宽了思路，加深了对中英教育理念的理解，也反思了一些不足，更加迫切地希望我们的教育能兼收并蓄融入世界发展潮流中，为中华的崛起输送更多的栋梁之材！

四、一堂有意思的英国历史课——从女皇联想到女性教育

10月12日上午，东伦敦大学尼克教授为我们研修团做了题为"大不列颠的历史

回顾（Historical Review of Great Britain）"的专题讲座，系统回顾了英国的历史，介绍了英国的现状和发展趋势。特别值得一提的是，尼克教授采用的是中国纪传体的格式而非采用一般西方惯用的编年体的格式。

尼克教授通过图片资料，生动地向我们展现了统一七国建立统一的英格兰王国的埃格伯特、残忍自私贪婪的约翰、软弱易被传教士左右的亨利三世和在他重建下的具有哥特式风格的威斯敏斯特大教堂、老练的政治家并把自己和妻子的头像印在纸牌上的亨利七世、拥有六个妻子的亨利八世等。

但在其中，令我印象最深的是在英国历史上出现过六位女皇：从英国公认的第一位合法女王玛丽一世（1553–1558年）、第二位女王伊丽莎白一世（1558–1603年）、第三位女王玛丽二世（1688–1694年）、第四位女王安娜（1702–1714年）、第五位女王维多利亚（1837–1901年）到刚刚庆祝登基60周年的伊丽莎白二世（1952年即位至今）。

英国的女皇制是一种古老的制度，根据长期以来形成的成文和不成文法，在位的君主之子有优先继承权，但如君主无男嗣，女儿也可以继承。因此，在英国短短的历史中，就出现了六位别具一格的女皇。

其中，在位时间最长的当属维多利亚女皇，且她被选入影响人类历史的一百位帝王名单。她开创了维多利亚时代，那是一个扩张的时代、自信的时代，也是一个动荡的时代、变革的时代。张献君在《铁腕君主维多利亚女王》中提到，那时的英国举世无人可敌，在血与火的海外殖民中控制了3 000余万平方千米的土地，成为真正的"日不落帝国"。那时的英国率先完成了工业革命，无愧于"世界工厂"之赞誉，各种新奇机器和工业产品如魔法幻术般涌现在目瞪口呆的世界面前。那时的英国人尽情享用全球各地最美好的物产，骄傲地坚信他们生活在历史上最美好的黄金时代，所谓希腊的光荣和罗马的伟大也相形见绌。那时的英国名人巨匠辈出，达尔文、法拉第、乔治·艾略特、狄更斯等举世皆知。那时不列颠的海军纵横天下，最偏僻的角落都有米字旗在飘扬，维多利亚女王之名也随之远播宇内。

执政至今的伊丽莎白二世女王也广受英国人民的爱戴。每周一次，她都要和首相进行"四眼会面"，听取有关国事的报告。在政府首脑到来时，女王都做好了准备，讲话内容也绝非泛泛而谈。首相大卫·卡梅隆是女王在位时的第12任首相。第一任是温斯顿·丘吉尔。

60年后的这一天（2012年2月6日），伊丽莎白二世低调迎来登基60周年纪念日，成为英国历史上第二位在位超过60年的君主。

　　而反观中国上下五千年的历史，被史学公认的却只有武则天一位女皇。我认为，除了在中英政治体制上的差别，对女性教育的态度及教育内容的差异也促成了两国社会性别权力结构的不同。汪忠杰女士认为："教育不仅可以使女性更充分地发展自己的能力，参与社会生活，改善生活质量，更重要的是，可以使妇女更加自信，对自我价值更加肯定，并在社会生活中做出更有见识的决策。女性从教育中获得的这种自信和技能可以在相当程度上改变原有的社会性别权力结构。"[1]

　　在英国，女性意识觉醒早，女性教育起步早，且普及面广。19世纪的英国处于改革的年代，工业革命和宗教宽容使社会面貌焕然一新。改革之风也席卷到了女性教育领域，英国妇女开始了争取平等教育机会的努力。1848年成立了第一所独立的女子学院，她的成立是女性教育发展新模式和新方向的标志。随后，一系列的女子学院更是如雨后春笋般地涌现出来。

　　而我国的女性教育起步晚、普及慢且内容陈旧，多关注于培养女子的品质即妇德、妇言、妇容、妇工等。在"男尊女卑"思想占统治地位的古代社会和近代社会，女子受高等教育的人数与男子相比相对较少。

　　进入现代社会，随着改革开放的发展及国家对女性教育的重视，越来越多的女性精英崭露头角，在社会中发挥着愈发重要的作用。但是，我们仍能在中间看到一些问题，譬如在偏远地区由于农村家庭教育观念的因素女孩子的辍学率远大于男孩子，譬如在整个社会的职业教育上适合女性的职业教育还是少之又少，又譬如在对于高学历女性的态度上女博士甚至被调侃为是第三种性别：男人、女人、女博士。这些问题都阻碍着我国女性教育的发展进程，也妨碍着我国男女平等的民主化进程。

　　玛丽·沃斯通克拉夫特在著作《女权辩护》中指出："在女人受到合理的教育以前，人类品德的提高和知识的进步，必然还会继续受到挫折。"这正是对女性教育现实的呼吁，女性教育是女性发展和社会进步所必需的，它不仅提高女性的自身素质和社会地位，同时还是促进社会进步的重要途径。我也衷心希望能为女性教育的改革尽微薄之力。

感　想

　　教育不是被动的学习，而是主动的体验。被动式学习与主动式体验有着本质差别。

　　分享一个很有趣的故事：耶稣带着他的门徒彼得远行，在途中耶稣看到地上有

---

[1] 汪忠杰：《当代中国女性教育差异问题分析》，《武汉科技大学学报》（社会科学版），2009年第四期。

一块破旧的马蹄铁，于是就让彼得把它捡起来。但彼得懒得为一块旧马蹄铁弯腰，假装没听见，继续向前走。耶稣什么也没说，就自己弯腰捡起了那块马蹄铁。经过铁匠铺的时候，他用这块马蹄铁换了三文钱，又用这钱买了18颗樱桃。出了城，师徒二人继续前进，经过的全是茫茫荒野。半天没有喝水，耶稣猜到彼得现在一定渴得够呛，于是就让藏在袖中的樱桃悄悄掉出一颗。彼得一见，如获至宝，赶紧捡起来吃。这样，耶稣走一段路就丢一颗樱桃，而彼得就弯了很多次腰去捡樱桃。于是，耶稣笑着对彼得说："如果你刚才弯一次腰，就不会在后面一直弯腰了。"彼得通过这件事情，明白了"小事不干，将来会在更小的事上操劳"的道理。这个故事的寓意很多，其中之一就是生动地体现了体验式教育方法。耶稣没有直接告诉彼得"小事不干，将来会在更小的事上操劳"，而是巧妙地设计了让彼得弯腰的活动，让彼得亲身体验，自己悟出其中的道理。

英国著名的物理学家牛顿年少时并不聪明过人，成绩平平，但他从小就喜欢读书，经常在家里看一些介绍各种简单机械模型制作方法的读物，并自己动手制作些奇奇怪怪的小玩意如风车、木钟、折叠式提灯等。他天才般的创造力就是在体验式学习中一点一滴积累起来的。

马斯洛认为，自我实现的创造力来源于人格，表现于日常生活之中，是人与生俱来的潜能，在后天一定的环境中得以开发。知识是可以学来的，但是智慧是一种体验。

国际年话国际化[①]

——机遇与挑战

2007年是云南大学的国际年。我们在全年的工作中严格贯彻党的十七大精神和学校第十次党代会精神，认真落实学校"十一五"规划的工作安排，同时结合我校要发展成为一所"西部一流、国内先进、国际知名"的高水平综合性大学的目标和"国际年"的工作计划来开展工作。在学校各方以及校外有关部门机构的大力支持下，2007年我处的工作卓有成效：公派出国（境）333人次，其中重要团组出访12批次；接待国（境）外来访人员564人次，新签校际交流协议17个，聘请长、短期外籍专家教师67人次，招收留学生893人次，为学校的国际化发展做出了应有的贡献。

一、国际化是21世纪世界各国高等教育的一种发展趋势，是现代大学的重要特征及发展理念

在2007年的工作中，我们通过与国外教育机构开展学者互访、学生互派、共同研究、合作办学、共同举办国际学术会议等形式多样、内容丰富的活动，初步建立了一个积极的、开放的、充满活力的国际合作交流体系。学校的国际合作交流呈现出前所未有的活跃局面，国际化的校园氛围和多元化的校园文化已经初步形成，学校的国际影响也在逐渐扩大。

2007年，云南大学的国际合作与交流工作的内容和取得的成绩具体有以下六个方面：

（1）国（境）外来访频繁，国际合作项目形式多样；

（2）教职工、学生派出工作得到加强，促进了国际化人才的培养；

---

① 原文载于《云南大学国际化探索与实践》（云南大学出版社，2009年出版）

（3）重视引进外国智力工作，充分发挥外籍专家、教师的效益；

（4）外国留学生教育和汉语国际推广工作的加强使我校留学生人数稳步增加，国际合作办学形式多样，汉语国际推广工作也得到突破；

（5）与国内政府机构、兄弟院校的合作与交流工作不断加强，从而实现互通有无，资源共享；

（6）在完成国际处内部机构调整，初步搭建立体交流平台的同时，加强云南大学国际交流工作的对外宣传力度。

坦率地讲，云南大学在21世纪初的某个阶段国际交流工作进展缓慢，发展速度不仅落后于省外的同类型"211"高校，甚至在很多国际化指标上也落后于省内的一些高校。小平同志说："发展是硬道理。"国际化建设更如逆水行舟，不进则退。对此，学校领导高瞻远瞩并采取了有力的措施提升云南大学的国际化水平。在各部门各学院的有力配合下，云南大学的国际化又开始欣欣向荣、蓬勃发展。

（一）国（境）外来访频繁，国际合作项目形式多样

2007年共接待来自世界19个国家和地区院校机构的61起来访，共计564人次。通过细致周到的接待工作，新建立了一批国际合作项目，其中主要项目有：

（1）与伊朗德黑兰大学共建孔子学院项目；

（2）公管学院与外国语学院再度获得美国美联基会资助（共计约14万美元）；

（3）"大湄公河次区域学术研究网络"（GMSARN）的"次区域高校课程共同开发"项目；

（4）商务部外援培训项目"第二届中国—东盟高等教育管理研修班"；

（5）与泰国孔敬大学的学生互换项目。

此外，云南大学还积极组织申报教育部、商务部及各级政府机构、国（境）外基金会资助的项目，具体如下：

（1）2008年度商务部、教育部援外培训项目；

（2）2008年度教育部"亚洲区域合作资金"项目；

（3）2008年度教育部"中国—东盟合作资金"项目；

（4）2008年度教育部"促进美大地区科研合作与人才培养项目"；

（5）2008年度美联基金会项目；

（6）2008年度泰国政府"与周边国家高校教师、学生交流项目"；

（7）国家外专局"国际软件人才示范基地"项目；

（8）云南省教育厅"云南省国际人才培养基地"项目。

（二）教职工、学生派出工作得到加强，以促进国际化人才培养

根据云南省高等教育"走出去"的战略方针，2007年云南大学加大派出力度，提高了学校的国际知名度，拓宽了国际交流渠道。全年派出333人次，其中教职员工272人次，学生61人次，重要团组12个。考察访问163人次，参加会议47人次，讲学7人次，短期研修40人次，出国实习31人次，其他类别45人次（图1）。

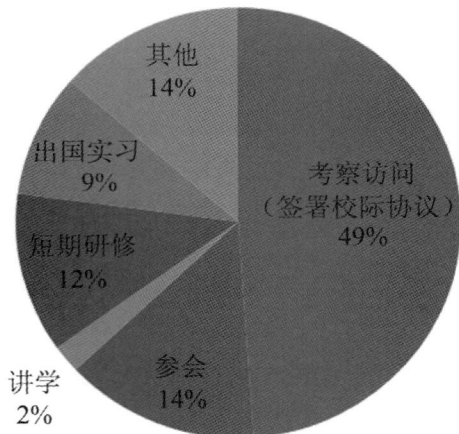

图1　云南大学2007年派出类别分布

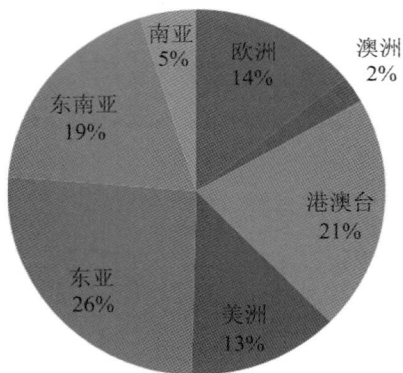

图2　云南大学2007年派出区域分布

（三）重视引进外国智力工作，充分发挥外籍专家、教师的效益

2007年度，我校共聘请外籍长、短期专家教师67人次。其中，长期外籍专家、教师55人次，短期专家及访问学者12人次。他们分别在外语学院、经济学院、商旅学院（含MBA）、丽江学院等院系担任语言课或专业课程的教学以及合作研究项目，为云南大学开设研究生和本科生正式课程近50门。此外，在编写教材、全国性竞赛学生培训和学生课外社团活动等方面，他们也发挥了相当大的作用（图3–图6）。

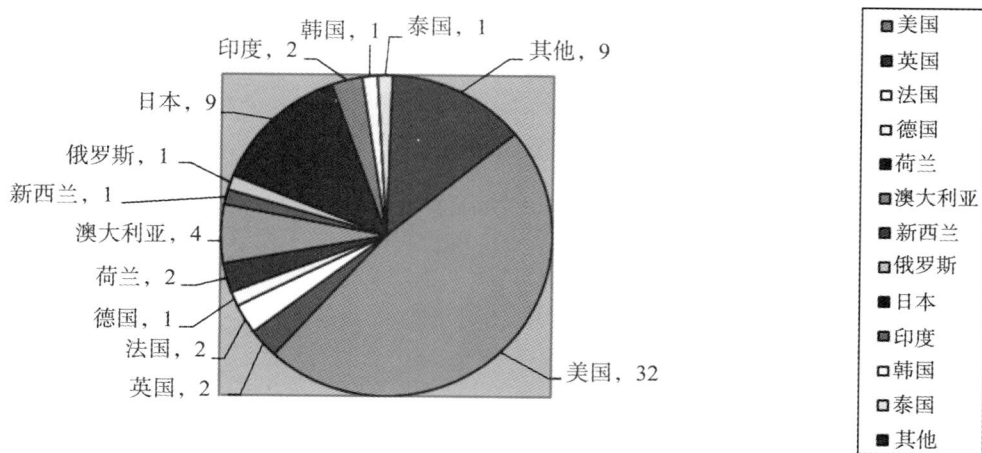

图3　外籍专家、教师地域来源分布情况

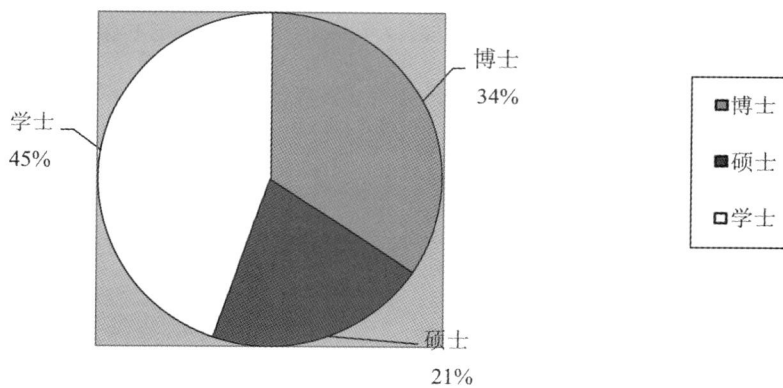

图4　外籍专家、教师学位示意图

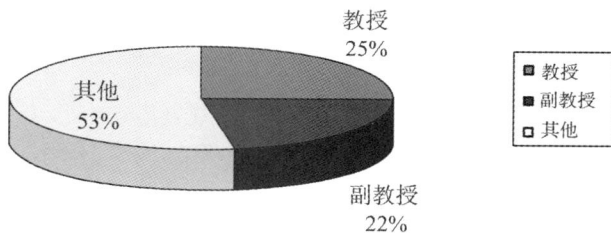

图5　外籍专家、教师和职称示意图

	环境科学	■软件工程	□文学	□历史学	▨经济学	▨人类学	▨化学	□法学
	■心理学	■政治学	□教育学	▨生物学	□艺术	■哲学	▨电器工程	□心理学

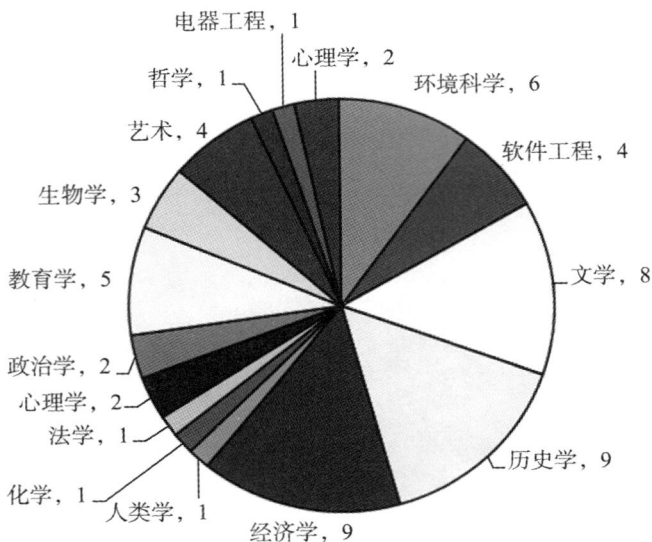

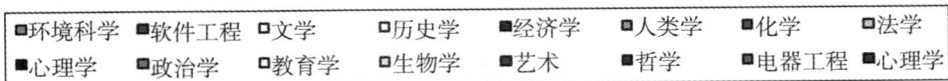

图6　外籍专家、教师学科专业示意图

（四）外国留学生教育和汉语国际推广工作得到加强

1. 留学生人数稳步增加，办学形式多样化

2007年我校留学生工作取得的成绩非常显著，各种层次的就读人数，见下表。

总计	长期生		短期生	泰国		越南		老挝		缅甸		柬埔寨		其他国家	
	学历	非学历		学历	非学历	学历	非学历	学历	非学历	学历	非学历	学历	非学历	学历	非学历
893	146	543	204	29	53	72	51	2	47	1	1	1	0	41	542

在学历教育方面而言，我们主要通过以下几个项目开展工作。

（1）国家政府奖学金生项目：云南大学于2007年1月获得教育部接收国家政府奖学金资格，并接收了第一批15人"国家政府奖学金"留学生，分别来自法国、加拿大、意大利、比利时、波兰、斯洛伐克、老挝等国，主要在我校学习汉语、计算机、进修人类学、历史学等。

（2）云南省政府奖学金生项目：2007年共有9名省政府奖学金学生在我校学习，其中有1名博士生、2名硕士生、4名本科生和2名汉语进修生。

（3）与泰国宋卡王子大学的教育合作项目：自2004年12月与泰国宋卡王子大学签署合作办学协议以来，第一批18名泰国学生已在泰方完成第一、二年的学习，于2007年9月到我校进行第三、四年学习，学习结束由两校同时向学生颁发毕业证和学位证。

2. 国际合作办学形式喜人

自云南大学2005年参加中国教育国际交流协会主办的"1+2+1中美人才培养计划"至今，已先后派出13名本科生和研究生到国外参加项目学习。2007年加大了招生宣传力度，共有16名学生已于当年9月赴美国学习，目前大部分学生已通过语言考试，进入专业学习阶段。

3. 汉语国际推广再获突破

云南大学与孟加拉南北大学合办的孟加拉南北大学孔子学院挂牌成立以来，先后招收了200余名学员。2007年，学院除做好日常教学工作外，还举办各类文化推广活动，取得了良好的社会效益并受到国家汉办和我驻孟加拉使馆的高度好评。2007年，云南大学与伊朗德黑兰大学签订了合办孔子学院的协议，拟于2008年2月在德黑兰大学挂牌成立伊朗德黑兰大学孔子学院；另外，还与缅甸福庆学校达成了合办孔子课堂的意向。

（五）与国内政府机构、兄弟院校的合作与交流工作不断加强，从而实现互通有无，资源共享

2007年初，受教育部国际司委托，云南大学光荣地担任了中国—东盟大学校长论坛中方秘书处单位，成功地执行了3月在河内召开的第二届中国—东盟大学校长论坛。2007年8月及12月，云南大学分别承办了"中国高教学会引进国外智力工作分会2007年会"及"全国出国留学工作研究会2007年会"，均取得了圆满的成功，同时进一步加强了与国内政府机构、兄弟院校的沟通与联系，与兄弟院校建立稳定的高校外事网络。目前，我处已经同省外的北京大学、复旦大学、南开大学、山东大学、海南大学、苏州大学等一些重点大学建立了良好稳固的关系，同省内的昆工、师大、财大、大理学院、红河学院的关系也得到进一步深化，已经与大理学院签署了留学生本硕连读的协议。

（六）在完成国际处内部机构调整，初步搭建立体交流平台的同时，加强我校国际交流工作的对外宣传力度

1. 内部机构调整

将外事一科和二科合并成立了外事科，将派出和引进两条线合二为一，实现事务性职能的内部整合；设立国际合作科，负责项目的开拓、管理和跟进以及重点

项目的组织实施；强化其开拓性职能；设立留学生科与汉语国际推广办公室合署办公，强化对来华留学生的宏观管理和学校海外孔子学院的规划。

2. 初步搭建立体平台

成立学校外事领导小组及汉语国际推广工作领导小组，由校长亲自任组长，主管外事的副校长任副组长，各主要职能部门的负责人为成员；以各学院分管外事的领导为主成立外事工作专家指导委员会；在学生中选拔外语好、善交流的学生，成立学生国际交流协会。

3. 建立健全各院系的外事秘书

以此形成覆盖全校的国际合作与交流的工作网络。

4. 改变国际交流事务所的职能

将原来的国际交流事务所（教育部审批的具有资质的留学中介），按其职能划归投管公司，由国际处作为业务指导部门，同时按其性质对外称"云南大学留学服务中心"，对内称"国际交流服务中心"，承担部分学校国际交流事务性的工作，提供有偿服务。

5. 加强宣传

在积极做好国际处网站信息更新与发布工作的同时，出版季刊，面向校内及校外各兄弟院校以及使领馆等机构宣传我校的国际交流工作。

（七）进一步明确我们的工作定位、重心和原则

1. 工作定位

服务、协调、引领。

2. 工作重心

开辟国际合作与交流的渠道，提高学校国际化程度；拓展师生和管理干部的国际视野，实现人才的国际化培养；学院是主体，教授唱主角。

3. 工作原则

规范、创新、团结、高效。

二、面临的困难与挑战

纵观2007年的国际合作与交流工作，我们在学校党、政领导及校内外各部门的大力支持与配合下取得了一定的实绩，但我们仍然面对着巨大的挑战。

（1）国际处工作人员欠缺，且大量的精力被一些事务性的工作所牵扯，难于让有限的人员集中精力开拓新的交流渠道和项目。

（2）各单位对开展国际合作交流的重视程度尚有差距，发展也不平衡。

（3）国际合作与交流经费不足，大量好的合作项目和高层次外籍专家的聘请由于经费问题无法开展。

（4）留学生的规模和层次仍有待提高。

（5）留学生和外籍专家、教师的住宿条件亟待改善。

（6）实质性的合作办学项目有待实现零的突破。

三、设想与展望

（一）在过去工作经验的基础上对未来充满了信心

继续加大对外宣传和联络工作的力度，具体做法为：在周边国家及国外的重要地区设立"云南大学驻外联络点"（可以先在美国试点），负责给学校推荐留学生和办理我校校级层面的国际合作与交流工作；加大外国留学生招生宣传工作，特别是在东南亚地区；积极配合学校的英文网站建设和英文画册的制作工作。

顺应国家的发展战略，结合我校的实际，认真研究周边国家的教育特点，制订学校对于周边国家合作与交流的发展战略。

改善留学生教学条件，扩大留学生规模，提高留学生层次。具体做法为：加强国际化课程建设，逐步在全校开设一批国际关系、国际热点问题、周边国家概况等选修课以及周边国家小语种选修课，鼓励教师使用原版英文教材并用英语或双语授课，以期在某些重点学科可以整班地吸收外国留学生；设立"云南大学留学生奖学金"；尽快改善留学生住宿条件。

继续做好国际汉语推广工作：巩固与孟加拉南北大学合办的孔子学院的工作；全力做好与伊朗德黑兰大学合建孔子学院以及与缅甸福庆学校合建孔子课堂的工作。

争取在合作办学项目方面有进一步的突破。在目前教育部相关政策较紧的情况下，与GMSARN等机构和SWANSEA等海外高校合作，先采取本硕连读等联合培养模式在合作办学方面取得进展；同时，进一步开拓可丰富在校学生海外学习经历的项目。

加强现有国际合作项目的跟进。2007年由于人手紧缺等一些客观原因，无法保证所有项目均得到及时跟进。2008年计划在人员有所增加的情况下尽力改善这种情况，并对目前处内的合作项目的负责机制进行优化调整。

设立专门的外籍专家、教师公寓，优化外专经费用途。争取把原来用于支付外专在校内住宿的经费用来聘请高质量的短期专家学者；同时，进一步拓宽聘请外国专家的渠道，提高聘请层次。我们将进一步加强与国内外有关机构的联系，优化聘请渠道；加强专家归口管理，优化管理模式。

设立"云南大学国际交流基金"，从学校层面扶持高水平教授出国参加国际会议，邀请国外高水平专家学者到校讲学。

安排好校领导出访相关友好院校的各项计划和工作，切实推进校际交流与合作。配合组织部做好干部出国培训工作。

承办国际会议及大型文化活动，活跃校园国际化气氛。借助云南大学民族学、生态学等学科在国际上具有的一定知名度，以及云南省丰富的自然资源、人文资源和旅游资源，承办和协办重要国际学术会议和大型活动，有效地活跃校园的国际文化气氛。如协助学校办好2009年国际民族学人类学大会，全力以赴办好以下会议：

（1）中国—东盟大学圆桌会议；

（2）全国来华留学生工作研究会常务理事会；

（3）"1+2+1中美人才培养计划"项目年会及毕业典礼。

继续保持与教育部、教育厅等上级部门、相关机构的工作联系和定期汇报沟通机制，争取更多更好的项目和帮助。

以和中国教育国际交流协会共建的"云南大学亚洲研究中心"为平台整合相关资源，积极开展对周边国家的研究，为上级部门的决策提供理论和学术依据，同时积极争取教育部的项目支持。

发挥国际处"服务、协调、引领"的功能，充分调动各院系、相关部处、学生以及教职工参与国际合作与交流的积极性和主动性；在学校领导的指导与支持下，进一步完善学校外事工作专家指导委员会的各项职责，完善外事秘书制度；做好学生国际交流协会的工作。

（二）设想与建议

为进一步提高国际处的执行力和办公效率，尽快配齐国际合作与交流处的工作人员，设立"云南大学留学生奖学金"，尽快改善外籍专家、教师及留学生的住宿条件。

国际年虽然已经过去，但是云南大学国际化的进程不会停止；成绩已经属于历史，我们会更加努力前行。我们深知肩上担子的分量，我们更加深知居危思危的含义。当兄弟高校都在大踏步地迈进国际化的今天，我们唯有不懈努力、不懈进取，才能建设更加美好的国际化校园。

感　想

高校为什么要国际化？印度著名诗人、文学家，诺贝尔文学奖获得者拉宾德拉纳特·泰戈尔（Rabindranath Tagore）是国际教育研究开拓者之一。他坚信教育的目的是为了促成学生个体和社会的有机结合，并意识到个体和人类统一的重要性。泰戈尔认为，只有通过发展国际化教育，才能有效地促进各族人民及不同文化间的相互理解。泰戈尔的教育观点有助于促进和平，推动多元文化主义发展，加强不同民族的联系及对多样性和文化传统的尊重。

据统计，"泰晤士高等教育世界排名"前50所大学中，有32所大学拥有大学整体战略规划且均包括国际化规划；有13所大学拥有单独的国际化战略，分别以战略、规划和白皮书的形式出现。发达国家高校大量招收国际学生，获取了大量的办学经费，解决了金融危机造成的经费短缺问题，同时也为其人才发展战略提供了基础。早在20世纪30年代，美国研究型大学就结合国家人才战略，有目标地招收在欧洲饱受"二战"苦难的学者和科学家到美国从事科学研究，以爱因斯坦（Albert Einstein）为代表的大批欧洲科学家涌入美国，为欧洲知识中心转移到美国做出了巨大贡献。目前，美国研究型大学充分利用其国际声誉，在世界范围内建立国际合作研究中心，以此引导国际学术研究的发展方向；欧盟也在一体化进程中建立国际合作项目，提高自身的国际声誉。

在经济全球化的过程中，高等教育发生了巨变。全球化不仅促进了国际商业往来和国际贸易的扩大，也促进了人员的交往和国家间的技术合作。作为以知识生产和人才培养为载体的高等教育，毫无疑问地处于经济全球化的过程中。20世纪80年代，大批学者和学生走出国门，学习西方的思想理念和先进的科学知识；20世纪90年代，欧洲高等教育的一体化加速了欧盟内部学者和学生的自由流动；21世纪以来，东盟高等教育区的建立和世界大学排名的出现，加快了世界高等教育国际化的步伐。

近年来，国内高校对国际化的重视程度不断提升，纷纷将其纳入学校发展的整体规划，一些院校还制订了国际化发展专项规划。据统计，目前我国已有95%的高校在其发展战略规划中对国际化发展提出明确要求，93%的高校制定了国际化发展战略目标，89.7%的高校根据国际化发展战略目标制订了中长期规划和实施方案。在论及现代大学的功能时，国际化已经成为大学建设的第四项功能。

读校史，论国际化①

　　大学国际化趋势已经日益成为高等教育工作者的共识，并成为当代大学发展的主流，要探究大学国际化必定要先了解大学的本质。我们认为，大学的本质是一种与社会经济和社会政治机构相互关联又鼎足而立的，传承和创新文化的机构。而文化是有层次的，现代大学传承、创新的文化不是一般的文化，而是高深学术。所以，保持与社会的经济和政治机构既相互关联同时又鼎足而立的，传承和创新高深学术的高等学府才是大学本质的所在。

　　众所周知，大学有三项基本职能，即人才培养、科学研究和服务社会。我本人极为赞同人民大学校长纪宝成教授提出的国际文化交流是大学的第四项基本职能。纪校长旁征博引，从古到今，从国外到国内，将国际文化交流是大学的基本职能以及它的意义阐述得非常清楚，已经不必赘述其重要性。而我们今天要做的是从云南大学发展的历史中找到国际合作带给我们的机遇，为现实的实践之用，以谋划未来的发展之需。

　　云南大学的成立本身就是国际化的产物，我们的首位校长就是云南省首批留美学生董泽先生。共同筹备大学的有肖扬勋、张邦翰、童振藻、柏西文等24人，多数为海外留学归来的学子。开学伊始，董校长就明确指出："东陆大学非一人之所有，更非云南、中国的，实世界的也。"试想，当时中国正在被外人称为东亚病夫，董校长说出这样的话需要何等的气魄和胸怀。今天的云大人应当感谢我们的这位首任校长和这些先贤们，是他们为云南大学的今天奠定了厚实的基础。当时的东陆大学以"发扬东亚文化，开发西欧学术，造就专门人才，传播正谊真理"为宗旨，已然立足云南、面向世界了。

　　云南大学的第一个"黄金期"是1937-1949年熊庆来校长执掌时期。熊庆来校长先赴比利时学习采矿，后就读于法国格伦诺布尔大学和蒙彼利埃大学获得理学硕士学

---

　　① 原文载于《云南大学国际化探索与实践》（云南大学出版社，2009年出版）。

位，1931年再次赴法学习，专攻函数论，获博士学位后于1934年回国。早期的留学经历使他比同时代的教育家们更加具有国际化的视野和眼光。作为学者，他是一位好伯乐：著名的物理学家严济慈，因得到熊庆来资助才得以出国深造。为资助严济慈，当自己经济拮据时，熊庆来不惜让夫人当去自己御寒的皮大衣。华罗庚青年时代，因家贫念完初中就无力继续上学，熊庆来在看了他发表的《论苏子驹教授的五次方程之解不能成立》论文之后，发现华罗庚是一个数学人才，立即把他请到清华大学，安排在数学系图书馆任助理员，破格任助教工作，后直接升为教授，并送他前往英国留学，终于把他造就成国际知名的大数学家。作为校长，他更是一位知人善用的领导，他利用抗日战争初期各方人才大量涌入昆明的机会，广延人才，延聘了全国著名教授吴文藻、顾领刚、白寿彝、楚图南、费孝通、吴晗、赵忠尧、刘文典、张奚若、方国瑜等187名专任教授和40名兼任教授，还延聘了一些外国教授，使云大成为与西南联大同享盛名的又一处著名专家学者荟萃之地，教学质量因此跃入全国名牌大学之列。

这个时期的云南大学，学校因熊校长的爱乡情愫，因他的国际化视野，他的宽广胸怀和他的严谨的治学治校风格而获长足发展而蜚声中外。1946年云南大学被英国《简明不列颠百科全书》收集，列为中国15所著名大学之一。1948年熊庆来代表云南大学和蒋梦麟，梅贻琦之代表北京大学、清华大学应邀联袂参加联合国教科文组织会议，进一步扩大了云南大学在国际上的影响。建校时间不长的云南大学创造了"从边疆走向世界"的辉煌。

云南大学的第二个"黄金期"来自于我们的改革开放，特别是1997年我校入选"211"工程院校后，历史又一次给了云南大学机遇。

这次机遇跟熊校长1937年执掌云南大学时的机遇有所不同。由于当时的中国正处在抗日战争初期阶段，云南成为中国抗战的大后方。那时北京、天津、上海等各地沦陷区的大批著名学者入滇，在人才环境上给云南大学提供有利的客观基础。而这次的机遇则变成了国家实施对外开放战略以及国家实施的西部开发战略，尤其是随着中国—东盟自由贸易区的建立、澜沧江—湄公河次区域合作的不断深化、面向东南亚、南亚大通道的建设，云南已经由对外交流与合作的末端变成了我国面对南亚、东南亚开放的前沿。

在这种机遇下，学校依托各领域各学科的教学科研力量以及得天独厚的地缘优势，经过近30年的努力，搭建了一个比较高效的国际交流平台，与世界23个国家和地区的100余所院校和教育机构建立了合作关系，通过开展学者互访、学者交流、共同科研、合作办学、联合举办学术会议等形式多样、内容丰富的活动，国际化的校园氛围和多元化的校园文化已经初步形成。

同时，学校适时地将2007年定为全校的国际年。我校的国际化建设在过去的基础上更是取得了前所未有的成绩：公派出国（境）333人次，其中重要团组出访12批次；接待国（境）外来访人员564人次，新签校际交流协议17个，聘请长、短期外籍专家教师67人次，招收留学生893人次。

通过细致周到的工作，新建立了一批合作项目，其中主要项目有：

（1）与伊朗德黑兰大学和缅甸福庆学校共建孔子学院（课堂）；

（2）公管学院与外国语学院再度获得美国美联基会资助（共计约14万美元）；

（3）"大湄公河次区域学术研究网络"（GMSARN）的"次区域高校课程共同开发"项目；

（4）商务部外援培训项目"第二届中国—东盟高等教育管理研修班"；

（5）与泰国孔敬大学的学生互换项目。

更为可喜的是经过努力，我校获得教育部、商务部、国家外专局的大力支持，2007年获得中国政府奖学金院校资格，2008年获得教育部自主招收面向东盟各国政府奖学金学生的殊荣（我校根据学校特色和实际情况，通过研究生部和各学院的通力配合，共选拔了60余名东盟各国的硕士研究生和博士研究生报教育部和国家留学基金委）。2008年再获教育部"教育援外基地"（全国共十所院校入选）的殊荣，同时教育部经过专家评审，同意我校承办"中非生物多样性保护、合理开发与生态研修班"项目，主要针对肯尼亚、南非、赞比亚、越南、老挝等国的政府官员和高校教师展开培训。这也是我校首次承接教育部的援外项目，首次针对非洲国家开展教育院外培训。经过努力，我校2008年又获国家外专局"国家软件人才国际培训（昆明）基地"。这是国家外专局批准成立的第十一个基地。国家外专局对昆明基地进行了评审、实地考察、调研、论证等工作，于2008年5月正式批准由中国国际人才交流基金会、云南大学、云南省国际人才交流协会和云南微软技术中心共同建设昆明基地。

成绩的取得离不开校领导的大力支持，也离不开各部门各学院的通力配合。学校要发展，离不开有利的大环境，更离不开我们自身素质的提高和视野的开拓。

1996年国际21世纪教育委员会向联合国教科文组织提交的报告《教育—财富蕴藏其中》就明确指出："大学被赋予四种社会职能：培养学生从事研究和教学工作；提供适合于经济生活和社会生活需要的高度专业化培训；全民开放，以满足最广义的终身教育各个方向的需要；国际合作。"就当前云南大学的现状而言，最好的切入点和契机就在于国际合作。正如美国高等教育专家克拉克·克尔所指出的，

"大学的重要目的之一是帮助个人和国家为未来做准备，而未来更多地取决于全球的发展；大学是知识体系的核心组成部分，而当今的知识体系是国际性的，它们甚至包括了外层空间"。

以史为鉴，可以照出我们现实的不足；以兄弟高效的发展为镜，可以让我们避免走弯路；以国家的大战略为指向，立足我校的学科优势和地缘优势，相信我们一定可以将我校的国际合作推向一个新的高度。

感　想

学校发展的历史凝聚了一代代人的智慧。历史对于提升一个学校的国际化水平来说，是一个机会。特定的历史反映了特定人群的知识和价值认知状况，凝结了事物发展过程中的特殊时期所凝结的精神与智慧，如果要探索云南大学国际化未来的发展道路，就需要以史为鉴。

引用德国哲学家叔本华对于魔术的一段描述，可以用来阐述我对于了解事物发展历程的态度："一个人如果能够密切关注过两到三代的成长历程的话，那么这个人就是坐在魔术师旁边，看着魔术师将同一个魔术演示两到三次一样。该魔术本应该只给观众在前台看到一次的，如果被窥视了两到三次以后，该魔术的门道是怎么回事你就会了然于胸，就再也不会感到惊奇或受到'欺骗'了。"

我常常说："我们既要埋头苦干，也要抬头看路，闭门造车是要不得的。"什么是抬头看路？就是立足当下，放眼未来。探究云南大学的发展史，敢为人先的前辈们做出了不可磨灭的贡献。熊庆来在担任云南大学校长时，就有着立足当下、放眼未来的战略主张，他提出全国高等教育应均衡发展的主张，呼吁将当时尚属省立的云南大学改为国立，主张"以国家力量促其发展"；否则，仅靠本省地方财力，很难发展。他曾经说："省大（指省立云南大学）经费，过去极为有限，较诸国立各大学仅三分之一强，而延聘教授人才，改善办学条件，颇感不易。"经他和省主席龙云的共同努力，云南大学于1938年改为国立。总结云南大学每一次跨越式的发展的历程，前辈们无不是抓住机遇、迎难而上、奋力前行。依托前人经验，立足于云南大学当前的境况，在全球化的大背景下，我主张注重高校国际化的发展，大力开展国际合作，弥补云南大学在国际交流方面落后于兄弟院校的不足，抓住契机，实现跨越式的发展。

云南大学创立之初，身为云南省长的唐继尧就把开放列为云南大学的重要任务之一。而今天，开放对于云南大学实现"世界一流大学"的目标仍具有重要意义。

高校外事团队建设过程中的有效跟随①

当代管理学大师彼得·杜拉克曾经指出："组织的目的，在于促使平凡的人，得以做出不平凡的事。" 这句话高度概括了组织的目的，但要达到这一目的，并不是简单地把一堆平凡的人放到一起就可以的。俗话说："同心山成玉，协力土变金。"组织里平凡的个体各有特长、各有所想，只有在团结一致、同心协力的情况下，才能做出不平凡的事。组织如何能促使这一个个具有差异的个体高效地聚合在一起，应该是管理学领域所研究的基本问题之一。

我曾在《世界经理文摘》杂志读到一篇有关企业管理的译文，名为"有效跟随：领导的本质"，主要论及管理学中的"跟随理论"及其在组织管理中的运用。联想到笔者所工作的云南大学国际合作与交流处（以下简称国际处）近年的团队建设和工作开展情况，感悟颇多。

高校国际合作与交流处，即通常所说的"外事处"或"外事部门"，是学校国际合作与交流的归口管理部门。在全球化的大背景下，参与国际交流，利用国外优质教育资源开展国际化建设，成为各高校增强国际竞争力的关键环节之一。在这一过程中，高校外事部门的职能由旧时单一的"迎来送往"开始转变，成为高校实现其国际化发展战略的核心部门。云南大学的国际处在近年的工作中也不可避免地经历着这一转变。为适应新时期的新挑战，我们在摸索中前进，经过多年的努力、调适，取得不少的成绩，也感到有很多不足之处尚待改进。撰写此文，笔者希冀运用管理学中的"跟随理论"，对我们近年的工作进行梳理、总结，以便为今后更好地开展工作提供指导。

一、新时期高校外事团队应具备的素质及特点

进入21世纪，全球化的影响无处不在，以学术科研为根本，培养人才为目的

① 此文写于2014年，曾在学校的工作通讯上发表。

的高校不可避免地参与到国际化的过程中，自我封闭只会使学校的发展空间不断缩小。由此，高校必须有一个素质过硬的外事团队，在高校国际化建设中担负起"服务、协调、引领和督查"的职责，为学校参与国际竞争，为师生员工开展国际合作与交流保驾护航。这样的一个团队应该具备怎样的素质和特点，经过我们在多年实际工作中的探索，且作如下总结，不当之处恳请同行专家批评指正。

（一）要保守却又应该不乏创新精神

外事工作经常涉及与国（境）外机构和个人打交道，毫不夸张地说，每个参与外事工作的个人的言行举止都代表着一个国家的形象；此外，在与国际友人频繁的交流中，不乏动机不纯、别有用心的人，企图通过我们外事干部的工作疏漏获得一些不能外流的重要信息。周恩来总理曾经对外事工作的特点做出过精辟的总结，即"外事无小事"。这一特殊性要求我们外事干部在工作中必须要保守，即尊重外事礼仪、遵守外事纪律、严守工作机密。当然，外事工作的目的就是通过国际合作与交流，互通有无，资源共享，过于保守并不利于外事工作的有效开展，我们还需具有必要的创新精神，懂得汲取精华、为我所用。

（二）要团结却又鼓励个体的独立性

这一点应该是各类工作团队都应该具备的素质。一个团队要成功完成一项任务，成员之间的团结协作必不可少，但也不能一味地强调团结而抹杀了个体的独立思考能力。一个由没有独立思考能力、循规蹈矩的个体组成的团队，再团结都是没有生命力的。

（三）要年轻有活力却又必须干练老道

外事工作敏感、繁杂，单就一起普通的外事接待来说，就需要工作人员具备较高的外语能力、外事礼仪和外宾国家的社会政治文化常识以及较强的沟通协调能力，是一种既挑战脑力又挑战体力的工作。要在外事工作中做到事半功倍，参与的外事干部必须有年轻人的健康身体，才能精力充沛地完成任务；同时，又必须有丰富的工作经验和掌控全局的能力，才能充分挖掘每一次外事活动的潜在效益。

云南大学国际处一直在努力培养这样的一支外事团队。在不断发展壮大、培养新人的过程中，我们一直以上述的标准要求每一个成员，同时也不忘加强团队中领导者与跟随者之间、跟随者与跟随者之间的互动，把团队的力量发挥得淋漓尽致。

二、云南大学国际处团队建设过程中的领导与跟随者的关系互动

云南大学现有的国际处团队由14人组成，包含2名处级领导，平均年龄不超过35

岁，年轻而富有朝气。以2007年学校国际年大力推进国际化建设为契机，我们的团队开展了系列团队建设活动，力求打造一支素质过硬、团结向上的外事工作团队。

1. 根据工作需要并结合工作人员的专长，调整并健全国际处的科室设置，实现团队内部的自身革新

将原有的外事一科和二科合并成立了外事科，将派出和引进两条线合二为一，实现引智工作职能的内部整合；设立国际合作科，负责项目的开拓、管理和跟进，以及重点项目的组织实施；强化其开拓性职能；设立留学生科与汉语国际推广办公室合署办公，强化对来华留学生的宏观管理和学校海外孔子学院的规划。

2. 营造民主和谐，积极进取的处内软环境

领导班子和全处干部明确职责，分工协作，杜绝了互相推诿情况的发生；发扬民主作风，民主决策，办事公正公开。

3. 营造全心全意为学校国际化建设服务，为全校师生员工服务的学校国际交流软环境

协助学校制订国际化发展规划，执行校院两级目标责任制，充分发挥作为学校开展国际交流工作的职能部门应起到的引领、管理、协调和监督的作用；全处干部努力加强业务学习，保证为全校师生员工提供最专业的服务，充分履行服务职能；利用网站及《国际交流工作简报》等媒介，及时公布国际交流项目信息、办事程序等信息，做到处务公开。

经过近年来的建设，云南大学国际处以崭新的面貌投身到学校的国际化建设工作中，取得了突出的成绩。而回顾所有这一切改变实现的过程，关键环节之一即团队的领导者懂得营造民主的氛围，而团队成员即所谓的"跟随者"，具有创新精神和积极参与的意识。这无意中切合了"跟随理论"重要内容之一，即注重领导者与跟随者的互动，把握二者间的辩证关系。

"跟随理论"认为，好的领导者首先必须是好的跟随者，而有效的跟随者必须有独立思考的能力并能积极采取行动。从某种程度上说，有效的跟随者同时也必须是一个有效的领导者。在云南大学国际处的团队里，领导者一直坚持处务会和茶歇制度，很多重要的决策都是在这两种制度下集思广益而做出的。处务会相对正式一些，由处领导召集。团队成员在会上通报自己正在开展的工作，提出自己遇到的疑问，经过大家的讨论得以解决。茶歇则采取相对轻松愉悦的方式，由在工作中遇到难题的同事召集。他（她）此时必须担负起领导者的职责，提出问题，并准备好咖啡、茶饮和各色小食品，大家在喝茶闲聊间，共同探讨解决方案。谈笑间常常进

出各种奇思妙想，难题往往迎刃而解，而大家在这样轻松愉悦的环境下也得以从紧张的工作中放松开来。幸运的时候大家还能获得一些意外的收获。而在日常的工作中，团队里的成员不论职位高低，都有成为领导者，领导协调全处成员完成各项重大项目的机会，大家在领导的过程中得到锻炼，在潜移默化中培养起责任感和主人翁意识，以便更加有效地跟随学校的国际化战略和政府的外交战略。

三、云南大学国际处团队事业过程中的三个重要"跟随"

搭建一支素质过硬的外事团队，其主要目的就是使之能够有效跟随学校的发展建设步伐，服务于学校的学术科研和人才培养工作。云南大学国际处在不断加强团队建设的过程中，也把跟随理论运用到实际工作里，并始终关注三个重要"跟随"。

（一）有效跟随学校的国际化战略，全力配合学校的建设目标的实现

进入20世纪90年代，云南大学加快了发展的步伐。1996年，云南大学成为"九五"期间国家"211工程"重点建设的高校之一。学校一方面以"211工程"建设为龙头，以改革为动力，把学校工作与地方经济、社会发展紧密结合起来；另一方面，抓住云南省建设面向西南开放"桥头堡"的有利时机，充分发挥我校的地缘优势、学科优势和办学特色，全力推进学校的国际化进程，把扩大对外合作交流、加快国际化进程作为我校建设区域性高水平研究型综合大学、挺进全国高校50强的一项重要战略目标。

作为学校国际化建设的主要执行和协调部门，国际处一直谨记这一战略举措，所有工作都围绕这一目标的实现来展开，学校的国际化建设取得了较大的成绩：学校留学生规模由2007年前的不足500人扩大到了2010年的1 700多人。国家政府留学生奖学金项目院校资格和教育部面向湄公河区域的奖学金留学生自主招生权的获得，更使学校的留学生层次得到大幅提高：2010年在校的学历留学生达到228人，比2007年"国际年"建设启动时的人数翻了一番；此外，还争取到了一批重要的政府项目，如教育部教育援外基地（全国共设10个），国家外专局的软件人才（国际）培养基地（全国共设11个）和云南省国际人才培养基地。为配合国家的汉语国际推广工作，学校设立孔子学院的数量由1个增加到3个（云南省目前共5个）。在学生海外学习项目也大幅增加，由2007年前仅有的一个与韩国岭南大学交换生项目拓展到与泰国、美国等国家和地区高校的多形式的学生交流项目。

这一切的努力都为学校建设区域性高水平研究型综合大学、挺进全国高校50强的发展目标奠定了坚实的基础。国际处今后的工作仍将围绕这一目标稳步推进。

（二）有效跟随政府的外交战略，营造有利于学校国际化发展的外部环境

高校的国际化发展离不开国家和政府的支持，而国家和政府外交战略的实现过程中，教育，尤其是代表一个国家最高学术水平的高校的国际合作与交流同样扮演了重要的角色。有效跟随政府的外交战略，可以营造有利于学校国际化发展的外部环境。

配合国家提出的"大国是关键、周边是首要、发展中国家是基础、多边是重要舞台"的外交战略，遵循我国"睦邻、安邻、富邻""以邻为伴、与邻为善"的对周边国家外交方针，我省提出了建设面向西南开放的桥头堡的战略，鼓励高校"走出去"，扩大与国际特别是周边国家在教育、科技、文化和经济等领域的交流合作，培养区域合作急需的各类专门人才，开展多边、双边高校间的合作与交流。我省在国家总体对外战略上已经由对外交流的末端变为我国与GMS区域（湄公河次区域）及东盟合作的前沿。

云南大学从20世纪60年代开始就因教育部设立的西南亚研究所而开展了西亚、南亚的研究，后来又拓展到了东南亚和南亚地区。学校目前已经获得了教育部认定的三个区域性合作平台：中国—东盟大学校长论坛秘书处单位、教育部教育援外培训基地和亚洲研究中心（与中国教育国际交流协会共建）、以大湄公河次区域的两个高校联盟组织GMSTEC及GMSARN为载体展开多边合作与交流，将学校的特色与国际通用的标准相结合开展工作。

在区域性多边交流与合作中，我们结合教育部搭建的平台，着重开拓了以下几个方面的工作。

1. 在专业建设方面，体现"地区性、通用性、独特性、国际化"的特色

我们积极打造与国际先进水平接轨的、能被国际教育界认可的专业品牌，增强国际竞争力。根据社会发展需要、国家产业结构调整和学校的自身特点，进一步拓宽专业口径，继续强化优势学科，采用信息化、学科交叉、调整合并和设置新的专业方向等多种途径，改造、更新传统学科专业，剔除陈旧、过时的内容和专业方向，调整专业定位，形成体现学校学科优势、主动适应社会发展的综合的学科专业结构。密切与同行业、企业乃至人才市场、劳动力市场的联系，以信息化带动专业建设现代化，以国际化促进专业建设标准化，全面提高教育质量，达到人才培养模式的改革与创新。

2. 联合培养学生，注重"请进来"与"走出去"相结合

积极与GMS国家的相关高校合作研究共同开发联合培养GMS发展研究硕士

（Master of Development Studies）的项目。积极参与"第三次大湄公河次区域联合学位项目构建研讨会"。同时，加强同周边高校的2+2，3+1等双边合作项目。积极为周边国家培养知华、亲华留学生。

3. 充分利用学科、地域和资源优势，开展针对周边国家的高层援外培训项目

近年来，我们先后承办了商务部"中国—东盟高等教育管理研修班"，以及教育部"亚非生物多样性的保护、合理开发与生态管理研修班"，受到商务部、教育部以及参加研修班官员的高度评价。

（三）有效跟随兄弟高校的国际合作与交流的经验，不断完善自我

全球化的背景下，各高校纷纷开展国际化建设，积累了丰富的经验。"取他山之石"是搞好我们的国际合作与交流工作的重要环节，因此，兄弟院校的国际化建设经验，可以不断完善自我，为我们工作的开展节省很多的摸索过程。

搭建与兄弟院校畅通的交流平台一直是我们工作的重点，我们也确实从中获益颇多。

（1）积极推动省教育厅和云南各高校成立国际交流协会，我校任副会长单位。

（2）不定期组织团队成员赴北京大学、北京师范大学、复旦大学、厦门大学、吉林大学、广西大学、苏州大学、大理学院、红河学院等兄弟高校考察、学习，取长补短，携手共进。其中，与大理学院探讨留学生管理工作，并已经签订了联合培养留学生协议，汲取苏州大学的经验，实现了我校中外合作办学"零"的突破。

（3）积极参加各类全国性高校外事工作会议，同时积极向相关部门申请把此类会议的主办权放在云南大学，利用这些平台与兄弟院校交流工作，了解第一手的国家相关政策精神，为我们的工作提供指导。

总之，云南大学国际处团队在实际的工作过程中不断地用管理学理论的"有效跟随"理论来指导具体的工作，一步一个脚印地踏实稳步前行，在学校国际化的进程中既不断地磨炼自己，同时也为建设学校国际化的大厦添砖加瓦，为学校挺进全国高校50强做出自己应有的贡献。

感　想

西方有一句谚语："一只狮子带领的99只绵羊可以轻易打败一只绵羊带领的99只狮子。"其实，这些都是对领导作用最直观的论述。有了榜样的力量后，一个团队才会变得团结、有序、高效。

"以身作则，率先垂范"有助于团队文化建设和核心竞争力提升。团队领导者

的亲身示范，能促进下属的积极行为。"有效跟随"并不意味着团队成员对领导唯命是从，而是在工作中被领导者的优秀品质所感染，并在此基础上形成良好的自我意识，能主动地思考其行为对团队发展的利弊。

世界连锁大型超市沃尔玛，是由当时44岁的萨姆·沃尔顿于1962年创建的。一直到萨姆·沃尔顿于1992年去世，沃尔玛超市都坚持为顾客节省成本，坚持学习与发展，以个人示范领导沃尔玛发展。2007年，沃尔玛成为世界上最大的公司。这家公司的员工至今保持着这样的文化：遇到问题时总会想，如果是萨姆，他会怎么做？团队建设中领导的榜样式的行为会对群体产生示范作用，并在团队中形成瀑布效应（Cascade Effect），产生团队的道德氛围。事实上，在团队中每个个体都存在着社会学习心理，通过学习他人的行为可以更快地了解各种行为的经验；这种模仿行为的普遍性可以渗透到团队个体的思想中，每个人展现的复杂反应都是其对榜样的学习行为。

中华传统文化强调领导者要德才兼备，这正是领导的"跟随效应"。从团队层面上，由于领导处于团队的顶层，任何行为都会被下属注意并放大，释放其"瀑布效应"。积极的领导行为被下属作为团队道德气氛和群体情绪的线索。我在云南大学国际处工作近十年，一直遵从"知必言，言必尽"的工作风格，一直鼓励下属不必忌惮领导权威，应表达真实之言。我一直在主动营造一种较为轻松的工作氛围，建立相互信任的上下级关系，不断激发整个团队的创造力和活力。

我在云南大学国际处工作时，一直坚持处务会和茶歇制度，很多重要的决策都是在这两个制度下集思广益而做出的，而茶歇制度更是我建设外事团队时一直沿袭的做法。我坚信，在开放轻松的交流氛围之下，团队成员更能够积极建言，而我"知必言，言必尽"的行为风格也常常体现在这一做法之中。我不忌惮，甚至十分鼓励团队成员的抑制性建言，并且努力为他们创造一个低风险的人际关系氛围。以包容和支持换取团队成员的建言回报，这是我一直沿袭外事团队茶歇制度的初衷。

积跬步以成千里①
——浅谈如何做好高校外事接待工作

外事接待是高校国际处一项传统工作，需要投入大量的精力和时间，除了少量接待工作可以取得立竿见影的成果，大部分的接待似乎只是人去楼空。同在高校从事教学工作或研究工作的同事，其工作可以量化为课时量和科研成果，所有这些成果都显而易见，而且个人归属性、荣誉感极强。相比之下，外事接待工作显得细小平凡、琐碎单调、微不足道，时间一久更加容易使人产生倦怠情绪，从而使之沦为一种简单的应付了事。以云南大学为例，近年来由国际处负责的海外来访接待每年约600~700人次，任务重，人手少，而且大量重要接待往往预留的准备时间很短，在这样的情况下要做好接待非常不容易。如何在紧张的时间内，高质量地完成接待任务，有意识地为学校争取国际合作资源和渠道、取得某种成果，同时让外宾对访问过程，对我校、我省乃至我国留下深刻、美好的印象，是值得深思的。

本文将以外事接待过程中的具体事例阐述专注细节管理、以人为本的重要性。

一、克服懈怠情绪，树立正确的外事接待观念

重视细节是一种科学的精神，是一种精益求精、以小见大的态度和决心。面对外事接待这一平凡而细小的工作，我们首先需要树立一种正确的外事接待理念，即一种把小事做好、把小事做精的使命感和决心。高校外事工作者要能够对自己肩负的工作形成各自的远见卓识，构造使命，树立使命感。而要形成这种使命感，首先要清楚地认识我们所处环境以及自己所承担的工作任务在这个环境中所扮演的角色。自古就有 "天下大事，必作于细；天下难事，必成于易" 的说法。芸芸众生做大事的只是少数，大千世界需要大部分人做的只是小事。汪中求在他的《细节决定成败》一书中写道：中国绝不缺少雄韬伟略的战略家，缺少的是精益求精的执行

---

① 此文写于2010年，曾在学校的工作通讯上发表。

者。面对各自细小而平凡的工作，如果我们每个人能摒弃心浮气躁、浅尝辄止的心理，把每一件平凡的小事做好、做细、做精，那么，再平凡的事也会变得不平凡，再小的工作也可能成就大事，或者为成就大事做好铺垫。当重视细节成为一种全社会推崇的精神，和谐与进步也就水到渠成。

外事接待是高校外事基础工作之一，虽然工作本身总是围绕着来宾的食、宿、行、会谈、考察等一些平凡而琐碎的事情，但这项工作对扩大学校对外交流与合作、推进学校国际化程度、彰显学校水平与影响力有着不可估量的作用。表面上看起来，外事接待的流程机械而烦琐，但要把它做好却需要高度的国际视野、较强的跨文化交际能力、协调能力和执行力。外事接待不仅仅是吸纳优秀的文化学者到学校访问、交流，而且是外国学者了解学校甚至中国社会、文化、素质、水平的一个窗口，同时也是一所高校国际化程度和水平的体现。它不是一个单向的活动，而是双向的互动，学校通过外事接待一方面可以获得对外国高校知识、技术、经验乃至国际知识的了解，另一方面也有效地宣传了自己的学校。

我们从事这一工作的人应明确这项工作的核心理念、目标、前景、战略和价值，进而明确自己的使命，树立其注重细节的精神，把每一次外事接待当作一次为学校开辟国际合作与交流的渠道、体现学校国际交往水平、扩大学校影响力、提升学校核心竞争力的活动，而不是单纯地当作迎来送往去做。只有当这种精神和使命感牢牢树立起来，外事接待的核心理念才能够被分解到接待的各个环节中，在接待岗位上体现，在接待过程中沉淀。明白这项工作是我们被赋予的一项社会责任，无论它再小、再平凡，也可以从各个细节入手把它做得有声有色。

二、用心领会细节，拓展外事接待成效

用心领会细节是外事接待工作彰显成效的关键。在外事接待中，每一件小事都不可小看。例如，接机、陪同参观、会谈室的安排，一个标示牌的摆放，礼品的准备等，往往是细节彰显魅力，一个细节的完美处理更能赢得来宾深刻的印象，而多个细节的妥善安排能彰显出整个接待的水平所在。点滴成河，以小见大，接待过程中的任何小细节都反映出外事接待的质量优劣。同一起外事接待，不同的人做可能有不同的效果，往往是因为在细节上的用心不一样，用的工夫不一样。外事接待是一个环节紧连另一个环节，除了要通盘考虑接待安排之外，还应考虑每一个细节及临时事件的协调。

2010年5月，我校邀请世界未来学名著《大趋势》《中国大趋势》的作者约

翰·奈斯比特及夫人多丽丝·奈斯比特到我校访问。学校国际合作与交流处与工商管理与旅游管理学院紧密合作，在到访前深入了解奈斯比特夫妇的背景，共同制订周密的接待计划。每个细节都站在来宾的立场用心领会、仔细斟酌。了解到奈斯比特夫妇治学严谨，对了解所到之处的社会、经济、文化发展状况有着强烈的愿望，但奈斯比特先生已是耄耋高龄，此次接待就通过活动的精心挑选，行程节奏的精准把握、食宿行游各个环节的周到安排，充分照顾了他们身体状况以及他们的愿望。例如，接机等行李的空暇就对照行程表为他们详细讲解每项活动的安排，路上为他们介绍云南的历史和社会经济情况；专门为他们安排面湖、层高、无烟的住房；翻译人员提前阅读了他们的著作并从网上下载了他们的演说以熟悉他们的口音；特意提前安排他们去看演讲会场以进一步调整相关布置；演讲前校领导单独会见然后举行客座教授聘请仪式；为前来听讲座的教师和专家每人准备了一本《中国大趋势》在演讲结束后请奈斯比特夫妇签字留念，也能更好地让听者了解、吸收奈斯比特夫妇的讲座内容；安排他们参观极具云南民族特色而又在他们体力承受范围内的主题公园——云南民族村，观看云南少数民族原生态歌舞《云南映像》。

奈斯比特夫妇阅历丰富，除了游历世界外，到访过国内十数家大学，其中不乏知名大学，但就此次到访我校，奈斯比特夫妇给出了很高的评价："此次访问云南大学是我们访问了数十家中国大学中最愉快的一次！这次访问不仅是来讲学，对我们来说，更是一次受益匪浅的中国文化学习，尤其是一次感受云南社会与民族文化之旅。"

2010年4月，英国领事馆邀请英国知名作家、《李约瑟：揭开中国神秘面纱的人》一书的作者Simon Winchester先生到我校举办讲座，同时举办英国"志奋领"奖学金纪录片展映。学校在接待前深入了解作家本人的情况，多方协调学校各相关部门，全力组织学生听众，在各个环节都做了细致周到的安排。例如，接待当天是4月1号，西方国家的愚人节，我们的主持人特意开场时说："今天是一个特殊的日子，不仅是因为今天是愚人节，更重要的是我们有了聪慧的朋友来给我们演讲；因为西蒙·温切斯特的中文名文思森，而现在云南正值百年不遇的旱灾，希望文思森先生的到来将给干旱的云南带来雨水。"这样细致、幽默的开场给西蒙·温切斯特先生留下了很深的印象，再加上我们对接待过程中几个突发事件的细致处理，受到了来宾的高度赞扬。访问结束后，戴思薇女士代表英国驻重庆总领事馆专门给云南大学国际合作与交流处发来了感谢信。讲座得到了同学们的广泛好评，同学们认为讲座有很好的启迪作用。此次活动不仅为我校学生创造了了解中英学者的事迹的机会，同时加深了我校与英国驻重庆总领事馆的良好伙伴关系。

三、以制度规范细节

高校外事接待既是一种管理也是一种服务。而无论管理还是服务其基础都是制度。任何一项管理和服务都可以分解成无数个细节，将这些细节进行制度化规范是管理和服务成功的基础。就如同肯德基和麦当劳把看似简单细小的炸鸡、做汉堡等环节经过详细测算制作出上千条流程管理条例，使其成为几十年畅销不衰的世界快餐连锁。正是对细节的制度化以及对制度不折不扣的执行成就了它们的伟大成功。每个高校都应根据自身情况构建一个有效的制度，将外事接待的细节都置于直接或间接的控制之中，让外事接待这项工作有章可循、有法可依。对一些重大的外事接待活动还应制订专门的工作方案，将每一个接待工作细节落实到位、责任到人。

云南大学根据多年来的外事接待经验制定了相关外事接待的规定，这个规定将接待所涉及的工作分解为几个模块，包括各个职能部门、学院在外事接待中的分工、职责，不同国外来访团组的接待规格和标准，外国高校领导和学者、外国企业或政府、外国使领馆等不同类型来访人员的不同接待方式和流程，每一起接待工作的基本流程和规范，以及参与外事接待的各种行为要求和注意事项。规定还将接待工作流程的各个环节进行了分解，并对各个环节所涉及的细节进行了规范。针对一些重大的外事接待活动，面对1000余名国外参会者的接待任务，学校还专门制定相关的接待规定和方案。例如，在2009年举办的国际人类学与民族学联合会第十六届大会时，学校成立了执委会外事工作组，精心制订了《外事组工作方案》《重要外宾接待方案》《大会期间涉外突发事件处置预案》《大会翻译工作方案》《外国贵宾出席开闭幕式方案》《组委会宴请外国贵宾方案》等。这些方案、预案使本次大会外事接待工作的各个环节精确化、系统化，并将每项接待活动细节落实到第一个工作人员，为整个大会的外事接待活动顺利进行提供了重要基础和保证。

除了对接待工作进行细节化分解和制度化规范外，还需要对建立起的制度和规定进行严格的执行。其实，很多时候我们并不缺乏制度，而是缺乏对制度的严格执行。

四、让关注细节成为习惯

当关注细节成为习惯，也就成为一种眼光、一种智慧。怎样才能把关注细节训练成为习惯呢？首先是认识，只有树立了细节精神、认识到位，关注细节才能成为潜意识的行为习惯。其次是制度化的细节规范，只有经过规范的培训，长期严格地按制度执行细节操作，才能形成关注细节的工作习惯。如果我们坚信外事接待中的各个细小环节都代表着学校的形象和水平，坚持对每个环节进行尽善尽美的安排，我们对细节的关注达到一定的熟练程度后就会变成一种潜意识，变成一种习惯。

当关注细节成为外事接待中的习惯，战略性的眼光也由此而生，并且会体现在接待的各个细节中，外事接待活动将会上升到一种战略高度来执行，而且会变得顺利而富有成效，各种突发事件也会迎刃而解；同时，外事接待工作也会成为一种不平凡的乐趣，其高水准也就能得到长期的保持。如果关注细节没有成为习惯，烦琐的接待工作就无法成为一种乐趣，而只是被当作一种不得不受的苦役来敷衍了事。一个养成关注细节习惯的人，优秀也就成为习惯。一个习惯于关注细节的团队一定是一个极具战斗力的团队。

云南大学的外事团队历来视本职工作为崇高的使命，以严谨的制度为规范在平凡而细小的外事接待活动中潜心耕耘，培养出重视细节、关注细节的习惯，在国际会议、大型涉外文化活动、涉外培训、外国高校团组、政府及使领馆官员等不同类型的外事接待中形成了富有成效的模式。例如，在承办教育部援外培训项目中，学校从大处着眼、从细节中提炼，设立了项目规划和设计机制、学术与后勤分工责任制、安全机制、周密的接待机制、评估机制、宣传机制，制订培训方案、接待方案、考察方案、意外事件应急预案；另外，根据接待工作要求及流程分设不同的任务小组，各小组对本组工作任务细节进行分解并做实、做精。一方面，我们通过对细节的关注让参训人员有宾至如归的感觉：参训人员抵达时就为他们准备好一个装有一本教学材料、一本研修指南、一份地图、电话卡、校园"一卡通"、雨伞、信封、明信片、水杯等教学和生活用品的包；每天在官员住宿的房间放置天气情况、温馨问候卡、水果；在饮食安排上也充分考虑不同学员的饮食习惯和宗教信仰，专为学员制定丰富多样的食谱；培训期间逢参训学员的国庆节、生日，还专门举办庆祝活动。另一方面，我们在各项细节上下工夫，有意识地把培训过程中的所有活动当作展示中国国力、传播中国文化和意识形态以及扩散中国政治经济发展观念的途径：通过精心筹备的专题讲座向学员宣传中国在本领域的发展状况与成果；通过工作人员表现出的友好热情让学员增进对中国人的好感，同时通过与学员的有意识的接触交流，向他们传播中国文化、思想观念；通过精心安排的餐饮、住宿和独具特色的考察活动向他们展示中国经济、社会发展状况，中国文化的吸引力和凝聚力；同时也向他们展示我国部分少数民族地区的落后状况，让学员深感中国政府出资举办培训项目的不易，增强对中国人民、中国政府的感激之情。培训项目结束时非洲学员高呼"中国万岁",肯定了我们对细节的关注和付出是值得而有成效的。

总之,若能从大处着眼、小处着手对高校外事接待进行细节管理,树立正确的外事接待理念,以制度规范细节、将细节训练成习惯、用心领会细节,则巨大的收获将会水到渠成、不期而至。这种收获不一定显而易见、立竿见影,但它对提升学校国际化水平和影响力以及为学校开创对外合作交流渠道与项目所带来的直接和间接影响是不可估量的。

感　想

外事接待也被称作外事礼宾工作,它是外事工作中最核心、最重要的部分,既是一项系统化的工作,同时又琐碎繁杂。随着高校国际化的发展,外事接待工作的意义重大,它的质量高低直接影响着高校国际合作的广度与深度。

做好外事接待工作,需要注意以下几点。外事接待的程序及模式、外事接待程序的规范化、外事接待工作的执行力度。对外事接待工作总体框架的把握相对简单,但质量高低取决于细节,这需要外事接待工作者具备灵活的应变能力及丰富的工作经验。我从事国际化交流工作多年,如果让我一条条地罗列外事接待工作的技巧和注意事项,可以说出个一二三,但是具体到工作中就需要个人的工作经验及具体的工作背景做支撑。我一直强调要注重外事接待工作中的细节,但如何提升对工作中细节的掌控力,难以用语言传授,而需要用心去感受和体会。

单从外事礼仪方面来说,外事接待就是一项非常注重细节的工作,礼仪的到位也代表着对外宾的尊重及合作诚意。例如在外事接待过程中,我们需要面对来自各个不同国家和地区的友人,但是每个国家都存在着不同的礼仪和禁忌,正所谓"十里不同风、百里不同俗"。每次外事接待前,除了熟知基本的国际外事接待规则外,我还应认真学习访宾所在国的基本礼仪和习俗。这些常识在交流的过程中会拉近双方的心理距离,提升外事接待工作的质量。

外事接待工作不是简单的迎来送往。对于每一次的外事接待工作,我都会做大量的前期准备工作,并在结束后整理出许多感悟及收获。烦琐的工作虽千头万绪,我却乐在其中。

精神饱满、待人真诚与笑容饱满,这几乎是我在外事接待工作时时刻保持的状态;"白加黑""5加2"的连续作战模式,我早已习以为常。此外,当各种意想不到的突发状况发生时,时间紧、任务重且要求严,我常对国际处的同事说"有时一个电话,马上就要到场"。这是对他们的基本要求,更是我自己一贯奉行的原则。

　　早些年，我常常晚上加班到深夜，第二天还要照常接待，以饱满的精神状态去迎接每一位到访者。这些年，我常常因为公务繁忙而身体偶有不适。记得有一次，在接待来访外宾的前一天我的关节炎发作，膝盖伴有针扎似的疼痛，几乎不能正常行走。同事们劝说，让我休息，第二天的接待工作我不必亲自参加。但是，对于注重工作细节的我来说，此时让我放下手头的工作安心养病，这是万万做不到的。于是，我坚持去抽血并做了临时止痛治疗，忍着病痛完成了第二天的整个接待流程。

　　云南大学国际处从最开始的几个人发展到如今的规模，我知道这不是我一个人辛勤耕耘的结果，国际处的同事们，为了做好这项工作，牺牲了很多自己的宝贵时光。只要访客有需求，我们都尽量做到第一时间处理让对方感受到我们的真诚和人性化。

　　多年来的工作，我已经将注重细节训练成一种习惯。我十分注重每一次的外事接待工作，充足地准备，谨慎地执行，认真地总结。许多年轻人常常向我讨教一些工作经验，我也毫无保留地与他们分享。我常说，人生的机遇很多，但脚下的路却是通往机遇的必由之路。在平凡的工作中，只有树立责任心、关注细节、进行创造性的思考，才能成为这个领域的专业人才。

搭建东亚高等教育的合作平台①

2010年10月13-15日，由教育部和云南省政府主办，云南省教育厅和云南大学承办的东亚峰会高等教育合作论坛（以下简称"论坛"）在昆明顺利举办并取得了圆满成功。论坛邀请中国、文莱、柬埔寨、印度尼西亚、老挝、马来西亚、缅甸、菲律宾、新加坡、泰国、澳大利亚、印度、日本、韩国、新西兰等国的教育官员、大学校长、驻华使领馆官员等与会代表共150余人出席论坛；参会高校达40余所，其中包括日本东京大学、韩国高丽大学、泰国朱拉隆功大学、新加坡国立大学和南洋理工大学等知名高校以及国内多所985院校。

论坛分为"一对一"交流、开幕式、东亚峰会高等教育合作论坛官员论坛、东亚峰会高等教育合作论坛大学校长自由论坛、合作协议签署仪式、闭幕式6个环节。

一、背景及意义

"亚专资"项目系国务院2004年底批准设立，主要用于资助我国有关单位参与亚洲区域合作的专项资金，项目宗旨是深化我国与周边国家的相互信任与互利合作。东亚峰会高等教育合作论坛是云南大学在教育部的推荐下申请并获得批准的"2009年度亚洲区域合作专项资金"（简称"亚专资"）项目。该论坛于2009年10月25日作为在泰国举行的第四届东亚峰会（10+6）上的中方参会成果，由温家宝总理对外宣布。

作为东亚峰会框架下的一项重要后续行动，此次论坛旨在借鉴欧盟教育合作机制，探索东亚区域内高等教育合作行动框架与合作机制的构建可行性。论坛通过东亚峰会框架下各国政府部门和高等教育机构的参与，讨论东亚高等教育合作的进展和机制，探索开展多层次、全方位高等教育合作的领域、途径和机制，重点探求解决高等教育合作中存在的问题之方法，以提升我国与东亚高等教育合作的层次和质

---

① 与何可人合写，原文载于2011年第4期《国际学术动态》。

量，并在东亚峰会框架下，借鉴欧盟教育合作机制推进东亚区域内高等教育合作行动框架与合作机制的构建。

论坛通过东亚各国政府部门和高等教育机构的参与，对东亚高等教育合作现状、制约因素、合作前景进行探讨和分析，对东盟10国与中国、日本、韩国、印度、澳大利亚、新加坡等国之间的高等教育资源、合作目标和利益进行协调，最终目的是探索和推动构建一个东亚高等教育合作行动框架和一系列合作机制，以便从制度上和机制上把东亚高等教育合作推向务实的方向，使高等教育合作真正成为推进东亚区域全面合作的重要动力。

二、论坛成果

作为东亚峰会框架下的首届高等教育合作论坛，此次会议取得了丰硕成果。本次论坛是近年来在我省召开的规模最大、规格最高的以高等教育合作为主题的国际会议。开幕式当天，教育部王立英副部长在会上宣读了刘延东国务委员的贺信并作重要讲话。应邀出席会议的各国政要和教育官员包括云南省政府李江副省长和澳大利亚教育、就业和劳资关系部凯瑟琳·坎贝尔副部长。

论坛体现了"以我为主"的办会宗旨且内容充实，取得了多方面的成果，主要表现在以下四个方面。

第一，会议期间与会代表畅所欲言，就目前东亚峰会框架下的高等教育合作形势进行了分析，还介绍了本国目前高等教育改革的新动向以及本地区内较为成功的合作案例。

第二，参与代表认识到东亚是一个人口集中、多样性十分显著的地区，这就意味着发展的不平衡性，因此代表们呼吁参会各国加强合作并进行教育资源的共享。

第三，"一对一"交流成果显著，论坛为参会大学设计了"一对一"交流专场，使东亚地区的参会大学相互间在一个轻松友好的氛围下沟通了解，使国内高校与外方高校加强了联系，在更高的平台上加强了合作与交流，同时也为云南省一批列席论坛的高校提供了与外方大学接触甚至达成合作关系的机会。

第四，国际合作与交流司张秀琴司长代表中国教育官员在论坛第一单元讨论中发言，呼吁参会的教育官员与大学校长"共同搭建东亚峰会框架下教育交流合作机制，继续扩大留学生互派规模，不断深化高校校际合作，重视加强人力资源培训合作，积极开展青年人文交流活动"。发言在参会代表中引起了强烈反响，起到了良好的引领作用，体现了"以我为主导"的办会宗旨。

出席会议的教育官员与大学校长们在东亚峰会框架下以高等教育合作与发展为主题进行了广泛和深入的探讨，这种有益的尝试为东亚地区的教育官员、大学校长提供了一个更为广阔的平台。

经过认真讨论和协商，论坛通过了《东亚峰会高等教育合作论坛会议纪要》，记录与会代表所达成的共识；与会院校代表共签署20份校际合作协议。

三、良好效应

由于地理位置靠近，云南省与东亚尤其是东盟各国的交流合作具有得天独厚的便利条件。论坛的举办使得云南省有机会成为我国面向东亚文化教育合作的中心，并将促成云南省与东亚各国之间在有组织、有机制的背景下合作。

（1）由于在论坛筹备阶段宣传工作准备充分，论坛举办期间国内及云南省内20家主流媒体进行了报道，产生了巨大的社会影响。

（2）论坛为我国西南地区与东亚教育合作平台的搭建，促进中国—东亚政治、文化、经济等领域全方位的交流与合作注入了新的内容。

（3）论坛成为云南建设向西南开放"桥头堡"战略的一项举措，为云南建成中国面向东南亚、南亚、西亚和东非开放的文化"桥头堡"和教育"桥头堡"做出了贡献；同时，也为我国与东亚地区的高等教育国际合作与交流创造了良好的氛围和契机。

感 想

东亚峰会（EAS）最早由马来西亚前总理马哈蒂尔于2000年提出。2002年第六次10+3东盟十国和中国、日本、韩国领导人会议通过《东亚研究小组最终报告》，"推动10+3领导人会议向东亚峰会演变"是报告提出的九项中长期措施之一。在东盟的推动下，首届东亚峰会于2005年12月14日在马来西亚吉隆坡举行，东亚峰会由此启动，是亚太地区最早的政治战略合作论坛，也是包含该地区所有大国的唯一地区性论坛。东亚峰会作为东亚地区一个新的合作形式，致力于推动东亚一体化进程、实现东亚共同体目标。东亚峰会的意义在于提出了东亚合作的长期目标，创造了一种区域合作新模式，拓展了东亚合作的领域，扩大了以东亚为中心的国际合作，确立了以东亚为中心的国际合作的基本原则和发展方向。

2009年10月，中国总理温家宝在泰国华欣举办的第四届东亚峰会上倡议举办"东亚峰会高等教育合作论坛"，主要目的是沟通、交流各国在东亚峰会框架下开展教育交流与合作的政策性倾向与计划。2010年10月15日，来自东盟十国和中国、日本、韩国的东亚峰会各成员国的教育官员、大学校长、驻华使节等代表，参加了在云南昆明举行的东亚峰会高等教育合作论坛，通过了《东亚峰会高等教育合作论坛会议纪要》。论坛通过各国政府部门和高等教育机构的参与，探索开展高等教育合作的重点领域和有效途径，推进东亚区域内高等教育合作行动框架与合作机制的构建，以提升东亚地区的整体竞争力。

近年来，在各种合作框架协议下，各成员国教育高层往来频繁，双边、多边交流日益活跃，促进了解，相互借鉴，共谋发展，如：2008年初次举办"中国—东盟教育交流周"；2011年8月举办"中国—东盟教育部长圆桌会议"，东盟十国教育部长出席会议商讨教育合作事宜；与日本、韩国设立了"中日韩大学交流合作促进委员会"，共同推进和建设"亚洲校园"项目。此外，我国还充分利用联合国教科文组织的会议、亚欧教育部长论坛、APEC教育部长论坛、亚洲教育北京论坛等多边国际会议，积极与东亚峰会各成员国进行沟通与交流。

举办大型国际会议外事工作的思考与实践[①]
——以国际人类学与民族学联合会第十六届大会为例

一、背景介绍

国际人类学与民族学联合会（简称IUAES）是在联合国教科文组织注册成立的，在人类学和民族学界最具影响力的世界性组织。首届国际人类学与民族学世界大会于1934年在伦敦召开。1948年8月，国际人类学与民族学联合会成立。1968年，这两个机构合二为一，统称为国际人类学与民族学联合会。

国际人类学与民族学联合会的目标是加强世界上社会人类学、民族学、考古学、语言学、生物人类学等各学科之间的交流，其宗旨是通过集合不同领域的认识，以便更好地理解人类社会和促进自然与人类之间相互协调的可持续发展。国际人类学与民族学联合会每5年举办一次世界大会，规模为3 000～5 000人，目前已经举办过15届。

国际人类学与民族学联合会第十六届大会于2009年7月26—31日在云南大学举办。国际人类学与民族学联合会第十六届大会的主题为"人类、发展与文化多样性"，本次大会是国际人类学民族学大会成立以来，第一次在世界人口最多的国家、世界上最大的发展中国家举办。这对于中国的人类学民族学学科发展以及中国人类学民族学学者来说，是个千载难逢的学习交流机会。通过这次大会，能够及时了解世界人类学民族学研究的最新成果和发展动态，不断提高本土研究的水平和国际化程度。而此次大会选择在云南大学举行，也给云南省、昆明市及云南大学提供了一个展现自我风采、推动学科建设、发掘优秀人才的机会。参会的学者4 200余人，其中外国学者1 000余人。

本届大会决定，国际人类学与民族学联合会第十七届大会将于2013年在英国曼

---

① 此文写于2009年，曾在学校的工作通讯上发表。

彻斯特举行，主题为"人类的演进，新兴的世界"。

二、外事管理在本次大会中的成功经验

举办如此超大型的国际性会议，外事工作是至关重要的环节，不仅担负着联系外宾、翻译沟通、保证大会顺利进行的作用，并且是国家对外形象的塑造、学校国际化水平的衡量的一个重要条件和标尺，同时也是对我们外事团队协作能力和执行力的一次重要检阅和锻炼。

在本次大会上，外事组主要负责的工作包括了对外国贵宾的接待、对贵宾发言稿的翻译及校对、对会场及校园里主要英文标示的翻译及校对、对大会广播稿的翻译及校对等与外事有关的事务。在大会执委会和省外办领导的领导下，在本次大会筹备期间及举办期间，外事工作组所有工作人员和志愿者发挥特别能战斗、特别能吃苦、特别能奉献的精神，团结协作，尽心尽责，努力工作，圆满完成了外事工作组的以下各项工作任务，给外国贵宾及专家学者留下了良好的印象，得到了与会代表的好评。

一是高质量地完成了31名外国贵宾的接待和参会工作，主要包括国际人类学与民族学联合会主席瓦格斯夫妇、秘书长纳斯等联合会高级官员、大会特邀主旨发言人和名家讲座主讲人。这些外国贵宾来自不同国家，饮食习惯不同，生活习惯不同，抵离昆时间不同，参会情况不同，外事工作组充分发挥指挥协调联络制度的优越性，充分利用接待小组负责同志的协调指挥组织能力，发挥志愿者的工作积极性和主动性，高质量地完成了上述外宾的接待参会工作和学术点考察活动及景点参观活动，得到了外宾的高度评价；另外，还接待了来昆参会的卢森堡大使柯意赫并安排刘平副省长会见了大使。外事组负责接待的外国贵宾出席了120多场各类会议。

二是圆满组织外国贵宾与国家领导人的见面合影工作和出席开、闭幕式活动。外国贵宾与国家领导人的见面合影和出席开、闭幕式活动是本次会议最重要的工作任务和工作重点，也是大会工作的一大亮点。为做好上述工作，外事组多次细化工作方案，明确责任，落实到人，几次进行模拟演习，做到不落人、不缺位，确保了外国贵宾与国家领导人见面合影和出席开闭幕式活动的有序进行，得到了领导和与会外宾的一致好评。特别值得一提的是，在国际人类学与民族学联合会选出新的执委后，我们不掌握几位新当选执委在昆明的入住酒店、联系方式，我们在得到新执委的名单后及时与注册报道组和推荐下榻酒店联系，终于掌握了各位执委在昆明的酒店住房信息，并想方设法与执委本人取得了联系，及时将省政府宴请请柬送达执

委本人并告知其参加闭幕式活动的重要安排信息，确保新执委作为贵宾参加省政府招待午宴并出席闭幕式活动。

三是成功筹备组织实施了组委会宴请外国贵宾的招待晚宴和云南省人民政府宴请外国贵宾的招待午宴。在获悉由外事组负责组织上述招待宴会后，我们立即制订相应的工作方案，及时联系落实活动场地，完成背景板的设计制作工作，制作宴会请柬，落实出席活动的领导和嘉宾，第一时间将请柬发放至各位嘉宾；同时，认真实施好宴会的组织工作，确保宴会的有序圆满进行。国家民委杨晶主任出席组委会招待晚宴并致祝酒词，秦光荣省长出席省人民政府招待午宴并致辞，把大会活动不断推向新的高潮。

四是协助新闻组安排了中央和地方主要新闻媒体对瓦格斯主席和纳斯秘书长的联合采访工作，瓦格斯主席和纳斯秘书长是本次大会最重要的两位贵宾，其言行对整个大会有着主要影响。我们根据新闻组的要求，及时联系瓦格斯主席和纳斯秘书长，安排他们接受了新华社、人民日报、中央电视台、中央人民广播电台、云南日报、云南电视台、云南人民广播电台等新闻媒体的联合采访。在采访中，两位贵宾对会议组织工作、中国民族政策、大会展览等给予了高度评价，并对国际人类学民族学的研究进行了展望。

五是完成了大会开闭幕式、组委会招待晚宴、省人民政府招待午宴的翻译工作。此次大会活动内容多，涉及大量的主要稿件的翻译工作，根据组委会的安排，外事组及早安排部署翻译力量，尽量提前完成相关稿件的翻译工作，高质量地完成了开闭幕式的同声传译工作和招待活动的翻译工作，确保了各项活动顺利进行。另外，根据外宾反映的情况，外事组及时配合后勤保障组完成了云大各用餐点的菜单翻译工作，使参会外宾用餐更为舒适方便。

六是积极协助注册报到组做好此次大会的注册报到工作。根据大会执委会的要求，外事组在大会期间选派英语较好的人员在云大体育馆注册报道点协助注册报到组进行工作，解答外宾遇到的各种疑问，帮助解决有关困难，引领其完成有关注册报到手续，确保其按时参会。

三、思考与启示

（一）外事工作的精心筹备和周密策划是国际性大会成功的重要保证

根据筹备工作领导小组办公室和执委会的要求，外事组尽早介入筹备组织工作，使外事工作做到早部署、早安排。按要求按时成立了执委会外事工作组，搭建了由省外办礼宾处等有关处室和云南大学国际合作与交流处组成的外事工作组班子。在等备阶段，将大会的各个涉外工作方案作为工作重点，精心策划，按时制订并实施了《外事组工作方案》《重要外宾接待方案》《大会期间涉外突发事件处置预案》《大会翻译工作方案》《外国贵宾出席开闭幕式方案》《组委会宴请外国贵宾方案》等方案，为本次大会外事工作顺利进行提供了重要基础和保证。另外，外事组还配合接待服务组、后勤保障组、志愿者工作组进行了外事礼仪培训，提高了有关工作人员的涉外工作礼仪水平。对参与外事组工作的志愿者，专门进行了岗前培训，并安排对外国贵宾下榻酒店、机场、大会主会场和学术考察点等进行了实地考察，确保志愿者熟悉工作流程和环境，提前进入工作状态。

根据本次会议外事工作接待的特点，外事组专门成立了接待小组，由省外办礼宾处负责同志带领志愿者，建立外宾联络员制度，对重要外宾提供一对一的服务。同时为确保机场接待的顺利进行，专门成立了机场接待小组。在筹备工作领导小组的支持下，协调机场的有关部门，为外国贵宾提供相应的机场礼遇。同时，为确保外国贵宾按时参会，方便往返贵宾下榻的佳华广场酒店和会议主会场云南大学，专门对往返两地的交通做出了妥善安排。在本次大会的等备阶段，外事组相关领导多次召开工作人员会议，部署协调各工作人员在大会期间的主要职责和分工，要求牢固树立主人翁意识和服务奉献精神。将所有工作责任到人，让每个工作人员明白自己的分工和所承担的责任，制作了外事组通讯录，使得每个工作人员都能够及时与外事组内所有成员取得联系，保证了大会期间整个外事组工作能够顺利完成。同时，印制了外宾每日活动意向表（英文）和外宾每日活动记录表，及时掌握外宾活动动向和活动情况。

此外，在大会筹备阶段，外事组工作人员对云南大学及云大附中相关场馆英文标示进行检查。在检查的过程中，发现已布置的展板、海报等标示物中存在大量的英文用法错误和标示不明确等问题共6大类16处。所涉及的问题，我工作组及时汇报相关部门进行整改，保证了大会标示翻译的准确性。

大会筹备期间，外事组主要负责的翻译包括了文艺演出英文字幕、大会入场式之前的广播稿，省领导、IUAES 主席及秘书长的同传稿件，菜品英文名称及有关的各类文件等几十份。这些稿件及文件材料的高质量翻译保证了本次大会的顺利进行，方便了外国来宾在云南大学的参会工作。

（二）高度的执行力和协调能力是大会外事工作顺利实施的关键

在筹备阶段的多次协调会议上，协调组织工作的重要意义就不断被强调。协调是一个团体富有成效完成工作的保障，良好的人员组织分工和认真负责的态度是一个团体有条不紊完成工作的基础。在大会筹备阶段及召开期间，常常有突发的情况发生，而为了很好地处理这些突发情况，外事组工作人员除了驻守在云大宾馆以外，还常常加班加点工作，完成各种翻译工作、处理各类文件、接待贵宾、满足专家学者提出的要求。在认真准备的基础上，工作人员之间密切的配合和对待工作负责的态度，是使得这些繁重的工作圆满完成的保障。根据组委会的相关要求，外事组负责组委会宴请贵宾以及云南省政府宴请贵宾的筹备组织实施工作（包括请柬的印制工作）。

本次大会涉及会议多、会期长、内容丰富，为确保与会贵宾按时参会，外事接待组充分发挥联络员制度的优越性，提前了解每位贵宾第二天的活动情况，以便进行交通和活动安排。联络员每天及时上报外宾当日活动情况，确保整个外宾接待工作的有序进行，同时确保整个接待活动都在掌控之中。

为了更好地方便贵宾在昆明的学术活动，外事组对贵宾的学术考察意向情况进行了统计，以方便贵宾的行程安排及外宾联络员的调配分工，这也保障了贵宾学术考察的顺利进行。

在注册报到现场，外事组应注册报道组需求，委派工作人员到注册报到点参与协调翻译工作，并根据现场情况适时增派工作人员。在为近千名外国专家学者提供翻译帮助的同时，外事组工作人员也帮助一些国外的专家学者解读大会指南和相关说明，并亲自带领部分参会人员到大会会场。

在酒店接待方面，外事组委派工作人员常驻佳华酒店及机场负责接待工作。由于各个外宾抵达和离开昆明的时间不等、航班信息出错等原因，时常出现工作人员在机场等待到深夜的情况，但工作人员认真负责地工作，使得所有贵宾在抵达昆明后得以迅速入住佳华酒店并顺利参加本次大会。

除了日常工作以外，外事组还及时处理了数起突发情况，如由于注册报道方面没有安排俄语翻译，外事组迅速帮助两位俄罗斯专家学者安排了俄语翻译，并帮助其翻译出差证明；全美人类学会主席Sethe M.Low向外事组提出需要有专门联络员，外事组迅速调配人员安排，为其指定了专门的联络人员，为其在昆明的学术研究和考察活动提供了帮助。外事组对于这些突发情况及时准确的处理得到了外宾的认同和赞赏。另外，省外办负责处理涉外突发事件的同志也积极投入工作，及时掌握了解相关工作动态，以便快速处理可能发生的涉外突发事件。本次大会未发生任何涉外突发事件，这也是本次大会成功的重要标志之一。

本次大会的重要性决定了此次大会不是一个工作组就能够完成的工作，这需要所有工作组的团结协作、良好的沟通和配合。除了有省外办和云南大学外办的密切协作外，外事组还实现与所有工作组和大会总值班室的工作的顺利衔接。外事组在佳华广场酒店和云大宾馆安排工作人员日夜执勤，保障外事组能及时取得与总值班室的联系，获得最新的信息，预防突发事件的发生。并且，外事组在佳华广场酒店和云大宾馆值班室配备了电脑以及传真机，这也保证了信息的及时沟通和传递。

（三）认真总结，发现问题，助外事管理更上台阶

本次大会是一次成功的、圆满的大会，但是我们也认真总结了大会筹备与举办过程中的一些的问题，以利于今后外事工作的进一步提高。

1. 会前参会贵宾信息缺乏或不准确

根据筹委会和领导小组办公室安排，外国贵宾参会的对外联络工作由北京筹委会和执委会接待服务组负责。外事工作组及时与上述部门沟通联系以获取外国贵宾参会的信息和抵离昆时间，但信息一直比较匮乏。在此情况下，外事工作组主动工作，通过联合会网站相关信息主动与联合会官员联系，以获取相关准确信息。尽管如此，对一些贵宾抵昆时间仍然无法确认掌握，导致接待人员有时机场接机"扑空"，有时客人入住酒店后才掌握其来昆情况，给接待工作造成了一定的被动。

2. 大会组织工作有些方面还有待于进一步与国际接轨

本次大会是一次典型的学术国际会议，参会者人数多，背景不一，要求不同，参会情况各异，中方为此做了大量细致周到的工作。但是，工作中还有待进一步改进提高并与国际接轨的地方。例如，大会胸牌上只标记了参会代表的号码，缺乏姓名、单位、国籍等重要信息，为与会代表进行沟通交流带来了不便。再如，为了确保与会人员安全方面的万无一失和各项活动的顺利进行，我们专门为前往学术考察点的车辆配备了警车开道，路上其他车辆被控，有些外宾不太习惯，觉得这样似乎影响了其他人的正常生活。大会提供的活动指南信息不明确，如有些会议只写了会议名称和地点，但缺乏具体时间，给参会代表包括主讲人造成不便和疑惑。

3. 尽管充分考虑了此次外国贵宾接待工作的复杂性和特殊性，但在实际工作中仍有估计不足的情况发生

尽管配备了英文较好、素质较高的联络员为外宾提供服务，但由于本次参会的外国贵宾均为学者专家，各人活动情况不同，且一些外宾携配偶参会，导致有些联络员特别是那些一个人要负责两个外宾的联络员有时工作起来措手不及。

4.各组之间信息沟通还有待进一步加强

信息的及时沟通是做好工作的重要保证，在组织大型活动中尤为如此。但在具体实施中有时也发生由于信息未及时沟通和传递造成有些工作未及时落实，有些在工作人员提前前往工作点后才发现问题，尽管及时得到协调解决，但也反映了各组之间及时进行信息沟通、传递的重要性。

四、经验与体会

通过参与本次大会的筹备组织实施工作，省外办相关处室和云南大学国际合作与交流处共同组成外事团队，协调能力和执行力得到了进一步的加强，我们在整个大会的筹备与举办过程中也得到了一些经验和体会。

（一）加强组织领导是大会取得成功的保证

中国国家民族事务委员会及中国人类学民族学联合会和云南省委、省政府对大会高度重视，成立了国家筹委会和云南省筹备工作领导小组办公室及执委会，执委会下又成立了15个工作组，具体负责大会的各项筹备组织工作。外事工作组按要求组建了工作班子，在执委会领导和省外办领导的具体领导下开展工作，保证了外事工作组各项筹备组织工作的顺利进行。

（二）细节落实是大会取得成功的关键

俗话说，细节决定成败。外事无小事，所有的工作都必须实现环环相扣、紧密联系，让一切工作都精确化系统化，不能出现任何一个环节的错漏和空白。此次大会重要活动内容丰富、规格高、要求高，只有制订详尽的工作方案并将活动细节落实到每一个工作人员，才能确保各项活动的成功。无论是接待工作还是见面合影活动、开闭幕式活动、招待宴请活动、考察活动，外事工作组都制订了详尽实施方案，并将每一细节落实到位、责任到人。事实表明，这一做法是行之有效的重要工作方法，也是外事组负责的各项活动成功举行的关键。

（三）志愿者工作是大会成功的一大亮点

此次大会，共招募了500多名志愿者参加各项工作，其中有19名志愿者参与外事工作组的工作。在各项活动中，志愿者在联络、协调、服务等方面发挥了重要作用，体现了志愿者良好的素质和精神风貌，特别在外事接待工作中发挥了十分积极的作用，得到了与会代表的一致好评，也成为本次大会的一大亮点。

（四）协调配合是大会成功的重要基础

本次大会是一项系统工程，内容丰富，涉及部门多，协调任务重，只有充分做好各部门、各组之间及其内部的协调配合工作，才能确保大会各项工作的顺利进行。外事工作组涉及接待、翻译、重要活动组织等多项重要工作，与各组工作既有交叉又有协作。为此，外事工作组与各相关工作组积极协调配合，同时又做好本组内部的协调配合工作，做到各项工作有条不紊、忙而不乱，确保了各项活动的圆满成功。

（五）未雨绸缪提前筹备是大会成功的重要前提

本次大会筹备时间早、准备充分。外事工作组按要求尽早介入筹备组织工作，使外事工作做到早部署、早安排。按要求按时成立了执委会外事工作组，搭建了由省外办礼宾处等有关处室和云南大学国际合作与交流处组成的外事工作组班子，按要求按时制订并实施了多项工作方案和实施方案。所有这些工作为大会期间外事组各项工作的顺利开展打下了坚实的基础。

总之，外事组在国际人类学与民族学联合会第十六届大会中与其他工作组的配合工作，使得本次大会能够如期举行并顺利闭幕，这其中凝聚着每一名工作人员的努力和汗水。能够参与到这样一个大型的国际会议并为大会服务，是每一名工作人员的光荣和幸福，同时大家也从中得到了锻炼和提高。

感　想

通过举办高层次的国际会议，我深刻体会到"纸上得来终觉浅，绝知此事要躬行"与"细节决定成败"的道理。

荀子说过一句话："故不登高山，不知天之高也；不临深溪，不知地之厚也。"意思是不登上高山，就不知天多么高；不面临深涧，就不知道地多么厚。这可谓古人的大智慧。细细想来，举办大型国际会议也是这个道理：登高望远，知晓天之大，亲临深溪，感受地之厚；唯有亲身经历，方能品得其中滋味。

英国流传着一首民谣："少了一枚铁钉，掉了一只马掌；掉了一只马掌，失去一匹战马；失去一匹战马，损了一位将军；损了一位将军，丢了一次战斗；丢了一次战斗；输了一场战役；输了一场战役，毁了一个王朝。"这个民谣讲的就是"细节决定成败"的道理。

中国绝不缺少雄韬伟略的战略家，缺少的是精益求精的执行者。我们做一件事，如果把握好了每一个环节，把每一个细节经营完美，那么，结果的完美必将水到渠成。艺术家米开朗琪罗曾说过："在艺术的境界里，细节就是上帝。"秦朝宰相李斯也曾说过："泰山不让土壤，故能成其大；河海不择细流，故能就其深。"事非经过不知难，天下难事必作于易，天下大事必作于细。

关于构建援外培训品牌模式的思考与实践[①]
——以云南大学"亚非生物多样性的保护 合理开发 与生态管理研修班"为例

援外培训是我国政府对外援助的重要内容之一，也是我国实施"走出去"战略、对外开展人才交流与合作的重要方式。改革开放以来，在中央的直接决策和部署下，我国援外培训规模不断扩大，领域不断拓展，内容不断丰富。随着国际形势的变化，国际援助的内容以资金和物资输出等为主的硬援助转向以观念和制度输出为主的软援助，人力资源培训在对外援助中扮演起越来越重要的角色。因此，树立品牌意识，对构建援外培训的品牌模式进行思考和研究，以提高援外培训的效果和质量是非常必要的。

云南大学于2008年被列为全国10个教育援外基地，并于当年在教育部的批准、资助和指导下10月30日至11月20日承办了"亚非生物多样性的保护、合理开发与生态管理研修班"（以下简称"亚非研修班"）。20位来自肯尼亚、南非、赞比亚、越南、老挝的高校、研究机构、政府相关部门官员及企业高层管理人员参加了此次研修班。此次研修班共举办13次讲座，3次研讨会，8次实地考察。此次培训在总结以往援外培训经验的基础上，对培训项目的管理和实施进行了一定的创新，对教育援外培训品牌构建进行了有益的实践。本文以此为例，从以下几方面对援外培训品牌模式的构建进行了思考和总结，以期为我国援外培训承办单位发挥自身学科优势、资源优势和人文资源优势，构建有特色的援外培训品牌提供借鉴。

一、了解对外援助的历史背景，明晰援外培训总体思路

要构建援外培训的品牌模式，承办援外培训的单位首先应了解国内外对外援助的历史背景和现状，以把握对外援助的格局和现状，明晰援外培训的总体思路。

---

① 与郑蔚合写，原文收入《云南大学国际化探索与实践》（云南大学出版社2009年出版）。

对外援助是指发达国家或高收入的发展中国家（援助国）对发展中国家（受援国）进行资金、物资、技术、设备等"硬力量"的转移，以及随之而来的管理经验和人文观念等"软力量"的流动和扩散（单汝波，2007）。提供对外援助既是主权国家实现一定政策目标的一种手段，也是展示国力、维持和提升国际影响力的重要途径。制度化的对外援助起源于"二战"之后，国际社会普遍认识到，要避免战争，就需要国家之间加强合作与交流，通过帮助落后国家尽快发展起来，建立一个和平的国际政治经济新秩序。于是，20世纪50年代至60年代的国际对外援助以片面的经济增长为目标，以提供资金和物资为主要援助形式，过度强调发展工业化而给受援国带来了环境、资源的破坏性开采等问题。20世纪60年代中期以后，联合国和世界银行都开始意识到解决欠发达国家的问题不应单纯地停留在经济增长上，而应该重视社会和文化、经济数量和质量的总体发展和改善（辛格，1965）。因此，对外援助开始转向资助绿色农业项目以及与人的生存和解决贫困问题直接相关的项目上。但在这时期的援助中，由于发达国家的援助机构直接对受援国的政府管理体制进行了干预，国际援助项目激化了发达国家和欠发达国家的矛盾。20世纪80年代至90年代初，冷战的结束从根本上动摇了援助国和受援国双边国际援助的基础，国际对外援助在理论上转以"华盛顿共识"为指导，开始致力于经济稳定和结构调整，推行"可持续发展"、倡导民主和良治。要求受援国接受结构调整的改革方案是这时期国际组织提供多边发展援助的最大特点。90年代以后，由于以激进的休克疗法和私有化为核心的"华盛顿共识"没有给广大债务国和经济转轨的国家带来发展，反而导致了严重的经济衰退和社会动荡，以人为本、全面发展成为国际对外援助的指导思想，公平的发展机会与减贫成为发展援助的主要目标。总之，受国际政治经济局势的影响，国际对外援助目标由单一转向全面与综合，援助领域由经济基础转向上层建筑，援助内容由以输出资金和物资等硬援助转向以输出观念和制度的软援助。

我国对外援助始于20世纪50年代向朝鲜、越南、蒙古等国家的军事和经济援助以及后来向亚洲和非洲友好国家提供的经济技术援助。60年代周恩来总理亲自制定了对外援助的八项原则；80年代邓小平同志说，等我们人均达到1 000美元时就要花多一点的力量援助第三世界国家，并提出了新时期对外援助工作的基本原则：平等互利，讲究实效，形式多样，共同发展；2005年胡锦涛主席在出席联合国首脑会议上宣布了中国政府加强对发展中国家援助的五项新举措，以及在三年内为发展中国家培训3万人的目标。从几代领导人关于对援助的指示可以看出，我国对外援助的出发点和根本宗旨一直保持着高度一致，其指导思想包含着国家利益、国际主义、大国责任，呈现出互利共赢、共谋发展、不干涉内政的特点。但是，国内外形势的变化促使我国对外援助工作政策、方式和管理都根据形势发展进行了很大程度的调整。早期的对外援助过多出于革命道义支持，较少考虑经济效益，有时甚至超过了自身所能承受的能力范围。受援国的形势也有所不同，有的受援国完成了民族解放运动而面临发展经济的首要任务，另有一些受援国走向了反华道路。鉴于以上原因，加上改革开放、经济市场化要求使有限的援外资金发挥更大的效益，我国政府对援外政策、方式和管理机制进行了很大程度的调整，更加注重援助的效果：援助形式更加注重发展援助和人道主义援助；援助内容在原有的中小型成套项目的基础上增加了合资合作、人力资源援助而呈现出多元化的趋势；援助主体也由改革开放前以政府为主转为由政府、国际组织、企业、金融机构社会团体乃至个人共同参与；援助路径也由原来的"经济为外交辅路"转为"外交为经济搭桥"。

截至2006年底，我国共为100多个发展中国家援建2 000多个成套项目，提供了大量的物资援助和各类技术援助；共为150个发展中国家和地区举办各类培训班2 500多期，培训人员约8.6万人，涉及政治、经济、教育、卫生、文化、农业、能源交通等领域，共计150个专业。

二、充分认识援外培训的作用和价值，从国家政治、外交的高度来规划和实施援外培训项目

援外培训作为我国政府对外援助的一项重要内容，其效果直接影响到我国的政治外交形象和声誉。援外培训不是一项单纯的培训项目，而是一项以国家利益为首，把对发展中国家的培训工作与国家的政治、外交工作有机结合的任务（涂金馥，2007）。因此，承办培训的单位只有充分领会了对外援助项目的作用和目的，站在国家政治、经济和外交的高度，从为国家利益负责的角度出发，将援外项目作为一项重要的外交和政治任务去规划和实施，来规划和实施援外培训项目，才能取得最佳项目效果，也才能打造出援外培训的品牌。

援外培训项目具有花钱最少、见效最快、影响最大、持续时间最长的特点，在服务于国家政治、经济和外交战略方面起到了多方面的作用和价值。

（一）有助于提升我国的软实力

对外援助是我国提升软实力的重要途径。提供多少援助，已经成为衡量一个国家综合实力强弱和国际贡献大小的一个重要指标。因此，实力和国际影响力大的国家无一例外地要发展对外援助。由于对外援助能够带动援助国内部的各种要素向受

援国进行多层次的扩散和渗透，并且可以展示国力、维持和提升国际形象以及国际影响力。我国通过对外援助提升软实力主要表现在以下几方面：① 通过对外援助谋求与受援国的友好关系，影响其政治经济的发展方向，获得其对我国的国际支持；② 通过对外援助来利用国内、国外两种资源，扩大国内、国外两种市场；③ 通过对外援助扩大我国的文化意识形态的影响力；④ 通过对外援助充分展示中国作为一个负责任大国的形象，赢得国际社会的认同与支持，为和平发展营造良好的环境。

云南大学在举办援外培训项目中，有意识、尽可能地把培训过程中的所有活动当作了展示中国国力、传播中国文化和意识形态以及扩散中国的政治经济发展观念的途径，并且取得了很好的效果。通过专题讲座向参训官员宣传了中国在本领域的发展状况与成果；通过工作人员与参训官员的接触和交流有意识地向他们传播中国人的思想观念和生活状态；通过精心安排的餐饮、住宿和实习考察活动特意向他们展示了中国经济、社会发展、综合实力状况，传递了中国政治、经济发展模式的感召力和辐射力；通过考察名胜古迹、观看文艺演出，使他们感受到中国历史文化的吸引力和凝聚力，对每名参训官员表现出的友好和热情，让他们增进了对中国人民的好感。根据我校对此次研修班20名参训官员的评估调查我们发现，19名官员在他人的总结报告中提到参加此次研修班的重要收获之一，就是让他们真正了解到中国现代经济、社会发展的状况和成果；17名官员在总结报告中提到中国的历史文化和现代文明以及中国人民的热情好客使他们爱上了中国；16名官员在总结报告中对研修班都提出建议：这样的研修班非常有意义，希望中国政府继出资举办研修班，以便让更多人参与、受益。100%的参训官员表示回国后要将他们在中国的所见所闻介绍给自己国家的人民，并且积极支持和推动本国相关机构、领域增进与中国的交流与合作。

（二）增强受援国自主发展能力

我国在30年改革开放过程中，积累了许多成熟的生产技术和管理经验，对于其他发展中国家具有借鉴作用。援外培训以我国优势品牌作为入点，选择适合发展中国家需要的主题，开展研讨、研修和实习考察活动，对于增强受援国自主发展能力、促进经济发展和社会进步产生了积极的作用。

云南大学的"亚非研修班"以资源的合理开发为主要内容，课程既反映了国际生物多样性保护、生态管理最新的前沿科技进展以及我国在该领域的科研成果和科技实力，同时根据参加培训的国家与云南省在自然条件方面的相似性来设置。因此来自肯尼亚、老挝的参训官员都说，他们可以直接接受并推广使用我国的一些方法和技术。

（三）促进我国与国外在经济、技术、教育文化等领域的合作

通过援外培训可以培养出对我国友好并对双边交流有益的人才，为我国全面推进国际合作与交流注入新的生机与活力。我国通过援外培训项目在发展中国家培养了大批对华友好人士，为这些国家提供了实质性的发展援助，塑造了良好的国际形象和威信。我国为受援国培训的各类人才，普遍跻身各国政界、商界和军界中高层，并积极推动双边友好关系的发展。目前为止，已有10位总统、副总统来华参加过培训。通过援外培训这个平台，来自不同国家和地区的参训人员介绍本国国情、交流发展经验、共享实用技术、推介合作项目，推动了各受援国有关的部门和企业与我国建立合作关系，并签署合作意向书。

通过举办这次研修班，云南大学与部分受援国已达成以下合作意向：肯尼亚野生生物保护局（Kenya wildlife Service）参训官员邀请我校专家访问肯尼亚，在生物多样性保护、自然保护区划与建设、人员培训方面予以合作和支持：越林学院参训官员提出将邀请我校有害昆虫防治专家、生物质能源开发专家、亚洲象研究专家到越南开展合作研究：老挝一所高校参训的副校长表示拟与我校合作在老挝建立孔子学院，另有老挝的其他官员提出将送人员到我校攻读硕士和博士学位：南非的参训人员提出了在环保领域与我校的合作项目正是充分认识到援外培训的以上作用。我校承办此次亚非研修班方面积极争取到了教育、云南省外办、教育厅等有关方面的重视和支持；另一方面学校领导和各职能部门也高度重视。学校专门组成由分管外事工作的副校长任组长，国际合作交流处长和生命科学院院长任副组长的培训工作组。工作组组长亲自率领相关部门召开筹备工作会，指导研修班的工作安排，并调集学校外事后勤等部门的优势力量实施培训工作。

另外，我校还在培训前组织教学人员和接待人员学习援外培训项目的背景知识、目的、意义和相关的政策要求，以确保教学人员能够站在一定的政治高度设计教学内容和方案，在教学过程中服务于援外培训的特殊目的：同时，确保接待人员树立大局意识，将援外培训的目标和任务贯穿于每一项接待细节中。

三、加强援外培训的理论和政策研究，提高援外培训项目的规划和执行水平

20世纪60年代以来，对外援助在西方已成为一项培训项目和一个独立的研究领域，并取得了大量研究成果，美国、日本、英国等发达国家均成立了研究机构或专门组织力量，就援助的理论、目标、本质、意义、效果、统筹规划、评估、效果跟踪调查等方面进行研究，并形成了较完善的理论体系，而且设立了对外援助法和

相关法案，而目前，我国一方面对外援助的理论与政策研究还十分薄弱，远远滞后于对外援助的实际行动，对西方的援助体系也了解不够；另一方面自己也尚未形成一套较为完整、有中国特色，适合中国国情的对外援助理论体系。我国也还未出台相应的对外援助法律法规，外援项目仅靠相关职能部门的文件和规章制度，因此，我国的援外培调工作缺乏完整的理论指导和战略性的规划。如何让对外援助更有效地为中国的和平发展战略服务，应当成为目前一个迫切的、具有战略意义的研究课题。各承办援外培训单位在承办培训项目的过程中收集一手资料，借鉴发达国家对发展援助的理论与实践研究，对世界各国和我国的援助现状和发展趋势进行研究是十分必要的。

在我校2008年被教育部授予教育援外培训基地之后，我校就立刻聘请校内外专家成立了"云南大学教育援外培训专家组"，准备就援外培训项目的目标、规划、效益、评估等问题展开不定期的专题论证和研究。承办此次"亚研修班"，我校在项目的规划、申报、筹备，执行及总结过程中都比较注重对援外培训理论的领会和政策的研究，最终结合我校实际，成功完成了整个培训项目。在规划和申报阶段，我校专门邀请专家对教学进行了认真的规划，然后又邀请非洲研究专家以及熟悉援外培训项目的相关人员一起，对项目规划和申报书进行反复的论证和修改。培训项目结束时，我们还在教育部评估官员的指导下，专门召集参训人员召开总结评估会议，口头听取参训官员们对此次培训项目的感受、收获、意见和建议。另外，我们还要求参训人员以提交总结报告和填报评估调查表的形式对培调项目进行了评估。我们要求参训人员提供的20份翔实的总结报告和20份评估调查表，成为我们下一步对培训项目进行理论研究的一手材料。通过对这些口头和书面资料的认真梳理和总结，将进一步提高我校对援外培调项目的理论和实践水平。另外，我们还利用学校自己的《国际合作与交流通讯》进行专刊报道和评述，以期在加强对外宣传的同时提高理论水平。

四、品牌定位，突出特色和优势

商务部要求援外工作要树立"精品意识"，教育部也要求各援外培训基地"努力打造品牌，形成特色，并充分发挥示范和辐射作用"。各个援外培训的承办单位应在国家对外援助的战略和政策的大框架下，根据自身资源优势来定位自己的援外培训品牌，并在构建品牌中突出自身的特色和优势。这种资源优势应包括以下几方面专业特色和优势。

（1）承办单位在某个专业领域的研究和办学具有独特的优势和特点，对国内外相关领域都具有相当的吸引力，并且其水平需代表和反映我国在此行业的主流发展水平，承办此专业的援外培训才能代表国家形象。

（2）专业资源，即承办单位在培训过程中能够利用的自然资源、学术研究资源。

（3）承办单位实施援外培训的软硬件条件和实践经验。

云南大学凭借得天独厚的地理区位优势，生物、生态资源和少数民族资源优势以及学校自身生态学和民族学的学科优势，定位于构建一个面向两亚、辐射非洲，以生态学、民族学为特色的援外培训品牌。云南大学的生态学和民族学在国内独树一帜，具有明显的特色与优势。由于复杂的地形地貌、独特的气候类型，云南省是全国植物资源和动物资源种类最多的省份，以其占全国60%的植物种类和50%以上的动物种类被誉为"植物王国"和"动物王国"。得天独厚的自然资源也使云南省成为我国自然保护区数量和类型最多的省份。我省的植物研究所、动物研究所是中国社科院下属机构，相关研究及标本收藏在全国都处于领先水平。我校将教育部的援外培训重点对象非洲国家与对我省具有区位优势的东南亚国家结合。确定培训对象为亚非国家；然后以教育部的援外培训方针政策为指导，结合学校的学科优势和地方资源优势，确定以"生物多样性保护与开发"为培训主题。

在考察活动安排方面，我们紧扣研修主题，利用我省丰富的自然资源和人文资源，安排了独具地方生物多样性特色和少数民族文化特色的考察活动。一方面展示了本地区在生物多样性保护方面取得的成功经验，另一方面独具特色的考察活动对参训人员形成了巨大的吸引力。研修班参训人员通过对昆明植物研究所、动物研究所，云南农业大学普茶基地，石林地质公园，大理苍山森林公园，澄江帽天山国家古生物地质公园，玉溪城市景观用水及工业用水引水净化工程的考察，了解到我国在生物多样性保护和开发以及生态管理方面的成功经验、技术和成果，而观看《云南印象》少数民族文艺演出、参观云南民族村大理白族民居和昆明周边少数民族村寨又使参训人员对丰富多彩的少数民族文化产生了极大的兴趣。另外，他们也看到了我国部分少数民族地区的落后状况，深感中国政府出资举办这样的培训项目实属不易，使他们倍增对中国人民、中国政府的感激之情。

五、创新工作思路，完善援外培训工作机制

系统成熟的培训工作机制是实现援外培训目标的有效保证。通过近几年来援外培训的实践，我们认为一个系统成熟的援外培训工作机制应该包括项目规划和设计

机制、项目实施工作机制、财务专项管理机制、安全机制、评估机制、项目跟踪和研究机制。这些工作机制建立起来后，还需根据各年项目的实施情况进行不断地创新和完善。

（一）项目规划和设计机制

培训项目的规划和设计是整个项目操作过程中最重要的基础工作。培训项目的主要目的是让参训人员了解中国，借鉴中国的发展经验，感受中国的文化意识形态，以促进相关领域的合作。因此，培训项目的内容要有实用性、先进性和针对性，应该首先明确受训国的需要和本校、本地的特点，有针对性地开展培训。课程内容既要全面系统，又要突出重点；采取专题讲座、实践参观、学术研讨、实地考察等多种研修方式相结合：做到既有理论又有实践，既有课程教学又有野外实地参观，既有专业知识又有国情、文化课程。对培训的教学、参观活动做出整体规划后，还要认真制订整个培训实施过程各阶段的计划，明确培训项目的整体目标任务和各阶段、各环节的目标任务，建立培训工作目标责任制，确保培训项目顺利实施。我们认真研究培训对象国的国情与需要、培训目标人员的背景以及驻外使领馆的一些反馈信息，选择适合受援国国情需要的内容，制订有针对性、实用性、先进性的培训方案，并对培训内容和方法、考察参观的地点和项目进行反复论证。就此次"亚非研修班"而言，我们考虑到学员来自非洲和南亚的国家，与云南省在自然条件方面具有一定的相似性。例如，老挝与云南接壤，生物种类及遇到的环境问题具有较大的相似性，我们的一些方法和技术可以直接被他们所接受并推广使用；非洲的自然环境与云南也有一定的相似性，植物、动物也有一些相似的种类，因而培训的针对性很强。

（二）项目实施工作制

培训过程中应从整体工作团队建设、教学管理、接待管理几方面来设立完善的项目实施工作制。要构建援外培训的品牌，重要的是有一支思想先进、工作高效、作风细致的高水平工作团队，包括项目的组织管理人员、教学工作人员、接待工作人员。在教学管理方面，要选择高水平的专家、学者或政府工作人员授课，采取参与式培训方式，尽可能地让参训人员积极地参与到培训的各个环节中。接待方面要细致周到，做到亲情式管理，根据参训人员的兴趣要求及时调整接待方案。我校专门成立项目工作组，由分管外事的副校长担任组长，两个相关职能部门的领导担任副组长，下设两个工作小组，并由一名项目总协调人具体负责协调安排两个小组的工作：学术工作组负责教学活动的安排与实施，接待工作组负责与教育部的联络、学员食宿和考察活动的安排及其他后勤保障的提供；另外，还确定一名学术班主任和一名生活班主任作为以上两个工作组的负责人。

（三）财务专项管理制

由于教育援外培训项目是教育部专项拨款、专款专用，我校建立了财务专项管理制，在学校财务处设立了援外培训项目，由专人严格按照教育部、商务部的财务规定进行管理。

（四）安全机制

确保援外培训项目实施过程中参训人员的人身安全至关重要。为此，我校建立了项目财务管理安全机制，一方面是在参训人员抵达后就在项目介绍会中融入安全教育的内容，要求参训人员在培训期间遵守一系列安全规定；另一方面是采取一系列安全防范措施确保项目的安全实施，另外，为高效、妥善处理可能发生的突发事件，我们为研修班专门制订了意外事件应急预案。

（五）评估机制

对培训效果的评估是检验培训工作开展情况的重要方法。我们通过多方考虑、认真策划，在此次"亚非研修班"项目中对评估机制每人提交一份总结报告。评估表不仅包括对整个培训项目的教学、管理、考察的综合评估，还包括对教学内容中每一次讲座的详细评估。总结报告须包括参加研修项目所得到的收获、对中国的印象和感受以及对研修班的意见和建议三项主要内容。我国目前各高校援外培训的评估通常采用评估调查而没有提交总结报告的要求，而收集参训人员的总结报告可以为援外培训项目的完善和今后的理论研究提供更加丰富的参考和依据。

（六）项目跟踪和研究机制

培训结束后与学员及其所在单位建立长期的联系与合作并对这种联系中获得的相关信息进行长期的研究，不仅可以改进今后的培训，将其作为学校的外事资源，还可作为国家对外援助项目研究的资源。

六、特殊的项目操作，达到援外培训项目的特殊成效

为服务于援外培训的特殊目的，我们在教学组织和日常管理方面都进行了特殊的操作，从而达到了援外培训的特殊成效。在教学组织上，培训实行了专题讲座、课堂讨论、专题研讨、实地考察相结合的方式。培训以生物多样性保护、资源的合理开发及生态管理为主要内容。课程既反映了国际最新的前沿科技进展以及我国的科研成果和科技实力，又迎合了参训国的科技状况和实际需要。除了与研修主题紧

密相扣的讲座外，我们还组织了"中国国情""中国经济现状与趋势"这样有助于参训官员了解中国的讲座，每个讲座都深受参训官员好评，以至于有的官员生病了都会带病来听讲座。

为进一步扩展培训成果，研修班还有针对性地举行了三次研讨会，一次是与我校非洲研究中心共同举办的主题为"生物与文化多样性：中国与非洲学者对话"的研讨会，一次是与我校国际关系研究院举办的研讨会，还有一次是与生命科学院举办的生物多样性保护与生态管理研讨会。在几次研讨会上，参训的亚非官员纷纷就自己国家的实际情况进行了精彩的发言，并与我校师生在相关领域进行了深入的交流。

在日常管理方面，我们实行人性化管理、亲情式服务。研修班筹备期间，我们就组织工作人员学习非洲国家国情概况、文化习俗。在参训人员抵达后，每人就领取到一个由我们专门准备的文具包，内有"研修班手册""研修班讲座演示稿汇编"以及电话卡、雨伞、购物袋、明信片等人性化物品。开班前专门为参训人员进行学前教育，包括向他们介绍研修班情况、相关要求、规定、注意事项，帮助他们熟悉周边环境、学习生活设施以及一些基本的中国文化、礼仪、常识。为充分调动参训官员的积极性，在研修期间，我们还实行"轮值主席责任制"，每名官员都要轮流担任轮值主席，负责官员之间、官员与中方人员之间的沟通交流，每次讲座结束代表全体参训官员感谢授课老师并对讲座进行评述，在参加考察活动、宴请及一些重要活动时代表大家讲话。在实施具体的管理和服务方面，我们始终以人性化管理和服务为原则，采取了由项目总协调人直接领导学生志愿者、由学生志愿者全天陪同参训官员的形式，对官员的日常学习和生活进行亲情的关心和帮助，对每名官员提出的特殊要求和愿望都尽可能给予满足。

教育援外培训项目的实施和管理是一个极其复杂的系统工程，涉及政治、经济、外交、教育等方方面面。随着经济全球化的发展和我国综合国力的提高，援外培训将在我国对外援助方面扮演越来越重要的角色，承担援外培训的单位应对援外培训的理论和实践进行研究，服务于国家的对外援助战略需要，努力发挥自身优势，构建系统成熟且有特色的教育援外培训模式。

感　想

20世纪50年代至今，中国对非洲教育援助的形式，随着对非援助政策的调整而不断发生变化，从最初的资助来华留学、教育物资捐助等逐步发展为多领域、多层次的捐助。根据《中国的对外援助（2014）》白皮书，目前，中国对非教育援助主要为政府奖学金、短期培训、文化交流、孔子学院、学校建设和捐赠、教师借调和高校合作，其中政府奖学金是在官方文件中被提到最多的也是最主要的中国教育援助方式。

中非教育合作与交流也在2006年以后进入了新的历史发展时期；尤其是在2006年的北京峰会和2009年的沙姆沙伊赫峰会上，教育领域的援助已经很明显地成为中非合作的重要领域。

在2009年的沙姆沙伊赫峰会上，中国又进一步提出，到2012年中国向非洲提供的中国政府奖学金名额将增至5 500名。

在这种迅猛势头的推动之下，2012年中非合作论坛除增加对非政府奖学金名额外，还开设"非洲人才计划"，在接下来的三年时间里为非洲培训约30 000名各类人才。在之后2015年的论坛上，中国对非的教育援助力度继续加大。在约堡峰会中的中非"十大合作"中除了提出增加政府奖学金名额外，还鼓励中非高校就地区和国别研究开展合作，也鼓励中非高校互设研究中心；同时，在非洲当地培养200 000职业和技术人才，提供4 000个来华培训名额。可以看出，中国对于非洲的教育援助增长速度之猛、进步速度之快、领域之深入是十分引人注目的。

在半个多世纪的实践过程中，教育援非在取得巨大成就的同时也推动了政治、经济、文化领域的援助和合作，教育援助已成为促进中非关系友好发展、改善非洲国家教育状况、推动非洲国家人力资源开发、提升中国在非洲影响力的重要方式。随着中非关系的进一步深化和合作领域的进一步拓展，教育援非的重要性将进一步凸显。

附件：

云南大学创新理念谋求国际化发展①
——云南日报采访于欣力处长

编者按： 2007年5月，云南大学召开了全校外事工作会议，以此为契机，在学校党委和行政各部门的大力支持和关心下，云南大学的国际化理念逐渐深入人心，国际合作与交流取得了长足的进步。以下是云南日报记者杨帆和刘红对云南大学国际合作与交流处于欣力处长的采访，我们可以从中一窥最近几年来云南大学面向国际化飞速发展的历程。

茂林修竹，绿草如茵的云南大学内，从走动在教学大楼、图书馆、实验楼过道中用不同语言交流着的留学生身上，就可以感受到云南大学的国际化氛围。在采访了来自老挝、泰国、印度、韩国、越南的留学生后，更惊讶于云南大学的国际化程度。据最新数据显示：云南大学留学生规模已达到1 500余人，留学生规模和层次在全国排名第42位，云南大学已跻身国际化行列。

"国际知名"提高声誉

大学国际化与大学教学、管理、科研、服务社会紧密相关，学校的发展战略离不开国际化，国际化是高水平大学向世界知名大学迈进的战略目标。

创建于1923年的云南大学有着悠久的历史和较高的国际知名度。早在1946年，英国《简明不列颠百科全书》就把云南大学列为世界知名的15所中国高校，直到1986年再版时云南大学仍然位列其中。

"从云南大学的历史发展来看，'国际知名'无疑极大地提高了学校的声誉，使学校在半个世纪前就跻身国内一流大学的行列。现在的云南大学依然受惠于当年先贤们的努力和成就。"云南大学外事处处长于欣力如是说。

---

① 此文写于2009年，曾在学校的工作通讯上发表。

于欣力说，2008年，云南大学在《云南大学2008-2012年改革与发展规划》中，明确了学校经过5年努力，主要发展指标进入全国高校50强，再经过5年的努力，综合实力进入全国高校50强，把云南大学办成西部一流、国内先进、国际知名的高水平研究教学型综合大学的总目标。为实现这个总目标，云南大学确立了以"国际知名"推动实现"西部一流"的发展理念，为实现云南大学的再次腾飞打开突破口。

目前，云南大学以国际化为抓手，领导重视，各有关单位配合的国际化新格局逐步形成，学校的国际化建设取得了较大的成绩。学校留学生规模由2007年前的不足500人扩大到如今的1 500余人。国家政府留学生奖学金项目院校资格和教育部面向大湄公河次区域的奖学金留学生自主招生权的获得，更使学校的留学生层次得到大幅提高。2008年云南大学在校学历留学生达到254人，比2007年人数翻了一番。随着2009年新一批奖学金生的招收，在校学历留学生人数在2008年的基础上将呈倍数增长。

此外，云南大学外事处还争取到一批重要的政府项目，如教育部教育援外基地、国家外专局的软件人才（国际）培养基地和云南省国际人才培养基地。为配合国家的汉语国际推广工作，云南大学设立孔子学院的数量由1个增加到3个（云南省目前共有5个孔子学院）。在校生海外学习项目也大幅增加，预计明年通过校级项目派出的学生人数将突破百人。

"走出去"加快进程

于欣力认为，当学校把国际化作为一项战略措施的时候，要注重国内和国外两个平台的建设。一是对外的着眼点，要放在面向全球，立足南亚、东南亚的区位优势上去思索、谋划。二是对内的着眼点，要放在国际特色学科、优势人才需求的"人无我有、人有我优，人弱我强、人强我专"孵培上去探索、践行。

于欣力说，云南大学积极构建国际合作与交流的立体化网络，大力实施"走出去"战略，为拓展师生的国际化视野，培养具有创新意识和创新能力的高素质人才开拓渠道，搭建平台。

目前，云南大学已身兼教育部"中国—东盟大学校长论坛"中方秘书处单位，教育部"与周边国家开展教育合作与交流专家组"秘书处，云南省教育厅"云南高校国际交流协会"副会长单位，以及国际区域性教育合作组织GMSTEC（大湄公河次区域高等教育联合会）、GMSARN（大湄公河次区域学术与科研网络）的董事单位等职能。借助这一系列职能所搭建的合作与交流平台，云南大学与国内外，尤其是周边国家院校机构建立了一批国际合作与交流项目。开展各类长短期项目14个，其中一年以下短期项目8个，一年以上，含一年长期项目6个。短期项目如经济学院与泰国清迈大学的教师学生短期交流项目、外语学院与泰国孔敬大学短期学生交换项目等。长期项目如韩国岭南大学交换生项目、人文学院与泰国宋卡王子大学2+2合作办学项目、1+2+1中美人才培养项目等。

值得一提的是，通过境外缅甸华文教师函授班和泰国华文教师函授班的举办，云南大学为缅甸和泰国培养出一批合格的华文教师。此举对宣传云南大学，实施云南大学教育"走出去"战略，加快云南大学的国际化，扩大云南大学在东南亚的影响具有重要意义。

"请进来"接轨国际

随着云南省政府奖对周边国家奖学金的设立，特别是云南大学从2007年被列为接受中国政府奖学金留学生的院校以来，留学生的层次得到很大提高，截至2008年12月，云南大学在校留学生来自五大洲的54个国家，共1 517人，长期生111人，短期生406人，学历生254人，其中本科生189人，硕士研究生52人，博士研究生13人，非学历生1 263人。留学生人数最多的前5个国家分别是韩国、泰国、越南、美国、英国。由于我省与东南亚毗邻的区位优势，学历生主要来自泰国、越南、柬埔寨、老挝、缅甸，另外来自南亚印度、孟加拉国及中亚伊朗的硕士及博士生有所突破和增长。目前，学历生的学习专业集中在文科，主要分布在汉语言、国际关系、经济、民族学、法学、管理学科。

"我认为云南大学是进行民族、民俗文化研究最强的一所学校。"在云南大学读完硕士研究生又接着攻读博士研究生的泰国留学生潘泽期郑重地说。她先后在北京、上海、南昌、成都等地的大学进修过。她开玩笑地说，跟云南大学的缘分是命中注定的，因为她最终考取的是云南大学人文学院历史系。

云南大学从20世纪60年代开始就因教育部设立的西南亚研究所而开展了西亚、南亚的研究，后来又拓展到了东南亚地区。可以说，云南大学在东南亚国家有80多年的影响。于欣力认为，云南大学在学校平台的建设方面，应当推进学科、学者、学生的国际化，开展外语培训，进行国际区域研究，建设国际化课程，培养"全球通"人才；在专业建设方面，应极打造与国际先进水平接轨的，能被国际教育认可的专业品牌，增强国际竞争力。

于欣力说，顺应国家教育外事发展的趋势，彰显学校特色，与国际通用的标准接轨，积极开展双边和多边的区域性教育交流是云南大学国际化的要求，也是云南大学返向区域性知名高校的必由之路。

附 篇

Part III

本部分主要介绍了笔者编著的涉及高校国际化的图书以及33年来的出访活动一览。

编著的高校国际化图书

笔者已编著高校国际化图书（包括丛书）共计16部，涉及高等教育对外交流的诸多方面，包括与人合著的以高校国际合作与交流为主题的《云南大学国际化探索与实践》、作为执行主编组织编写的以高层次国际会议为主题的《东亚峰会框架下的高等教育合作》，与人合作主编的以出国访学为主题的《游于道——云大师生走世界》、作为副主编组织编写的《英国访学记——云南大学第三期赴海外研修班》、主编的以"引智"工作为主题的《东陆洋先生从教记》、主编的以来华留学生（研究生层次）优秀毕业论文为主要内容的《东陆留记》系列丛书（五辑）、主编的中印人文交流系列丛书——《印度青年眼中的中国》（中英文版）和《中国青年眼中的印度》（中英文版）、主编的以中印人文交流为主题的画册《叩开中印大同之门》等。

一、与人合著的以高校国际合作与交流为主题的《云南大学国际化探索与实践》

　　教育国际化是一个历久弥新的话题。纵观国内教育界，教育国际化已不仅只是一个关键词，而是实际发生着的工作实践。教育国际化已被国内许多高校列为学校发展规划的重要评估指标和发展战略，如何建设开放型的国际化校园已成为诸多高校重点考虑的一个问题。云南大学亦是如此。经过一代代云大人的努力，云南大学的国际合作与交流工作颇有起色，与国外高校实质性的对等交流与合作日趋频繁，留学生规模逐年增加、层次不断提高，学科建设、人才培养和科学研究等方面日渐走上国际化发展的轨道。这个集子以理论结合实践的方法对云南大学国际合作与交流工作的方方面面加以总结和展望，内容涉及国际交流项目的开拓与培育、留学生管理、高校间的双边与多边区域合作、汉语国际推广、教育援外培训、和谐国际化校园的建设、合作办学以及外事团队建设等。时任云南大学副校长肖宪教授在序中写道："这些成就不仅得益于云大的政策环境和云大人开放、创新的心态，也得益于国际处上下一心的努力。在此之中，国际合作与交流处全体同仁作为一支学习型、创新型团队，为此做出了很多贡献。国际处于欣力同志到校工作时间不足三年，但已较熟悉了学校的基本情况，在工作上锐意进取，勇于革新。更可贵的是，他热爱学习、勤于思考、善于总结，利用业余时间把来自日常工作的心得体会记录下来，在《神州学人》《大学国际》《世界教育信息》以及云大校报等报纸、杂志上发表了多篇文章。日积月累，欣力写下的文字已汇集成眼前这本著作《云南大学国际化探索与实践》。"

二、作为执行主编组织编写的以高层次国际会议为主题的《东亚峰会框架下的高等教育合作》

　　2011年，完成教育部、外交部亚专资项目，由笔者担任执行主编出版《东亚峰会框架下的高等教育合作》。时任国务委员刘延东发来贺信。时任教育部副部长郝平亲自为本书作序。澳大利亚教育、就业与劳资关系部部长坎贝尔评价："东亚峰会的多样性是一种优势，它为教育提供了机会。区域作为一个整体，势必能从更加密切的教育合作中受益，因为欠发达成员国得益于较发达成员国的先进经验、专业知识和资源，而且，所有成员国均得益于整个区域的迅速发展所产生的经济和社会效益。"教育部副部长王立英评价："21世纪是一个开放性、竞争性和高效性的新世纪，中国与东亚峰会其他成员国面临着同样的机遇和挑战。中国政府将全方位、高层次地进行教育国际交流与合作，把扩大教育对外开放、加强国际交流与合作作为国家教育战略的关键环节。中国政府愿意与东亚峰会其他成员国在高等教育领域共同开创新理念，迎接新挑战，探索合作共赢之路。"

三、主编的以来华留学生（研究生层次）优秀毕业论文为主要内容的《东陆留记》系列丛书（五辑）

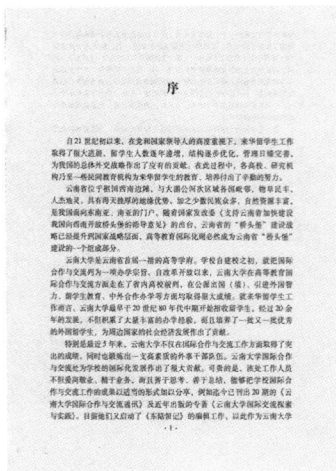

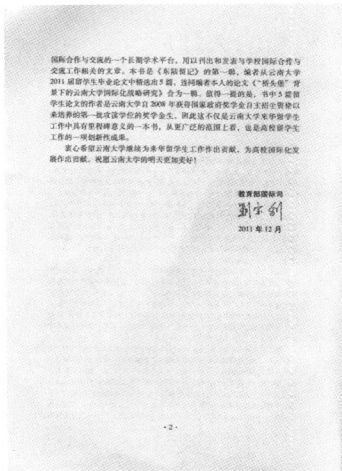

2011-2016年，完成教育部外国留学生奖学金项目，出版专著《东陆留记》1～5辑。时任教育部国际司分管来华留学生的副司长刘宝利亲自为本书作总序，并指出："特别是最近5年来，云南大学不仅在国际合作与交流工作方面取得了突出成绩，同时也锻炼出了一支高素质的外事干部队伍。云南大学国际合作与交流处为学校的国际化做出了很大贡献。可贵的是，该处工作人员不但爱岗敬业、精于业务，而且善于思考、善于总结，能够把学校国际合作与交流工作的成果以适当的形式加以分享。例如，迄今为止已刊出20期的《云南大学国际合作与交流通讯》及近年出版的专著《云南大学国际交流探索与实践》。目前他们又启动了《东陆留记》的编辑工作。以此作为云南大学合作与交流的一个长期交流平台，用以刊出和发表与学校国际合作与交流工作相关的文章。本书是《东陆留记》的第一辑，编者从云南大学2011届留学生毕业论文中精选出5篇，连同编者本人的论文《"桥头堡"背景下的云南大学国际化战略研究》合为一辑。值得一提的是，书中5篇留学生论文的作者是云南大学自2008年获得国家政府奖学金自主招生资格以来培养的第一批攻读学位的奖学金生。因此，这不仅是云南大学来华留学生工作中具有里程碑意义的一本书。从更广泛的范围上看，也是高校留学生工作的一项创新性成果。"正如刘宝利司长所说，这套系列已经连续出版5辑，到目前为止仍然在全国属于创新性成果。

第一辑　后记

近五年来，云南大学的留学生工作发生了翻天覆地的变化。2007年底，我校被列为接受国家政府奖学金的院校，由此成为"国家队"的一员；自2009年起开始招收孔子学院奖学金生，使我校招收外国留学生的规模继续扩大。近三年来，我校每年招收的留学生人数为1 600人左右。面对成绩我们不能满足，而是要"居危思危"。问题由此提出：如何以奖学金生为龙头，带动自费生规模的扩大？我想这将是我们今后一段时间的主要研究任务之一。

为不断扩大留学生规模，优化留学生结构，提高办学质量和管理水平，实现学校截至"十二五"末期将年度招收的留学生人数扩大到4 000人的目标，我们需要付出更多的努力，也需要得到上自校领导下至各位师生的支持和配合。与此同时，我们也需要把相关院校的师生为提高我校留学生教育工作水平和质量所做的工作加以展示。

2008年4月，我校成为教育部面向东南亚自主招生的项目院校，以此为契机，我校政府奖学金生和学位学历生招收人数突飞猛进，某些专业（如国际关系）招生人数已达到单独开班的水平。三载时光眨眼而过，其间是莘莘学子的日夜苦读和老师们的诲人不倦，也有数不尽的春华秋实。2011年4月，我们欣喜地看到2008级的100余名到我校攻读学位的留学生已经作好论文答辩的准备，而且其中不乏论点新颖、论据充分、论证有力的佳作。

我们由此考虑到，是否应当为学校打造一个独特的国际合作与交流的学术平台？我们的想法立即得到学校乃至教育部领导的首肯和赞同。于是，我们决定于2011年推出《东陆留记》这本具有年刊性质的文集。本书是《东陆留记》的第一辑。本书编纂期间，在各相关学院的配合与推荐之下，我们对今年毕业的留学生的毕业论文加以筛选，从中遴选出5篇具有代表性和一定学术水平的论文，连同本人的论文《"桥头堡"背景下的云南大学国际化战略研究》合为一辑。

《东陆留记》书名的来源颇有一些趣味。为了给我们苦心搭建起来的学术交流平台取一个意味深长的名字，全处（国际合作与交流处）上下可谓煞费苦心，为此我们还召开过专题讨论会，全处上下集思广益，大家提出不下于10个颇有创意的名称，但均不能令人十分满意。不过众人基本达成共识的是，由于云南大学的前身是1922年于昆明成立的"私立东陆大学"，作为学校悠久历史的纪念，应当把"东陆"作为书名的一个关键词。正在大家为书名一筹莫展的时候，一位喜添千金的同事脱口而出"留记"二字，让大家顿时眼前一亮。另一同事立即对"留记"二字加以演绎："东陆留记"既是留学生为"东陆园"（云大校本部中心校区）留下的记录，也是从事国际合作与交流的众多云大人为"东陆园"留下的纪念，更是"东陆园"给所有从事、参与过云南大学国际合作与交流工作的人们留下的印记！于是"东陆留记"毫无悬念地成为这本集子的正式名称。

经过一段时间的努力，《东陆留记》（第一辑）终于跟读者见面了。这本集子不仅积累了2008级学位学历留学生的辛勤劳动，也凝结了各位指导教师的辛勤汗水，在此一并致谢。在我校留学生教育工作发展过程中，教育部国际司、国家留学基金会、国家汉办以及学校的党政领导不断给予我们鼓励和鞭策，国际司刘宝利司长在百忙中通读了全书并亲自为本书作序，使本书的出版获得极大的动力，在此特表谢忱！同时也诚挚地感谢云南大学出版社周永坤社长和赵红梅老师，在他们的辛勤努力下，本书得以如期出版。

于欣力

2011年12月

第二辑　前言

云南大学招收外国留学生始于自1986年。根据中法文化交流协定,12名法国学生到我校进行为期一年的汉语、中国文化、中国历史等课程的学习。从此之后，每年都有数量不等的外国留学生到云南大学进行短期或长期学习。我校的留学生工作有过令人称道的辉煌，也经历过低谷。

五年多以来，我们牢牢地以争取进入国家政府奖学金项目院校的"国家队"为抓手，开拓留学生工作的新局面，使我校留学生工作重新走上了上升的轨道。在我们努力下，教育部于2007年1月批准我校成为招收国家政府奖学金生项目院校，于2008年4月批准我校自主招收周边国家奖学金留学生，在学校领导的关心支持下，在相关学院的大力配合下，已培养了两届硕、博士毕业生，为了能让我校优秀毕业留学生和外事干部有一个展示他们学习和科研成果的学术平台，我们酝酿推出了《东陆留记》系列论文集。《东陆留记》（第一辑）在策划出版之时，得到了教育部国际合作与交流司的肯定与大力支持，刘宝利司长欣然提笔为《东陆留记》撰写了总序，高屋建瓴地为我校下一个时期的留学生培养指明了努力的方向。同时，他也对我校外事团队的工作进行了勉励。

正如刘宝利司长在总序中提到的，"云南大学不仅在国际合作与交流方面取得了突出的成绩，同时已锻炼出一支高素质的外事干部队伍。云南大学国际合作与交流处为学校的国际化发展做出了很大贡献。可贵的是，该处工作人员不但爱岗敬业、精于业务，而且善于思考、善于总结，能够把学校国际合作与交流工作的成果以适当的形式加以分享，例如近年出版的专著《云南大学国际交流探索与实践》"。我们这支年轻而充满了活力的学习型团队精通业务、善于创新、坚忍不拔，正是这份坚持，《东陆留记》才得以与读者分享。

云南大学办学伊始，国际化就是我们的起点、亮点和赢点。近年来，学校高度重视国际化建设，2007年，学校召开了第一次外事工作会议，并把2007年定为学校的国际交流年。2007年4月17日，"云南大学进一步加快国际化建设工作会议"召开，《云南大学关于进一步加快国际化建设意见》也在全校印发，这标志着云南大学的国际化建设进入了新时期。

为了突出国家的"桥头堡"战略和我校区域合作与交流的特点，我们特别注重来自周边国家的优秀毕业生的论文。在《东陆留记》（第一辑）中，我们选录了经济学院泰国留学生齐大旺同学的《滇泰果蔬贸易中的运输方式及成本比较》、公共管理学院韩国留学生高动钾同学的《韩中政府信息公开制度比较研究》、资源环境与地球科学学院越南留学生阮商贤同学的《跨境旅游空间结构与重构——以"昆河经济走廊"为例》、西南边疆少数民族研究中心韩国留学生卢美罗同学的《中国都市老人休闲文化研究——以昆明为主要考察对象》、国际关系研究院越南留学生阮瑞明诗同学的《21世纪以来越中与越日贸易发展的比较分析》五篇来自不同学院、不同国家的留学生的论文以及我本人的《"桥头堡"背景下的云南大学国际化战略研究》。他们在论文的撰写过程中，把学到的知识与具体的实践相结合，运用定量分析与定性分析，动态分析与比较分析相结合的研究方法，在收集了大量的资料数据的基础上，以独特的视角分析、解读了他们所关心和研究的领域，让我们看到了我校培养的留学生研究生的水平与能力。

《东陆留记》（第二辑）选录了商旅学院泰国留学生董丽娜的《泰国旅游者赴云南旅游的满意度研究》、法学院缅甸留学生殷月的《国际海盗犯罪与缅甸面临的海盗问题研究》、经济学院越南留学生范丹沙的《中国与东盟自由贸易区正式启动背景下促进越南水产品出口问题研究》、国际关系研究院缅甸学生赵玉强的《联合国对缅甸的发展援助研究》、人文学院泰国学生洪德坤的《泰国中文运签语言文化研究》、信息学院柬埔寨学生丁峰的《脉冲耦合神经网络在图像分割中的应用》、资源环境与地球科学学院越南同学陈秋江的《区域条件对区域经济空间结构的影响——以越南中部重点开发区为例》等7篇高水准的论文。这些论文涉及经济学、管理学、国际关系，以越南中部重点开发语言学、法学和网络通信工程诸多领域，作者们运用的研究方法有问卷调查法、比较法、观察法、实验法，难能可贵的是在涉及区域经济领域时还运用了跨学科研究法。留学生同学们以他们的特殊身份从别样的视角出发关注着自己的国家，研究着中国甚至还将视野投入到了大湄公河次区域中去。比如，董丽娜对如何进一步促进云南和泰国的旅游业合作作了大量的调查，论文中采用的数据真实可靠，结论富有现实指导意义。殷月同学由缅甸的海盗犯罪研究为基点，分析了如何建立联合机制，用国际力量打击海盗跨国犯罪的可行性。可见，第二辑在体量、学科多样性、研究方法等方面较第一辑又上了一个台阶。《东陆留记》（第二辑）的出版将是对这国际化办学理念的一个有力支持！

于欣力

2012年7月17日

第三辑　前言

时光飞逝，如白驹过隙，2013年是云南大学自主招收周边国家奖学金留学生的第六个年头，这一年一共有72名留学生毕业，其中40名研究生，32名本科生。云南大学的留学生教育和管理工作步入了正轨，每年招生和毕业人数趋于稳定，有关留学生教学单位在留学生日常培养工作中也总结出了很多经验。2013年7月，云南大学承办了"滇京津沪外国留学生管理（教育）学会交流会"，来自京津沪三地的一流高校与云南的留学生管理与教学的负责人和干部们齐聚一堂，以感性或理性的甚至是学术化的发言交流留学生管理的经验，而我则以"以区域双边与多边合作为核心，着力打造独具特色的东盟留学生教育"为题在会上作了主旨发言，把近6年来招收东盟国家留学生的经验和成果向同行们进行了汇报。我校以区域双边或多边合作为核心，吸引东盟留学生的做法得到了同行们的肯定。

在《东陆留记》第一辑中，笔者提出了面对留学生工作取得的成绩，我们不能满足，而要"居危思危"，第一个"危"是当时全球处于金融危机爆发期，留学生生源开始缩减；第二个"危"是身处危机，如何思考在逆境中仍能有一番作为。

现在，我仍要提出"居危思危"这个理念，因为云南大学目前的留学生办学规模距学校"十二五"规划中提出的将年度招生人数扩大至4 000人的目标还有很大的空间，与"滇京津沪外国留学生管理（教育）学会交流会"的同行交流时，我们深切地感受到兄弟院校在留学生教育方面的不凡业绩，因此我们既要不断地向兄弟高校学习，同时也要不畏困难，继续负重前进。云南大学的外事团队一直是一支作风强劲，能吃苦、肯奉献的队伍，相信这个团队能够引领着留学生教育不断迈向远方。

为了继续发挥《东陆留记》作为学校国际合作与交流的学术平台，2013年，我们根据各个学院的推荐意见选取了来自周边国家的优秀毕业生论文共8篇。他们是人文学院缅甸留学生陈小美的硕士论文《缅甸啤谬市的汉语教学历史、现状与发展情况调查分析——以天后宫补习学校为例》；泰国留学生王美玲的硕士论文《汉泰常用名词量的比较研究》；经济学院泰国留学生周诸婉的硕士论文《泰中农产品出口贸易问题研究——以泰国木薯产品为例》；法学院老挝硕士留学生威帕功的《老中禁毒合作法律问题研究》；软件学院缅甸留学生蓝志坚的硕士论文Analysis and Design of Inventory Management Information System of a Retail Shop；高等教育研究院缅甸留学生张振碧的硕士论文《外国学生留学云南的推拉因素研究》；民族研究院越南留学生武洪述的博士论文《中越京族符咒仪式研究》和国际关系研究院越南留学生阮文旺的硕士论文

《交趾、大越国与南诏、大理国的关系研究（公元八至十三世纪）》。

我们欣喜地看到，在第三辑中，留学生们以他们跨文化的视角，用研究生阶段所学、所积累的知识和技能对中老、中泰、中越的民族、语言、经济等领域进行了探究和比较研究，这种另辟蹊径的研究视角是不可多得的，也是值得珍视的。此次，缅甸蓝志坚同学用英文撰写的一篇工程学领域的优秀论文让我们眼前一亮，理工类的留学生向来身影少见，蓝志坚同学的毕业论文让我们看到了学校理工类学院培养留学生有着广阔空间可以发挥。

《东陆留记》（第三辑）的问世，无疑是对这一年学历留学生的学业成果汇报，也是指导教师们辛勤耕耘的成果，在此我们深表感谢，同时我们要感谢教育部国际司、国家留学基金委员会，国家汉办以及学校党政领导不断给予留学生教育工的重视与鼓励，我们期待着《东陆留记》能够不断以新面孔呈现在读者面前。

于欣力

2013年9月

第四辑　前言

《东陆留记》陪伴着学校留学生培养、教学、管理工作走过了4年，我们连续四年对应届留学生毕业论文进行了梳理和呈现，每位留学生的导师均为他们指导的论文能够收录到文集中而感到骄傲。本书是展现我校留学生教学、培养和管理水平的一个重要平台，受到了教学单位的重视、兄弟高校的好评。今年我们根据各个学院的推荐意见，从105名毕业的留学生学位论文中选取了8篇优秀论文集结成册继续出版《东陆留记》第四辑。在本辑中，留学生们运用在云南大学留学期间所学的知识和技能对自己感兴趣的课题进行了探究和研究，其成果丰富了我们进行国别研究和语言学研究的视角。今年的论文涉及了语言学、经济学、管理学、法学等。这些论文的特点是留学生们紧扣自己国家的社会和经济发展问题来展开研究，有的从细微处着眼，见微知著，有理论有案例；有的用比较的方法来研究中国和本国的国情及相关制度；有的从语言学的角度来研究汉语学习中的偏误。

收录在《东陆留记》第四辑中的优秀毕业论文是缅甸同学杨心竹的《中国对缅甸直接投资问题研究》，越南同学杜氏盛的《越南初中级阶段学生"鸟"字旁汉字学习情况调查及偏误原因分析以越南海防大学为例》，老挝同学宋鹏的《中老外商投资法律制度比较研究》，老挝同学小花的《老（挝）中（国）边境村民合作种植橡胶的问题研究》，泰国同学方光荣的《泰国学生汉语"发送类"动词习得偏误分析研究》，越南博士生阮泰和的《越南胡志明市华族的财神信仰研究》，越南同学邓氏红蝶的《越南民办高校人力资源战略研究——以周文安大学为例》，越南同学陈水英的《东多郡各所民办普通高中学校分科课程教学管理措施研究》。

《东陆留记》在筹划出版之初，本书编委会就曾设想过把它作为一个展示学校国际化办学成果的平台，因此笔者曾在《东陆留记》第一辑中尝试收录了拙作《"桥头堡"背景下的云南大学国际化战略研究》，后又收录了《"亲、诚、惠、容"的周边外交与服务驻在国华人华侨——云南大学曼德勒福庆孔子课堂服务缅甸华人华侨的案例分析》一文，明年我们打算把《东陆留记》进行扩容，在收录每年应届优秀留学生毕业论文的基础上，加入各类反映云南大学国际合作与交流成果的文章以及兄弟院校的约稿等等，让这本书的名字"留记"能够体现和传递学校中外学生大交流的格局和国际化信息。

在此，我们仍然要对各位参与留学生教育、教学、管理工作的老师们深表感谢，同时我们要感谢教育部国际司、国家留学基金委员会、国家汉办以及各方面人士不断给予留学生教育工作的支持与鼓励，我们期待着《东陆留记》能够不断以新面孔呈现在读者面前。

于欣力

2014年9月

第五辑 前言

《东陆留记》如约而至，2015年云南大学迎来了许多新的变化，留学生办公室随机关整体搬迁至呈贡新校区明远楼，新常态下的留学生管理与教学对我校来华留学生工作提出了新的要求，参与留学生管理的干部和与留学生培养有关的教学单位也需要为之付出更多的努力才能让我校的留学生教学质量稳步提高并且在全云南省范围内保持一定的优势，这也要求我们不断创新，不断提高对自身的要求。

2015年我校留学生在校生人数为951人，毕业生人数为43人，其中114人获得学位。2015年云南大学获得国家汉办孔子学院奖学金南亚师资班项目，秋季学期我们迎来了28名来自孟加拉和尼泊尔的学生，他们将在云南大学学习一年，学成回国后，他们中的大部分人将成为当地汉语教学的骨干力量。在留学生办公室搬迁至呈贡校区前，我们还为今年即将毕业的留学生举办了联欢活动，希望他们在云南大学愉快学习和生活的记忆能够延续得更久，更深刻。

我们征求学院的意见，选取了5篇有代表性的2015年留学生毕业论文集结而成《东陆留记》（第五辑），这5篇论文是：柬埔寨学生李永庆的《柬埔寨政府利用世界银行信贷的绩效研究》、越南留学生陈庭兴的《越南房地产土地使用权转让研究》、缅甸留学生李焕兰的《1988年以来缅甸工业发展研究》、韩国留学生桂基润的《韩国学生学习"了"偏误分析及对策探析》、泰国留学生郑希怡的《汉泰网络新词语对比》。

观之每一辑《东陆留记》，我校留学生论文的一个特点是他们在导师的指导下积极研究本国的社会和经济发展，以及本国的法律，这其实也为中国学者研究东南亚国情提供了非常宝贵的一手资料。今年另一个可喜的现象是留学生尝试从语言学的角度来研究汉语，比如桂基润同学敢于从汉语"了"字的用法入手分析学习者们存在的偏误，还有泰国同学郑希怡另辟蹊径，通过网络词汇来比较中泰两国的文化。值得一提的还有法学院几乎每年都有留学生论文入选《东陆留记》，特别是罗刚教授指导的留学生论文已连续两年入选《东陆留记》。在此，我们要对各位参与留学生教育、教学、管理的老师深表感谢。同时我们要感谢教育部国际司、国际留学基金委员会、国家汉办以及各方面人士不断给予留学生教育工作的支持与鼓励。

于欣力

2015年11月

四、主编的中印人文交流系列丛书——《印度青年眼中的中国》（中英文版）和《中国青年眼中的印度》（中文版、英文版）

2015-2017年，完成国家广电总局"丝路书香工程"重点翻译资助项目，出版《中国青年眼中的印度》（中英文）《印度青年眼中的中国》（中英文）。这套系列丛书得到了国家广电总局的资助，资助金额为15万，是我做中印人文交流的基础性工作之一，均由中印人文交流泰斗谭中先生亲自作序。印中友协主席Fernandes博士、印度教育在线总裁Ganguli博士、NIIT中国区总裁Kamal博士等均高度评价该系列丛书，云南大学国际关系学院博士生导师赵伯乐教授也为本书作序。特别需要指出的是，尼赫鲁大学副校长Chintamani Mahapatra（钦塔马尼·马哈帕查教授）为本书的推荐语这样写道："《印度青年眼中的中国》和《中国青年眼中的印度》这两本书为中印人民之间的相互理解翻开了全新的篇章。古往今来，多少文人、学者就中印两国人民的交往写下了大量游记和专著。但这两本书却别出心裁，独树一帜。何以见得？书中所记，均为中印青年跨洋互访的所见所闻，书中各篇都是作者本人经历的情感写照，而非学术思辨。人类心灵的直观感受，往往比思考和分析的结果来得更为真切。中印两国青年诉诸笔端的真实观感如珍宝般列于册中，待读者慢慢发掘。这两本书终得玉成，编辑人员居功甚伟。"

《中国青年眼中的印度》序

我很高兴为《中国青年眼中的印度》写几句话。这是一本从未有过的书，它为中印两国民间交流开创了新路。云南大学在出这本书的同时，还出一本《印度青年眼中的中国》，形成双向交流，促使两国青年人思想会面，增进两国人民之间的相互了解。

人住到哪里就在哪里生根，我父亲谭云山30岁到印度，85岁在印度仙逝。他20世纪30到50年代经常回国，1959年到北京参加政协并与周恩来总理详谈中印关系，以后就再未回国了。国内很多人称他为"现代玄奘"，其实他与玄奘有别，去而未归。西安有"大雁塔"庆祝玄奘"西天取经"归来。中国人只有到印度西孟邦"和平乡"圣地尼克坦（Santiniketan）国际大学校园内的"中国学院"才能看到后人对谭云山的怀念。"中国学院"没有"雁"，所以不是"大雁塔"，倒像是从中国飞到印度的"飞去峰"（与杭州西湖旁从印度飞到中国的"飞来峰"成为一对）。我追随父亲，26岁到了印度，现在寿命已经超越父亲人世，却仍在效法他的榜样。我70岁时得病，如果不离开印度去美国治疗而一直留在印度，可能早就不在人世了。但这16年我身体不在印度，心灵却没有离开。我现在是耄耋之年，但我的心还年轻。我在印度生活与工作了45年，从26岁到70岁，是我一生的黄金时段。那45年中，我讲课、写书向印度朋友介绍中国，又在阅读与生活中了解印度。我像父亲一样，不忘记自己是中国人，也把印度当作第二祖国。因为我爱印度，所以我的朋友和学生都爱中国。

亲爱的读者们，"中印一家亲"是一个很悠久、很伟大的故事。已故中国学兼印度学大师季美林称它为"天造地设"。在数不清的千万年以前，本来在非洲的印度地球板块飘海到亚洲与中国的地球板块拥抱，前者的前端钻到后者的下边，把后者的前端抬高起来。昆明附近的"石林"就是证明。我们参观石林看到的海底的景致是印度地球板块造成的。昆明和云南其他地方，原来是在海底，是中印两大地球板块拥抱，"天造地设"的产物。这一拥抱更制造出地球第一大山喜马拉雅与青藏高原。中国地理、地质学家称之为"喜马拉雅造山运动"。现在印度地球板块仍然在中国地球板块下边向前推动，中国的西南部、喜马拉雅和青藏高原仍然在慢慢加高。我说的"中印一家亲"的故事就是这样开始的。

有了喜马拉雅以后，地球上还没有生物。人们说，地球有三极，除了南极与北极以外，还有喜马拉雅这"第三极"，它与地球自转造成的气流相互作用，创造出宜于生物生长的自然环境。喜马拉雅（与青藏高原）又是地球上最大的冰雪仓库，春天冰雪融化，流出数条世界大河。世界上第三大河长江与第五大河黄河创造了中国文明，恒河和印度河创造了印度文明。如果我们以喜马拉雅的中心为中心，在地球上画一个包括印度半岛在内的圆圈（可以叫作"喜马拉雅圈"），我们就会发现地球上一半的动植物都发源于这一圈内，现在与人类生活关系最密切的植物（如稻谷、小麦、棉花、麻、桑、豆类等）与动物（如牛、羊、猪、马等）都是这一圈内的特产。到今天为止发现的人类最早的三位祖先，他们是生活在200万年前的"巫山猿人"（重庆附近），生活在180万年前的"侯尚格巴德猿人"（Hoshangabad Ape Man）（印度中央邦），以及生活在170万年前的"元谋猿人"（云南元谋县）。这一切说明，"喜马拉雅圈"是人类的摇篮以及中印两大文明的摇篮，也说明中国和印度一开始就有亲属关系。

我想，本书很多读者都听说过"三星堆"这个名字，参观过成都附近的三星堆和成都市内的金沙考古文物展览。这一存在于3000～5000年前的古文明很有特色。第一，发掘的文物中有很多铜塑人像。他们都像现在的印度人，和现在的中国人没有半点相似。第二，三星队古文明崇拜日神，这一崇拜在印度仍然继续，在中国却被人遗忘。

我还记得好几年前参观三星堆展览的一个场面。口若悬河的年轻讲解员向我们介绍一件直径85厘米的轮形"太阳形器"说了一番有趣但也是荒唐的话。她说，这件文物代表太阳，你们一定会觉得奇怪，太阳为什么会长刺（她指的是轮子的五根轮辐）呢？她说她也一直觉得费解。恰好前一天晚上一位"老师"上课时对此作了解释。这位老师说，人们在沙漠中痛恨太阳，所以这件铜塑让太阳长刺，代表人们对太阳的诅咒。

我和在场的印度朋友们都忍不住笑了，但没有去驳斥她。这铜塑的轮子代表古印度"日轮"（surya-cakra）的概念，那五根轮辐并不是描写太阳长刺。讲解员的"老师"怎么不好好想想，这三星堆文明的突出特点是太阳崇拜，这些铜塑（包括这太阳形器）都是太阳崇拜的表现，怎么会是"对太阳的诅咒"呢？再有成都一带不但从来就不是沙漠，而且几乎每年只有十来天能看见太阳，人们见到太阳欢迎都来不及，怎么会诅咒它呢？！

其实古印度"日轮"（surya-cakra）的概念早就传到中国。唐朝宰相兼文人韩愈《送惠师》诗有"夜半起下视，溟波衔日轮。"。九世纪唐朝诗人独孤铉的《日南长至》诗有"轮辉犹惜短，圭影此偏长"，把阳光形容为"轮辉"。宋太祖赵匡胤《咏初日》有"一轮顷刻上天衢"。今人经常描写"一轮红日冉冉升起"。我想三星堆考古展览馆的"老师"不会对此完全陌生的，为什么不能把这些常识运用到"太阳形器"的解释上去呢？

我参观三星堆展览后印象最深刻的就是铜器中鸟的形象特别突出，其鸟的形象往往和兽形结合，有兽头鸟身与人头鸟身的铜塑。展览馆宣传品中对这种突出现象不作解释，却使我想起印度神话的"大鹏金翅鸟"（garuda）。这"大鹏金翅鸟"在印度神话中和"龙蛇"（naga）是共生的，佛教神话把它们形容为护法神，它们就作为"天龙八众"的神（"naga"作"龙众"，"garuda"作"迦楼罗"）传入中国。在印度教神话中，这"大鹏金翅鸟"是"偏天神"（Vishnu）的坐骑，也是"日鸟"。这"日鸟"的形象在三星堆考古文物中很突出，特别是金沙出土的那片金箔（现在已经成为三星堆文明的形象符号），是四只日鸟围绕太阳飞翔的图案。我觉得："大鹏金翅鸟"简直是三星堆文物艺术的灵魂。再有，表达"大鹏金翅鸟"形象的文物在印度各博物馆虽然很多，但时期比起三星堆来却晚了两三千年。换句话说，三星堆文物中的"大鹏金翅鸟"是全世界最古老的神话艺术品。

我想，如果把三星堆的文物搬到印度去展览而不标明出处，印度人一定会相信这是印度发掘的考古文物，一定会十分肯定它们是古印度文化的遗物，一定会对古印度"日神"（surya）崇拜大做文章，一定能比已有的中国三星堆的研讨说得更为头头是道。然而，三星堆是在中国境内，是中国人祖先的文化遗物，这就令人费解了。

究竟三星堆是印度还是中国文明，只能有一种符合逻辑的回答：那就是三星堆文明的存在早于"中国"与"印度"标志的兴起，在三星堆文明时期既没有"印度"，也没有"中国"。三星堆考古没有发现文字，我们现在知道的中国文字发展是从安阳"甲骨文"发展起来的，与三星堆无缘。现在人们参观三星堆考古展览所看到的引汉字文献来解释三星堆文物，严格地说属于一种"反历史"行为，只能当作参考，不能成立学术权威。

有了"中国"和"印度"的标志以后，这两个从"喜马拉雅圈"的摇篮中出生的文明——中华文明和印度文明——背靠着背，一直进行着兄弟般的交往，两国民间有许多相同的、类似的神话传说。前面谈到的印度神话中"大鹏金翅鸟"和"龙蛇"的一对与中国神话中的"龙""凤"一对就有很多相同与相似之处。印度史诗《罗摩衍那》（Ramayana）中的猴王"哈努曼"（Hanuman）和中国民间盛传的"齐天大圣"孙悟空如出一辙。中国神话中住在昆仑山上瑶池的"西王母"很可能是印度神话喜马拉雅山上的女神"邬玛"（Uma）的化身。当然，这些都是神话，研究起来不可能太科学，无法考据。但佛教传到中国已有2000多年，文字记载与圣山庙宇比比皆是。我们现在到全国各地名胜旅游，到处都可以看到印度文明在中国留下的印记。

接下来，我想和本书年轻作者与读者谈谈我在印度研究中国得出的一个结论：精通印度文化可以帮助我们加深对中国文化的了解。我可以从切身的体会来谈。比方说，中国古书有些典故，《孟子》有"墨子兼爱，摩顶放踵，利天下为之"，但因为时过境迁，这"摩顶放踵"就令人费解。我在印度有一次听女舞蹈家用示范动作来讲解自己经历。她说，每天早上练功之前，先拜老师。她跪在老师面前把双手放到老师脚上，然后站起来，把摸过脚的双手擦自己的额头，象征着把师傅的技艺接收过来，然后整天苦练。我听了恍然大悟，这就是"摩顶放踵"呀！《孟子》不正是用这四个字来代表古人刻苦练功吗？！中国古代一定有像印度传承了几千年的练功前的这种"摩顶放踵"的拜师仪式，后来失传了。现在我在网上看到一种对"摩顶放踵"的解释说："为了爱护他人，不辞辛苦劳累，即使从头顶到脚跟都擦伤了，只要对别人有利，也心甘情愿地去做。"真是令人啼笑皆非！

再举一个例子。中国"小我"服从"大我"（或者"牺牲小我为大我"）肯定不是中国古代"诸子百家"的创造，我还没有见到中国学者对这一观念的来龙去脉作过完善解释。在印度住过以后，它的源头就凸现了。印度传统认为宇宙的、无限的"我"（Paramatman）包含与覆盖个体的"我"（atman）。"Paramatman"传到中国就变成"大我"，"atman"传到中国就变成"小我"，这是再明显不过的。中国接受了这种整体观念后，社会的凝聚力大增，个人服从集体，全国一盘棋。

印度语言善用复合的消极语来创造加码的积极意义［例如"asoka（无忧）""abhijit（无敌）"，在消极意义前加"a"就产生新意、增加正能量］被中国学会，中国词汇出现"无忧""无敌""无比""无量""无畏""无穷""无限""无疑""无碍""无涯""无数"等，生动丰富。印度富金、产香，也使贫金、不产香的中国在文学中"金"光闪闪，"香"气迷人。中国四字成语中由印度传来的概念（如"慈悲为怀""勇猛精进""光明正大""自由自在""现身说法""衣钵相传""种瓜得瓜""拖泥带水""空中楼阁"等），不胜枚举。

　　许多人认为中国文化的主流是"儒家"，很奇怪，研究"儒家"的学者在他们的长篇大论中，总是要引宋朝朱熹、明朝王阳明等人的话。他们没有意识到古代孔孟教导只是语录，成不了"家"，宋、明时代的国学大师是以佛教的智慧来诠释古代孔孟语录才形成理论。朱熹提倡"理学"，强调"理论"的"理"。"理论"这个词是从佛经来的，是梵文"yukta"的汉译，孔孟时代根本没有的。王阳明的"心学"，更是强调印度文化的"菩提心"，把它应用来发扬孔孟教诲。宋儒范仲淹名言"先天下之忧而忧，后天下之乐而乐"，是把印度的"菩萨精神"在中国推广。他的"居庙堂之高则忧其民，处江湖之远则忧其君"，是中印文化合璧。张载的"为天地立心，为生民立命，为往圣继绝学，为万世开太平"，创造了"为天地立心"与"为万世开太平"的两大新鲜的国学理论。这"心"是佛教对梵文"意识"（citta）的汉译，指的是"菩提心"（bodhicitta），用现代术语就是"思想觉悟"。他这"为天地立心"是一种"高度觉悟世界"的理想。张载是中国第一位以"太平"来形容"公允的世界"的学者，也是对佛教理想的宣传。中国民间称佛陀为"平等王"，因为掌握人世"生死"大权的阎王是最最大公无私的。张载要"为万世开太平"，就是要人间世界世世代代都享受公允的社会、经济与政治秩序。以上这些例子可以为2015年8月23日刘延东副总理在山东济南第二十二届"国际历史科学大会"开幕式上说的中国五千多年的文明史是"互学互鉴的交流史"做注脚。

　　上面这些话是一个86岁的老人以自己亲身经历与研究结果向本书年轻作者与广大年轻读者进言，希望大家认识中印两大文明的亲属关系，珍惜它，并且让它发扬光大。当前世界形势发展显示：中印两国在今后的世界地位越来越重要，两国人口占人类1/3强，两国经济占世界的比重也即将达到这一比率，中印两国团结起来，甚至结成"命运共同体"，就可以把世界局势引导到理想境界。如果两国继续扯皮，暗中把彼此当作竞争对手，甚至潜在的敌人，那就会为人类带来灾难。这样看来，中印两国人民，特别是知识精英，应该把增进中印友谊与相互了解当作对国家、对世界的责任。现在云南大学的学生已经站出来肩负这一神圣任务，可喜可敬。

　　毛泽东主席在20世纪50年代说，印度是伟大的国家，印度人民是伟大的人民。我在印度住了45年，和印度朋友交往了60年，对毛主席所说深有体会。云南大学的同学们在这方面也慢慢有所体会。

　　我认为，云南大学出这本《中国青年眼中的印度》，可以把它当作第一册，以后还继续出，成为中印人们交心的工具。希望其他大学也出这样的书，更广泛地代表中国各地青年的观点与情感。

未来是属于下代人的，今天云南大学积极关怀印度、与印度青年交流的《中国青年眼中的印度》的作者，将来变成国家地方或中央的领导人，就为对中国政府了解印度与增进中印关系注入强大动力。我预祝本书成为畅销书，成为中国广大青年的伴侣。

谭　中

2015年9月29日于美国芝加哥大湖北岸

《印度青年眼中的中国》序

中国与印度是两个具有悠久历史的文明古国，早在2000多年前，就开始了相互的交往，联通南亚与东亚的丝绸之路见证了这两大文明之间源远流长的经济、文化与人员的交流。考察历史我们发现，古往今来，青年人在中印关系中一直扮演着最为活跃和重要的角色。1400多年前，27岁的唐玄奘西去取经，在19年里历尽艰辛，最终成为沟通中印文明的一位伟人。半个多世纪前的1938年，年刚28岁的印度医生柯棣华来到中国，在四年中救治了许多抗日战士，最后把自己的生命也献给了中国人民，在中印友谊的史册中添上了浓墨重彩的一笔。正是有许许多多如唐玄奘、柯棣华这样的愿为中印交往去努力的年轻人，才使得中华文明与印度文明这两大世界文明一起结伴走到今天。

令人遗憾的是，由于复杂的历史原因，从20世纪下半叶开始，一直延绵不绝的中印交往出现了一段低潮期，这两个地理空间上的邻居被人为地割断了正常的往来，特别是民间的往来一度降到最低点，直到20世纪80年代末，随着两国外交关系的正常化，几乎中断的双向交往才再次"发车"。与此同时，中印这两个古老的国家先后走上了快速发展的道路，合作与开放成为20世纪末21世纪初两国发展的主旋律。

与西方发达国家相比，中印这两个在民族复兴道路上快速行进的国家具有更多的相似性，两大古老的文明具有巨大的包容性，善于学习和吸收一切优秀的文明成果，在新的发展中更愿意与别人共同发展和共享成果，"（中印大同）Chindia"这一思路的提出可以说是一个最好的佐证。

但是到目前为止，"中印大同"还只是一种美好的愿景，现实与理想之间还存在着巨大的差距。在这两个最大的、也是当今世界发展速度最快的发展中国家之间，不要说是携手前行任重道远，就是民众彼此间的全面了解也远远不够。许多人对西方发达国家的了解远远强于彼此间的了解，甚至于对西方发达国家的了解热情也往往高于彼此间相互了解的热情。这就出现了一种比较奇怪的现象，中印这两个有着漫长共同边界线的邻国，其国民之间却常常处于"咫尺天涯"的状态，一些人对对方的了解还停留在几十年以前，神秘感有时超过了现实感。

我以为，中印之间的深度了解和共同发展，其最大希望在青年身上。相比于老一辈，他们的历史包袱更少，更愿意向前看，他们今天所接受的、所实践的都决定着未来的走向。

云南省地处中国西南一隅，近年来在加强中国与南亚各国特别是与印度的合作方面一直坚持不懈，云南的高校着力加强两国青年人之间的交往，取得了不凡的成绩，即将出版的《中国青年眼里的印度》和《印度青年眼里的中国》两本书就是这些成绩的一个缩影。两部文集汇集了来自中印一些高校青年学子的切身感受，真诚、实在，这些年轻人不仅用自己眼光和笔触观察和描述了一个充满吸引力的异国，而且大都表达了加强彼此了解和合作的良好愿望——这正是"中印大同"由愿景变为现实的希望所在。

从文集的文字上看，我们很难看到和体会到本书编者所付出的巨大努力，这些身处幕后的人们既是交流项目的策划者和组织实施者；又是文稿的搜集者、修改者和编纂（翻译）者，有时为了一个词语的正确表达，他们会长时间讨论，甚至向专家请教，当文集初稿出来之后，又逐字逐句认真校对，可以毫不夸张地说，本文集编者的工作量远远超过了文集作者的工作量。对此，他们执着低调、无怨无悔，一直坚持着。

文集即将面世，欣力嘱我写个序，虽感诚惶诚恐，还是未敢推辞，因为我想借这点篇幅，表达对本文集的编者、作者和一切为中印友好而努力的人们的深切敬意。正如我所非常尊敬的谭中先生所说，希望这一项目不断继续，新的文集不断出版，使中印青年的交往扩展为更大范围的两国之间的民间交往，谱写中印共同发展的新篇章。

赵伯乐

2017年9月17日

《印度青年眼中的中国》前言
通过加强中印青年学生的交流逐步打破近而不熟、近而不亲的隔阂

2015年5月5日晚，我与云南大学出版社副总编辑伍奇女士专程赶到昆明长水机场，与途径昆明的印度国际大学中国学院院长阿维杰特·巴纳吉博士就进一步拓宽、深化两校间合作在机场候机楼的一个小餐馆举行了工作会谈。会谈的一个重要

内容就是进一步加强云南大学与印度国际大学的学生交流，通过大量的学生间的互访和相互学习，逐步打破两国青年的近而不熟的隔阂，通过两国青年逐步改善的对对方形象的认知打破两国青年近而不亲的隔阂。会谈的一个重要成果，就是我们决定合作在双方的出版社共同出版一套系列丛书《中国青年眼中的印度》和《印度青年眼中的中国》。两本书以跨文化的视角分别由中印两国青年撰写的文集，中国青年将以学术论文、游记、诗歌等多种题材书写在印度学习、访问的经历；印度青年也将以自己赴中国访问交流、学习的亲身经历和感受为题，书写他们眼中的中国。目前《中国青年眼中的印度》（中英文版）已经由云南大学出版社出版，《印度青年眼中的中国》经过了文章收集、整理和翻译也将于近日出版发行。

　　2017年11月3-4日，印度国际大学将举办盛大的庆祝印度国际大学中国学院成立80周年暨"现代玄奘"谭云山入印90周年的纪念活动，我将带着最近出版的《叩开中印大同之门》（画册）和《中国青年眼中的印度》及《印度青年眼中的中国》在这个重要的节日里举办首发式。《印度青年眼中的中国》填补了印度对中国认知的一项空白。尽管印度青年的文笔稍显稚嫩，但是我们看到了他来中国前后的变化以及对中印关系稳步发展的信心。此外，从一些细节的描述我们也可以发现一些有趣的事情。比如他们之前了解中国的渠道很多是通过电影，总会把一些电影中的场景当成中国，到了中国会发现基本找不到那些古建筑，四合院也很少了。中国人都会功夫，来了发现并非如此。再如，他们的饮食文化与中国的非常不同，印度人多半素食而中国菜大多是非素食，但是很快他们就找到了爱吃的菜，辣椒炒土豆、干煸四季豆、香菇青菜、麻婆豆腐、花生菠菜、炒豆芽、金针菇拌黄瓜和炒白菜等等。也喜欢新疆大饼，有点像印度烤饼的感觉。除了这些菜以外，不同种类的粥食随处可见。中国的素菜搭配蒸米饭和各种口味的包子，口感绝佳。中国的菜品非常丰富，包括八大菜系，南甜北咸、东辣西酸等，让他们感到吃惊。印度的青年们还非常关心中国传统文化的保护问题，他们担心中国的年轻人已经忘记了自己国家的传统文化，比如踢毽子、空竹、琵琶、二胡和古筝等。印度青年还关注孔子学院，希望在印度建设更多的孔子学院。最引起他们焦虑的应该是就医问题，中印两国的医疗体系和医治理念很不同，对中国的西医比较头疼，但是对中医比较能接受。通过以上的点点滴滴，我们不仅可以看到来自另一个东方文明古国的青年对中国认知的转变、对中华文化和饮食的喜爱、超强的适应性，还可以看到他们对中华传统文化的关切、对两国加强交流的期盼，以及我们需要改进方面的有益建议。

　　本书请谭中先生作序，他在序言中指出："从印度独立一开始，精通英语的印度知识精英就一边倒似的从美国传媒汲取对中国的信息与了解，有点被美国人牵着鼻子走了。"本书最重要的目的就是请印度的知识青年通过自己的眼睛，写出自己最真实的感受，只有如此方有可能实现真正意义上的中印大同（Chindia）。

实际上，一部分中国的知识分子对印度的认识也是有偏差的，自古皆然。1924年7月辜鸿铭在法国《辩论报》刊载的《泰戈尔与中国文人》就这样说："孔庙外形宏伟，具有古典的朴素特点，这是中国的形象，真正中国的形象。喇嘛庙具有蒙昧和神秘的特点，加上那里有许多偶像，有的丑陋不堪，色情下流，这是印度的形象。实际上，中国文明与东方文明的差别，大大超过了东方文明与现代西方文明的差别"。这种思维在中国的学术界至今仍然存在。这种现象从某种意义上说是两个文明古国的人民"近而不熟、近而不亲"的根源所在。

印度佛教《阿弥陀经》有一则《共命鸟》的故事，讲的是共享一身的双头鸟，虽然共用一个身体，头脑和思想却是各自分开的，一头在另一头休息的时候偶然发现一朵芬芳的香花落到头边，此刻另一只头睡得正甜，这只头就想，"反正我单独吃或一起吃都一样会解渴而有力气呀！"，然后便独自默默地把香花吃了。另一只头醒来虽然觉得身体舒服，心里却很不舒服，到后来几天心里竟充满了仇恨，有一天夜里吃了毒花把自己毒死了。中印关系也是一种"共命鸟"的关系，所谓"一荣俱荣，一损俱损"，需要双方用心地维护。双方，尤其是双方的知识青年有效地沟通也很重要，互相学习，取长补短，"共命鸟"的魔咒就一定可以被打破。

本书的作者有一半以上是印度国际大学的学生，国际大学是泰戈尔创办的。"泰戈尔是中印两大文明之间的金桥，是中印友好的旗帜。"中印两大文明需要两国的知识精英传承，这是本书的宗旨所在。本书的出版只是一个引子，我们希望通过更加广泛的学生交流项目，使两国的知识青年更密切地联系，并通过他们的努力让先贤们的"中印大同"之梦早日实现。

于欣力

2017年6月27日

《印度青年眼中的中国》后记

体验艰辛，享受快乐，见证奇迹

《印度青年眼中的中国》即将付梓成书了。此时此刻，我心潮澎湃，百感交集。这不是因为我为了这本书付出了多少，而是内心深处对我的团队无私奉献的感慨与感恩。这个团队中不但有诸多的印度友人，尤其是印度国际大学的阿维杰特院长，一半以上的文章都是通过阿维杰特院长收集的；还有我的同事、我的从事印度研究的同行，有云南大学出版社的同仁，还有许许多多我们外语学院的学生。正是因为这个和谐而坚强的团队，当我们遇到困难的时候可以相互支持、共同面对。

两年多前，我与云南大学出版社的伍奇副总编辑和阿维杰特院长开始讨论出版此书。本书有两个关键词："印度青年"与"他们眼中的中国形象"。这就要求作者只可以是印度的知识青年而不是中年人或者老学者，此外他们必须来过中国，才可以描述实际的中国与他们想象中的中国的不同。收集文章的过程艰辛而漫长，一年的时间过去了，我们只收集到14篇文章，我的心情是焦虑的，因当时已经请谭中先生把序言都写好了，我很担心完不成这项工作，我和我的同事们不断地寻找着印度的友人，他们中的很多人因为工作繁忙而无法抽出整段时间来写作，可是我的同事和学生们不懈地努力，尤其是外语学院的学生们每人负责联系一个印度学生，终于收集齐了30篇稿子，呈现给广大的读者。

收获是快乐的，本书是中印青年学生合作完成的结晶，尽管有的印度青年学生的文章比较短，文采稍逊，尽管中国青年学生的翻译不那么尽善尽美，但是经过中印青年学生的共同努力，本书展现了印度知识青年最真实的感受，展示了他们的所思所想，展示了他们与中国同学相互学习的态度。如斯瓦蒂.米什拉同学在文章中这样评价她的舍友："在勺园的舍友给了我莫大的鼓励，让我能够顺利克服学业上的困难。她每天四点半准点起床，然后学习到七点半，接着吃早饭，去听讲座。下课后在餐厅吃午饭，饭后又立马回去学习。晚饭结束参加另一个高端学术会议，11点准时上床睡觉。她作息如此规律，为我树立了很好的榜样。我慢慢注意到许多东亚的留学生也是如此，学习刻苦、乐于助人、作息规律、充满激情且很有时间观念。"斯瓦蒂·米什拉同学在文章中还提到她交了许多中国朋友，"我对中国有了更多的了解，包括历史、文化传统、饮食习惯等等。应该说我从他们身上学到的知识，都是非常珍贵的礼物"。又如，Sandeep Biswas在文章中这样介绍自己开始学汉语的经历：2005年，我开始在国际大学中国学院学习汉语。我当时也像大家一样，对中国存有偏见，认为中文文字繁杂、发音困难等等。最开始，看到门口那四个楷体大字"中国学院"时，我心想这语言绝不是我的菜。走进大厅，意义深远的壁画勾起了我的好奇心，竟激起了"不探究竟，誓不罢休"的想法。那一刻成了我人生的转折点。在学习汉语的过程中，我不但消除了先前的偏见，而且重新认识了中国，对其产生了浓厚的兴趣，慢慢地爱上了这神秘国家的语言。他认为："我们依然缺乏对彼此的深入了解，同时也面临一个问题：我们是否应该只靠这些前辈和为数不多的青年人来搭建两国友谊的桥梁？还是应该激励广大人民共同携手做出贡献？祝愿中印友好关系有个美好未来！"诸如此类的文字我们可以在书中看到很多，这体现了两个古老文明所特有的魅力和粘合力，使印度知识青年的心随着他们迈进中国而与中国同呼吸、共命运。

"不经历风雨，怎能见彩虹。"青年是国家的希望，更是"中印大同"理想与愿景的希望，随着印度知识青年对中国认知的进一步加深，我们有理由相信见证"中印大同"的奇迹将在他们与中国知识青年共同努力下实现。Sutanuka Preetam同学在他文章的标题中所说，"异乡亦是故乡"。中印知识青年把彼此故乡当作自己的故乡，成为真正"背靠背"的兄弟。

愿本书成为中印青年相互理解的一个媒介，成为中印青年彼此信任、相互支持的垫脚砖，为建设"中印大同"这个宏伟大厦的地基尽一份力。

于欣力

2017年7月1日

五、与人合作主编的以出国访学为主题的《游于道——云大师生走世界》，作为副主编组织编写的《英国访学记——云南大学第三期赴海外研修班》

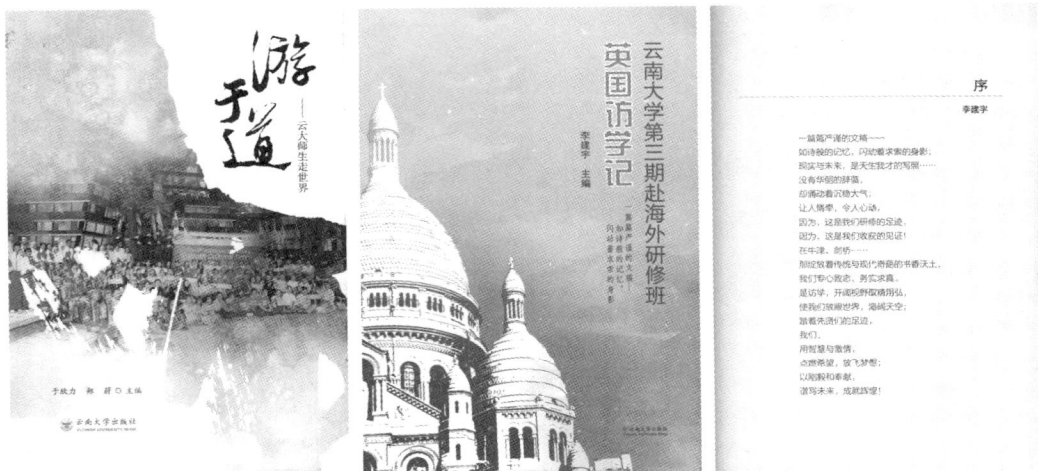

2012-2015年，完成云南大学师生海外经历项目，主编以全校师生海外游学经历为主的《游于道——云大师生走世界》。先后组织云南大学中层干部赴英、美两国开展四期为期21天的培训，本人担任其中三期研修班的副团长兼秘书长，并作为副

主编编著了《英国访学记——云南大学第三期赴海外研修班》。

《游于道——云大师生走世界》前言

随着全球一体化越来越深入中国人日常生活的方方面面，全球一体化的三个方面即全球数字一体化、全球文化一体化、全球语音译音一体化越来越主导大学进行日常教学和研究的方向，全球化还加快了人才在全球范围内的流动，国与国之间的交流更加频繁，因此高校当下的责任是尽快适应经济全球一体化发展的要求，积极培养熟悉本国文化和世界文化，通晓国际事务，懂得国际交流规则的世界通用型人才。为了让高校履行这一责任，欧盟在2003年推出了伊拉斯莫斯计划，旨在接纳世界各地合格的大学毕业生和学者前来欧洲联盟求学和吸取经验，提升欧洲联盟与第三国高等教育机构的合作，提高欧洲高等教育的国际能见度。云南大学作为我国西南边陲的重点高校，学校非常重视培养能适应国际化发展趋势的人才，学校鼓励青年教师和学生跨国流动，鼓励他们拓展视野，修读国际课程，因为只有抓住了人才培养的关键，才能强校。

云南大学自创建伊始，时任云南大学校长的董泽、熊庆来等就有立足边疆，面向世界的意识。学校的第一任校长就是云南省首批留美学生董泽先生；共同筹备大学的张邦翰、童振藻、柏西文等人多数为海外留学归来的学子。开学伊始，董校长就明确指出："东陆大学（云南大学最初名为东陆大学）非一人之所有，更非云南、中国的，实世界的也。"当时东陆大学以"发扬东亚文化，开发西欧学术，造就专门人才，传播正义真理"为宗旨，已毅然立足云南，面向世界了。1937—1949年在著名数学家熊庆来执任校长时期，云南大学因熊校长的国际化视野、严谨的治学治校风格而获长足发展、蜚声中外，从而被英国《简明不列颠百科全书》列为中国的15所世界知名大学之一。1948年熊庆来和蒋梦麟、梅贻琦分别代表云南大学、北京大学和清华大学应邀联袂参加联合国教科文组织会议，进一步扩大了云南大学在国际上的影响。建校时间不长的云南大学创造了"从边疆走向世界"的辉煌。

近年来，围绕国家战略和云南省"两强一堡"建设需求，云南大学遵循"立足边疆，服务云南，辐射南亚、东南亚"的国际化办学思路，服务学校国际化建设的战略，不仅聘请了许多有国际声望的学术领军人才，吸引了大量国外留学生，还每年组织师生访学，从不同角度观察国外大学，体验大学之道。2015年我校赴海外留学、进修、讲学、实习、学术访问的教师达300名，学生达414人。2014年12月，云南大学举办了首次"云大师生走世界"征文活动，收到了师生们的大量投稿。征文活动结束后，作为主办单位的国际合作与交流处组织了校内外知名专家和学者就投稿进行评审，在此基础上我们谨以其中的优秀之作集结成册。我们采纳了专家们的建议，将本书取名为"游于道"，意在鼓励师生们理解大学之道能游学于世界各国的大学，从而游历世界。本书所编文章按国别分类，以国家英文首字母排序，在每个国别中教师文章在前，学生文章在后。

《游于道》以期记录云大师生游走世界的可书之事、可印之迹。书中的作者们以风格各异的笔触向我们敞开了一个个别样的游学生涯，打开了一扇扇了解世界的窗户。他们有的记录了在外求学的艰辛，有的记录了参加国际会议的感受，有的记录了与世界各国大学生们同台竞技时的精彩瞬间，有的记录了在国外进行汉语教学的所思所感。总之，这本书可读性很强。我们希望本书与读者见面后能推动更多云南大学的师生游于大学之道、游于世界之道，推动云南大学国际合作与交流事业迈向更高的阶梯，为服务人类繁荣、社会发展奉献力量！

于欣力

2015年10月

六、主编的以"引智"工作为主题的《东陆洋先生从教记》

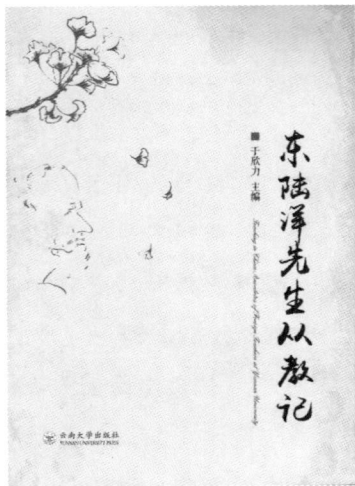

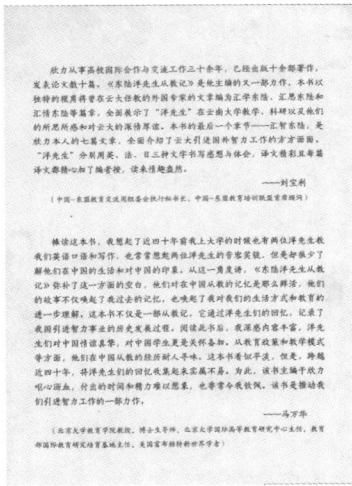

2012-2016年，完成云南大学引智工作项目，出版《东陆洋先生从教记》。中国—东盟教育交流周组委会执行秘书长、中国—东盟教育培训联盟首席顾问刘宝利这样评价："欣力从事高校国际合作与交流30余年，已经出版十余部著作，论文数十篇。《东陆洋先生从教记》是他主编的又一部力作，作者以独特的视角将曾在云

大任教的外国专家的文章编为汇学东陆、汇思东陆和汇情东陆，全面展示了'洋先生'在云南大学教学、科研以及他们的所思所感和对云大的深情厚谊。本书的最后一个章节——汇智东陆，是他本人的六篇文章，全面介绍了云大的引进国外智力的方方面面。'洋先生'分别用英、法、日三种文字书写感想与体会，译文精彩且每篇译文都精心加了编者按，读来情趣盎然。"北京大学教育学院教授、博士生导师、北京大学国际高等教育研究中心主任、教育部国际教育研究培育基地主任、美国富布莱特新世界学者马万华教授这样评价："捧读这本书，我想起了近40年前我上大学的时候也有两位洋先生教我们英语口语和英语写作。如今，我自己已经从教多年，也常常想起两位洋先生的音容笑貌，但是却很少了解他们在中国的生活和对中国的印象。从这一角度讲，《东陆洋先生从教记》弥补了这一方面的空白。该书中洋先生从教记跨越了近四十年的时间，他们在中国有的长一点有的短一点，但是反映在书中，他们对在中国从教的记忆却是那么鲜活，他们的故事不仅唤起了我过去的记忆，也唤起了我对我们的生活方式和教育的进一步理解。这本书，不仅是一部从教记，它通过洋先生们的回忆，记录了我国引进智力的历史发展过程。阅读此书后，我深感内容丰富，洋先生们对中国情谊真挚，对中国学生更是关怀备至。从教育政策和教学模式等方面，他们在中国从教的经历耐人寻味。这本书看似平淡，但是，跨越近四十年，将洋先生们的回忆收集起来实属不易。为此，该书主编于欣力呕心沥血，付出的时间和精力难以想象，也非常令我钦佩。该书是推动我们引进智力工作的一部力作。"

《东陆洋先生从教记》序
西学东渐——云南大学引智工程记

虽然东西方人的生活方式迥然相异，但中西文化具有共通的文化精神——胸怀博大，智慧文雅，温柔敦厚，天真淡泊，"东海西海，此心此理同也"（冯应景，晚明名士）。如此的普世价值倾向成为中国与西方交流的文化底蕴与发展源头，中西文化交流因此源远流长。

近代中国的对外开放以"西学东渐"为主流，成为中国步入现代之发端。尔后，中西文化交流在历史的山重水复中曲折滞碍——本土民族主义抵抗西方殖民主义，革命激进主义荡涤所谓崇洋媚外之风，国际冷战隔离姓"社"与姓"资"两个阵营。中西方政治的对峙直接阻断中西文化交流，内外情势导致三十年闭关锁国，岁月蹉跎令人扼腕叹息。

当世界重归于和平与理性，中西文化交流又在全球现代化和中国改革开放交汇的大趋势中重现高潮。当今的中西文化交流蔚为大观，不仅西学东渐，也有中学西传，东西汇通。东西方互信互动，互惠互利，可谓"海纳百川，有容乃大"（林则徐，清末政治家）。

云南大学的对外交流活动紧随中国的对外开放而开局。1979年，校外办聘请了美国教师Mrs. Elisabeth B. Booz到外语系工作，这是云大第一位外教，也是最早的引智工作。在之后的几十年发展中，云南大学对外交流、对内引智，旨在"会泽百家、至公天下"。对外交流视野愈加开阔，交流内容和形式愈加丰富，外教资源多渠道，外教参与教学多学科，外教介入中国文化与社会活动多元化，中外教育文化交流活动开展得有声有色，一派生机。由欣力主编的这本外教回忆录生动地再现了他们在云大校内外工作和生活中所感悟的"学""思""情"和"智"，字里行间展示了外教带来的教育理念、课程设置、图书资料和教学方法如何促进云大教育；同时生动地描绘了外教如何理解中国思维方式和价值观念，观察云南历史地理、风土人情、生活习俗。洋洋洒洒文章见外教助力中国的尽心尽力，点点滴滴细节见外教感恩中国的真情实意。在外教与中国师生交往之时，中西文化既冲击又互补，理解与友谊就此铸成。

引智工作是一个系统工程。国际交流处承担了从遴选外教和招收留学生的初步工作到外教离任和留学生毕业回国后的总结工作，工作极其烦琐且历时长久。原国际交流处于欣力处长坚持不懈，不遗余力，以学术的眼光和外事干部的经验领导国际交流处全体同仁在5年之间整理出版包括该书在内的六辑国际合作交流的工作文本，包括留学生论文和外教回忆录，以及四本云大师生游学记（其中一本即将付梓），卷帙浩繁，整理有序，部分双语注释，实属不易。这既是国际交流处独立工作的真实记录，又是云大发展的历史见证，因而构成云大校史不可或缺的组成部分。国际交流处的这组系列丛书是云南大学对外合作和交流工作的创新性成果，更是对云南大学国际化办学的一大贡献。

朱　望

原云南大学外语学院教授

汕头大学文学院教授

2016年11月15日

《东陆洋先生从教记》前言

经过近五年的筹备，《东陆洋先生从教记》终于出版了。为了筹备这本书，我耗费了大量的时间，也投入了极多的精力。在这个过程中我也遇到了一些困难：其一，我校从20世纪70年代末开始有外教，时间跨度之长，从事外教管理人员轮换次数之多，令许多资料档案无从查找；其二，通过各种渠道联络上的外教，大多数年事已高或工作繁忙。想要请他们写下在云大教书时的感受，需要漫长的等待过程。好在我们坚持不懈，持之以恒；故精诚所至，金石为开。我们联系的许多外国专家虽年事已高，却仍在百忙之中写出了他们在云大教学和生活的感受。在这里，我想感谢他们，是他们对云大的深厚情谊铸就了今天这本书。

十年前，我为了"义"，只身来到人生地不熟的云南大学，当时写了一篇短文《追随智者脚步》。实际上，人生就是跟随智者的脚步，追逐自己的梦想，顺着他的指引前行，无论山高水长，都要顾念情义，有始有终。故此，作为一名从事高校国际合作与交流工作长达30余年的外事工作者，也曾长期在国外访学。我深知，在引智工作中要以情动人，通过细致入微的工作让外籍专家有宾至如归的感觉。当时云大的国际合作与交流工作开展得并不顺利。记得老校长曾说过，有一位周边国家的大学负责人不知道云南大学在哪里，经过询问才知道就在云南师范大学的斜对面，这让老校长深受震动，也让我暗下决心一定要把学校的国际合作与交流工作做好，为云大的国际化建设拼尽全力。在这样艰难的情况下，在校领导的关心与支持下，我和同事们从刚开始的国际处科室的合理化建设，到2007年全校外事工作会议的顺利召开，仅仅用了一年的时间。我们逐步理顺内在机制关系，同时也积极走出去，学习其他高校国际合作与交流的长处，来提高自身工作能力和素质，并抓住有利时机申办全国引智工作会议。通过这一系列的措施，我们步履艰难但脚踏实地，一步一个脚印实现了学校国际合作与交流工作的一次次突破。

毋庸置疑，外教的引进工作是我们国际合作与交流工作的一个重点和难点。当然，刚开始的时候，这项工作进展缓慢，但我们并未放弃。终于，在我们的努力下，越来越多的外教加入云大的大家庭，他们也渐渐地了解云大、贴近云大，到最后爱上云大。本书中许多篇章，便是我们云大近几十年一些外教所著。这些作品中，有他们在昆明、在云大的所见所闻；有他们对教学、对科研的深思熟虑；还有他们对云大、对师生的情深意切。这一切，都来之不易，无不是我们尽心尽力的结果。而这种国际合作与交流的方式，不仅能培养我们高校学生对外语的兴趣，提高他们的外语水平，也是一个传播中国文化、推进跨文化交流的机会。

　　引进国外智力工作是建设一流大学的重要有机组成部分，是核心要素之一，也是学校国际化建设的抓手和重要支点。而外教工作是整个引进国外智力工作中的一个重要环节。我在本书中，通过外籍教师的视角，叙述了他们在云大生活、工作的点点滴滴，同时也反映出了近40年来云大对于外籍教师的引进工作所做出的努力。根据国外智力引进的新阶段、新特点、新形势，引智工作需要不断完善，我们需要以需求为导向，取长补短；有计划、有重点、讲实效、科学搭建引智平台，同时寻找推进高层次、高水平国际交流与合作的伙伴。本书中我也专门设立了篇章，来介绍引智工作的工作内容、工作层次以及工作方式。

　　由于本书最后的编辑和成型之际，刚好是在我转岗到外语学院的时候，所以在这里我要感谢我的新同事们，尤其是蔡春阳老师为本书所倾注的大量心血。同时，通过接触和了解，我发现我们学院的学生都有较强的能力，但却很少有从事科研实践的机会，认真思考后，我决定利用这次机会，提供给学生一个锻炼的平台，尤其是学习各语种的研究生。让他们参与本书的翻译、校对和设计。事实上，我认为这次实践有效地提高了学生们翻译实战能力和语言创新能力，同时同学们的一些好的想法，也给本书增色不少。

　　本书仍存在很多不足，笔者希望读者和同行，可以通过本书中所讲述的云南大学外籍教师和专家，在教学和生活中的点点滴滴，来了解我们的工作；也希望大家能通过阅读本书第四部分章节的文章，看到我们对于引智工作的努力，做更多的交流，共同促进引智工作的发展。

　　最后要感谢为本书提供稿件的外籍教师和专家！感谢云南大学出版社的大力支持，尤其是赵红梅老师细致耐心的工作！感谢国际处的同事们！感谢外国语学院的同事们！感谢我的家人，为只身在外的我提供坚实的后盾！

　　国际化之路漫漫其修远兮，吾将上下而求索！

于欣力
2016年9月

《东陆洋先生从教记》后记

　　从1985年我在山东大学开始从事外事工作，到2006年来到云大国际处工作，至今已经从事了30余年的外事工作了。凭着对外事工作的热爱之情，并通过这么多年的积累与实践，对于自己这份工作，我也有不少感悟。中国的外事工作，一直在发展：从一开始只是简单的迎来送往，发展到现在，外事工作已经有了成型的系统。

经过多年的实践与探索，我认为，高校的国际交流与合作的工作对实现高校国际化建设至关重要，对于提升高校的国际竞争力和影响力也有着不可忽视的作用。

这些年来，在国际处的工作虽然繁忙，但工作之余，我也把对工作的一些思路与想法汇编成书。包括《东陆留记》第一辑到第五辑，讲述留学生在云南大学的学习成果和学术研究；中印文化交流系列丛书：《中国青年眼中的印度》《印度青年眼中的中国》《叩开中印大同之门》，以促使两国青年人思想会面，增进两国人民之间的相互了解。除此之外，我以云大师生走世界的亲身经历为内容，出版了《游于道》一书。我之所以汇编这些书，就是为了能让大家全方位、多视角地了解高校国际合作与交流的工作。

五年前，我就开始准备《东陆洋先生从教记》这本书。引进外籍教师是引进国外智力工作的一个重要组成部分。而前来中国工作的外籍教师，为促进中外文化交流做出了极大的贡献。所以我就决定，用他们在中国教学生活中的所见所闻，所思所想来作为此书的主要内容。这样，我们便能从这些外籍教师的想法中，清楚地认识引智工作。而我也了解到，还没有人从这个角度来编撰此类书籍。

有了这个想法，我便开始着手准备。编书伊始，我用了大量的时间和精力来搜集资料。而这些外教中的一些老教师，早已回国生活。想要联系到他们，面临着许多问题：比如说巨大的时间跨度、地域跨度；联系方式的缺失。不过经过多方寻觅，在这些外籍教师的大力支持下，我也得到了完成这本书的基础资料。

近期，我调来外语学院工作，这正好是一个契机。这些外籍教师寄来的文稿都是用外语写的，考虑到外语学院师生的专业特长，我很愿意为他们提供这个锻炼的平台，正好外语学院的师生对于这项工作有着极大的热情。怀着对这项工作的喜爱与热情，他们废寝忘食，经历了无数的不眠之夜。在这个过程中，他们齐心协力，产生了许多的奇思妙想。融合了这些想法，这本书的内容愈加丰满，结构也愈加清晰。所以我再次感谢外语学院的师生为此书的翻译、校对和编辑工作所付出的努力，他们更好地表达了我的想法，也更好地完善了这本书。

经过这一系列的努力，此书的编纂工作也告一段落。这本书见证了我们为外籍教师的引进工作所做的努力。但是想要取得更大的成就，我们的引智工作还任重而道远。希望此书能够为中国的引智工作起到积极的作用，也希望学生们在读完此书之后，能够意识到中外文化交流工作的重要性，并为此奉献属于自己的力量！

于欣力

2016年11月20日

七、主编的以中印人文交流为主题的画册《叩开中印大同之门》

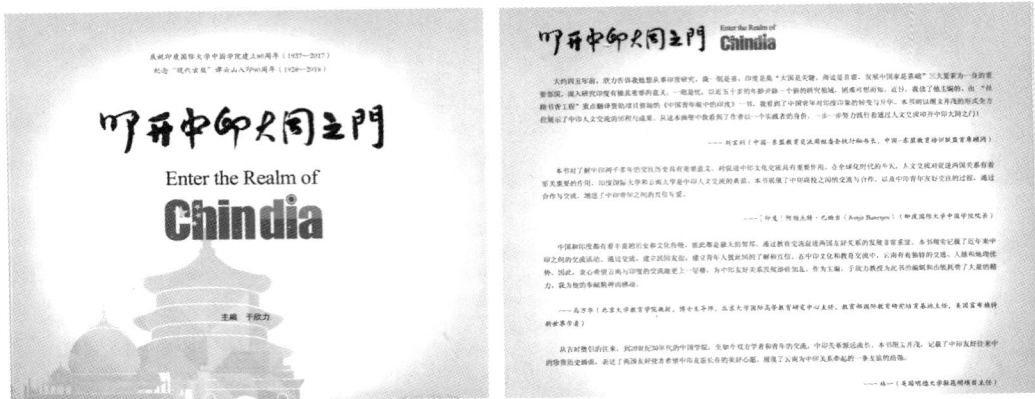

2015-2017年，完成中印交流项目，出版画册《叩开中印大同之门》。刘宝利、马万华、印度国际大学中国学院院长阿维杰特均对这本画册作出了高度评价。如马万华这样评价："中国和印度都有着丰富的历史和文化传统，彼此都是最大的邻邦，通过教育交流促进两国友好关系的发展非常重要。画册《叩开中印大同之门》详实地记载了近年来云南大学与印度大学的交流活动。通过交流建立民间友谊，通过交流建立青年人之间的彼此了解和互信。在中印文化和教育交流中，云南有着独特的交通、人脉和地理优势，因此，衷心希望云南大学与印度大学的交流更上一层楼，为中印友好关系发展添砖加瓦。作为主编，于欣力先生为此画册的编辑和出版耗费了大量的精力，我为他的奉献精神而感动。"

《叩开中印大同之门》序

"晋宋齐梁唐代间，

高僧求法离长安；

去人成百归无十，

后者焉知前者难。"

这是七世纪到印度取经的著名高僧义净写的《求法感赋》诗中的几句，描写古代中国人去印度"取经"，虽然"去人成百归无十"（每次百来人成群结队出国，生还回国的寥寥无几），仍然前赴后继。如果以钻牛角尖的态度，可以认为这"去人成百归无十"说出古代中国去印度求法高僧的生还率仅有十分之一，这是骇人听闻的。当然，义净写这句诗只是根据一般历史常识与自己的判断，并没有精确的调查资料为依据，我们只能把它当作大致上的参考。它显示出中国古代和印度交流的艰难困苦以及巨大牺牲是毫无疑问的。

古代中国与印度交流的艰难困苦可以从晋朝高僧法显写的《佛国记》看出。法显可以算是"西天取经"早期的先锋。他在描写自己和同伴出国时这样写道："发自长安，西渡沙河。上无飞鸟，下无走兽，四顾茫茫，莫测所之。唯视日以准东西，人骨以标行路耳。"这"人骨以标行路"就是说，他们在沙漠中旅行，不知"路"在哪儿。他们就注意地上死人的骨头，随着有死人骨头的方向前进。读者们想想：要是现代人们走在陌生的道路上看到地上有死人的骨头，不马上避开而往别处走才怪！可是法显和他的同伴却以死人的骨头为路标，因为既然有前人死在那儿，就说明那儿有路通往印度。法显和他的同伴是清楚地知道征途的生命危险而奋勇前行的。

交往是双向的，中国古人去印度那么艰难，印度古人来中国当然也不是轻而易举的。中国不同时期出版了好几部《高僧传》，记载了参加到古代中印交流的许多中国与印度高僧的事迹，其中印度高僧人数很多，故事很突出。1924年梁启超在北京欢迎印度大文豪泰戈尔访华时说，从晋朝到唐朝（公元265至790）共有187位印度高僧到中国传道，如果也按十分之一生还的比率来估计，那就是说在500多年中印交往高潮期间有将近2 000印度僧人从印度次大陆各地出发来到中国，很多人在旅途牺牲了生命。

中印两大文明之间交往已有数千年之久，在古代，有人跨越喜马拉雅山到印度，也有人走海路，叫作"梯航重译"（"梯航"就是乘船沿着海岸线分段换船前往，"重译"就是语言沟通时需要两三道翻译过程才能沿途和不同国家的人民打交道），但大多数人走的是贯通中印欧三地的欧亚大动脉即我们现在说的"丝绸之路"，从洛阳、长安出发，穿过新疆大沙漠，经由阿富汗进入印度。义净和比他稍早的玄奘以及更早的法显就是这样走出国门的。回程时，玄奘走陆上原路，法显和义净走海路，都经过几番折腾。法显搭了外国人的船，在太平洋上遇到风暴，船客恐慌起来，要把法显这唯一的佛教和尚扔到海里去平息海神的愤怒，是船主人把他保护起来才生还回国。义净发出的"后者焉知前者难"的感叹好像是对我们现在的人们说："你们后辈怎么能想象到古人开展中印交往的艰难呀？！"

说古人不畏艰难、不怕牺牲，是带有消极成分的看法，如果从积极方面来看，是两大文明之间彼此相爱才有这种执着精神。6世纪从南印度来到中国成为禅宗"初祖"的菩提达摩（Bodhidharma）是他师父要他在功夫练成以后到"震旦"（中国）来帮助消灾的。这也折射出古印度文明对中国文明的热爱。"震旦"这个名字本身就显示出古印度的"中国热"。现在国际上中国的名字"China"起源于公元前4世纪孔雀王朝宰相考底利耶（Kautilya）著的《政事论》（Arthashastra）书中的 "Cina"（音"丝"，后人译为"至那/支那"），后来衍生出许多名称："摩诃至那"（Mahacina意思是"伟大中国"）、"至那斯坦/震旦"（Cinasthana）、"摩诃震旦"（Mahacinasthana）等，洋溢着印度文明对中国的感情。菩提达摩从海上到广州、南京，没有受到礼遇，就北上河南，在嵩山"面壁九年"（对着石壁静坐修禅）。现在河南少林寺内展出一块石板，石板上有个凹进去的人的形象，据说就是当年菩提达摩"面壁九年"地点的那块"壁"（少林寺的是复制品，原件在故宫博物院保存），是菩提达摩的功力刻出人的形象，真是"精诚所至，金石为开"！像这样的歌颂菩提达摩的故事多得不得了，人们姑妄听之，都是中印文明之间热爱的表现。

读者们一定想问：为什么古人对中印交往那么执着，那么不怕牺牲而勇往直前呢？为什么中印两大文明会彼此热爱呢？我认为最大的原因是中印两大文明是"背靠背"的孪生文明。这是我几十年研究的发现（有些读者也许看过我的著作，熟悉我强调中印两大"兄弟/姐妹文明"），现在简单地和大家讲讲。

我出了一本英文新书，名叫 Himalaya Calling: The Origins of China and India（喜马拉雅在呼唤：中国和印度的起源），书中发挥了良师益友、已故中国学大师兼印度学大师季羡林关于中印两大文明"天造地设"的理论，阐述了喜马拉雅"造山运动"以及我取名的"喜马拉雅圈"造成的摇篮，中印两大孪生文明就是在这一摇篮中诞生的。如果我们把东西半球的古文明比较一下，就可以发现西半球的古代文明（巴比伦、埃及等比中印文明发达得更早）在不断的冲突与战争中变成废墟，而东半球的中印两大文明却延续了几千年至今。这是应该归于"喜马拉雅圈"的。

这"喜马拉雅圈"流出四条文明河：黄河与长江产生了中国文明，恒河与印度河产生了印度文明。黄河与长江画出中国文明圈的轮廓，虽然在这一"中国文明圈"内也经常有冲突与战争，但中国文明不但没被摧毁，反而不断成熟与茁壮成长。比方说，清朝虽然是外来满族统治中国，却在康乾盛世时掀起一种文艺复兴运动。总的说来，从两千多年前的秦朝一直到清朝，中国是一个从来没有中断的中华文明共同体。

同样的，恒河与印度河加上印度洋画出了印度文明圈的范围，产生了印度文明共同体，虽然过去一千年来印度受到外来民族的统治，但印度文明共同体得以延续，从而在1947年独立以后以既古老又年轻的新印度面貌出现，就像新中国成立以后那样，既有悠久的传统，又有崭新的社会。

上面谈到的《喜马拉雅在呼唤：中国和印度的起源》这本书，有我多年好友、退休印度外交官、前印度外交秘书（等于外交部常务副部长）、前印度驻华大使拉奥琦（Nirupama Rao）为我写序。她在外交秘书任上，四年前到新加坡讲演，以及三四年前为我编的《泰戈尔与中国》（Tagore and China）在中国出版的中英文双语版以及在印度出版的英文单行本写《序言》，都喜欢把中国的"天下大同"与印度的"世界一家"（vasudhaiva kutumbakam）理想相提并论。这样看来，中印这两大数千年的"文明共同体"早已有了共同的文明理想。这就是为什么古代中印两国高僧那么执着，那么不畏艰难、不怕牺牲，勇往直前地进行中印交流，为什么中印两大文明彼此热爱的重要原因。

"喜马拉雅的呼唤"就是文明的呼唤。"中国和印度的起源"就是"喜马拉雅圈"造成的文明环境。我们今天开展中印交流活动就必须把这种宏观背景铭记在心。由习近平主席引领，最近中国发出在亚洲建设三个"共同体"（命运共同体、利益共同体、责任共同体）的强有力号召。上面我谈到中印两大文明已经是几千年的"文明共同体"，不是要变三个"共同体"为四个，而是想热烈支持"共同体"的观点。我想，正是因为中国是数千年的"文明共同体"，才会发出当今在亚洲建设三个"共同体"的号召。

我高兴为这本画册写序，我特别喜欢画册的这个"叩开中印大同之门"的书名，因为我毕生与"中印大同（Chindia）"结缘。我想提醒读者注意，这"中印大同/Chindia"的理想中，既有中国的"天下大同"，又有印度的"世界一家"。前面说过，这是我印度好友拉奥琦大使一贯强调，我十分赞赏的。那就是说，"中印大同"就是"中印一家亲"。这本画册中展示的云南大学开展的活动洋溢着"中印一家亲"的情感。

前面提到的2400年前印度政治家考底利耶（Kautilya）所著的《政事论》。这书中有一句话："Kauseyam cinapattasca cinabhumijah"（中国蚕茧和中国纺织品都产自中国）。我们从四川三星堆考古发现中看到的5 000多枚从印度洋采来的齿蚌（那是古印度贸易的货币）以及《政事论》的这句话可以推论，世界最早的"丝绸之路"是从四川经过云南、缅甸再从孟加拉湾入印度到达恒河平原，使得孔雀王朝初期的政治家考底利耶见到中国蚕茧与丝绸，同时为中国取了"cina"（意思是"丝绸之国"）的名字。这古代四川—云南—缅甸—孟加拉"丝绸之路"所经地带的经济繁荣激发了印度"黄金之国"（Suvarnabhumi）的梦想。古希腊地理学家托勒密（Claudius Ptolemy）附和了这一梦想，肯定那"黄金之国"（Aurea Regio）的具体地点是在孟加拉与中国之间（云南也包括在其中了）。今天我们谈论云南与印度的交往不应忘记这段佳话。

"二战"时期印度成为国际支援中国抗战的大后方，从印度东北阿萨姆邦经缅甸到昆明，修筑了"史迪威尔公路"，从加尔各答跨越喜马拉雅"驼峰"到昆明有了空中运输走廊。1999年云南省委副书记王天玺在云南社会科学院何耀华院长及任佳研究员（另有两位云南省政府官员）陪同下，到印度寻找恢复云南与印度陆空通道的途径，我陪同他们走访印度中央政府各部门，大家都觉得这是应该的，但由于印度政府内部有非常强大的受到"民族国"地缘政治范式毒害、把中国当作潜在敌人、害怕增进中印交往会危害印度安全稳定的这样一股势力从中作梗，因而云南想打通印度却迟迟打通不了。

1999年我因健康原因离开印度而定居芝加哥，对以后云南打通印度的努力关注少了。2008年我和老伴黄绮淑在北京开完纪念谭云山、师觉月诞辰110周年国际讨论会后得知昆明与加尔各答之间航线已开通，就专门来体会一番。云南航班是晚11时30分离开昆明的，到达加尔各答机场一看，时钟是11时正，比起飞时间早了半小时。神了！这比《西游记》故事中孙悟空一个跟斗十万八千里更神速（实际上是因为两国标准时间相差两小时半）。记得当时每周只有一次班机，乘客也很少，昆明机场没有为这航班设专门的候机厅（坐的椅子也没有）。2010年我俩先到云南大学作客，再去印度，那时不但昆明至加尔各答的班机乘客多了，而且每天都有航班。云南和印度通航了，我特别高兴。可见任何事情都有其发展规律与过程。我坐在飞机上就想起当年王天玺、何耀华、任佳等人的努力，真是"天下无难事，只怕有心人"！

云南大学地处中印交流前哨，近年来活动频繁、成绩显著，这个册子就是明证。2010年我到云大作客（受聘为大学顾问），得知云大和泰戈尔创办的印度国际大学（Visva-Bharati）签署了合作交流合约，十分高兴。最近几年，我和老伴三次去国际大学，受到中国学院的师生们热烈欢迎，年轻的印度男女学生，个个能说流利的国语（他们表演唱中国当代流行歌曲，唱得和中国青年一样好），使我俩大为惊讶。后来才知道，因为他们整天与云南大学派去的语文老师、留学生与图书馆工作人员打成一片，才有这样的成绩。云大这一成绩值得大书特书。

我希望云大不因此而自负，而是更进一步努力，更上一层楼。事物都有量与质两方面，力度都有广与深两方面。量炫眼，质扎根；广度没有深度支持是不能持久的。我希望云大有扎实的研究项目，投入人力、物力、财力、功夫与智慧，要有宏伟的理想与献身精神，要只问耕耘、不问收获，要摒弃时下皮毛表面、人云亦云、华而不实（甚至弄虚作假）的积弊，要发表具有影响力的文章与书籍，永远受国内外重视、引用与称道，这样才能走在中印交流的前列。

2010年我已经向云大领导建议过，现在再重复一遍。我希望云大能派出5至10名年轻有为的本科学生去印度像当年的玄奘那样"取经"。先花五六年功夫（由云大供应费用）到印度大学考个学士、硕士学位，再一面继续进修博士研究，一面找个工作在印度住下来成家立业。20年后云大再把他们请回来当印度研究专家，他们中间一定会有像玄奘回国后那样能大力推动中印交流的人物。我这一建议见地平凡，但出于个人的人生经历体会。谁要是在印度长住十年、二十年，他（她）智慧体系中的中国文化就会和印度文化起化学作用，看起问题来就会有"中印大同"的情调。当今许多人到了印度一趟、两趟，走马观花，就自以为是"印度通"，这和当年的"玄奘精神"是风马牛不相及的。

我在前面提到长期以来印度政府内部有强大的受到"民族国"地缘政治范式毒害、把中国当作潜在敌人、害怕增进中印交往会危害印度的安全稳定的这样一股势力，使得中印交流很难大力开展。行家观察，2015年5月莫迪总理访华破天荒地抑制住这股势力，掀起一股两大"文明国"紧密合作的新潮。莫迪总理在中国访问的三天中说出了最有意思、人们从来没有想到（我父亲谭云山和我两代人90年来浸在佛教历史中都没想到）的三个英文字母。他说："佛教是中国的DNA"。这是我的印度好友，当前驻华大使康特（Ashok Kantha）在官邸的午宴上告诉我的，我应声说："佛教也是印度的DNA呀！"，不然印度国旗上怎么会有法轮哩？！这样看来，两国有可能摒弃"民族国"地缘政治范式的有害思维，进而把中印关系纳入地缘文明范式之中。中国知识精英应该积极支持莫迪的革新，首先自己摒弃"民族国"地缘政治范式思维，然后与印度知识精英一道把两大"文明国"的精神发扬光大。在这一点上，人们对云南大学怀着无限的希望。

谭　中

2015年10月19日于美国芝加哥大湖北岸

《叩开中印大同之门》前言

叩开中印大同之门　夯实人文交流根基

经过两年多的筹备，《叩开中印大同之门》画册就要付梓了。这本画册与《中国青年眼中的印度》和《印度青年眼中的中国》同属中印人文交流系列丛书。它是中印人文交流的缩影，也是我们为中印人文交流所做出的一些努力和尝试。我特地请谭中先生为本书著序。

我认为，国之交在于民相亲，中印两国之间的友好关系，要以中印两国人民之间的友好为前提。中印两国有着几千年友好交往的历史，我们应该在此基础上，逐步拉近中印两国的距离。不仅了解彼此的文化和历史，也了解彼此目前的发展状况，我们应该加强人文交流，消除误解和偏见。我们应该通过不懈努力，使彼此有正确的理解和认识。

中印两个伟大的东方文明古国既相邻，又各自有灿烂辉煌的文化，从古至今也一直有着多种多样的文化互动，中印文化交流是世界各大文明友好交流的典范。这种交流始于公元前3世纪秦始皇统一中国以前，由来已久，源远流长。在物质文化方面，中国制造的纸、丝等物品为印度人民的生活提供了便利，而来自印度的璧琉璃也惊艳了中国人的眼球；在精神文化方面，印度佛法传入中国，成为中国文化的一部分；同时中国的老子哲学，也给印度文化带来了深远的影响。

两国之间的关系虽然时冷时热，但人文交流却从未间断过。魏晋南北朝时期的高僧法显去印度学习佛法，是第一个去天竺"拿"佛教的人；法显之后，西行求法活动至唐代达到巅峰。玄奘则是唐代求法运动的伟大代表，是中印文化交流史上的"第一伟人"，至今仍然是"中印两国人民忆念不忘的空前绝后的中印友好代表"。总之，南北朝及唐代求法运动高涨，促进了中印文化交流。到了近代，泰戈尔访华又重新唤起了中印人文交流的热潮；在泰戈尔访华后，越来越多的学者开始去印度访学，被誉为"当代玄奘"的谭云山先生是第一个去印度从事文化交流工作的学者。其后，谭中先生子承父业，继续为"中印大同"的伟大事业不遗余力。这些曾为中印人文交流做出杰出贡献的开荒者，用他们的实际行动深深地打动着我们。他们在交通不便、语言不通的环境下，披荆斩棘，为我们开辟了一条中印文化交流之路。而我们更应该在前人的基础上，拓宽这条道路，加深中印人文交流。

在第七十届联合国大会上，习近平主席指出："文明相处需要和而不同的精神。只有在多样中相互尊重、彼此借鉴、和谐共存，这个世界才能丰富多彩、欣欣向荣。不同文明凝聚着不同民族的智慧和贡献，没有高低之别，更无优劣之分。文明之间要对话，不要排斥；要交流，不要取代。人类历史就是一幅不同文明相互交流、互鉴、融合的宏伟画卷。我们要尊重各种文明，平等相待，互学互鉴，兼收并蓄，推动人类文明实现创造性发展。"中印两大文明是"天造地设"的两种文明，又有着共同的文明理想。中国的"天下大同"理想是我国提出建设三个"共同体"即命运共同体、利益共同体、责任共同体的基础，而这与印度的"世界一家"的概念极其相似。中印两大文明都发源于喜马拉雅山脉，都具有兼容性和包容性。

2013年国务院总理李克强在欢迎印度百名青年代表团访华时曾说："中印两国有理想、有抱负的青年人要深刻认识中印关系的重要现实意义和长远战略意义，从两国丰富的历史传统文化中汲取智慧和勇气，做中印友好合作的积极参与者、推动者。两国青年人要抓住一切机会开展交流与互动，为中印友好播下种子。"我曾经在2004年《云南行政学院学报》上发表了《公共外交视角下的中印高等教育交流初探——云南大学与印度高等教育合作实践与成效探析》一文。文中提到，"教育交流合作作为人文交流的亮点和先导，可以发挥其形象亲和、易于接受，符合国际惯例的优势。既有助于拉近彼此的距离，培养友好的情感，也有利于增进国家间的互信和理解"。所以夯实两国关系发展的社会基础须以扩大人文交流为前提，而教育交流合作又是其重中之重。

人文交流不仅包括教育、科技、学术等层面的交流，还涵盖国与国之间文化心灵的沟通。早些年，在我担任云南大学国际合作与交流处处长的时候，就发现中印关系与中美、中欧、中澳、中日甚至中国与东盟关系不同的一个特殊现象：中印两国有着悠久的人文交流的历史，两国是"背靠背"的兄弟，很多中国人眼中的印度仍旧是具有文化亲切感的东方邻居，是中国可以与之同呼吸、共命运的东方伙伴，是中国在国际政治舞台、国际贸易等各个领域加强合作的潜力无限的亚洲大国。但是由于种种原因，两国近几十年的人文教育交流相对匮乏，实际上变成了"陌生的邻居"，印度是发展中大国，集我们外交三大要素于一身的重要邻国。基于此，我便萌生了出一本全面展现中印人文教育交流画册的想法。

为了促进这种沟通与交流，云南大学克服重重困难，做了一些开创性的工作。2010年3月，云南大学特邀在中印友好方面倾注了极大热情的谭中先生及夫人访问云南大学，并聘请谭中先生担任中印合作顾问。在谭中先生的热心推动下，云南大学与印度国际大学建立了先期联系。为加快落实与印度国际大学的合作，双方进行了互访，就云南大学派遣教师和研究生赴国际大学中国学院进行汉语教学，互换学生短期访问交流团，接受对方教师和研究生到云南大学进修方面达成共识，并决定在捐赠语音实验室设备、捐赠图书音像教材等方面给予国际大学支持。2010年，在云南省政府的大力支持与帮助下，云南大学与印度国际大学在云南教育展上签署了合作交流协议，援建印度国际大学中国学院，并获得云南省政府的专项资金支持。2012年开始，云南大学与印度国际大学利用寒暑假组织两校学生进行了10批次成规模的学生互访活动，共计有300人次参加了两校青年的互访活动，同时两国青年深入到城市、农村、社区、厂矿访问，与各界人士广泛交流，较为全面地了解了中国和印度的国情。

云南大学的学生在每年的2月访问印度，时值印度的春天，中印两国青年在一起交流学习，大家建立的友谊点点滴滴化作了春雨，洒落在了彼此的心田。而印度国际大学的学生于当年5月回访，大家建立起的友谊又在昆明得以延续。两国青年通过互访和相处，心灵的隔阂渐渐消除，我们感受到两国青年的心是如此贴近，彼此是这般的热络。青年们一见如故，友谊之种从此播下。后来由于岗位调整，我任外国语学院党委书记一职，由于外语专业的在国际交流中的优势，以及学生对中印交流的热爱之情，让我更加想汇集大家的智慧和力量，共同促进中印间的人文交流。

云南省的高校与印度各高校所进行的人文教育交流是一个成功的案例，无论从校级交流层面还是主动契合适应国家的外交政策方面，都再次证明了教育所具有的基础性、先导性和支撑性。教育交流具有较高的灵活性，是较为理想的公共外交的形式。高校的作用是通过多种渠道，加强民间交往与互动，发挥学术界和教育界独特的理性作用。

2014年9月19日，国家主席习近平在新德里会见印度友好人士和团体代表，并向他们颁发和平共处五项原则友谊奖，表彰他们长期致力于中印友好事业。习近平与这些友好人士、团体代表一一握手，致以亲切的问候。对他们长期以来为中印友好事业所做出的重要贡献给予高度评价，并通过他们向致力于中印友好事业的印度各界人士表示敬意。其中，印度国际大学中国学院院长巴纳吉博士就获得了和平共处五项原则奖。获奖后，巴纳吉博士立刻致信云南大学："感谢习近平主席访问印度给我们颁发这个奖项，这对于中国学院是非常重要的，在印度有很多从事中国研究的学校，但只有我们国际大学获得了这个奖项。我希望在你们的帮助下，将来在中印教育和文化交流方面能做出更多的成绩。"

由此可见，只有促进中印人文交流与学术合作，才能在最大限度上缩短中印之间的"认知距离"，为中印关系和谐稳定发展创造更多的契机。两国之间的人文交流事业，还任重而道远。我们还是要寄希望于两国青年，在青年一代培养友好观念、加强互动，增进民间交流，为两国未来的友好关系打下坚实的基础。

于欣力

2016年10月10日

《叩开中印大同之门》后记

携手齐心　笃行大同

"公共外交"（public diplomacy）是1965年由西方学者率先提出的一个描述当

代国际关系实践的新话语。它在英国又被称为"文化外交"（cultural diplomacy），主要是指一国政府所从事的对外宣传和文化交流。从更广泛的意义上说，公共外交所反映出来的是一国政府着眼于沟通不同思想文化，促进彼此理解和交流的外交努力；或者说从根本上昭示了一国政府增进不同文化实体之间的相互理解和认知的社会责任。这对于那些长期存在文化隔阂，彼此理解度极低的国家而言，不啻相互沟通和促进两国关系健康发展的一剂良方。当代主权国家之间的互动早已突破政治互动、经贸往来的二维结构，转向人文交流的第三维空间。对于中国和印度，公共外交的必要性和紧迫性不言而喻。目前，中印两国已经以不断崛起的新形象步入21世纪，高层互访正常化，经济贸易额逐年攀升，旅游往来和人文交流日趋频繁，更重要的是，两国在国际事务中留下来越来越多的合作记录，这为中印在新时期开展公共外交创造了条件。

高等教育的国际交流是一种特殊的交往活动，不仅涉及资本、人员的流动，还包括思想、文化、价值和观念的互动。兼具政治性和学术性的国际教育交流是推进国家文化战略、开展公共外交、提升国家软实力的重要手段。高等教育国际化已经成为国际关系中一国软实力的重要体现之一。约瑟夫·奈在《软实力和高等教育》一文中指出，国家开展国际教育交流是让参与者接受自己的规范、理念和程序的重要方式，有助于增强国家软实力。为了输出自己的价值观，以满足在政治和经济领域发展的需要，各国和区域组织纷纷出台了自己的国际教育政策。例如：欧盟提出了基于欧盟一体化的教育全球化项目"伊拉斯谟+"，以推动个体学习的跨境流动；美国联邦教育部出台了《美国联邦教育部国际战略（2012-2016年）》，旨在通过国际教育提升国家竞争力；加拿大政府推出了《国际教育战略：利用知识优势，推动创新与繁荣》，以保持并加强加拿大在高等教育领域的国际地位；澳大利亚推出了《国际教育国家战略（草案）》，通过开展国际教育提升教育质量。

经过两年多的资料收集与素材整理，《叩开中印大同之门》画册终于进入汇编阶段。在这里，我要郑重感谢我的忘年挚友谭中先生，为本书奉上珍贵的老照片和中英双语序言，诚可谓是本书的点睛之笔，也增加了本书的历史厚重感。此外，还要感谢东盟教育周执行秘书长、首席顾问刘宝利先生，印度国际大学中国学院院长阿维杰特·巴纳吉博士以及北京大学教育学院博士生导师马万华教授，广东省汕头大学文学院朱望教授，美国明德大学驻昆明项目主任林一教授为本书所奉推荐语，为本书铺筑了坚实的文化底蕴。

1859年摄影术发明不久，全世界就流传着"相机不撒谎"（the camera does not

lie）的话。这本画册是相机的产物，真实记录了中印交流的真人真事。当读者看到这本画册的时候，透过图片，一定会对中印人文交流多一些认识，以及我们对中印关系的美好愿望和期盼。

由于初次尝试以图片作为主要叙事手段，在资料收集与素材整理过程中，特别是对图片的筛选方面，遇到了颇为棘手的问题。但经过编委会成员的共同努力，逐一克服了各种困难，为读者呈现了一本内容完整、叙事丰满的《叩开中印大同之门》画册。在这里我要感谢所有编委会成员为该书夜以继日的奉献，从数万张纷繁的图片中筛选出百余张具有代表性与诠释意义的图片，是他们团结协作和集思广益的精神成就了这本画册。

在本书即将成书之际，我们举行了中印青年联谊会。中印两国青年相聚在一起，畅谈历史与文化，抒发着对彼此国家的崇敬与热爱，分享着对彼此的美好印象和殷切希望。联谊会上，我把自己主编的中印人文交流系列丛书《中国青年眼中的印度》一书赠送给印度青年，希望两国青年能够增加了解，增进友谊，加深对彼此国家的认识，能够做中印友好的使者，能够为中印的友好交往付出更多的努力。正如有的印度青年所说："我们是邻居，我们是好朋友，我们要加强沟通与对话，我们不要互相猜疑，中印两国有着几千年友好交往的历史，我们要相互学习和借鉴，我们要把这种友谊和传统一直延续下去。"也正如我们中国青年所唱的那首歌《春暖花开》所要表达的寓意："中印关系迎来了春暖花开的季节，让我们携手齐心，笃行大同，一起走向中印关系的美好未来。"

中印关系的发展前途掌握在青年人的手中。我相信，当中印两国青年携起手来，并肩前行，亚洲的天空将更加璀璨，世界的未来会更加光明！

于欣力

2017年4月20日

《叩开中印大同之门》推荐语

千年叩门之举——云南高校与印度高校人文教育交流图录

"中印大同"乃多层意义之大同，嬗变中之大同。

印度与中国拥有共同的文化渊源。公元629年，唐玄奘赴印取经，长途跋涉，生死度外，诚心诚意，不屈不挠，游学印度13载。之后取回真经，并译经75部，撰写《大唐西域记》12卷。自此，印度佛教东传，在中国繁盛发展，以一种全新视角塑造了中华民族的思想意识、语言、文学、绘画、书法、建筑、音乐、舞蹈等诸多人文素质，成为中华民族文化传统和民间价值观体系的重要部分。中国佛教宗师的朝圣之旅在中印文化交流史上留下深刻印迹，其影响越出国门，辐射亚洲。

印度与中国具有共通的传统文化精神——胸怀博大，智慧文雅，温柔敦厚，天真淡泊。在印度，文化是活着的传统，传统是活着的文化。其生活包涵形而上与形而下的丰富意义——上界的精神生活宁静肃穆深邃，远离尘嚣，自持清高，从容不迫，具有文雅高超的智慧定力；下界的凡尘生活杂陈纷乱扰攘，自由散漫，载歌载舞，活色生香。物质与精神之中均蕴含着生活的原生态，其生活态度、生活哲学和生活方式都是印度民族从古到今生存繁衍的活水源头，令访学的中国师生为之惊异感叹，也勾起国人对自己历史的记忆和对本土丢失传统的自省。

印度与中国面临共同的问题——传统与现代性之两难。印度未经历过激进主义革命风暴的战斗洗礼，无破"旧"立"新"的决绝姿态。对现代化浪潮的反应是缓慢而渐进的，无热火朝天奔小康，喧嚣进入现代化的万众一心。印度生活自生自发，自然而然，生活方式和大地风貌呈现天然重于改造，传统多于现代。而中国则经历了砸碎旧世界，建立新世界那激情燃烧的岁月，继而辗转突奔，义无反顾迈向现代化。然而，以商业化和城市化为特色的现代化浪潮改变着人与自然——物质生活改善，精神生活淡化，都市风光亮丽，自然原生态消失。印度和中国都面临悖论：传统常与贫穷落后相伴相生，如果消除地区贫困往往要以湮灭民族传统和改变自然为代价。在传统到现代性的转型期，中国与印度处于如何与时俱进又同时坚守优秀文化传统的两难境地。我相信，因访学相遇的中印师生都在思考这个世界性的难题，这是中印人文教育交流项目的深层次意义。

云南青年学子重走古代贤人的访学之路，见识异域文化，反思本土文化，与印度师生共勉学习，共筑友谊。云南大学国际交流处编辑出版这本记录云南高校师生与印度高校师生进行文化交流活动的画册，展示中国眼中的印度、印度眼中的中国，这是中印两国师生互学互鉴的文化交流新篇章。

朱 望

原云南大学外语学院教授

汕头大学文学院教授

2016年11月15日

出访一览表

本人自1990年至2018年，共出访34次，访问了33个国家和地区。

1. 2018年1月29日至2月2日：率云南民族大学代表团访问印度，参加云南省教育厅在印度德里举办的教育展，在印度德夫文化大学太极学院和印度辩喜瑜伽大学太极学院举行揭牌仪式，访问印度尼赫鲁大学中国与东南亚研究中心并讲座。

2. 2017年11月2日至11月15日：赴印度参加印度国际大学中国学院成立80周年暨谭云山入印90周年国际会议并发言，在新德里参加辩喜基金会国际会议并发言，访问印度在线班加罗尔总部、印度国家信息学院、印度辩喜瑜伽大学、印度在线加尔各答校区。

3. 2015年5月23日至5月26日：陪同云南大学党委书记杨林访问孟加拉南北大学并参与接待刘延东副总理，访问孟加拉达卡大学，促成在达卡大学设立孔子学院。

4. 2015年4月15日至4月22日：赴瑞士及意大利访问，与瑞士马利克管理中心签署协议。

5. 2015年7月27日至7月31日：赴新加坡参加ASEAN国际会议，访问新加坡国立大学。

6. 2014年4月20日至4月25日：陪同云南大学副校长肖宪访问印度，与印度尼赫鲁大学、印度国际大学、加尔各答大学和Amdelca University等高校举行会谈，就进一步加强云南大学与印度高校合作以及互派师生等事宜深入交换意见，并与Amdelca University商谈共建孔子学院事宜。

7. 2014年1月4日至1月26日：赴英国执行云南大学第四期中层干部培训团培训任务，任副团长兼秘书长；访问了东伦敦大学、英国高等教育基金委员会（HEFCE）、牛津大学、爱丁堡大学、剑桥大学、苏格兰大学联合会等。

8. 2014年1月：陪同云南大学副校长肖宪率团访问缅甸，参加云南大学与缅甸曼德勒福庆学校孔子课堂共建的"缅中语言与文化研究中心""缅中汉语教学研究中心""缅中职业与继续教育中心"揭牌仪式，并访问东华学校、兴华学校和果文学校。

9. 2013年8月21日至8月25日：赴日本参加在京东大学举行的东盟大学联盟（ASEAN）外事处长圆桌会。

10. 2012年11月25日至11月29日：陪同云南大学校长何天淳率团访问阿根廷，与阿根廷美洲开放大学和布宜诺斯艾利斯国立大学举行会谈，并与美洲开放大学签署合作备忘录，正式建立合作关系。

11. 2012年10月11日至10月31日：赴英国执行云南大学第三期中层干部培训团培训任务，任副团长兼秘书长；与英国爱丁堡大学正式签署两校合作备忘录，并对英国斯旺西大学、牛津大学、剑桥大学进行工作访问，建立校际合作关系。

12. 2012年5月29日至6月9日：陪同云南大学校长何天淳赴加拿大、美国访问；与加拿大维多利亚大学签署合作备忘录。

13. 2012年3月24日至3月30日：随云南省代表团赴缅甸曼德勒访问，考察福庆华文学校暨云南大学孔子课堂，并为云南海外文化教育曼德勒分中心授牌，分别向曼德勒分中心和福庆学校、东华学校、果文学校三所侨校捐赠电脑、图书，并向孔子课堂捐赠"中国图书馆"。

14. 2011年12月20日至12月28日：随中联部代表团访问老挝、越南，与当地智库、媒体和民间组织进行交流座谈。

15. 2011年5月8日至5月18日：陪同云南大学党委书记刘绍怀访问英国，与英国斯旺希大学建立合作关系。

16. 2011年3月15日至3月22日：陪同云南大学校长何天淳访问缅甸、孟加拉，访问曼德勒福庆孔子课堂并参加福庆孔子课堂教学楼落成仪式、新办公楼揭牌仪式及中国文化体验角开幕仪式。

17. 2010年11月28日至12月3日：赴文莱参加东盟大学联盟（ASEAN）外事处长圆桌会。

18. 2010年10月：随教育部代表团访问澳大利亚、新西兰；参加昆士兰科技大学展览和论坛，参加奥克兰理工大学教育展和大学校长论坛。

19. 2009年11月29日至12月19日：第一期云南大学中层干部培训团出访美国。

20. 2009年10月18日至10月29日：随教育部代表团参加捷克、匈牙利、保加利亚教育展和校长论坛，担任第二分团秘书长。

21. 2009年9月：陪同云南大学校长何天淳访问埃及、南非、肯尼亚，与肯尼亚野生动物保护局签署合作协议。

22. 2009年4月：赴泰国普吉参加东盟大学联盟（ASEAN）外事处长圆桌会，代表云南大学发言。

23. 2008年11月1日至11月12日：陪同云南大学副校长武建国访问美国，与云南大学洛杉矶校友会座谈，访问北亚利桑那大学、霍普金斯大学和密西根州立大学。

24. 2008年6月：随教育部代表团访问越南、印度尼西亚、柬埔寨。

25. 2007年10月：陪同云南大学党委书记卢云伍访问英国东伦敦大学，签署两校合作协议；访问丹麦奥古斯大学和哥本哈根大学；访问瑞典韦克舍大学。

26. 2007年9月：随教育部代表团访问俄罗斯参加"中国年"系列活动，任第一分团秘书长。

27. 2007年5月：率云南大学代表团访问柬埔寨。

28. 2006年11月：陪同教育部国际司刘宝利副司长、国际司亚非处艾宏歌处长、主管田露露访问缅甸，推动成立福庆孔子课堂。

29. 2005年2月：在山东大学威海分校工作期间，参加教育部121项目团访问美国121项目院校。

30. 2004年8月：在山东大学威海分校工作期间，出访韩国湖西大学、启明大学、东北亚战略研究所、东冈大学、正修技能大学、韩国国家报勋文化艺术协会。

31. 2002年5月21日至5月24日：在教育部教育国际交流协会借调期间，赴葡萄牙里斯本参加"世界教育市场"（World Education Market）第三届展览会，任代表团秘书长。

32. 1999年10月至2000年10月：在山东大学工作期间，以教育部公派访问学者身份到波兰华沙经济学院访学，任波兰中国学联主席。

33. 1998年2月：在山东大学工作期间，赴美国新奥尔良参加中美教育改革比较国际研讨会。

34. 1990年10月至1991年10月：在山东大学工作期间，以教育部公派访问学者身份到英国中伦敦百科学院（威斯敏斯特大学）访学。

后　记

1985年7月自中国海洋大学（时称"山东海洋学院"）毕业后参加工作，迄今为止已有33个春秋了。

1983年9月，我，一个单纯的、青涩的懵懂少年，来到山东海洋学院（现中国海洋大学）外语系求学。当年全班同学的高考分数都大大超过了外语类本科的录取分数线，我们上的却是专科，心里难免有些失落。但是，老师们的认真负责和严格施教大大缓解了我们这种失落情绪。老师当中，最令我难忘的是我们的班主任和精读老师谷磊昭。他教学极为认真、发音极为标准。除了正常的课程外，他还给我们开了小灶，教授我们第二册和第三册《新概念英语》；毕业时对第二册《新概念英语》的96篇课文我已经能倒背如流，还可以背诵第三册《新概念英语》的大部分课文，这对我英语水平的提高起了极大的作用。我十分感谢谷老师，他的音容笑貌至今仍时常浮现在我的眼前：一支烟在手中缭绕，英国式幽默的谈吐，对于课文那深入浅出的讲解，朗读课文时那字正腔圆与一丝不苟的标准发音┄┄敬爱的老师已逝去，他的风范却永存心中！

中国海洋大学是我的母校，《高校国际化探索与实践》一书能在母校的出版社出版是我的荣幸。从原点回归原点，把毕业后工作了33年的工作感受向母校作汇报，也算是自己对母校培养的回馈，以及对细心教育我们的老师们的一种报答。

33年弹指一挥间，辗转多地，一直工作在高校外事圈里，虽然感受多多，但唯一不变的是满怀的感激与感恩。

20世纪80年代后半期的山东大学外事处聚集了一批朝气蓬勃、富有创新精神的同仁。大家从不计较个人得失，亲如兄弟。这中间既有我的领导，如魏礼庆、张智奎，他们带领着我走上了高校外事之路；有一批我的好兄长，如郑甘澍、于泽伟、包渝鸣、李国强、张国森，他们向我传授了好多工作经验，对我的生活也是照顾有加；还有一些比我晚来外事处工作的青年才俊，如周汉、管志山、孙韵珩，他们身上充满了青春朝气。在山东大学工作期间，还有同年入校但在不同部门工作的同志如马宝成、刘大庆，尤其是曾经长期分管外事工作的鹿玉理老师，也给了我很多帮助和支持。

在英国留学期间，睿智而善于演讲的同窗和舍友张宁，亲切而敦厚的同学王胜刚；在波兰留学期间，擅长厨艺且刻苦学习的舍友苏永乐，曾经"共生死"的好朋友刘贵民，军中才俊程钢、何守平，巾帼不让须眉的崔然、康蓉，使馆教育处的负责人力洪，以及在使馆工作的山东建筑队各位淳朴的老乡，都给我留下了深刻印象。每每忆起与他们相处的日子，心中充满了温暖。

特别令我难以忘怀的是在我工作遇到瓶颈时主动施以援手的中国教育国际交流协会的宗瓦秘书长、山东大学威海校区的李建军书记以及云南大学的吴松校长、何天淳校长等老领导。

同样令我难忘的还有诸多给予我巨大支持的兄弟高校的同仁。例如，京、津、沪三地的来华留学联谊会的负责人，中央美术学院留学生处的铁长胜主任以及复旦大学留学生处的杨增国处长等诸多同仁，决定把京、津、沪来华留学工作研讨会放到云南大学举行，使云南大学包括整个云南的留管干部学习到了先进地区留管工作的经验，这是一份怎样的深情和信任！

特别要感谢我的云南大学国际处和云南民族大学国际处的同事们！12年前，我只身从山东半岛的东北角——威海来到云南这个陌生、充满挑战的热土，你们关心我、支持我、包容我，我们共同经历了将一个个几乎不可能的事情变成现实的、充满挑战的过程，共同体验到克服千难万险取得成功的喜悦。

最后，我深切地怀念已经逝去的中国海洋大学于宜法老师（曾任中国海洋大学副校长）。无论我在工作上遇到怎样的困难，他总是鼓励我，给我满满的正能量。他是一位海洋研究方面的专家，在已经抱病的情况下还于2015年申报了国家社科基金重大项目"海平面上升对我国重点沿海区域发展影响研究"并获得批准。他是我学习的榜样！

我从21岁开始工作，正是因为这些领导、师长、同事、朋友的关怀、支持与帮助，才使我勇于去探索和实践，并有了目前对高校国际化的一点感悟。

本书得以呈现给读者，要感谢中国海洋大学出版社杨立敏社长以及我的大学同学李夕聪副总编辑，他们对本书的出版十分关注和支持；感谢陈鲁雁书记、刘宝利秘书长，他们在百忙中为本书撰写序言；感谢蔡春阳老师、蔡亚楠同学、王雨彤同学、张敏同学，他们为本书成稿精心挑选文章并提出修改意见。本书的出版，凝聚着他们的辛劳。

我深知自己资质不佳、才疏学浅，在诸位领导、师长和同仁的关心下，我多年来对高校国际化的探索和实践才得以成书呈现给各位读者。出版此书，一来，请各位方家指正；二来，希望我们共同努力，把高校国际化的探索与实践提高到更高的层次和水平！

于欣力

2018年10月6日